中国社会科学院当代中国马克思主义政治经济学创新智库
中国社会科学院全国中国特色社会主义政治经济学研究中心

马克思主义政治经济学的新发展

The New Development of Marxist Political Economy

胡乐明　张　旭

主编

社会科学文献出版社
SOCIAL SCIENCES ACADEMIC PRESS (CHINA)

前言

中国共产党第十九届六中全会通过的《中共中央关于党的百年奋斗重大成就和历史经验的决议》指出，习近平新时代中国特色社会主义思想是当代中国马克思主义、二十一世纪马克思主义，是中华文化和中国精神的时代精华，实现了马克思主义中国化的新飞跃。习近平新时代中国特色社会主义思想形成了内涵丰富、系统完备的科学理论体系，为中国特色社会主义建设提供了强大的思想指南。系统研究和全面准确把握习近平新时代中国特色社会主义思想，是当代中国理论工作者义不容辞的历史使命。

习近平经济思想是习近平新时代中国特色社会主义思想的重要组成部分，着重解决“坚持和发展什么样的中国特色社会主义经济，怎样坚持和发展中国特色社会主义经济”。2017 年 12 月中央经济工作会议明确提出，习近平新时代中国特色社会主义经济思想是党的十八大以来中国特色社会主义经济发展实践的理论结晶，是中国特色社会主义政治经济学的最新成果，是党和国家十分宝贵的精神财富，必须长期坚持、不断丰富发展。

习近平经济思想提出后，经济理论界和实践界掀起了学习研究贯彻落实习近平经济思想的热潮。经济理论界和实践界的互动，形成了一大批优秀的理论研究成果和实践创新成果，极大地推动了新时代中国特色社会主义的经济建设和理论创新。

中国社会科学院经济研究所是我国经济理论研究的重镇，长期以来对马克思主义政治经济学进行了大量而深入的理论研究，对我国改革开放伟大实践起到了积极的理论推动作用。习近平经济思想确立后，经济研究所的研究人员从各自的专业领域出发，对习近平经济思想进行了全方位的学习、研究和宣传，取得了大量高质量的研究成果，极大地推动了马克思主义政治经济学的繁荣发展。据不完全统计，自党的十八大以来，中国社会科学院经济研究所公开发表的关于中国特色社会主义经济学、习近平经济思想的重要学术论文达400余篇，取得了良好的学术影响和社会效益。

为反映中国社会科学院经济研究所以习近平经济思想为主题的最新研究成果，我们从近两年（2020～2021年）经济研究所在职研究人员发表的众多成果中遴选出18篇学术论文，以《马克思主义政治经济学的新发展》为题结集出版，记录经济研究所学习研究习近平经济思想的最新学术轨迹，以期为进一步丰富、完善和发展习近平经济思想提供可借鉴或讨论的样本。

文集遴选的学术论文都是公开发表并按发表内容进行收录，保留了正文内容，去除了论文发表时的中英文摘要、关键词、参考文献等内容（注释转换为页下注）。文集的主要内容包括习近平经济思想总体性研究（3篇），坚持和完善社会主义基本经济制度研究（5篇），新发展阶段、新发展理念、新发展格局研究（5篇），实现经济高质量发展研究（3篇），坚持和完善党对经济工作的领导研究（2篇）等方面。

理论是实践的先导，思想是行动的指南。历史的指针已经指向了这样的时刻：中国已经实现了第一个百年奋斗目标，并开启了实现第二个百年奋斗目标的新征程，在中国特色社会主义道路上不可逆转地走向中华民族的伟大复兴。我们相信，随着中国特色社会主义伟大实践的推进，一定会不断实现在伟大实践基础上新的理论创新，书写出当代中国马克思主义政治经济学的新篇章。

2022年1月25日

目 录

新时代中国经济现代化的理论指南

黄群慧*

实现中华民族伟大复兴，全面建成社会主义现代化强国，是中国共产党的庄严承诺。一个国家的现代化一般是指达到世界先进、前沿和发达水平的发展状态和发展过程，其中最为关键的是经济现代化。经济现代化是一个复杂的历史过程，世界上并不存在唯一的经济现代化道路或者放之四海而皆准的成功模式。先发现代化国家的经验虽然对后发国家的道路选择具有借鉴意义，但一国选择什么样的经济现代化道路，生搬硬套是不可行的，首要考虑的应是本国的基本国情。找到成功的经济现代化道路，一定是基于符合其基本国情的探索创新。

党的十八大以来，习近平总书记对国内外经济形势、基本经济国情和经济发展阶段进行科学判断，对经济发展理念和思路做出及时调整，提出了一系列新理念新思想新战略，从理论和实践相结合上系统回答了新时代中国经济发展和现代化建设的一系列重大问题，深化了对经济现代化规律的认识，系统阐明了新时代中国经济现代化的根本要求、指导原则、发展阶段、增长理论、战略路径、动力模式，为新时代中国经济现代化奠定了全面系统的理论基础，是新时代指引中国经济发展、推进中国经济现代化进程、全面建设社会主义现代化国家的理论指南和根本遵循。

一　新时代中国经济现代化的根本要求

中国经济现代化，是中国特色社会主义国家的经济现代化，其根本目

* 黄群慧，经济学博士，中国社会科学院经济研究所所长，中国社会科学院大学教授、博士生导师，中国社会科学院习近平新时代中国特色社会主义思想研究中心研究员。

标要求是实现中华民族伟大复兴，建设社会主义现代化经济强国，满足人民日益增长的美好生活需要。围绕根本目标要求，坚持以人民为中心的发展思想，坚持人民至上，坚持人民主体地位，把最广大人民的根本利益作为出发点和落脚点，在发展中保障和改善民生，坚定不移地走共同富裕道路，这是中国实现经济现代化、促进经济发展的价值观和根本立场。中国共产党践行全心全意为人民服务的根本宗旨。中国共产党领导是中国特色社会主义最本质的特征，是中国特色社会主义制度的最大优势。要实现社会主义现代化建设的根本目标，要坚持以人民为中心的经济现代化的根本立场，必须加强党对经济现代化事业的全面领导，加强党对经济工作的集中统一领导，这是新时代中国经济现代化的根本保证。如果说经济现代化是达到世界经济先进水平的“趋同”过程，那么习近平经济思想强调的实现社会主义现代化和中华民族伟大复兴的根本目标要求，坚持以人民为中心的发展思想和实现全体人民共同富裕的根本立场要求，坚持党对经济现代化事业全面领导的根本保证要求，则是中国经济现代化道路的根本特色，是与西方发达国家经济现代化道路的本质区别。

二　新时代中国经济现代化的指导原则

经济现代化是达到世界先进水平的经济发展过程，经济发展理念是经济现代化的先导。习近平经济思想提出了创新、协调、绿色、开放、共享的新发展理念，以及统筹发展和安全的安全发展理念，从理念层面回答了经济现代化进程中的经济发展动力、经济发展路径、经济发展目标等重大问题。其中，创新发展注重的是解决发展动力问题，协调发展注重的是解决发展不平衡问题，绿色发展注重的是解决人与自然和谐问题，开放发展注重的是解决发展内外联动问题，共享发展注重的是解决社会公平正义问题。五大发展理念并不是孤立的，而是一个系统的、贯穿新时代经济现代化进程的、内在紧密联系的集合体，需要在推进经济现代化进程中完整、准确、全面贯彻。要让创新成为引领发展的第一动力驱动经济现代化进程，探索协调发展、绿色发展、开放发展的经济现代化路径，实现发展成果由全体人民共享的经济现代化目标。

在经济现代化进程中，还必须树立安全发展理念，统筹发展和安全。历史上因为社会动荡、经济危机等使国家经济现代化进程中断或者倒退的案例并不鲜见。安全是发展的前提，发展是安全的保障。要增强风险意识，既高度警惕“黑天鹅”事件，也防范“灰犀牛”事件，围绕粮食、能源、产业、金融、网络、生态等关键领域实现发展和安全的动态平衡。

三 新时代中国经济现代化的发展阶段

中国特色社会主义进入新时代，中国经济现代化进程也出现了阶段性变化的特征。2013 年 7 月，习近平总书记用速度、结构和政策三方面的特点将经济发展阶段概括为增长速度换挡期、结构调整阵痛期、前期刺激政策消化期的“三期叠加”阶段。2014 年 12 月，习近平总书记从消费需求、投资需求、出口和国际收支、生产能力和产业组织方式、生产要素相对优势、市场竞争特点、资源环境约束、经济风险积累和化解、资源配置模式和宏观调控方式等方面，概括了我国经济发展速度变化、结构优化、动力转换的经济新常态特征，进一步对我国经济现代化的阶段性变化进行了科学分析和判断。从经济现代化进程看，进入新时代后，中国已经步入工业化后期，从工业化中期到工业化后期这种现代化阶段的重大变化需要经济战略和政策的重大调整，认识新常态、适应新常态、引领新常态成为我国经济发展的大逻辑。基于对经济现代化阶段变化的进一步认识，党的十九大提出我国经济已由高速增长阶段转向高质量发展阶段。将高质量发展作为经济现代化新阶段的典型特征和主题要求，从高速增长到高质量发展，不仅表明了发展阶段的重大变化，也意味着发展战略的重大转型。

党的十九届五中全会提出，全面建成小康社会、实现第一个百年奋斗目标之后，我们要乘势而上开启全面建设社会主义现代化国家新征程，向第二个百年奋斗目标进军，这标志着我国进入了一个新发展阶段。从工业化理论看，中国已经步入到工业化后期，新发展阶段表明中国开始从工业化后期向后工业化阶段过渡，这个新发展阶段是新型工业化、信息化、城镇化和农业现代化同步发展的高质量工业化阶段。这实质上意味着新发展阶段是最终实现现代化的“冲刺”阶段。在新发展阶段，中国经济需要跨越现代化进程中的三个关键节点：一是在 2025 年前后跨越“中等收入陷阱”成为高收入国家；二是到 2035 年基本实现社会主义现代化，人均国民生产总值达到中等发达国家水平；三是到本世纪中叶建成富强民主文明和谐美丽的社会主义现代化强国。在这个新发展阶段，推动经济高质量发展是其突出特征和发展主题。

四　新时代中国经济现代化的增长理论

一个国家要实现达到世界先进、前沿的发展水平，实现经济现代化，最关键的问题是如何保持长期持续的经济增长。对长期经济增长问题的关注，成为发展经济学的主题，也是实现经济现代化的基本要求。经济增长本身不仅包括经济活动的量的不断扩大，还包括经济活动的质的提升。经济增长的量的扩大可以用国内生产总值来度量，而经济增长的质的提升需要基于发展理念等来具体界定。大量的西方主流经济学的经济增长理论更多关注的是经济增长量，经济增速及其影响因素是其核心主题。

改革开放以来，中国经济经历了连续多年的高速增长，创造了经济增长奇迹。进入新时代以后，中国经济发展呈现出“三期叠加”“经济新常态”等新特征，面临的主要问题是发展不平衡不充分问题。在这样的新形势下，不应再简单以国内生产总值增长率论英雄，而是要以新发展理念为指导，更加重视经济增长质量，立足以提高质量和效益来推动经济持续健康发展，实现经济高质量发展。

所谓经济高质量发展，就是能够很好地满足人民日益增长的美好生活需要的发展，是体现新发展理念的发展。经济增长质量高低要用是否符合新发展理念来界定和衡量。经济高质量发展表现为经济增长的第一动力是创新，表现为经济增长具有区域、产业、社会等各方面的内在协调性，表现为绿色增长、人与自然和谐是经济增长的普遍形态，表现为全面开放、内外联动是经济增长的必由路径，表现为经济增长成果由全体人民共享。《中华人民共和国国民经济和社会发展第十四个五年规划和 2035 年远景目标纲要》提出的关于“十四五”时期经济社会发展的主要指标，充分体现了经济高质量发展的要求，可以认为是衡量经济高质量发展的具体指标体系。其中除了 GDP 增速外，还包括全员劳动生产率、常住人口城镇化率、全社会研发经费投入增长、每万人口高价值发明专利拥有量、数字经济核心产业增加值占比、居民人均可支配收入增长、城镇调查失业率、劳动年龄人口平均受教育年限、每千人口拥有执业（助理）医师数、基本养老保险参保率、每千人口拥有3岁以下婴幼儿托位数、人均预期寿命、单位 GDP 能源消耗和二氧化碳排放降低、地级及以上城市空气质量优良天数占比、地表水达到或好于Ⅲ类水体占比、森林覆盖率、粮食综合生产能力、能源综合生产能力等多个指标。

习近平经济思想对经济高质量发展内涵的阐释具有深刻的理论意义，可以说是质量优先的经济增长理论。质量优先的经济增长理论是全新的理论创新，超越了西方主流经济增长理论更多是关注经济增长数量——GDP 增速的传统，将经济增长的着力点放在经济活动的质的提升上。

五　新时代中国经济现代化的战略路径

实现经济现代化，不仅需要发展理念指导，还需要根据发展阶段特征和内外部环境变化进行科学的战略路径规划。进入新时代以来，以习近平同志为核心的党中央围绕经济高质量发展，提出了推进供给侧结构性改革、建设现代化经济体系、构建新发展格局、建设美丽中国等重大战略任务，以及深入推进实施新型工业化、乡村振兴、区域协调发展、新型城镇化、人才强国、制造强国等一系列重要战略举措，这些都是习近平经济思想关于经济现代化战略的重要内容。

针对我国经济发展面临的问题主要是供给侧的结构性失衡问题，尤其是实体经济结构性供需失衡、金融和实体经济失衡、房地产和实体经济失衡等问题，习近平总书记提出深入推进供给侧结构性改革，通过深化改革提升供给体系质量，尤其是将实体经济作为着力点和主攻方向，实现供需动态平衡。2015 年，供给侧结构性改革的政策关键是抓好“去产能、去库存、去杠杆、降成本、补短板”。2018 年，进一步提出“巩固、增强、提升、畅通”的新要求成为深化供给侧结构性改革、推动经济高质量发展管总的政策要求。2020 年，供给侧结构性改革进一步深化的关键要求是实现高水平的自立自强和供给侧有效畅通，与培育完整内需体系、加强需求侧管理和建设超大规模的国内市场有效协同，加快构建以国内大循环为主体、国内国际双循环相互促进的新发展格局。深化供给侧结构性改革，本质要求是经济增长源泉从要素投入的数量扩张转向提高劳动生产率、全要素生产率和潜在增长率的质量提升，这是新时代经济工作的主线，是我国实现经济现代化的一个重大战略路径。

党的十九大报告提出建设现代化经济体系，即建设创新引领、协同发展的产业体系，统一开放、竞争有序的市场体系，体现效率、促进公平的收入分配体系，彰显优势、协调联动的城乡区域发展体系，资源节约、环境友好的绿色发展体系，多元平衡、安全高效的全面开放体系，以及充分发挥市场作用、更好发挥政府作用的经济体制。建设现代化经济体系作为实现经济现代化、建设社会主义现代化强国的战略路径，对国民经济的生产、交换、分配、消费各个环节，国际与国内、政府与市场以及产业、区域和企业各个层面，实体经济与虚拟经济、科技创新与环境保护等各个领域提出了现代化的标准，要求以经济体制改革为制度保障，从产业体系、市场体系、城乡区域体系、分配体系、绿色发展体系和全面开放体系各个方面分别入手，协同推进，从而实现经济现代化。

建设美丽中国是新时代经济现代化建设的一项重要战略任务，是践行绿色发展理念、建设人与自然和谐共生的现代化的必然要求。习近平总书记明确提出“绿水青山就是金山银山”的“两山”理论，这不仅是习近平生态文明思想的重要内容，也是习近平经济思想对经济发展的重要要求。习近平总书记提出的实现碳达峰、碳中和的发展目标，从低碳经济角度明确了中国经济现代化的时间表和路线图。在中国经济现代化战略路径的选择上，必须坚持节约优先、保护优先、自然恢复为主的方针，形成节约资源和保护环境的空间格局、产业结构、生产方式和生活方式，加快生态文明体制改革，积极探索“绿水青山就是金山银山”的经济实现机制，大力发展低碳经济，这是中国式现代化新道路的突出特征。

构建以国内大循环为主体、国内国际双循环相互促进的新发展格局，是在世界百年未有之大变局加速演进、中华民族伟大复兴进入关键时期的国际国内形势变化下，习近平总书记提出的新的具有全局意义的经济现代化战略和路径。构建新发展格局是对我国经济现代化战略和路径做出的重大调整和完善，是事关我国经济长远发展和长治久安的重大战略部署，对于我国实现经济更高质量的发展、对于促进世界经济繁荣都会产生重要影响。构建新发展格局的关键在于经济循环的畅通无阻，构建新发展格局最本质的特征是实现高水平的自立自强。作为经济现代化战略和路径，构建新发展格局的核心内涵是实现从成本驱动、出口导向、高速度工业化向创新驱动、内需导向、高质量工业化转变，通过高水平的自立自强的创新来驱动经济循环的畅通无阻，也体现了推动新型工业化、信息化、城镇化、农业现代化同步发展的要求。围绕构建新发展格局的关键要求和本质特征，我国经济治理与宏观调控体系需要沿着需求侧管理和供给侧结构性改革有效协同的方向不断完善，在坚持供给侧结构性改革为主线、国内大循环为主体、市场在资源配置中起决定性作用等原则下，构建新发展格局需要加快形成供给与需求高水平动态平衡、改革与管理有效协同、国内循环与国际循环相互促进、市场机制与政府作用有效结合的经济运行机制。

深化供给侧结构性改革、建设现代化经济体系、建设美丽中国、构建新发展格局这些战略路径，都是针对新时代发展阶段变化，全面贯彻新发展理念，围绕如何促进高质量发展、实现经济现代化目标而展开的，内容具有内在一致性。尤其要指出的是，构建新发展格局是加快建设现代化经济体系的必然要求，而建设现代化经济体系又是构建新发展格局的必要支撑，因此，习近平经济思想的深刻内涵是需要将新发展阶段、新发展理念和新发展格局，以及推进供给侧结构性改革、推动经济高质量发展、建设现代化经济体系有机地、系统地放在一起来理解的。

六　新时代中国经济现代化的动力模式

从资源配置方式角度可以对经济现代化过程的动力模式进行划分，从大的方面可以分为市场经济体制和计划经济体制两类模式，西方发达国家的经济现代化大体可以属于市场经济体制的模式，而苏联是计划经济体制的模式。同样是市场经济体制，不同国家也会有具体的体制机制和模式差异。经过艰苦努力，在中国共产党领导下，中国成功探索出全新的经济现代化动力模式——通过坚持和完善社会主义市场经济体制来实现经济增长、推进中国经济现代化进程。在社会主义条件下发展市场经济，是中国共产党的一个伟大创举。它既发挥了市场经济的长处，又发挥了社会主义制度的优越性，是中国经济发展获得巨大成功、中国经济现代化进程得以快速推进的一个关键因素。

社会主义市场经济体制下，资源配置的方式是使市场在资源配置中起决定性作用、更好发挥政府作用。2013 年 11 月，在党的十八届三中全会上，习近平总书记强调，市场配置资源是最有效率的形式。市场决定资源配置是市场经济的一般规律，要使市场在资源配置中起决定性作用。在新时代，围绕如何使市场在资源配置中起决定性作用、更好发挥政府作用，不断深化经济体制改革，促进社会主义市场经济体制更加完善，要做到以下几点。一是继续坚持毫不动摇地巩固和发展公有制经济，毫不动摇鼓励、支持、引导非公有制经济发展，坚持公有制为主体、多种所有制经济共同发展。二是坚持按劳分配为主体、多种分配方式并存，不断深化收入分配制度改革。三是围绕建设高标准市场体系、完善公平竞争制度，不断深化改革。四是建设更高水平开放型经济新体制，坚持开放发展理念，坚定不移地奉行互利共赢的开放战略，以开放促改革、促发展、促创新，在高起点上进行顶层设计，构建互利共赢、多元平衡、安全高效的开放型经济新体制，推动共建“一带一路”高质量发展。中国更加成熟、更加定型的社会主义市场经济体制等社会主义基本经济制度为经济现代化提供了充沛的动力。

市场和政府的关系问题一直是经济学理论的核心问题之一。资本主义经济也始终没有处理好二者关系，成为经济危机频发的一个重要原因。习近平经济思想坚持辩证法、两点论，持续在社会主义基本制度与市场经济的结合上下功夫，把两方面优势都发挥好，既要“有效的市场”，也要“有为的政府”，将二者有机结合起来，开拓了当代中国马克思主义政治经济学新境界，破解了这道经济学上的世界性难题，也开创了人类历史上经济现代化的全新动力模式。

总之，从经济现代化的根本立场到经济现代化的根本保证，从经济现代化的根本目标到经济现代化的指导原则，从经济现代化的发展阶段到经济现代化的战略路径，从经济现代化的增长理论到经济现代化的动力模式，习近平经济思想对新时代中国经济现代化做出了全方位的理论指导。不仅如此，习近平总书记还提出了一系列促进经济发展的工作方法论，要求坚持正确工作策略和方法，包括坚持实事求是的思想路线，坚持稳中求进的工作总基调，坚持系统观念，坚持目标导向和问题导向相结合，坚持底线思维，保持战略定力，以钉钉子精神狠抓落实等，这也构成了习近平经济思想的重要组成部分，引导着中国经济现代化事业不断前进。中国的现代化进程已经步入了新发展阶段，全面建成了小康社会、实现了第一个百年奋斗目标，已经为实现中华民族伟大复兴提供了更为完善的制度保证、更为坚实的物质基础、更为主动的精神力量，在习近平经济思想指引下，实现经济现代化进入了不可逆转的历史进程。

（本文发表于《经济日报》2021 年 10 月 21 日第 12 版）

马克思主义政治经济学的新境界

胡乐明*

2017年12月中央经济工作会议明确提出，习近平新时代中国特色社会主义经济思想（下文简称“习近平经济思想”）是党的十八大以来中国特色社会主义经济发展实践的理论结晶，是中国特色社会主义政治经济学的最新成果，是党和国家十分宝贵的精神财富，必须长期坚持、不断丰富发展。此后，理论界对习近平经济思想的理论渊源、科学内涵、基本特征等进行了广泛深入的研究。本文在已有研究基础上，尝试从分析方法、理论内容、政策体系和时代价值四个方面，阐释习近平经济思想对马克思主义政治经济学的丰富发展及其如何开拓了马克思主义政治经济学的新境界，以期进一步推动习近平经济思想研究的系统化、学理化，繁荣发展中国特色社会主义政治经济学。

一 发展马克思主义政治经济学分析方法

纵观经济学发展历史可以发现，经济学理论体系的不同首先便是方法论的差异，经济学的突破与创新往往也首先是经济学方法论的突破与创新，没有方法论的根本性突破便不可能有经济理论的系统性创新。一般认为，经济学方法论可以分为三个层次：第一个层次是经济分析的哲学基础和经济学家的思维方式，是关于经济世界和经济主体的认知以及经济分析基本程序和一般规则的界说，决定经济学家观察经济世界和构建经济理论的视

* 胡乐明，经济学博士，中国社会科学院经济研究所副所长，中国社会科学院大学教授、博士生导师。

阈，是经济学方法论的“硬核”；第二个层次是经济分析的一般思维原理和基本研究方法，具体包括演绎分析方法和归纳分析方法、实证分析方法和规范分析方法、结构分析方法和制度分析方法等；第三个层次是经济分析的具体技术方法，如边际分析方法、均衡分析方法等。[①] 显然，不同经济理论体系的方法论差异主要体现于方法论的第一个层次，经济分析的具体技术方法在各个经济学流派之间常常通用。

马克思主义政治经济学的诞生之所以构成经济学发展史上的伟大变革，关键便在于马克思恩格斯提出了辩证唯物主义和历史唯物主义分析原则，从而在批判和发展英国古典政治经济学的基础上创立了新的“系统化的经济学说”，因此，一般认为辩证唯物主义与历史唯物主义构成了马克思主义政治经济学方法论的“硬核”。但是，对于作为马克思主义政治经济学方法论“硬核”的辩证唯物主义与历史唯物主义的具体内涵，国内外经济学界一直存在广泛的争议。中国学者林岗、张宇认为，马克思主义政治经济学方法论的“硬核”可以概括为五个基本命题，即从生产力与生产关系的矛盾运动中解释社会经济制度变迁、在历史形成的社会经济结构的整体制约中分析个体经济行为、以生产资料所有制为基础确定整个经济制度的性质、依据经济关系来理解政治法律制度和伦理规范、通过社会实践实现社会经济发展合规律与合目的的统一。他们认为，经济分析依循上述五个命题，将坚持和发展统一起来，就能够创造出与新的历史条件相适应的马克思主义政治经济学的现代形式。[②] 应该说，上述认识比较准确地把握了马克思主义政治经济学方法论的精髓。作为当代中国的马克思主义政治经济学，习近平经济思想毫无疑问地坚持了马克思主义政治经济学的方法论原则，同时又融通古今中外经济分析的合理成分，发展和创新了马克思主义政治经济学的思维原则和分析方法。

习近平经济思想丰富和拓展了生产力的具体内涵，坚持和发展了生产力标准原理。生产力是历史唯物主义的基本范畴，也是衡量社会发展水平

① 程恩富、胡乐明：《经济学方法论——马克思、西方主流与多学科视角》，上海财经大学出版社，2002，第 176 页。

② 林岗、张宇：《〈资本论〉的方法论意义——马克思主义经济学的五个方法论命题》，《当代经济研究》2000 年第 6 期。

的根本标准。但是，对于生产力的具体内涵及其构成要素，国内外马克思主义学界一直存在二要素论、三要素论和多要素论等不同观点的争论。在机器大工业时代，“工人的平均熟练程度，科学的发展水平和它在工艺上应用的程度，生产过程的社会结合，生产资料的规模和效能，以及自然条件”①等因素都是社会生产力及其发展过程的构成要素。继承和发展马克思恩格斯的上述观点，习近平明确指出，创新就是生产力，“变革创新是推动人类社会向前发展的根本动力”②；“保护环境就是保护生产力，改善环境就是发展生产力”③。这样，将创新和生态环境纳入生产力范畴，突出了创新和生态环境在生产力构成与发展过程中的重要地位，丰富和拓展了生产力的具体内涵。同时习近平还明确指出：“生产力是推动社会进步的最活跃、最革命的要素，生产力发展是衡量社会发展带有根本性的标准。这为我们分析社会发展提供了可靠依据。”④因此，解放和发展生产力是社会主义的本质要求，坚持解放和发展生产力是中国特色社会主义政治经济学的核心原则，中国特色社会主义政治经济学必须研究和把握生产力发展规律。

习近平经济思想科学阐释了生产力、生产关系以及经济基础和上层建筑之间的辩证关系和互动逻辑，突破了关于社会存在与社会发展的“一元决定论”和“多元决定论”的藩篱。马克思恩格斯之后，普列汉诺夫明确提出并系统阐释了历史唯物主义的决定论原理，指出生产力对于社会存在和历史发展具有一元决定性作用。⑤针对普列汉诺夫的“经典”阐释中的逻辑缺陷，后世思想家从坚持、发展甚或超越马克思主义的立场出发，尝试对历史唯物主义的决定论原理进行多样化的“重写”与“重建”，阿尔都塞的“多元决定论”便是其中的典型。但是，无论是普列汉诺夫的“一元决定论”还是阿尔都塞的“多元决定论”，皆非马克思恩格斯的本意。马克思恩格斯认为，人类社会作为一个结构性总体，虽然生产力和经济因素在其

① 《马克思恩格斯文集》第5卷，人民出版社，2009，第53页。

② 习近平：《开放共创繁荣 创新引领未来》，《人民日报》2018年4月11日。

③ 《习近平关于社会主义经济建设论述摘编》，中央文献出版社，2017，第37页。

④ 习近平：《坚持历史唯物主义不断开辟当代中国马克思主义发展新境界》，《求是》2020年第2期。

⑤ 《普列汉诺夫哲学著作选集》第3卷，三联书店，1962，第195~196页。

中起着“归根到底”的决定作用，但是上层建筑等其他因素也绝不是经济结构的简单反映，而是通过“交互作用”共同参与了人类社会的运动过程。依循马克思恩格斯的上述思想，习近平明确指出，生产力和生产关系、经济基础和上层建筑相互作用、相互制约，共同支配着整个社会的发展进程。“只有把生产力和生产关系的矛盾运动同经济基础和上层建筑的矛盾运动结合起来观察，把社会基本矛盾作为一个整体来观察，才能全面把握整个社会的基本面貌和发展方向。”[①] 也就是说，虽然物质生产力是全部社会生活的物质前提，但是上层建筑也可以反作用于经济基础，生产力和生产关系、经济基础和上层建筑之间存在十分复杂的结构关系，有着作用与反作用的现实过程，并非单线式的简单决定和被决定逻辑；而且，生产力和生产关系的矛盾运动与经济基础和上层建筑的矛盾运动同样是一个结构性总体，它们的“共同作用”决定着整个社会的样态和趋势。因此，必须全面准确理解生产力标准原理，科学把握生产力与生产关系以及经济基础与上层建筑之间的决定和被决定、作用和反作用的有机联系，不能撇开生产关系、上层建筑来理解生产力标准，不能撇开上层建筑来研究生产力和经济基础。

习近平经济思想深刻揭示了人类社会发展道路的统一性与多样性的辩证结合，深化了人们关于人类社会经济发展一般规律与各个国家经济发展特殊规律的科学认识。波普尔在其批评历史唯物主义的小册子《历史主义的贫困》中指出，历史主义的贫困乃是想象力的贫困，因为历史主义者不能想象变化的条件之下的变化，把发展的规律变成了无条件的“绝对的趋向”，它们载着我们不可抗拒地朝着某种方向走入未来。[②] 显然，这种指责毫无根据可言，在揭示人类社会发展道路的一般性和规律性的同时，马克思从不排斥人类社会发展道路的多样性和复杂性。马克思曾经明确指出，如果有人“一定要把我关于西欧资本主义起源的历史概述彻底变成一般发展道路的历史哲学理论，一切民族，不管它们所处的历史环境如何，都注

① 习近平：《坚持历史唯物主义不断开辟当代中国马克思主义发展新境界》，《求是》2020 年第 2 期。

② 〔英〕卡·波普尔：《历史主义的贫困》，何林、赵平译，社会科学文献出版社，1987，第 148～150 页。

定要走这条道路”，这“会给我过多的荣誉，同时也会给我过多的侮辱”。[①]在马克思看来，作为一个历史性总体，人类社会的发展进程是必然性与偶然性、规律性与多样性的统一；即使极为相似的事变，发生在不同的历史环境也会引起完全不同的结果，必须注意区分关于各个国家发展过程的“历史概述”与“一般发展道路的历史哲学理论”。坚持和发展马克思的上述思想，习近平明确指出，现代化不是单选题，世界历史并非单线式前进而是多向度发展，“历史条件的多样性，决定了各国选择发展道路的多样性”[②]。我们“不能要求有着不同文化传统、历史遭遇、现实国情的国家都采用同一种发展模式”[③]。这表明，我们既要坚信人类社会经济发展的一般规律和必然趋势，又要尊重各个国家发展过程的特殊表现和具体选择。同时，也不应割裂“一般规律”与“特殊规律”之间的有机联系。各个国家的自然环境、人口规模、社会文化、宗教信仰等因素，作为“中介环节”和“变化条件”，共同影响着“一般规律”在各个国家的实现方式和表现形式。马克思主义政治经济学必须在把握人类社会经济发展一般规律的同时，深化认识一般规律的实现形式及其在各国的特殊表现。

习近平经济思想拓展了马克思主义经济分析的全球视野和空间维度，融会贯通国内国际经济分析，从而深刻揭示了世界经济发展规律及其与国家经济发展规律之间的互动关系。马克思恩格斯曾经指出，资产阶级由于开拓了世界市场，消灭了各个国家以往自然形成的自给自足和闭关自守状态，从而使历史向世界历史转变。在资本主义世界历史时代，资本关系的全球扩展必然“造成以全人类互相依赖为基础的普遍交往”，使一切国家以及这些国家的每一个人的需要的满足都依赖于整个世界，使一切民族的各个方面互相往来、相互依赖。[④] 马克思恩格斯之后，列宁、卢森堡等人的帝国主义理论续写了马克思未竟的“对外贸易”“世界市场”理论，在一定程

① 《马克思恩格斯选集》第3卷，人民出版社，2012，第730页。

② 习近平：《共同开创中阿关系的美好未来——在阿拉伯国家联盟总部的演讲》，《人民日报》2016年1月22日。

③ 习近平：《弘扬丝路精神深化中阿合作——在中阿合作论坛第六届部长级会议开幕式上的讲话》，《人民日报》2014年6月6日。

④ 《马克思恩格斯选集》第1卷，人民出版社，2012，第862页。

度上拓展了马克思主义政治经济学的空间维度和国际经济分析。继承和发展马克思主义经典作家的思想观点，习近平深刻阐明了中国经济与世界经济的联动关系，总结了经济全球化正反两方面的经验教训，揭示了实现中国梦的发展道路必须与人类命运共同体紧密相连的历史必然。[①] 他明确指出："人类生活在同一个地球村里，生活在历史和现实交汇的同一个时空里，越来越成为你中有我、我中有你的命运共同体。"[②] 身处"一荣俱荣、一损俱损"的"一体化的世界"，我们必须"发展全球互联互通，让世界各国实现联动增长，走向共同繁荣"。[③] 这表明，"不谋全局者不足以谋一域，不谋万世者不足以谋一时"，融会贯通国内国际经济分析，不仅已成为新时代谋划中国经济社会发展的基本法则，也应成为中国特色社会主义政治经济学的分析原则，研究经济形势、阐释经济问题，必须从经济发展长周期和全球经济大背景出发。

二　拓展马克思主义政治经济学理论内容

按照马克思的"六册计划"，马克思主义政治经济学的理论内容应该至少包括资本、土地所有制、雇佣劳动、国家、对外贸易、世界市场等六个部分，它们融通微观分析与宏观分析、封闭分析与开放分析、静态分析与动态分析，既涉及经济制度分析也涉及经济运行和发展分析，构成一个相对完整的理论体系。马克思之后，其后继者们依循马克思的理论逻辑并结合现实情况的发展变化，提出了"帝国主义论"、"不发达经济论"、"世界体系论"以及"社会主义经济论"等重要理论，丰富发展了马克思主义政治经济学的理论内容。作为21世纪的马克思主义政治经济学，习近平经济思想立足中国国情和发展实践，把马克思主义政治经济学基本原理与时代

---

① 裴长洪、刘洪愧：《习近平新时代对外开放思想的经济学分析》，《经济研究》2018年第2期。

② 习近平：《顺应时代前进潮流　促进世界和平发展——在莫斯科国际关系学院的演讲》，《人民日报》2013年3月24日。

③ 习近平：《共担时代责任　共促全球发展——在世界经济论坛2017年年会开幕式上的主旨演讲》，《人民日报》2017年1月18日。

具体实际相结合，深入研究世界经济和中国经济面临的新情况新问题，在社会主义经济制度、经济运行、经济发展以及世界经济与中国经济互动关系等方面做出了重大理论创新，全面拓展了马克思主义政治经济学的理论内容。

第一，习近平经济思想对马克思主义政治经济学理论内容的拓展体现于“术语的革命”。恩格斯在《资本论》第一卷“英文版序言”论及马克思的理论创新时指出：“一门科学提出的每一种新见解都包含这门科学的术语的革命。”① 在一定意义上，“科学革命”突出地表现为“某些科学术语发生意义变革的事件”②。《资本论》的“术语革命”主要体现在，原创性地提出诸如劳动二重性、剩余价值等新的概念范畴，以及批判性地借鉴诸如工资、资本等原有政治经济学概念范畴。正是通过上述“术语革命”，马克思才得以创立其宏大的政治经济学理论体系。③ 中国特色社会主义政治经济学同样创建于“术语革命”的基础之上，“社会主义初级阶段”“社会主义市场经济”便是“术语革命”的典例。习近平总书记 2020 年 8 月 24 日在经济社会领域专家座谈会上的讲话中指出，改革开放以来，我们及时总结新的生动实践，不断推进理论创新，在发展理念、所有制、分配体制、政府职能、市场机制、宏观调控、产业结构、企业治理结构、民生保障、社会治理等重大问题上提出了许多重要论断。显然，新时代许多重要论断所包含的新范畴，诸如经济新常态、供给侧结构性改革、发展理念、发展质量、发展格局等等，也同样具有政治经济学“术语革命”的重要意义，极大丰富了中国特色社会主义政治经济学话语体系，奠定了 21 世纪马克思主义政治经济学理论创新的范畴基础。

第二，习近平经济思想对马克思主义政治经济学理论内容的拓展体现在关于社会主义经济制度方面的理论创新。马克思的经济学说蕴含着丰富深刻的制度分析，马克思基于生产力与生产关系之间“紧张关系”所建立

① 《马克思恩格斯文集》第 5 卷，人民出版社，2009，第 32 页。

② 〔美〕托马斯・S・库恩：《必要的张力》，纪树立等译，福建人民出版社，1981，第 14 页。

③ 顾海良：《中国特色社会主义政治经济学的“导言”——习近平〈不断开拓当代中国马克思主义政治经济学新境界〉研究》，《经济学家》2019 年第 3 期。

的制度分析框架“是目前对长期变革最有力的论述”[①]。党的十八大以来，习近平曾就经济体制变革、经济领导制度、基本经济制度做过系列重要论述，极大丰富发展了马克思主义的制度经济分析。关于经济体制变革，习近平强调指出，社会基本矛盾总在不断运动变化，所以调整生产关系、完善上层建筑需要相应地不断进行下去。必须在发挥经济体制改革牵引作用的同时进行全面深化改革，必须处理好整体推进和重点突破的关系、顶层设计和摸着石头过河的关系，“必须加强顶层设计、整体谋划，增强各项改革的关联性、系统性、协同性”。[②] 这也就是说，影响一个国家经济发展绩效的制度变迁，既是一个经济体制的变革过程，又是一个经济、政治、社会、文化等各个领域各个层次制度安排的协同过程；既是一个“摸着石头过河”的自发探索过程，又是一个“顶层设计”主导之下的理性建构过程。这一思想既丰富了马克思主义的制度变迁理论，也突破了建构主义与演进主义等西方制度变迁理论的局限。关于经济领导制度，习近平明确指出，中国共产党的领导是中国特色社会主义最本质特征和最大优势，“坚持党的领导，发挥党总揽全局、协调各方的领导核心作用，是我国社会主义市场经济体制的一个重要特征”。[③] 实施党的全面领导，做好经济领域重大工作的顶层设计、总体布局、统筹协调、整体推进、督促落实，是保持我国经济社会持续健康发展的根本要求。现代社会经济活动日趋复杂多变，一个国家能否取得良好发展在根本上就取决于经济领导制度是否科学合理及其效能发挥。可以说，经济领导制度是关乎一个国家前途命运的根本性经济制度。习近平上述论述不仅是马克思主义政治经济学的重大理论创新，也填补了西方经济学说的理论空白。关于基本经济制度，党的十九届四中全会将公有制为主体、多种所有制经济共同发展与按劳分配为主体、多种分配方式并存和社会主义市场经济体制等确立为社会主义基本经济制度，使其不仅涵盖了界定生产资料归属的制度安排，也涵盖了有关生产、分配与

① 〔美〕道格拉斯·C. 诺思：《经济史上的结构和变革》，厉以平译，商务印书馆，2005，第71页。

② 习近平：《坚持历史唯物主义不断开辟当代中国马克思主义发展新境界》，《求是》2020年第2期。

③ 《习近平关于社会主义经济建设论述摘编》，中央文献出版社，2017，第61页。

交换的制度安排，既与时俱进地发展了马克思主义经典作家关于未来社会的制度设计，也与已有的中国特色社会主义理论一脉相承，是习近平经济思想对马克思主义制度分析的重要创新。

第三，习近平经济思想对马克思主义政治经济学理论内容的拓展体现在关于社会主义经济运行方面的理论创新。马克思主义政治经济学的重要目的在于揭示现代社会的经济运行规律。马克思基于资本主义基本矛盾的科学分析，系统阐释了资本主义生产、分配、交换和消费各个环节的矛盾运动，全面刻画了资本主义经济运行的总体图景和一般规律。承继马克思的理论逻辑，同时借鉴中外优秀经济理论成果，习近平丰富发展了马克思主义政治经济学关于社会主义经济运行的理论分析。供求关系是经济运行的内在基础。习近平指出："供给和需求是市场经济内在关系的两个基本方面，是既对立又统一的辩证关系，二者你离不开我、我离不开你，相互依存、互为条件。没有需求，供给就无从实现，新的需求可以催生新的供给；没有供给，需求就无法满足，新的供给可以创造新的需求。"[①] 这摆脱了西方经济学说关于供求两侧孰者为重的无谓纷争。资源配置是经济运行的核心要义。习近平指出，"市场决定资源配置是市场经济的一般规律，市场经济本质上就是市场决定资源配置的经济"，"发展社会主义市场经济，既要发挥市场作用，也要发挥政府作用"。[②] 这样，既凸显了市场配置资源的决定作用，使得"社会主义市场经济"定位于"市场经济"的本义，又强调了发挥市场决定作用与更好发挥政府作用的有机统一，彰显了社会主义市场经济的内在优势，从而不仅创新发展了社会主义市场经济理论，也匡正了新自由主义"市场至上"的偏狭认知。经济体系是经济运行的总体呈现。习近平在十九届中共中央政治局第三次集体学习时指出，现代化经济体系是由社会经济活动各个环节、各个层面、各个领域的相互关系和内在联系构成的一个有机整体，现代化经济体系包括创新引领、协同发展的产业体系，统一开放、竞争有序的市场体系，体现效率、促进公平的收入分配体系，彰显优势、协调联动的城乡区域发展体系，资源节约、环境友好的绿

① 《习近平谈治国理政》第2卷，外文出版社，2017，第252页。

② 《习近平谈治国理政》，外文出版社，2014，第77页。

色发展体系，多元平衡、安全高效的全面开放体系，充分发挥市场作用、更好发挥政府作用的经济体制。[①] 这表明，“经济体系”既包括生产力方面的内容也包括生产关系方面的内容，是一个呈现生产力与生产关系矛盾运动的中间层次范畴。上述论述不仅拓展了马克思主义政治经济学“走近现实”的理论空间，也融通了微观经济分析与宏观经济分析的“隔阂”。

第四，习近平经济思想对马克思主义政治经济学理论内容的拓展体现在关于社会主义经济发展方面的理论创新。经济发展是人类经济活动的基本追求，也是经济学家长期关注的焦点话题。马克思主义政治经济学蕴含着关于资本主义经济发展的科学分析，以及关于社会主义经济发展的理论探索。习近平经济思想立足中国社会主要矛盾发展变化，以其关于发展阶段、发展理念和发展格局的系统创新，有力推进了马克思主义政治经济学关于社会主义经济发展的理论分析。发展阶段是经济发展的历史方位。习近平在省部级主要领导干部学习贯彻党的十九届五中全会精神专题研讨班开班式上指出，全面建成小康社会、实现第一个百年奋斗目标之后，我国进入了一个新发展阶段。新发展阶段是社会主义初级阶段的一个阶段。这一阶段，是全面建设社会主义现代化国家的新阶段，是实现从站起来、富起来到强起来历史性跨越的新阶段，是推进量的积累日益接近质的飞跃从而实现社会主义从初级阶段向更高阶段迈进的新阶段。新发展阶段论是社会主义初级阶段论和发展阶段理论的重大突破，是明确阶段性发展任务、制定发展方略的根本依据。发展理念是经济发展的指导原则。习近平指出，“发展理念是否对头，从根本上决定着发展成效乃至成败”，必须坚定不移贯彻创新、协调、绿色、开放、共享的发展理念。而且，五大发展理念是具有内在联系的有机整体，不能顾此失彼，也不能相互替代，必须统一贯彻。[②] 经济发展是一个不断变化的进程，发展环境和发展条件不会一成不变，发展理念自然也不会一成不变。新发展理念科学回答了新时代中国特色社会主义实现什么样的发展、怎样实现发展这一重大问题，回答了关于

① 习近平：《深刻认识建设现代化经济体系重要性　推动我国经济发展焕发新活力迈上新台阶》，《人民日报》2018 年 2 月 1 日。

② 《习近平谈治国理政》第 2 卷，外文出版社，2017，第 197 ~ 200 页。

经济发展的目的、动力、方式、路径等一系列理论和实践问题，不仅是新时代我国经济发展实践的战略指引，也是超越已有发展理论和发展理念的重大理论创新。发展格局是经济发展的路径选择。习近平指出，加快构建以国内大循环为主体、国内国际双循环相互促进的新发展格局，是根据我国发展阶段、环境、条件变化做出的战略决策，是重塑我国国际合作和竞争新优势的战略抉择。构建新发展格局的关键在于经济循环的畅通无阻，最本质特征是实现高水平的自立自强。[①] 新发展格局理论既创新发展了马克思主义政治经济学的社会再生产理论，也写就了发展经济学新的篇章；既明确了我国实现经济现代化的路径选择，也给既希望加快现代化进程又希望保持自身独立性的国家和民族提供了全新选择，即与西方发达国家走过的掠夺式发展路径和许多发展中国家走过的依附式发展路径不同的自立式发展路径。

第五，习近平经济思想对马克思主义政治经济学理论内容的拓展体现在关于全球经济及其与国家经济之间互动关系方面的理论创新。马克思主义政治经济学积累了关于发达资本主义国家主导之下的世界经济体系以及发达国家与发展中国家“统治 - 依附”关系的丰富文献，相对缺少关于社会主义国家参与甚至主导全球经济体系从而实现各国经济共同发展的理论分析，习近平经济思想以其“人类命运共同体”理念为主旨的系列论述极大地填补了马克思主义政治经济学的上述空白。习近平指出，马克思恩格斯深刻揭示了经济全球化的本质、逻辑、过程，奠定了我们今天认识全球经济的理论基础，“总体而言，经济全球化符合经济规律，符合各方利益。同时，经济全球化是一把双刃剑，既为全球发展提供强劲动能，也带来一些新情况新挑战，需要认真面对”[②]。这也就是说，经济全球化是社会生产力发展的客观要求和科学技术进步的必然结果，是符合人类共同利益的不可逆转的历史大势，任何逆经济全球化的企图和行为都不符合人类社会的发展潮流。化解西方发达国家主导的经济全球化所导致的全球发展失衡等

① 习近平：《把握新发展阶段，贯彻新发展理念，构建新发展格局》，《求是》2021 年第 9 期。

② 习近平：《深化伙伴关系　增强发展动力——在亚太经合组织工商领导人峰会上的主旨演讲》，《人民日报》2016 年 11 月 21 日。

挑战与问题，推动经济全球化朝着更加开放、包容、普惠、平衡、共赢的方向发展，必须“构建以合作共赢为核心的新型国际关系，打造人类命运共同体”[①]。“人类命运共同体”是习近平首先提出的一个新的理念，并被写入联合国决议。它要求世界各国在追求本国利益时兼顾他国合理关切，在谋求本国发展时促进各国共同发展，建立更加平等均衡的新型全球发展伙伴关系，不断增进人类共同利益，让各国人民共享经济全球化和世界经济增长成果。这符合人类社会生产力发展的客观要求，也代表着生产关系演变的先进方向。“全球化的经济需要全球化的治理。”构建人类命运共同体，需要秉持“共商共建共享的全球治理观”，稳步推进全球经济治理体系变革，构建公正高效的全球金融治理格局、开放透明的全球贸易和投资治理格局，“增加新兴市场国家和发展中国家代表性和发言权，确保各国在国际经济合作中权利平等、机会平等、规则平等”。[②] 这样，习近平经济思想科学阐释了全球经济发展的根本趋势与一般规律，深刻揭示了各国经济之共生共荣、休戚与共的内在本质和必然要求，突破了西方国际经济理论强调利益差异、零和博弈的狭隘思维，谱写了马克思主义政治经济学世界经济理论新的篇章。

三　丰富马克思主义政治经济学政策体系

经济学是致用之学，马克思主义政治经济学更是如此。众所周知，马克思早年之所以从哲学研究走向政治经济学研究，是因为在 1842～1843 年第一次遇到要对所谓物质利益发表意见的“难事”。此后，马克思在不同时期就自由贸易、关税制度、住宅问题、工资制度以及铁路运输等许多现实经济问题发表了深刻的政策见解。例如，他曾明确指出：“保护关税真能保护商业和工业吗？我们把这种制度看作是和平时期保持战时状态的措施，

① 习近平：《携手构建合作共赢新伙伴　同心打造人类命运共同体——在第七十届联合国大会一般性辩论时的讲话》，《人民日报》2015 年 9 月 29 日。

② 习近平：《中国发展新起点　全球增长新蓝图——在二十国集团工商峰会开幕式上的主旨演讲》，《人民日报》2016 年 9 月 4 日。

这种战时状态先是针对外国，一旦实施，必然转而针对本国。”① 作为当代中国的马克思主义政治经济学，习近平经济思想遵循马克思主义政治经济学的根本立场，以解决我国经济当前和较长时期“怎么看”“怎么办”的实际问题为导向，在政策目标、手段、主线以及具体举措等方面阐发了系列重要论断，构成了指导新时代我国经济建设完整系统的政策框架，极大丰富了马克思主义政治经济学的政策体系。

习近平经济思想蕴含的政策目标包括总体目标和具体目标两个层面，具有丰富深邃的价值追求和实践要求。坚持以人民为中心的发展、不断满足人民日益增长的美好生活需要，是习近平经济思想蕴含的经济政策的总体目标。发展为了人民、发展依靠人民、发展成果由人民共享，是马克思主义政治经济学的根本立场，也是我们部署经济工作、制定经济政策的出发点和落脚点。习近平明确指出，“人民对美好生活的向往，就是我们的奋斗目标”②。制定经济政策一定“要以最广大人民根本利益为根本坐标，从人民群众最关心最直接最现实的利益问题入手”③；评判经济政策是否科学有效“最终都要看人民是否真正得到了实惠，人民生活是否真正得到了改善，人民权益是否真正得到了保障”④。也就是说，增进人民福祉、促进人的全面发展、扎实推进共同富裕是我们一切经济工作和经济政策的“根”和“魂”。围绕经济政策的总体目标，习近平经济思想提出一系列适应国内国际经济形势和阶段性发展任务需要的具体政策目标，包括党的十八大确立的“第一个百年”全面建成小康社会的宏伟目标，十九大提出的建设现代化经济体系、实现高质量发展的战略目标，以及稳增长、调结构、防风险，打赢“防范化解重大风险、精准脱贫、污染防治三大攻坚战”的目标，等等。⑤ 需要指出的是，上述总体目标与具体目标一起构成了一个指向明确、逻辑清晰、有机统一的政策目标体系。总体目标体现了我们党全心全意为人民服务的根本宗旨，体现了社会主义和共产主义的本质要求，体现

① 《马克思恩格斯全集》第40卷，人民出版社，1982，第322页。

② 《习近平谈治国理政》，外文出版社，2014，第4页。

③ 《习近平关于全面建成小康社会论述摘编》，中央文献出版社，2016，第148页。

④ 《十八大以来重要文献选编》上，中央文献出版社，2014，第698页。

⑤ 胡鞍钢、张新：《习近平经济思想与政策框架》，《现代财经》2018年第3期。

了人民是推动历史发展的根本力量的唯物史观。它坚持和发展了我们党部署经济工作、制定经济政策的根本遵循，也是当前和今后一个时期确定发展思路、制定经济政策的根本要求。具体目标是总体目标在一定阶段或一定领域的逻辑延伸和具体呈现。它既明确了中长期经济发展的战略任务，又确定了应对短期经济问题的行动要求。这样，总体目标与具体目标构成的有机整体使得国家重大经济举措能够紧密衔接、协调一致、远近兼顾，摆脱了西方国家政策目标频繁变换所导致的“政治周期”，彰显出“一张蓝图绘到底”的中国特色社会主义制度优势。

习近平经济思想蕴含的政策手段包括基本手段与具体手段两种类型，构成系统完备、搭配紧密的政策手段体系。需求侧管理和供给侧管理是习近平经济思想蕴含的经济政策的基本手段。习近平指出，供给侧管理和需求侧管理是管理和调控经济的两个基本手段。“需求侧管理，重在解决总量性问题，注重短期调控，主要是通过调节税收、财政支出、货币信贷等来刺激或抑制需求，进而推动经济增长。供给侧管理，重在解决结构性问题，注重激发经济增长动力，主要通过优化要素配置和调整生产结构来提高供给体系质量和效率，进而推动经济增长。”“纵观世界经济发展史，经济政策是以供给侧为重点还是以需求侧为重点，要依据一国宏观经济形势作出抉择。放弃需求侧谈供给侧或放弃供给侧谈需求侧都是片面的，二者不是非此即彼，一去一存的替代关系，而是要相互配合、协调推进。”① 需求侧和供给侧所反映出的经济问题既涉及生产力也涉及生产关系，既涉及经济基础也涉及上层建筑。从供需两侧协同发力、精准施策是马克思主义政治经济学分析方法的逻辑必然，也是马克思主义政治经济学基本原理的灵活运用和政策思想的重大创新。围绕政策目标和基本手段的操作实施，习近平经济思想提出了系统完整的具体政策手段，包括财政政策、货币政策、产业政策、分配政策以及体制变革等不同方面。这些政策手段既有总量性手段，也有结构性和制度性政策手段，而且尤为强调通过结构性调整和制度性变革实现经济政策的目标要求。习近平指出，当前我国经济运行面临的突出矛盾和问题，虽然有周期性、总量性因素，但结构性问题最为突出，

---

① 《习近平关于社会主义经济建设论述摘编》，中央文献出版社，2017，第99页。

矛盾的主要方面是“重大结构性失衡”，因此结构性调整是确保我国经济健康发展的“治本良药”。他又指出，造成结构性矛盾的根本原因是“体制机制障碍”，解决的“根本途径是深化改革”，必须通过体制变革消除影响要素合理流动、资源优化配置的各种障碍，充分发挥市场的决定性作用，更好发挥政府作用。[①] 这意味着，经济政策必须既关注总量性变量，更应关注结构性和制度性变量，政策操作必须延伸至结构和制度层面，充分发挥结构调整和体制变革的政策效应，从而突破了传统经济学关于政策手段的狭隘认知。

习近平经济思想蕴含的当前和今后一个时期我国经济工作的政策主线是供给侧结构性改革，它规定着经济政策的操作思路和主攻方向。习近平指出，推进供给侧结构性改革“是在综合分析世界经济长周期和我国经济发展新常态的基础上，对我国经济发展思路和工作着力点的重大调整，是化解我国经济发展面临困难和矛盾的重大举措，也是培育增长新动力、形成先发新优势、实现创新引领发展的必然要求和选择”[②]。作为经济发展新常态下我国经济工作和经济政策必须确立的战略思路，供给侧结构性改革的“最终目的是满足需求，主攻方向是提高供给质量，根本途径是深化改革”[③]。因此，推进供给侧结构性改革必须从调结构入手，做好加减乘除法。做加法，就是发现和培育新增长点，扩大有效供给和中高端供给，补短板、惠民生，加快发展新技术、新产业、新产品，为经济增长培育新动力；做减法，就是压缩落后产能、化解产能过剩，减少低端供给和无效供给，去产能、去库存、去杠杆，为经济发展留出新空间；做乘法，就是全面推进科技、管理、市场、商业模式创新，充分发挥科技创新对经济发展的乘数效应；做除法，就是扩大分子、缩小分母，降低能源资源消耗密度，避免各类发展风险，提高劳动生产率和资本回报率。同时，推进供给侧结构性改革也必须把握其“本质属性是深化改革”。必须深化市场体制机制改革、深化行政管理体制改革，打破垄断、鼓励创新，使价格机制真正引导资源

① 《习近平关于社会主义经济建设论述摘编》，中央文献出版社，2017，第 105 ~ 106 页。

② 《习近平关于社会主义经济建设论述摘编》，中央文献出版社，2017，第 107 页。

③ 《习近平关于社会主义经济建设论述摘编》，中央文献出版社，2017，第 115 页。

配置，增强微观主体内生活力。只有这样，才能有效化解我国经济长期形成的各类结构性失衡，提高全要素生产率和社会生产力水平，使供给能力和供给质量更好地满足人民日益增长的美好生活需要，落实好以人民为中心的发展思想。这表明，“供给侧结构性改革”既强调供给又关注需求，既突出发展社会生产力又注重完善生产关系，既发挥市场配置资源的决定性作用又更好发挥政府作用，既着眼当前又立足长远，从而既超越了凯恩斯主义过分突出需求管理和政府干预而忽视供给管理和市场功能的思维局限，也超越了西方供给学派过分突出供给管理和市场功能而忽视需求管理和政府作用的偏狭认知，是马克思主义政治经济学政策思想的又一重大创新。

习近平经济思想蕴含的政策举措涵盖战略性政策部署及其统摄之下的战术性政策安排，具体阐明了我国经济工作必须坚持的行动方略和操作指南。战略性政策部署是我国经济工作必须长期坚持、面向未来战略目标的行动方略。主要包括：(1) 深入实施科教兴国战略、人才强国战略、创新驱动发展战略，完善国家创新体系，加快建设科技强国；(2) 坚持实施制造强国战略，坚持以实体经济作为发展经济的着力点，提升产业链供应链现代化水平，推动经济体系优化升级；(3) 加快实施扩大内需战略，畅通国内大循环，促进国内国际双循环，形成强大国内市场，构建新发展格局；(4) 全面实施乡村振兴战略，优先发展农业农村，坚持走中国特色社会主义乡村振兴道路；(5) 坚持实施区域重大战略、区域协调发展战略、主体功能区战略和新型城镇化战略，健全区域协调发展体制机制，构建高质量发展的国土空间布局和支撑体系；(6) 深入实施可持续发展战略，促进经济社会发展全面绿色转型，建设人与自然和谐共生的现代化；(7) 坚定实施国家安全战略，统筹发展和安全，加强国家安全体系和能力建设，确保国家经济安全，落实总体国家安全观；(8) 全面落实“一带一路”倡议，坚持实施更大范围、更宽领域、更深层次对外开放，建设更高水平开放型经济新体制，积极参与全球经济治理体系改革。战术性政策安排是战略性政策部署统摄之下、既针对当下问题又面向未来目标的经济工作行动指南，其涉及范围和具体内容十分广博，包括强化国家战略科技力量、保持制造业占比基本稳定、发展战略性新兴产业、促进“三去一降一补”、深化国有企业和国有资本管理体制改革、全面实施市场准入负面清单制度、建立现代财税金融体制、建设高标准市场体系、完善承包地三权分置制度、深化农村集体产权制度改革、推进以人为核心的新型城镇化、加快推动碳达峰和碳中和、完善资源价格形成机制、强化就业优先政策、扩大中等收入群体、推动贸易自由化便利化、完善自由贸易试验区布局，等等，涵盖科技创新、产业升级、扩大内需、能源安全、精准脱贫、住房制度、产权保护等方方面面。上述战略性政策部署和战术性政策安排相互配合、紧密衔接，统筹协调局部与全局、当前与长远、国内与国际多重关系，着力实现宏观政策要稳、产业政策要准、微观政策要活、改革政策要落实、社会政策要托底的政策组合，充分彰显出坚持问题导向、坚持稳中求进、坚持底线思维、坚持系统观念等马克思主义方法论分析和解决经济问题的强大力量。

四　弘扬马克思主义政治经济学时代价值

习近平指出，马克思主义政治经济学是马克思主义的重要组成部分，也是我们坚持和发展马克思主义的必修课；认为马克思主义政治经济学已经过时、《资本论》已经过时的论断，既是武断的也是错误的。[①]“一部马克思主义发展史就是马克思、恩格斯以及他们的后继者们不断根据时代、实践、认识发展而发展的历史，是不断吸收人类历史上一切优秀思想文化成果丰富自己的历史。因此，马克思主义能够永葆其美妙之青春，不断探索时代发展提出的新课题，回应人类社会面临的新挑战。”[②] 作为当代中国的马克思主义政治经济学、21 世纪的马克思主义政治经济学，习近平经济思想立足中国国情和发展实践，把马克思主义政治经济学基本原理与时代具体实际相结合，深入研究世界经济和中国经济面临的新情况新问题，赋予马克思主义政治经济学新的时代特征、全球视野和中国元素，坚持和发展了马克思主义政治经济学分析方法、理论内容和政策体系，不仅指引着我国全面建成小康社会、全面建设社会主义现代化国家的伟大实践，也为发展中国家走向现代化、为解决当今世界经济的发展难题贡献了中国智慧和

① 习近平：《不断开拓当代中国马克思主义政治经济学新境界》，《求是》2020 年第 16 期。

② 习近平：《在纪念马克思诞辰 200 周年大会上的讲话》，人民出版社，2018，第 9～10 页。

中国方案，而且为坚持和发展马克思主义政治经济学、中国特色社会主义政治经济学提供了理论基石和方向指引，彰显出马克思主义政治经济学与时俱进的理论品格和时代价值。

习近平经济思想指引着我国全面建成小康社会、全面建设社会主义现代化国家的伟大实践。党的十八大以来，面对复杂严峻的国内国际经济形势，以习近平同志为核心的党中央领导中国经济巨轮沿着高质量发展的航向稳步前行，经济结构不断优化，发展动能快速转换，人民生活显著改善，获得感、幸福感、安全感明显增强，决胜全面建成小康社会取得决定性成就。2020 年，我国经济总量突破 100 万亿元大关，脱贫攻坚取得全面胜利，经济实力、科技实力、综合国力跃上新的台阶。上述历史性成就和历史性变革的取得，最根本的就在于坚持习近平经济思想的科学指引。当前和今后一个时期，我国发展环境依然面临深刻复杂变化。2020 年 8 月 24 日，习近平总书记在经济社会领域专家座谈会上的重要讲话中指出，“面对错综复杂的国内外经济形势，面对形形色色的经济现象，学习领会马克思主义政治经济学基本原理和方法论，有利于我们掌握科学的经济分析方法，认识经济运动过程，把握经济发展规律，提高驾驭社会主义市场经济能力，准确回答我国经济发展的理论和实践问题”①。习近平经济思想是我国经济发展成功实践的规律性认识和理论结晶，是马克思主义政治经济学的最新成果。推动中国特色社会主义经济持续健康发展，最根本的依然在于坚持习近平经济思想的科学指引，最为关键的就是必须立足新发展阶段、贯彻新发展理念、构建新发展格局。立足新发展阶段，必须深入把握我国经济社会发展需要面临新的外部环境、解决新的主要矛盾、实现新的奋斗目标；必须保持战略定力，坚定中国特色社会主义道路自信、理论自信、制度自信、文化自信；必须强化机遇意识和风险意识，防范化解那些可能迟滞甚至中断中华民族伟大复兴进程的重大风险，积极推动我国由社会主义初级阶段迈向更高阶段。贯彻新发展理念，必须做到完整、准确、全面，把新发展理念贯穿于发展全过程和各领域，切实转变发展方式，推动质量变革、效率变革、动力变革，实现更高质量、更有效率、更加公平、更可持续、

① 习近平：《在经济社会领域专家座谈会上的讲话》，《人民日报》2020 年 8 月 25 日。

更为安全的发展。构建新发展格局，必须全面优化升级产业结构，形成更高效率和更高质量的投入产出关系，持续不断地实现社会再生产过程；必须更加强调自主创新，实现关键核心技术自主可控，塑造我国国际经济合作和竞争新优势。

习近平经济思想为发展中国家和人类社会实现经济健康发展贡献了中国智慧和中国方案。发展是人类社会永恒的主题。一直以来，为发展中国家提供理论指导和政策建议是西方主流经济学的“专利”，但是，西方主流经济学开出的“药方”并不灵验，相当多数的发展中国家不仅未能据此有效地摆脱贫困，反而长期滞留于恶性循环的“贫困陷阱”，不断拉大与发达国家之间的发展差距。[①] 与之不同，习近平经济思想强调，经济发展必须是科学发展，是创新发展、协调发展、绿色发展、开放发展和共享发展的有机统一。也就是说，习近平经济思想所倡导的经济发展不仅重视经济总量的规模扩大，也更为重视经济体系和经济结构的质量提升和质态改进；不仅重视国际循环和对外开放，也更为重视国内循环和自立自强；不仅重视物质水平的持续提升，也更为重视人的全面发展和人与自然的和谐共生。党的十八大以来中国经济社会发展取得的突出成就表明，习近平经济思想不仅深化了人们对于经济发展内在本质的科学认识，也切实给那些渴望加快发展的发展中国家提供了全新选择，西方主流经济学的理论模型和西方发达国家的发展道路绝非发展中国家的唯一“模板”。同时，习近平经济思想也为全球经济和人类社会实现健康发展提供了全新选择。2008 年国际金融危机爆发以来，世界经济步入深度调整，单边主义、保护主义持续升温，逆经济全球化暗流涌动，全球经济和人类社会的健康发展面临严峻挑战。面对“世界怎么了、我们怎么办”的“世界之问”，习近平经济思想给出了中国答案：构建人类命运共同体。习近平指出：“在经济全球化深入发展的今天，弱肉强食、赢者通吃是一条越走越窄的死胡同，包容普惠、互利共赢才是越走越宽的人间正道。”[②] 各国应该超越差异和分歧，携手应对全人类共同面临的风险和挑战，推动经济全球化朝着更加开放、包容、普惠、

① 刘伟：《新时代中国经济发展的逻辑》，《中国社会科学》2018 年第 9 期。

② 《习近平谈治国理政》第 3 卷，外文出版社，2020，第 202 页。

平衡、共赢的方向发展。可以说，推动构建人类命运共同体不仅有助于解决当今世界经济的发展难题，而且有助于长久实现世界各国的共同发展；不仅是保障经济全球化沿着正确方向前行的有效举措和科学手段，也是推动实现人类进步与解放的全新理念和根本指引；不仅符合世界经济长远发展的历史趋势，而且符合人类社会长远发展的客观规律，必将推动资本主义世界经济体系转向社会主义世界经济体系。

习近平经济思想为坚持和发展中国特色社会主义政治经济学提供了理论基石和方向指引。思想来源于实践，又用来指导实践，并通过实践而升华。习近平经济思想是中国特色社会主义实践创新的经验总结和理论结晶，也必将伴随中国特色社会主义伟大实践而丰富和完善，从而进一步推动中国特色社会主义政治经济学的繁荣和发展。“从当前国民经济的事实出发”，是马克思主义政治经济学的一贯主张。习近平指出，坚持和发展中国特色社会主义政治经济学必须“以更加宽阔的眼界审视马克思主义在当代发展的现实基础和实践需要，坚持问题导向，坚持以我们正在做的事情为中心，聆听时代声音，更加深入地推动马克思主义同当代中国发展的具体实际相结合”①。作为中国特色社会主义政治经济学的最新成果，习近平经济思想正是这一“结合”的产物，诸如经济新常态、供给侧结构性改革、高质量发展、新发展理念、新发展阶段、新发展格局等重要论断也正是对中国发展的“时代之问”的科学回答。新时代改革开放和全面建设社会主义现代化国家的丰富实践是理论研究和政策探析的“富矿”。坚持和发展中国特色社会主义政治经济学，必须立足中国国情，从中国实践中来、到中国实践中去，系统总结我国社会主义现代化建设新征程的实践经验，尤其是科学提炼立足新发展阶段、贯彻新发展理念、构建新发展格局的新经验新成果。同时，必须树立国际视野和全球意识，准确把握中国经济与世界经济联系互动的新情况新特点，努力打造易于被国际社会所理解和接受的新概念、新范畴、新表述。总之，新时代坚持和发展中国特色社会主义政治经济学，必须按照立足中国、借鉴国外，挖掘历史、把握当代，关怀人类、面向未来的思路，坚持以马克思主义政治经济学为指导，合理借鉴西方经济学有

① 《习近平谈治国理政》第2卷，外文出版社，2017，第34页。

益成分，充分吸收中华优秀传统经济思想，深入研究中国经济和世界经济发展实践的新问题新规律，不断把实践经验上升为系统化的经济学说，不断开拓马克思主义政治经济学的新境界。

（本文发表于《马克思主义研究》2021年第8期）

中国特色社会主义政治经济学如何助力社会主义现代化国家建设

张　旭*

党的十九届五中全会制定了“十四五”时期的主要任务，擘画了2035年全面建设社会主义现代化国家的远景目标，为未来15年的发展道路进行了总体设计。展望2035年，中国特色社会主义政治经济学需要加紧实践基础上的理论创新，实现中国特色社会主义政治经济学的现代化，助力全面建设社会主义现代化国家。

第一，在深化改革开放和全面建设社会主义现代化新征程中，不断深化对习近平经济思想的理解和认识。2015年11月23日，中共中央政治局就马克思主义政治经济学基本原理和方法论进行了第28次集体学习。中共中央总书记习近平在主持学习时强调，要立足我国国情和我国发展实践，揭示新特点新规律，提炼和总结我国经济发展实践的规律性成果，把实践经验上升为系统化的经济学说，不断开拓当代中国马克思主义政治经济学新境界。① 同年12月21日结束的中央经济工作会议首次在中央层面提出“要坚持中国特色社会主义政治经济学的重大原则”。② 2017年12月20日结束的中央经济工作会议正式提出“习近平新时代中国特色社会主义经济思

* 张旭，经济学博士，中国社会科学院经济研究所教授、博士生导师，中国社会科学院当代中国马克思主义政治经济学创新智库秘书长，全国中国特色社会主义政治经济学研究中心（中国社会科学院）副主任。

① 习近平：《立足我国国情和我国发展实践　发展当代中国马克思主义政治经济学》，《人民日报》2015年11月25日。

② 《中央经济工作会议在北京举行　习近平李克强作重要讲话》，共产党员网，http://news.12371.cn/2015/12/21/ARTI1450693867270300.shtml，2015年12月21日。

想”，指出习近平经济思想是“中国特色社会主义政治经济学的最新成果，是党和国家十分宝贵的精神财富，必须长期坚持、不断丰富发展”。[①] 以新发展理念为主要内容的习近平经济思想，包括了坚持中国特色社会主义政治经济学的根本立场、坚持以人民为中心的发展思想、坚持加强党对经济工作的集中统一领导、坚持使市场在资源配置中起决定性作用和更好发挥政府作用、建设现代化经济体系、坚持适应我国经济发展主要矛盾变化完善宏观调控，相机抉择，开准药方，把推进供给侧结构性改革作为经济工作的主线等丰富的思想内容。

党的十九大以来，为统筹中华民族伟大复兴战略全局和世界百年未有之大变局，习近平总书记针对正确认识和把握中长期经济社会发展重大问题又提出了一系列新的经济思想：以辩证思维看待新发展阶段的新机遇新挑战，以畅通国民经济循环为主构建国内大循环为主体、国内国际双循环相互促进的新发展格局，以科技创新催生新发展动能，以深化改革激发新发展活力，以高水平对外开放打造国际合作和竞争新优势，以共建共治共享拓展社会发展新局面。这些思想需要广大经济理论工作者深入理解、深刻领会，不断形成“系统化的经济学说”，取得新的理论成果和理论突破。

第二，补齐短板、突出重点、厘清概念、明晰逻辑，进一步完善和深化中国特色社会主义政治经济学理论和体系，切实提高中国特色社会主义政治经济学的科学性，增强解释力、说服力。理论源于实践，又用来指导实践。习近平总书记指出，“学习马克思主义政治经济学，是为了更好指导我国经济发展实践，既要坚持其基本原理和方法论，更要同我国经济发展实际相结合，不断形成新的理论成果”，要求广大经济理论工作者要创造“适应当代中国国情和时代特点的政治经济学”。改革开放以来尤其是党的十八大以来，我们提出了一系列的创新性观点。比如，深刻认识我国社会主要矛盾发展变化带来的新特征新要求，提出了关于创新、协调、绿色、开放、共享的新发展理念的理论，关于完善社会主义市场经济、使市场在资源配置中起决定性作用和更好发挥政府作用的理论，关于我国经济发展进

---

① 《中央经济工作会议举行　习近平李克强作重要讲话》，共产党员网，https://news.12371.cn/2017/12/20/ARTI1513767487382671.shtml，2017 年 12 月 20 日。

入新常态、深化供给侧结构性改革、推动经济高质量发展的理论，关于推动新型工业化、信息化、城镇化、农业现代化同步发展和区域协调发展的理论，关于农民承包的土地具有所有权、承包权、经营权属性的理论，关于加快形成以国内大循环为主体、国内国际双循环相互促进的新发展格局的理论，关于统筹发展和安全的理论，等等。这些理论，马克思主义经典作家没有讲过，都是针对中国特色社会主义经济建设中的具体问题的理论总结和实践探索，不仅有力地指导了我国的经济发展实践，也开拓了马克思主义政治经济学的新境界。

但是，我们也必须清醒地认识到，我们取得的这些理论成果，有的是理论认识的突破，比如，使市场在资源配置中起决定作用和更好发挥政府作用的理论，更多的是在具体实施措施、具体战略上的谋划，尚未上升到理论层面；还有一些认识，比如，将社会主义初级阶段的分配制度和社会主义市场经济体制上升为社会主义基本经济制度，还需要在理论层面进一步论证。2020 年 8 月 24 日召开的经济社会领域专家座谈会上，习近平总书记在讲话中指出："面对错综复杂的国内外经济形势，面对形形色色的经济现象，学习领会马克思主义政治经济学基本原理和方法论，有利于我们掌握科学的经济分析方法，认识经济运动过程，把握经济发展规律，提高驾驭社会主义市场经济能力，准确回答我国经济发展的理论和实践问题。"① 我们在改革开放过程中，在发展理念、所有制、分配体制、政府职能、市场机制、宏观调控、产业结构、企业治理结构、民生保障、社会治理等重大问题上提出了许多重要论断，要使这些"重要论断"成为"系统化的经济学说"，还需要我们准确运用马克思主义政治经济学的方法论，提炼总结新经济范畴，不断实现理论创新的体系化，增强理论创新之间的逻辑性，不仅要"系统化"，还要"科学化"。所谓科学化，就是必须坚持中国特色社会主义政治经济学的马克思主义政治经济学属性，必须坚持发展为了人民这一马克思主义政治经济学的根本立场，这一点任何时候也不能动摇。随着我国迈入新发展阶段，改革也面临新的任务，必须拿出更大的勇气、更多的举措破除深层次体制机制障碍，守正创新、开拓创新，深化对我国

① 习近平：《在经济社会领域专家座谈会上的讲话》，《人民日报》2020 年 8 月 25 日。

经济发展规律的认识。这一深化认识的过程，就是中国特色社会主义政治经济学不断完善的过程。坚持实践导向，坚持问题导向，运用马克思主义的基本理论和分析方法回答时代课题，将中国特色社会主义政治经济学研究推向一个新的阶段。

第三，在全面建设社会主义现代化国家新征程中，不断实现中国特色社会主义政治经济学的现代化，实现马克思主义政治经济学的现代化。马克思曾经深刻地指出："一个时代的迫切问题，有着和任何在内容上有根据的因而也是合理的问题共同的命运：主要的困难不是答案，而是问题。因此，真正的批判要分析的不是答案，而是问题。""世界史本身，除了用新问题来回答和解决老问题之外，没有别的方法。因此，每个时代的谜语是容易找到的。这些谜语都是该时代的迫切问题，如果说在答案中个人的意图和见识起着很大作用，因此，需要用老练的眼光才能区别什么属于个人，什么属于时代，那么相反，问题却是公开的、无所顾忌的、支配一切个人的时代之声。问题就是时代的格言，是表现时代自己内心状态的最实际的呼声。"[①] 中国的现代化发展历程已经清晰地表明，我们已经完成了从农业国向工业国转变的第一阶段的物质意义上的现代化，已经进入全面社会主义现代化国家建设的新征程。因此，新的时代提出了新的"时代之谜"。要想回答"时代之谜"，首先要对已有的"答案"进行再次提问，以发现过去在解决问题的同时产生和遗留下了哪些新的问题；其次还要回答新的"时代之谜"，找到谜语的答案。

这就必须运用马克思主义政治经济学唯物辩证法来一体化地分析社会主义建设的过去、现在和将来。马克思在说明其《资本论》所运用的方法时，强调了"辩证法在对现存事物的肯定的理解中同时包含对现存事物的否定的理解，即对现存事物的必然灭亡的理解；辩证法对每一种既成的形式都是从不断的运动中，因而也是从它的暂时性方面去理解；辩证法不崇拜任何东西，按其本质来说，它是批判的和革命的"[②]。因此，中国特色社会主义政治经济学的现代化，就要对我国整个现代化的历程有充分的、客

① 《马克思恩格斯全集》第 1 卷，人民出版社，1995，第 203 页。

② 《马克思恩格斯文集》第 5 卷，人民出版社，2009，第 22 页。

观的理解，对世界现代化的一般规律和我国社会主义现代化的特殊规律进行深入的思考，总结正反两方面的经验，将中国特色社会主义政治经济学建立在对社会主义现代化实践进程的科学把握基础之上。同时，还要善于运用马克思的“从后思索”的方法论原则，深刻认识我国现代化所处的历史方位。马克思在《〈政治经济学批判〉导言》中对“从后思索”形象地称之为“人体解剖对于猴体解剖是一把钥匙。反过来说，低等动物身上表露的高等动物的征兆，只有在高等动物本身已被认识之后才能理解”①。马克思在《资本论》中论述“商品的拜物教性质及其秘密”时指出，“对人类生活形式的思索，从而对这些形式的科学分析，总是采取同实际发展相反的道路。这种思索是从事后开始的，就是说，是从发展过程的完成的结果开始的”②。所以，中国特色社会主义政治经济学的现代化不仅要和已经完成的现代化进程相呼应，也要和已经开启的全面建设社会主义现代化国家的实践相共振，不断分析、总结、纠正形成的观点和观念，不断深入新征程实践，检验一系列新论断，并在反复的实践、认识、再实践、再认识的过程中，不断开拓当代中国马克思主义政治经济学的新境界。

（本文发表于《当代经济研究》2021 年第 2 期）

---

① 《马克思恩格斯文集》第 8 卷，人民出版社，2009，第 29 页。

② 《马克思恩格斯文集》第 5 卷，人民出版社，2009，第 93 页。

所有制结构调整的演进逻辑、现实基础与政策取向

杨新铭　杜　江*

2020年5月11日印发的《中共中央国务院关于新时代加快完善社会主义市场经济体制的意见》，是对党的十九届四中全会提出的“三位一体”社会主义基本经济制度的深化阐释和战略部署。把经济运行机制（资源配置方式）与所有制结构、分配制度并列进行制度化，体现了社会主义制度的优越性、包容性和与时俱进等优秀品质。市场经济体制要求多元化市场主体，而改革开放以来的中国经济所有制结构正是按照多元化路径发展调整的。不同的是，前期以增量改革为主，不同所有制经济表现为各自发展；而后期伴随改革的不断深化，不同所有制市场主体呈现融合发展的特征。按照上述路径发展的主要原因，是我国所有制结构调整所经历的“实践—政策—法律—制度”的特殊演进过程，并且这一制度化过程适应了我国社会主义初级阶段社会生产力发展的内在规律性要求，是党和人民的一项伟大创造。

一　所有制结构调整的演进逻辑

经过四十多年的改革，我国经济已形成“公有制为主体，多种所有制经济共同发展”的所有制结构。所有制结构的调整过程一般是以实践推动

* 杨新铭，经济学博士，中国社会科学院经济研究所研究员、中国社会科学院大学教授；杜江（通讯作者），经济学博士，中国社会科学院办公厅副研究员、中国社会科学院大学副教授。

突破改革效率，以政策总结推广改革经验，以理论深化定型改革成果。这一过程贯穿了四十多年的改革进程。一般认为，党的十一届三中全会的重要意义在于开启了一个改革开放历史新时期；党的十四大则为这个历史阶段的经济体制改革确定了主题和目标，即建立中国特色社会主义市场经济体制，而这正是所有制结构调整的时代基础和改革动力。两次划时代的重要会议及其理论的形成都是建立在前期改革实践已经取得一定成绩的基础上。党的十一届三中全会时，以包产到组、包产到户为代表的农村改革和以放权让利为核心的国有企业改革均已开启；到党的十四大时，经济体制改革的重心已经转向城市，国有企业改革成为城市改革的重点。与此同时，非公有制经济经过 20 世纪 80 年代的发展已初具规模，尤其是乡镇企业异军突起、迅猛发展，一些问题在政策和理论上亟须予以明确和解决。

1992 年初，邓小平同志发表南方谈话，从根本上冲破了长期以来市场经济“姓资姓社”的困扰，最大限度地在党内外达成了发展共识，并指出判断改革开放工作得失成败的标准就是“三个有利于”，即“是否有利于发展社会主义社会的生产力、是否有利于增强社会主义国家的综合国力、是否有利于提高人民的生活水平”。以后的改革工作都是因循这一标准展开的。南方谈话为建立社会主义市场经济奠定了理论基础，把改革开放和现代化建设推进到了新的阶段。1992 年，党的十四大确立建设社会主义市场经济体制的目标后，所有制结构调整的大幕正式拉开。开启所有制调整序幕的是对公有制主体与非公有制经济补充地位的确定，即“以公有制包括全民所有制和集体所有制经济为主体，个体经济、私营经济、外资经济为补充，多种经济成分长期共同发展”。尽管是补充地位，但以党的决议形式给予了非公有制经济明确的地位。党的十四届三中全会又对公有制主体地位做出了进一步说明，即“公有制的主体地位主要体现在国家和集体所有的资产在社会总资产中占优势，国有经济控制国民经济命脉及其对经济发展的主导作用等方面”。关于公有制主体地位的范围、作用的界定，为公有制经济大规模退出和最大限度发展非公有制经济奠定了政策基础。此后，所有制结构进一步调整的方针在十四届五中全会上被确定为“在积极促进国有经济和集体经济发展的同时，允许和鼓励个体、私营、外资等非公有制经济发展，并正确引导，加强监督，依法管理，使它们成为社会主义经济的必要补充”。

1997 年，党的十五大报告将“公有制为主体、多种所有制经济共同发展”确定为社会主义初级阶段的基本经济制度。其中，非公有制经济的地位进一步提高，从“社会主义经济的必要补充”演变为“社会主义市场经济的重要组成部分”。需要说明的是，党的十五届五中全会通过的《中共中央关于制定国民经济和社会发展第十个五年计划的建议》从学理上阐释了所有制结构多样性是由我国社会主义初级阶段社会生产力水平的多层次性所决定的。这为非公有制经济快速发展提供了学理基础。此后，所有制结构调整的主要方针明确为坚持和完善基本经济制度。

2002 年，党的十六大报告提出“毫不动摇地巩固和发展公有制经济和毫不动摇地鼓励、支持和引导非公有制经济发展”。至此，公有制和非公有制经济不再是对立关系，而是共融于社会主义市场经济中。党的十六届三中全会进一步强调“产权是所有制的核心和主要内容”，而完善基本经济制度的内在要求是“建立归属清晰、权责明确、保护严格、流转顺畅的现代产权制度”。同时，此次会议的重要亮点是放宽非公有制经济的市场准入，即“允许非公有资本进入法律法规未禁入的基础设施、公用事业及其他行业和领域”，并且进一步赋予了非公有制经济作为社会主义市场经济的组成部分与公有制经济平等的地位，即“非公有制企业在投融资、税收、土地使用和对外贸易等方面，与其他企业享受同等待遇”。不仅如此，为促进非公有制经济发展，2005 年国务院印发了《关于鼓励支持和引导个体私营等非公有制经济发展的若干意见》（“非公经济 36 条”），提出要开始建设与支持非公有制经济相关的财税金融、权益维护和监管指导等配套制度，并允许垄断行业（关系经济安全的行业除外）向民营经济开放。2010 年国务院又印发了《关于鼓励和引导民间投资健康发展的若干意见》（“非公经济新 36 条”），进一步拓宽民间资本投资的领域和范围，鼓励和引导民间资本向更多领域发展。对民营经济而言，能放开的领域基本上都已经涉及了。由此可见，从党的十六大到十七大，完善基本经济制度的着力点是构建不同所有制经济公平发展的环境，强调在“坚持两个毫不动摇”的前提下在平等保护物权的方向上展开。

2012 年，党的十八大召开，标志着中国经济发展进入新时代。新时代需要凝聚新共识，新共识就是通过制度化和法治化巩固社会主义改革开放成果，促成中国经济体制从不定型逐渐向确定型转变。表现在所有制结构调整上，就是在“两个毫不动摇”的基础上继续推进公有制与非公有制经济在社会主义经济中享有平等地位。党的十八届三中全会明确指出，“公有制为主体、多种所有制经济共同发展的基本经济制度，是中国特色社会主义制度的重要支柱，也是社会主义市场经济体制的根基”。强调基本经济制度是社会主义制度的重要支柱和社会主义市场经济体制的根基，目的是将公有制和非公有制经济都作为社会主义社会的重要基础，发挥重要作用。为此，党的十八届三中全会通过的《中共中央关于全面深化改革若干重大问题的决定》（下文简称《决定》）进一步指出，“公有制经济和非公有制经济都是社会主义市场经济的重要组成部分，都是我国经济社会发展的重要基础”，“公有制经济财产权不可侵犯，非公有制经济财产权同样不可侵犯”。此外，《决定》还指出，“混合所有制经济是基本经济制度的重要实现形式”。这为公有制经济和非公有制经济共同发展，特别是国有经济和非国有经济进一步融合奠定了思想与政策基础，也为废除各类不合理规定和消除各种隐性壁垒扫清了制度障碍，为非公有制经济发展创造了公平环境。但是，鼓励非公有制经济参与国有企业改革，特别是发展非公有制经济控股的混合所有制企业，必须先要完善所有企业的现代企业制度，如此才能在一个制度体系内进行监管。不仅如此，深化国有企业改革要在准确界定企业功能的基础上实施分类监管，并通过管资本完善国有企业资产管理体制，进一步放开竞争性领域和竞争性环节，将国有资本进一步集中投向关系国家安全、国民经济命脉的重要行业和关键领域。党的十八届四中全会的重要意义在于确立了法律在市场经济中的关键作用，强调社会主义市场经济本质上是法治经济，贯彻落实党的十八届三中全会所要求的“使市场在资源配置中起决定性作用和更好发挥政府作用”，必须完善社会主义市场经济法律制度以规范市场主体的行为，并确保不同主体的法律平等地位，即坚持以公平为核心的产权保护制度，保护不同所有制经济组织和自然人的财产权。

党的十九大报告勾勒和阐释了新时代坚持和发展中国特色社会主义的基本方略，共“十四个坚持”。其中，重要的一项是坚持和完善我国社会主义基本经济制度和分配制度，在完善社会主义市场经济体制下坚持“两个毫不动摇”，持续推进混合所有制改革，进一步将完善国有资产管理体制聚焦改革国有资本授权经营体制，推动国有资本做强做优做大，培育具有全球竞争力的世界一流企业。从党的十九大报告的内容看，基本经济制度（主要是所有制结构）和分配制度以及市场经济体制等三项内容都已作为新时代坚持和发展中国特色社会主义的基本方略，也已成为构成我国社会主义经济制度的主要内容。党的十九届四中全会进一步把“公有制为主体、多种所有制经济共同发展，按劳分配为主体、多种分配方式并存，社会主义市场经济体制等”并行统一在社会主义基本经济制度中，这显然是一个政策制度化的过程。应该说，多种所有制、分配制度和市场经济体制是三位一体的有机整体，既体现了生产力标准——要不断解放和发展社会生产力，又体现了社会主义特色——要充分发挥市场在资源配置中的决定性作用和更好发挥政府作用。只有将两个方面讲清讲全，才能避免政策误读、执行偏差，也才能在发挥市场配置资源的效率优势的同时，避免市场经济带来的负面影响，从而为深入贯彻新发展理念、坚持供给侧结构性改革的主线、建设现代化经济体系提供制度保障。

梳理改革开放以来党的历次重要决议中关于所有制结构调整的政策演进过程，可以清楚地发现，无论是放权让利、“两个毫不动摇”，还是混合所有制改革，乃至“三位一体”社会主义基本经济制度的确立，都是在凝聚各方共识的基础上逐步形成的，而只有凝聚最广泛的共识才能真正促成并推进所有制结构的深度调整。

二　学术界的共识与分歧

所有制改革共识的达成在早期是相对容易的，原因是所有制改革的起点是纯而又纯的公有制（包括国有经济和集体经济），改革并未“动摇”公有制在国民经济中的独大地位。就如邓小平同志所讲，“多搞点‘三资’企业，不要怕。只要我们头脑清醒，就不怕。我们有优势，有国营大中型企业，有乡镇企业，更重要的是政权在我们手里”①。但随着非公有制经济的

① 《邓小平文选》第3卷，人民出版社，1993，第372～373页。

快速发展，特别是20世纪90年代中期国有经济“抓大放小”改革后，国有经济规模呈现缩小趋势，这一趋势直到2003年国资委成立、国有经济从战略调整转向完善内部治理机制才结束。以国有经济为主的公有制经济在国民经济中占比的快速下降在数量标杆上通常被认为是“国退民进”，在此维度上围绕“国退民进”的重要争论是：如何在数量或指标上界定公有制的主体地位，以及如何保证公有制的主体地位？

对此，党的十四届三中全会给出过明确界定，即公有制的主体地位主要体现在国家和集体所有的资产在社会总资产中占优势，国有经济控制国民经济命脉及其对经济发展的主导作用等方面。党的十五大报告则进一步阐释，即“对关系到国民经济命脉的重要行业和关键领域，国有经济必须占支配地位。在其他领域，可以通过资产重组和结构调整，以加强重点，提高国有资产的整体质量”。显然，上述界定是在质的方向上进行论述的，缺少量的规定性，这就不可避免地出现了对主体量的规定性的认知差异。有观点认为，公有制占主体的数量界定至少要符合“简单多数”原则，即公有制在国民经济中占比超过50%，具体包括总资产（资本主体地位代表着社会主义性质的生产关系）和就业（就业的量的规定性则反映社会主义性质的分配关系）都应占50%以上，如有学者提出这一占比应控制在55%~60%。[①] 也有观点认为，按照“简单多数”原则界定公有制主体地位有失偏颇，还应从结构上全面把握主体地位，即公有制经济在各种所有制经济结构中占最大比重的同时，还要控制国民经济中关系国计民生的重要部门。[②] 如此，就涉及衡量国有经济“是进是退”的另一标杆——控制标杆。如果以十五届四中全会《决定》为政策控制标杆，即“国有经济需要控制的行业和领域主要包括：涉及国家安全的行业，自然垄断的行业，提供重要公共产品和服务的行业，以及支柱产业和高新技术产业中的重要骨干企业”。这可以理解为政策层面的“国退民进”。国有经济主体地位的职能是为社会提供重要公共产品和社会服务，而非营利。而后，国发〔2010〕13号文件（非公经济

---

① 赵华荃：《坚持公有制主体地位：供给侧结构性改革的前提》，《中国社会科学内部文稿》2017年第1期。

② 胡培兆：《“以公有制为主体”如何定位》，《经济学动态》1997年第8期。

新36条）进一步明确“政府投资主要用于关系国家安全、市场不能有效配置资源的经济和社会领域”。

可见，前述关于所有制结构的调整，均是按照国有经济提升质量和向关系国计民生的领域、部门的方向发展的，而在数量上并没有做出规定。正是由于缺少数量的规定性，才出现了“国退民进”“国进民退”的争论。前者以国有经济占比已接近50%基线，触及社会主义性质为依据，认为数量标杆上的“国退”不能再持续下去；后者以“国进”破坏市场经济效率为依据，反对国有经济进入某些竞争性领域。对此，学界近来的讨论则主要围绕《共产党宣言》中“共产党人可以把自己的理论概括为一句话：消灭私有制”[①] 展开的。显然，这次讨论并未跳出关于所有制特别是公有制主体地位“简单数量”判断标准的论证逻辑。

当然，也有学者从其他角度进行了讨论。如刘怀德认为国有经济的规模由内生决定，其规模既不会无限制增大，也不会无限制缩小，而是会在运营成本和效用约束下，在某个区间内进行调整，因此，可以通过国有经济绩效来判定国有经济的适度规模，并应用“生存法则”进行检验。[②] 杨春学和杨新铭认为应根据经济发展总体状况（社会福利水平）来判定公有制经济在国民经济中的占比。至于这一占比的具体数值则不应是固定不变的，相反，在不同的发展阶段，公有制经济的占比应是不同的，但这一占比不能低于二战后西欧国有经济发展鼎盛时期的占比。[③] 左大培基于公有制经济的外部性，倾向于认为国有企业要维持在一个相对较大的规模才能更好地发挥其促进整体经济发展的外部性作用。[④] 田卫民和景维民从经济增长的角度认为，国有企业规模必须达到一定比例，才能对经济增长有利，当国有企业规模由小向大变化时，国民生产总值将持续提高；当国有企业规模达到一个临界点时，国有企业规模继续扩大就不再伴随国民生产总值持续提

① 《马克思恩格斯选集》第1卷，人民出版社，2012，第414页。

② 刘怀德：《论国有经济的规模控制》，《经济研究》2001年第6期。

③ 杨春学、杨新铭：《所有制适度结构：理论分析、推断与经验事实》，《中国社会科学》2020年第4期。

④ 左大培：《中国需要大规模的国有经济》，《探索》2005年第6期。

高，相反会出现递减甚至负增长。[①]

综上，学界存在的两种观点可以归结为：一是非公有制经济在国民经济中的占比逐步增大，其发展正在脱离社会主义经济的正确轨道；二是国有企业占比仍然过高，不符合建立高效率市场经济的内在要求。由上述两种观点衍生出来的改革思路也相应表现为两种：其一，国有经济乃至公有制经济在数量上不能进一步降低，反而应进一步提升公有制特别是国有经济在国民经济中的占比；其二，将国有经济在国民经济中的占比压缩至10%左右，进一步扩大民营经济在国民经济中的作用。显然，前者受马克思主义经典作家关于社会主义乃至共产主义描述的影响，后者则更多受到20世纪70年代以后世界各国经济结构发展经验的影响。从某种意义上讲，两种判断都未能很好地结合中国经济发展的实践，也都未完整按照邓小平同志在1992年南方谈话中所提出的“三个有利于”的判断标准来讨论所有制结构调整。存在上述截然相反的两种认知主要是因为在政策和理论上对所有制结构调整的度都没有给出一个自洽的综合解释。

从政策上看，在党和政府的重要决议、政策关于所有制结构调整的演进过程中，始终都是在从性质上进行规范，没有给出具体的量的规定性。党的十五大对公有制的主体地位的含义给出了详细解释：公有资产在社会总资产中占优势，国有经济控制国民经济命脉，对经济发展起主导作用。但这种解释依然没有具体到量的规定性上。当然，党的决议是方向性指导，不会给出具体的数量指标，但正因如此才始终存有争论的空间。实际上，即使不给出直接的量的规定性，能够间接给出评判标准也是可以回应争论的。比如，将所有制结构和经济增长目标相联系，或者将所有制结构和其他能够量化的经济指标相联系，都可以得到动态评价所有制结构合理范围的间接的量的规定性。但遗憾的是，相关决议既没有给出直接的评价标准，也没有给出间接的评价标准，其结果必然是争论的持续存在。

① 田卫民、景维民：《基于经济增长的最优所有制结构安排——中国所有制结构与经济增长关系的实证研究》，《经济问题》2008年第8期。

从理论上看，学术界依然没能很好地解释清楚民营经济和社会主义的融合问题。按照传统的解释，社会主义国家的经济基础是公有制，而当前阶段存在非公有制经济是由我国生产力多层次性决定的。也就是说，我国目前既有先进的大机器生产，也有落后的家户、个体和集体生产，这种生产力上的先进和落后的共同存在，直接决定了作为生产关系外在表现的所有制也有多种形式——全民所有制（国有经济）、集体所有制和私有制的存在。这是改革开放之初对于多种所有制经济共同存在、发展给出的理论解释。显然，这种解释带有明显的“工具论”色彩。也就是说，现在生产力存在多层次性，需要借助民营经济这种生产关系来促进生产力发展；生产力发展后，民营经济就要退场了。这是近年来出现的“民营经济离场论”“新公私合营论”的主要论据。党的十八届三中全会明确提出，公有制经济和非公有制经济都是社会主义市场经济的重要组成部分，都是我国经济社会发展的重要基础。习近平总书记在 2018 年 11 月召开的民营企业座谈会上也指出，“民营经济离场论”“新公私合营论”是错误的，并进一步提出了“民营经济是推动社会主义市场经济发展的重要力量，民营企业家是自己人”的著名论断。但民营经济到底是市场经济组成部分还是社会主义经济的组成部分仍不明确，依然没有解决民营经济与社会主义相融的问题。随着民营经济的发展壮大，用落后生产力来对应民营经济的生产关系已经不适用了。因此，如果不能从学理上给出公有制和非公有制经济共融于社会主义经济的理论基础，困扰人们的社会主义与私有制之间的矛盾就不能得到解决，争论与分歧就会持续下去。

三　所有制结构调整：现实基础

尽管对于所有制调整的方向存在不同的理解与观点，有时候甚至是针锋相对的争论，但这并没有妨碍所有制结构调整实践的不断向前推进。因此，廓清所有制结构调整现状，回应不同方面对所有制结构调整的质疑，对于找准未来发展方向具有重要意义。根据党的十五大对公有制主体地位的界定说明，本部分主要从所有制结构调整的数量、质量和产业布局三个方面进行分析。由于缺乏全面充分的数据，对所有制结构现状的基本情况只能根据已知的数据进行估算，或者使用特定行业的数据替代描述所有制结构调整的大体趋势。总的来看，尽管存在争论，我国所有制结构调整是成功的，实现了所有制结构调整数量上“有进有退”、质量上不断提高、布局上公有制经济不断向关系国计民生的领域集中的战略构想。

（一）所有制结构演进：数量有进有退

尽管缺少完整充分的数据，但鉴于关系所有制结构调整的现实需要，学者们还是根据公开数据对所有制结构状况的测算进行了尝试，以描述当前公有制经济在国民经济中主体地位的情况，并确立下一步改革的方向。经济普查数据是目前全面权威反映我国第二、第三产业发展规模、结构和效益等状况的数据，国内多位学者据此关注了公有制和非公有制经济的占比问题。其中，李成瑞测算的2004年公有制与非公有制经济的资本结构是56∶44,[①] 杨新铭、杨春学测算的2004和2008年的资产结构分别为65∶35和52∶48;[②] 裴长洪结合使用注册资本数据和农业部调查数据，对所有制结构测算进行了两个延伸：一是测算覆盖了第一、二、三产业全口径的公私结构；二是将测算时间拓展至2012年。结果显示2012年公有制经济总资产占比为53%，非公有制经济占比为47%。[③] 然而，也有研究认为公有制经济资产占比已不足50%。如赵华荃运用实收资本数据的测算结果表明，2014年公有制经济占全国经营性总资产的比重仅为23.4%，非公有制经济占比则为76.5%。[④] 从行业角度看，16个重要行业（采矿业、电力热力燃气水的生产和供应业、交通运输及信息技术服务业、金融业、水利环境公共设施管理业、石油加工炼焦及核燃料加工业、化学原料及化学制品制造

① 李成瑞：《关于我国目前公私经济比重的初步测算》，《探索》2006年第4期。

② 杨新铭、杨春学：《对中国经济所有制结构现状的一种定量估算》，《经济学动态》2012年第10期。

③ 裴长洪：《中国公有制主体地位的量化估算及其发展趋势》，《中国社会科学》2014年第1期。

④ 赵华荃：《坚持公有制主体地位：供给侧结构性改革的前提》，《中国社会科学内部文稿》2017年第1期。

业、医药制造业、化学纤维制造业、黑色金属冶炼及压延加工业、有色金属冶炼及压延加工业、通用设备制造业、专用设备制造业、交通运输设备制造业、电气机械及器材制造业、通信设备及计算机等制造业）中，国有企业拥有绝对控制力的行业仅有3个，具有不同程度的相对控制力的行业有6个；其余7个技术水平和经济效益较高的行业中，国有企业控制力相对较弱。从投资、就业和税收等指标看，公有制经济的贡献优势早已让位于非公有制经济，“56789”对此有较好的解释，即民营经济对国家财政收入的贡献占比超过50%；GDP和固定资产投资、对外直接投资占比均超过60%；企业技术创新和新产品占比超过70%；城镇就业占比超过了80%；对新增就业贡献的占比超过90%。[①]

鉴于党的重要文件对公有制主体地位的衡量指标有明确界定——公有制的主体地位主要体现在国家和集体所有的资产在社会总资产中占优势上，据此可以判定公有制经济的总资产在国民经济总体数量上依然占据绝对主体地位。得出这一判断的主要依据是基于前述总体测算的结果和近年不同所有制经济总资产结构的趋势性变化。如图1所示，2012年以后，规模以上的工业企业中，国有企业总资产占比在1%的范围内波动，且波动方向并非单纯下降，可以认为2012年以后公有制经济总资产占比并无大的变化，因此可以得出上述判断。据统计，2018年国有企业资产总额为210.4万亿元，负债总额为135.0万亿元，国有资本权益总额为68.7万亿元。[②] 此外，我国的银行、保险、证券等金融行业几乎都是国有企业，公有制经济在总资产中占据绝对优势，如果将此部分纳入，公有制经济的主体地位并未动摇。如果从相对主体即相对优势来看（如图1所示），国有企业代表的公有制经济明显高于其他任何一种所有制经济的占比。因此，公有制经济的主体地位一直保持稳固态势。

① 《高云龙：民营经济对经济社会发展做出了突出贡献有“56789”的说法》，新华网，http://www.xinhuanet.com/politics/2018lh/2018-03/06/c_137019922.htm，2018年3月6日。

② 《国务院关于2018年度国有资产管理情况的综合报告》，国务院国有资产监督管理委员会网站，http://www.sasac.gov.cn/n2588025/n2588119/c12390466/content.html，2019年10月24日。

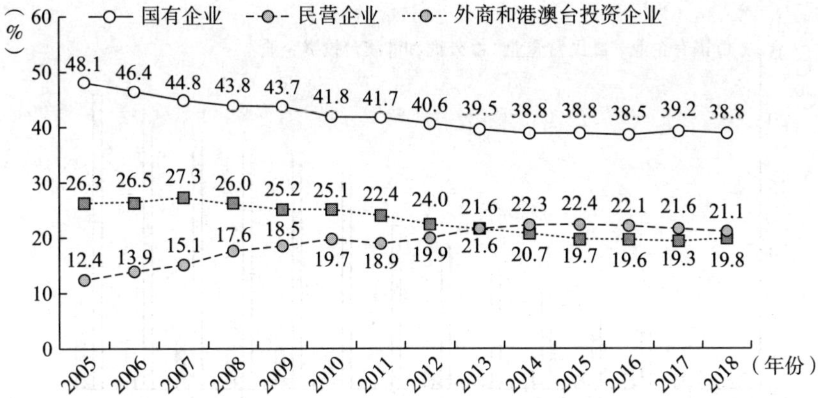

图 1　规模以上工业企业资产所有制构成变化趋势

注：由于《中国统计年鉴》只给出国有企业、民营企业以及外商和港澳台投资企业数据，对于其他所有制企业资产并未给出相应数据，故图中三类所有制总资产占比加总不等于 100%。

资料来源：《中国统计年鉴（2019）》。

（二）所有制结构演进：质量同步提升

所有制结构调整在数量上逐步走向稳定，特别是国有经济大规模调整的结束是以竞争力和资产质量提高为前提的。其中，国有经济距离做强做优做大的目标越来越近，综合竞争力不断增强；民营经济逐渐摆脱家庭经营模式并向现代企业加速转型，规模和盈利能力持续提升；外商和港澳台投资企业本土化程度不断提高，已摆脱单纯依靠中国劳动力要素资源优势的发展模式，国内技术研发中心逐渐增多。

第一，不同所有制企业单位规模明显扩大。如图 2 所示，规模以上工业企业中，国有企业平均资产规模最大，增长速度最快；民营企业平均资产规模最低，增长速度居中；外商和港澳台投资企业平均资产规模居中，增长速度最低。具体来看，从 2005 年至 2018 年，国有企业平均资产规模从不足 1. 2 亿元增长至近 22 亿元，增长近 18 倍；民营企业平均资产规模从 1400 万元增长到 1. 12 亿元，增长了 7 倍；外商和港澳台投资企业平均资产规模由 8100 万元增长到 4. 29 亿元，增长不到 4. 3 倍。[①]

① 《中国统计年鉴（2019）》。

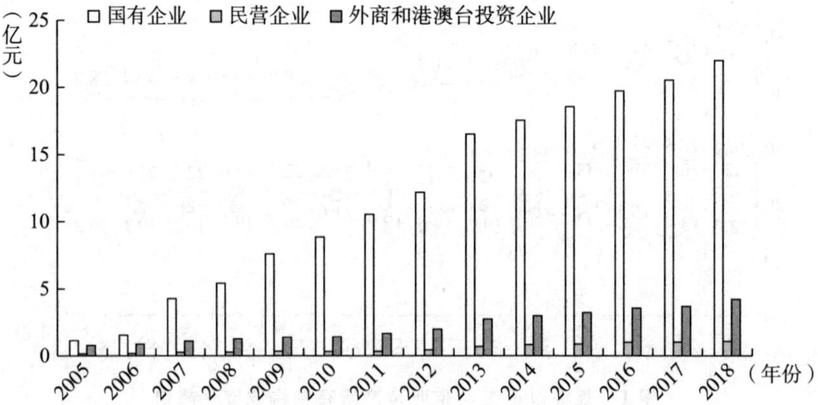

图 2　不同所有制单位规模以上工业企业资产规模变化趋势

资料来源：《中国统计年鉴（2019）》。

第二，得益于国有经济效率的持续提高，不同所有制经济间的效率差距逐步缩小。如图 3 所示，国有企业改革成效明显。其中，国有工业企业的总资产贡献率在 2008 年前已超过规模以上工业企业的整体贡献率，而其工业成本费用利润率在 2000 年以后持续上升并超过了规模以上工业企业的整体利润率。国有经济的效率改善进程在 2008 年国际金融危机后中断，其原因一是国有经济承担了平抑经济周期、缓冲外部冲击的任务（即增加投资），这改变了国有企业自主经营的市场主体角色，也偏离了利润最大化动机；二是部分国有企业处于周期性行业，如煤炭、钢铁和工程机械等企业，在外部冲击下暂时性陷入经营困难。即便如此，经过若干年的调整，无论是以资产贡献率，还是以成本费用利润率所代表的国有企业经营效率呈现与非国有企业逐渐接近的态势。换言之，无论是经过政策调整，还是面对外部冲击，国有经济作为一个整体都可以通过市场化经营而得到平抑。因此，可以认为国有企业与非国有企业都已成为合格的市场经营主体，所不同的是国有企业在特定情况下会承担更多的社会责任与政府负担。

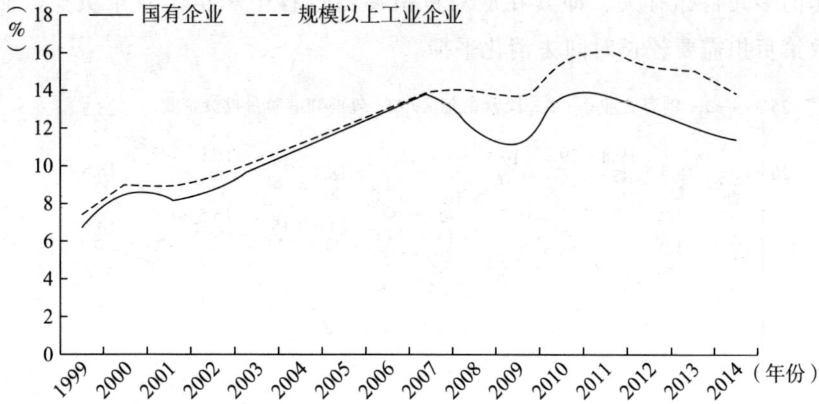

（A）总资产贡献率

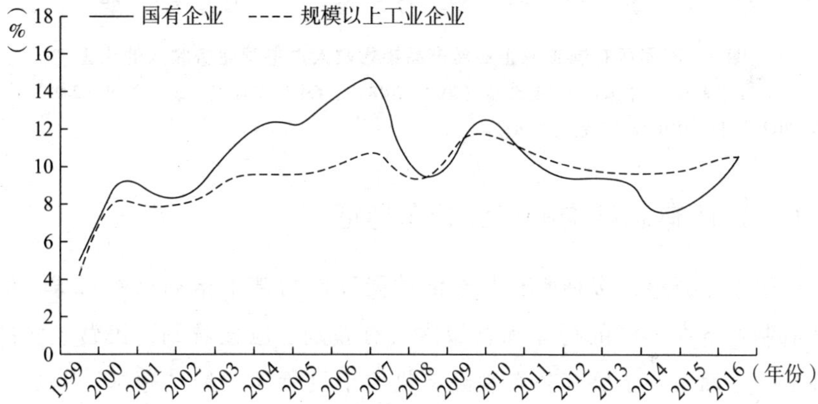

（B）工业成本费用利润率

图 3　国有企业与规模以上工业企业财务指标变化趋势

注：图 3（A）中，总资产贡献率指标在 2015 年以后不再出现于《中国统计年鉴》。

资料来源：《中国统计年鉴（2017）》、国家统计局网站。

第三，不同所有制经济的创新能力都呈攀升态势，但程度差异明显。如图 4 所示，国有经济和非国有经济的新产品销售收入占主营业务收入的比重，在 2008 年国际金融危机后都呈现“升—降—升”的波动趋势。不同的是，民营企业与外商和港澳台投资企业的波动相对滞后且过程平缓，至 2017 年两者的占比均已超过波动前的最高点；相反，国有经济的波动更为剧烈且下降过程更长。如前所述，国有经济的波动过程一方面是部分国企处于周期性产业，易被外部冲击影响所造成的；另一方面则与国有经济所承担的多元目标有关，即其在应对危机冲击过程中承担了政策负担，而这种政策负担需要较长时间去消化平抑。

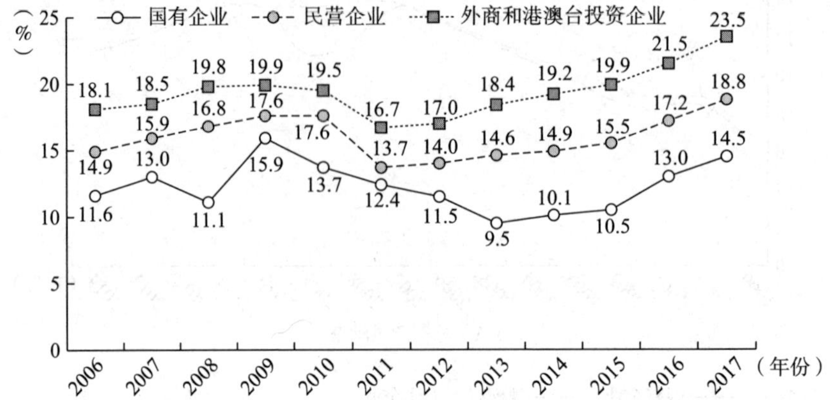

图 4　不同所有制工业企业新产品销售收入占主营业务收入的比重

数据来源：《中国科技统计年鉴（2007～2018）》、《中国工业经济统计年鉴（2007～2017）》和《中国统计年鉴（2018）》。

（三）所有制结构的产业分布特征

经过多年调整，多种所有制经济共同发展的基本格局已经形成，但不同所有制经济在不同的行业和领域内又有差别。应该看到，民营经济的快速发展一方面填补了原有公有制经济供给不足所导致的“短缺”局面，另一方面则得益于公有制经济战略布局调整。党的十五届四中全会《决定》明确，“国有经济需要控制的行业和领域主要包括：涉及国家安全的行业，自然垄断的行业，提供重要公共产品和服务的行业，以及支柱产业和高新技术产业中的重要骨干企业”。这种整体定位和布局调整决定了不同所有制经济的产业结构特征。有学者列举了 2004～2014 年国有经济在 16 个行业中的占比变化情况。[①] 如表 1 所示，从具体产业分布看，到 2014 年，“国有＋集体”占据绝对优势（＞50%）的行业只有 4 个，分别为关系国家安全和自然垄断行业的采矿业、交通运输及信息技术服务业、电力燃气水的生产和供应

① 赵华荃：《坚持公有制主体地位：供给侧结构性改革的前提》，《中国社会科学内部文稿》2017 年第 1 期。

业，以及重要基础性行业中的石油加工炼焦及核燃料加工业；占据相对优势（>40%或高于其他所有制经济占比）的行业有3个，且都属于重要基础性行业，包括黑色金属冶炼及压延加工业、有色金属冶炼及压延加工业和交通运输设备制造业。

表1　2004～2014年16个重要行业中公有制经济的资产占比（%）

行业	2004年	2012年	2014年			
	国有	国有	国有	集体	民营	外资
16个大行业总体情况	60.4	38.7	35.9	4.7	44.0	14.6
一、国家安全、自然垄断行业	80.1	43.2	41.3	5.4	47.4	4.7
采矿业	71.4	74.8	78.5	2.9	18.6	-
电力燃气水的生产和供应业	83.3	81.8	84.0	1.8	4.5	9.7
交通运输及信息技术服务业	85.2	45.6	49.7	0.5	42.9	5.3
金融业	77.3	22.6	17.8	11.6	65.5	3.7
水利环境公共设施管理业	56.0	32.2	13.4	0.6	79.2	6.0
二、重要基础性行业	31.1	30.3	24.2	2.9	37.7	35.4
石油加工炼焦及核燃料加工业	59.6	73.0	66.6	2.7	19.4	8.4
化学原料及化学制品制造业	37.5	27.2	21.8	3.1	35.4	39.6
医药制造业	20.3	22.0	7.2	2.1	67.2	22.8
化学纤维制造业	26.1	17.0	5.5	1.8	41.9	50.6
黑色金属冶炼及压延加工业	48.4	40.0	39.4	8.3	38.7	13.6
有色金属冶炼及压延加工业	40.7	43.8	41.3	3.2	34.4	21.0
通用设备制造业	19.5	19.0	12.0	2.4	53.9	31.7
专用设备制造业	22.2	23.4	16.1	3.3	43.5	37.1
交通运输设备制造业	53.6	35.5	37.5	1.9	24.4	36.2
电气机械及器材制造业	10.5	16.8	8.6	3.4	53.4	34.6
通信设备及计算机等制造业	8.6	20.8	11.3	1.3	14.8	72.6

注：表中数据为经营性资产，按实收资本计算，存在对国有经济占比的低估，但总体下降趋势与已有研究一致，即在经历较大幅度下降后，以国有经济为代表的公有制经济的下降趋势已趋于稳定；2014年的总资产中，四种所有制经济加总小于100%，其差额为个体经济。

资料来源：赵华荃：《坚持公有制主体地位：供给侧结构性改革的前提》，《中国社会科学内部文稿》2017年第1期。

四 所有制结构调整：关键问题

（一）所有制结构调整中的意见分歧

学界对于所有制结构的理论认识不断深入，促进了中国基本经济制度的逐步完善，但受传统社会主义发展模式和理念的束缚，我国经济理论研究略显滞后。“所有制结构问题、社会主义基本制度与市场经济相容问题、缩小收入分配差距问题等，都是实践探索和我们党的理论创新走在学术研究前面的基本问题。”① 需要指出的是，在所有制调整过程中，由于价值共识的多维性、发展目标的多元性、经济运行的复杂性，以及政策制度演进的不可预见性，自然会出现一些认识差异和学术分歧，但学界和社会上出现的某些纷杂不一的声音，却实质干扰了所有制深化调整进程。比如，有的人提出所谓“民营经济离场论”，说民营经济已经完成使命，要退出历史舞台；有的人提出“新公私合营论”，把现有的混合所有制改革曲解为新一轮“公私合营”；有的人说加强企业党建和工会工作是要对民营企业进行控制；等等。事实上，“公有制经济、非公有制经济应该相辅相成、相得益彰，而不是相互排斥、相互抵消”②。所以，公有制与非公有制并非完全排斥，而是可以并存于市场经济体制；而且所有制结构也不是一成不变的，要适应特定阶段的经济发展整体情况。③

（二）所有制结构调整中的政策壁垒

综观所有制调整各阶段的特征和趋势，先后出现了竞争冲突和竞争中性两种逻辑，前者出现于改革初期，强调非国有经济的市场效率和国有经济的天生非效率，认为国有经济在竞争性领域过度盈利将有碍非国有经济的发展，并认为对不同所有制经济需分道而治，施以不同政策制度。在这

① 杨新铭：《中国特色社会主义政治经济学研究的新进展》，《人民日报》2018 年 11 月 19 日。
② 习近平：《在民营企业座谈会上的讲话》，《人民日报》2018 年 11 月 2 日。
③ 杨春学、杨新铭：《所有制适度结构：理论分析、推断与经验事实》，《中国社会科学》2020 年第 4 期。

种观念下，国有经济在一定时期内处于裹足不前的状况。而竞争中性逻辑对市场效率的关注更为理性，认为在中国特色社会主义基本经济制度框架下，国有经济和市场经济具有相容的可能性，即应为多种所有制经济提供一个公平竞争和平等发展的制度政策环境，在这种环境中，国有经济的固有优势发挥明显，非公有制经济却受到诸多不公平待遇。在上述的环境演变中，对于公有制经济和非公有制经济，都曾形成一定的政策壁垒。需正视公有制与非公有制在市场经济中的平等地位，将其都视为社会主义经济重要组成部分的政策意涵在于政府在出台相应政策时应一视同仁，避免所有制歧视。事实上，摆脱所有制歧视的关键是遵循竞争中性逻辑。与一般理解的竞争中性不同，此处的竞争中性主要是指所有制中性，即制度设计与政策执行上的所有制非歧视特征。强调这一点主要是因为国有经济在国民经济中依然处于有利位置。减少所有制歧视，当下的重点是破除政府对民营经济的政策壁垒。因此，推进“负面清单”的落实逐渐被提上日程，2018 年“负面清单”经过三次改版后终于在全国范围内推行。落实“负面清单”旨在真正放开各相关领域，放宽市场准入，消除各种显性与隐性壁垒。而后，进一步在要素获取、经营运行、采购投标等的规则约束上力争中性，打破“玻璃门”“弹簧门”“旋转门”等赖以存在的基础，坚持权利平等、机会平等、规则平等、竞争中性的市场环境，培育更高质量的营商环境。

（三）不同所有制经济的效率评判

公有制经济和非公有制经济的平衡发展是中国改革开放以来经济增长奇迹的原因和保障。但是，由于所有制结构调整中公有制经济和非公有制经济复杂变化的关系，人们对评判各种所有制经济效率的标准存在一定认识上的误区。曾有学者认为公有制经济和非公有制经济一定程度上表现为“此消彼长”的关系，① 评判民营经济效率往往以国有经济为参照，导致两

① 杨建、张鑫：《完善以公有制为主体，多种所有制经济共同发展的所有制结构——学习江泽民同志十五大报告札记》，《河南社会科学》1997 年第 5 期。

者之间在评判标准上是平等对称的，但在现实发展中却是非对称性的；[①] 评判国有经济效率时，往往简单看重微观经济效率指标，忽视了宏观制度效率的评判维度。[②] 这种“竞争冲突论”随即被“共同发展论”替代。但共同发展并非均衡发展，不同所有制经济在发展规模、价值链条和行业分工上存有差异，在经济效率表现上也必有不同，如果简单以各种所有制经济占比和资产、营收增长率等数据为评判标准，就容易在外部冲击导致民营经济经营困难或者国企混改导致公有制经济发展放缓之时，出现“国退民进”或“国进民退”的无谓争论。所以，很难从经济效率角度对不同所有制进行简单对比。而“适度比例结构论”的出现，为所有制结构调整中有关经济效率问题的讨论提供了新的思路。所有制结构在特定阶段应该存在一种“最适度结构”，[③] 在评判公有制和非公有制经济效率时，应以既有所有制结构为测度基础，通过比较不同所有制经济的发展速度、增长贡献和功能作用而做出发展效率评判。[④] 换言之，评判标准不应使用“此消彼长”的增长比较逻辑，而需遵循“国民共进”的共生发展理念。

五　所有制结构调整：政策取向

所有制结构的优化关乎全体人民福利和社会经济发展前景，涉及有效的激励机制问题。既要调动短期基于个人、企业和局部利益的积极性，更要调动基于全体人民整体和长远利益的积极性；既要重视终极所有权，更要重视使用权、处置权和收益权。在国家利益和人民利益根本一致的基础上，形成充分调动建设社会主义积极性的有效激励机制。在所有制结构优化过程中，多种所有制成分相互交叉、转换、重组和融合已经成为普遍现象。公有制与非公有制，不是非此即彼的简单对立关系，而是相互依存的

---

① 洪功翔、顾青青、董梅生：《国有经济与民营经济共生发展的理论与实证研究——基于中国 2000—2015 年省级面板数据》，《政治经济学评论》2018 年第 5 期。

② 和军：《论国有经济合理进退的标准》，《现代经济探索》2012 年第 3 期。

③ 杨春学、杨新铭：《所有制适度结构：理论分析、推断与经验事实》，《中国社会科学》2020 年第 4 期。

④ 中国社会科学院工业经济研究所课题组：《我国多种所有制企业共同发展的时代内涵与“十四五”政策措施》，《经济管理》2020 年第 6 期。

对立统一有机体。习近平总书记强调，“我们强调把公有制经济巩固好、发展好，同时鼓励、支持、引导非公有制经济发展，不是对立的，而是有机统一的。我们国家这么大、人口这么多，又处于并将长期处于社会主义初级阶段，要把经济社会发展搞上去，就要各方面齐心协力来干，众人拾柴火焰高。公有制经济、非公有制经济应该相辅相成、相得益彰，而不是相互排斥、相互抵消”①。为进一步促进不同所有制经济共同发展，可以选择如下策略。

（一）凝聚不同所有制经济共同发展的改革共识

关于国有经济和民营经济在国民经济中的定位，习近平总书记在结合社会主义经济建设规律和现实发展的基础上给出了明确论述。首先，“国有企业是中国特色社会主义的重要物质基础和政治基础，是我们党执政兴国的重要支柱和依靠力量”②。同时，“国有企业是壮大国家综合实力、保障人民共同利益的重要力量，必须理直气壮做强做优做大，不断增强活力、影响力、抗风险能力，实现国有资产保值增值”③。而且，“使国有企业成为党和国家最可信赖的依靠力量，成为坚决贯彻执行党中央决策部署的重要力量，成为贯彻新发展理念、全面深化改革的重要力量，成为实施‘走出去’战略、‘一带一路’建设等重大战略（倡议）的重要力量，成为壮大综合国力、促进经济社会发展、保障和改善民生的重要力量，成为我们党赢得具有许多新的历史特点的伟大斗争胜利的重要力量”④。2018 年 11 月，习近平总书记在民营企业座谈会上提出，“民营经济是我国经济制度的内在要素，民营企业和民营企业家是我们自己人。民营经济是社会主义市场经济发展的重要成果，是推动社会主义市场经济发展的重要力量，是推进供给侧结构性改革、推动高质量发展、建设现代化经济体系的重要主体，也是我们

① 习近平：《毫不动摇坚持我国基本经济制度 推动各种所有制经济健康发展》，《人民日报》2016 年 3 月 9 日。

② 《习近平谈治国理政》第 2 卷，外文出版社，2017，第 175 页。

③ 习近平：《理直气壮做强做优做大国有企业 尽快在国企改革重要领域和关键环节取得新成效》，《人民日报》2016 年 7 月 5 日。

④ 《习近平谈治国理政》第 2 卷，外文出版社，2017，第 175 页。

党长期执政、团结带领全国人民实现‘两个一百年’奋斗目标和中华民族伟大复兴中国梦的重要力量”①。虽然民营经济属于非公有制经济，但习近平同志已将民营企业和民营企业家作为“自己人”，明确其为社会主义市场经济的重要成果、力量和主体。由此，可以说民营经济在一定程度上是具有社会主义性质的经济组织形式，而这正是从学理上考量公有制和非公有制经济共融于社会主义经济的思想基础。因此，首先要摒弃民营经济“工具论”的思维定式，“理论和实践都证明，市场配置资源是最有效率的形式”②，而市场配置资源的效率来源之一就是竞争，竞争的条件是市场主体多元化，多元化市场主体的根本在于所有制的多元化。社会主义制度下的所有制多元化要坚持公有制为主体、多种所有制共同发展。其次要摆脱以产权形式划分社会主义本质特征的片面观念。“社会主义的本质，是解放生产力，发展生产力，消灭剥削，消除两极分化，最终达到共同富裕。”③ 从生产力的角度讲，社会主义国家中无论是公有制经济还是非公有制经济，只要能够促进社会生产力的提高，就可以认为是具有社会主义性质的经济组织形式。所不同的是，在促进共同富裕上，两类企业的作用机制是有差异的，这是因为从所有权到收入分配的过程是基于一系列制度安排和政策环境才能实现的。比较各国居民收入差距情况可知，欧洲和日本等发达国家的基尼系数长期维持在0.3～0.4，说明这些国家居民收入差距相对较小。分析收入差距小的形成机制可以发现，日本是通过初次分配也就是通过年功序列工资制度实现的；欧洲则主要依托再分配制度，通过高税率和转移支付缩小居民收入差距。由此可见，在脱离原始自由竞争后，即便是资本主义国家的市场经济也可以通过特定的制度安排、政策引导来缩小收入差距实现共同富裕。因此，单纯从产权形式来划分社会主义本质特征显然是片面的。对此，党的十八届四中全会通过的《中共中央关于全面推进依法治国若干重大问题的决定》做出了明确回答，即“党的领导是中国特色社会主义最本质的特征，是社会主义法治最根本的保证”。当前，只有坚持以

① 习近平：《在民营企业座谈会上的讲话》，《人民日报》2018年11月2日。

② 《习近平关于社会主义经济建设论述摘编》，中央文献出版社，2017，第52页。

③ 《邓小平文选》第3卷，人民出版社，1993，第373页。

党的十八大以来中央重大决议特别是“两个毫不动摇”为指引，以习近平总书记关于国有经济、民营经济发展系列讲话精神为核心，才能最大限度地凝聚深化所有制结构改革共识。而且，要努力把共识凝聚到国有经济和民营经济都是“自己人”这一主题上来，这样才能通过进一步深化所有制结构调整，促进不同所有制经济共同发展，促进经济整体效率不断提升。

（二）完善不同所有制经济共同发展的政策环境

除了坚持竞争中性外，政府还要改善营商环境，特别是在经济整体下行与成熟经济体的双重背景下，改善营商环境可以降低企业交易成本，为企业创造更好的生存环境。而改善营商环境的实施路径应该沿着“透明化、法制化、便利化和低成本化”的方向进行。从世界银行公布的营商环境报告可知（见表2），在2018年、2019年，中国的营商环境都有明显改善，排位连续两年大幅上升，2018年上升到第46位，2019年进一步上升到第31位，在190个经济体中属于营商环境较好的经济体。目前，制约营商环境进一步改善的因素有信贷和纳税两项。其中，影响信贷评分的主要是法治程度有待进一步提高，即在抵押和破产的债权债务关系保护方面还有欠缺；影响纳税评分的主要是我国目前企业税负仍然偏高，调查地上海的企业税收（含费）占利润的比重高达62.6%，而东亚经济体和经合组织成员国的这一占比分别为33.6%和39.9%，世界上表现最好的前33个经济体的平均占比仅为26.1%。因此，在总体税率稳定的前提下，优化税制结构、进一步减税降费、减轻企业负担尤显重要。世界银行关于中国营商环境的调查仅限京沪两地，这也提示，缩小营商环境的地区差异，着力改善国内落后地区的营商环境，将是未来一段时间促进不同所有制经济共同发展特别是促进民营经济发展的关键。

表2　2007～2019年中国营商便利度排名情况

统计年度	排名	经济体数（个）	所处位置（%）
2007	93	175	53
2008	90	181	50
2009	86	183	47

续表

统计年度	排名	经济体数（个）	所处位置（%）
2010	89	183	49
2011	87	183	48
2012	91	183	50
2013	91	185	49
2014	96	189	51
2015	90	189	48
2016	84	189	44
2017	78	190	41
2018	46	190	24
2019	31	190	16

数据来源：世界银行：2007～2020 年《营商环境报告》。

（三）坚持促进不同所有制经济高质量共同发展

多种所有制企业高质量共同发展是经济高质量发展对多种所有制企业发展的新要求和新定位，是多种所有制企业共同发展的高级形态和高阶范式。① 当前各类所有制经济都面临提质升级问题，但鉴于明显的差异化特征，不同所有制经济高质量发展的侧重存在共性和个性的差异。从共性因素看，近年来无论是国有企业、民营企业，还是外商和港澳台投资企业的资产收益率都有较大降幅（见图 5），这与 2008 年国际金融危机后全球经济陷入新一轮衰退有很大关系；但从个性差异看，相较民营企业、外商和港澳台投资企业，国有企业的经营质量明显更低。尽管这与国有企业所处行业、担负责任有关，但也印证了习近平总书记强调国有企业“大而不强”局面没有根本性变化的判断，因此，国有企业“做强做优做大”任重道远，而民营企业同样也要“努力把企业做强做优”，并“鼓励有条件的民营企业建立现代企业制度”。② 但是，国有企业和民营企业在这方面面临的环境和

① 中国社会科学院工业经济研究所课题组：《我国多种所有制企业共同发展的时代内涵与“十四五”政策措施》，《经济管理》2020 年第 6 期。

② 习近平：《在民营企业座谈会上的讲话》，《人民日报》2018 年 11 月 2 日。

问题完全不同。

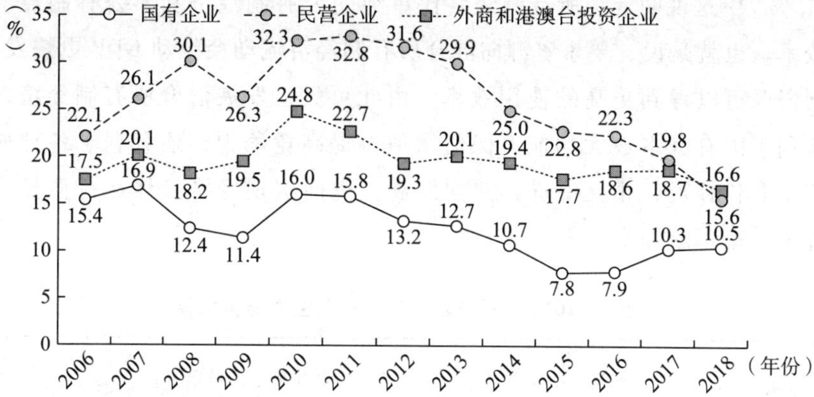

图 5　不同所有制规模以上工业企业的资产收益率变化趋势

注：资产收益率 = 总利润 * 2/（本年期初净资产 + 本年期末净资产）。

数据来源：《中国统计年鉴（2019）》。

第一，国有企业高质量发展的策略选择。促进国有经济高质量发展的总体思路是要落实 2015 年国资委等部门颁布的《关于国有企业功能界定与分类的指导意见》，按照商业和公益分类推进改革。对于国有企业个体而言，若要提高经营效率与决策科学性，需要进一步推进政企分开，加速混合所有制改革。发展混合所有制经济已经成为大势所趋，是完善我们的基本经济制度的一个着力点。[①] 之所以要加速混合所有制改革，除了混合所有制企业是公有制经济的又一重要实现形式外，更重要的是混合所有制企业展现出来的比其他所有制经济更高的效率。如表 3 所示，2018 年规模以上工业企业的平均利润率为 6.32%，其中内资企业低于港澳台投资企业和外商投资企业；但内资企业中利润率最高的股份有限公司（8.81%）却高于民营和外资企业，混合所有制企业中除了股份合作企业较低外，其余均高于国有企业（4.29%）。据测算，2008 年混合所有制经济创造的 GDP 是 8.46 万亿元，而通过资本产出弹性计算得到的只有 4.81 万亿元，制度溢出效应为 75.88%，比按照资本产出弹性计算的公有制和非公有制经济分别

① 张卓元：《积极发展混合所有制经济 促进各种资本优势互补共同发展》，《经济理论与经济管理》2014 年第 12 期。

超出了 1.41 万亿和 2.22 万亿元，两者的制度溢出效应分别为 66.82% 和 83.15%。[①] 这说明混合所有制经济比单纯的公有制经济和非公有制经济更有效率。也就是说，要素资源向混合所有制经济流动会拉动 GDP 更快发展，要素资源可以得到更高的使用效率。由此可见，发展混合所有制经济，不仅有利于国有资本放大功能、保值增值、提高竞争力，还有利于各种所有制资本取长补短、相互促进、共同发展，进而实现经济整体运行质量和资源配置效率不断提升。

表 3　2018 年规模以上工业企业主要财务指标

类型	企业数（个）	总资产（亿元）	营业收入（亿元）	利润总额（亿元）	户均利润（亿元）	总资产收益率（%）	利润率（%）
总计	378440	1134382.2	1049490.4	66351.5	0.175	5.85	6.32
内资企业	330704	910029.0	805012.4	49576.0	0.150	5.45	6.16
国有企业	1836	65398.0	42334.5	1816.6	0.989	2.78	4.29
集体企业	1675	1731.7	1926.1	102.2	0.061	5.90	5.31
股份合作企业	772	665.7	762.0	22.8	0.030	3.42	2.99
联营企业	96	137.7	168.6	9.3	0.097	6.75	5.52
有限责任公司	92935	427067.8	331503.5	20313.0	0.219	4.76	6.13
股份有限公司	11980	174685.9	115447.5	10176.0	0.849	5.83	8.81
民营企业	220628	239288.8	311970.0	17137.0	0.078	7.16	5.49
其他企业	782	1053.4	900.3	-0.4	-0.001	-0.04	-0.04
港澳台投资企业	22829	98303.9	101368.7	6454.5	0.283	6.57	6.37
外商投资企业	24907	126049.3	143109.3	10321.0	0.414	8.19	7.21

资料来源：《中国统计年鉴（2019）》。

国有企业混改的具体路径可分为“引进来”和“走出去”两种。其中，“引进来”主要是指在原有国有企业中引入非公资本，实现股权结构多元化，从而提高国有企业经营决策的科学性。在引进非公资本的过程中，既要防止国有资产在评估过程中的低估流失、实现国有资产保值增值，也要

① 杨新铭、杨春学：《对中国经济所有制结构现状的一种定量估算》，《经济学动态》2012 年第 10 期。

避免国有资本作为大股东在决策过程中对其他引进股东特别是非公有制中小股东权益的侵害。“走出去”主要是指国有资本通过市场原则多元化投资进入经营效率高的非公有制企业，从而扩大国有资本的经营范围，扩大国有资本的利润来源。在进入非公有制企业的过程中，国有资本应该利用自身资本雄厚、信用等级高、渠道畅通等独特优势，帮助非公有制企业特别是民营企业跨越各种显性和隐性发展障碍，切实扩展非公有制企业经营范围，在共赢发展的同时实现国有资本保值增值；同时，特别要避免国有资本深度干预非公有制企业特别是民营企业的经营决策，更要防止国有资本利用资本优势完全收购民营企业。另外，尽管《国务院关于国有企业发展混合所有制经济的意见》（国发〔2015〕54 号）中明确了混合所有制经济是基本经济制度的重要实现形式，但不宜将其直接列入国有企业的范畴，应该对其内涵外延进行清晰界定，以一种全新的区别于国有企业的组织形式进行统计界定，以有利于应对外部市场对其可能的质疑。①

第二，非公有制经济高质量发展的策略选择。对于民营企业而言，尽管其经营效率相对高于国有企业，但仍然要“练好企业内功，特别是要提高经营能力、管理水平，完善法人治理结构”，进一步“拓展国际视野，增强创新能力和核心竞争力，形成更多具有全球竞争力的世界一流企业”。②整体上看，民营经济虽然增长较快，但整体规模较小，与国际、国内大企业竞争还明显处于弱势。如图 2 所示，2018 年民营企业平均资产规模仅为 1.12 亿元，而国有企业平均资产规模则达到 22 亿元。从顶端企业看，2018 年，进入世界 500 强企业的中国企业有 107 家，其中民营企业仅有 17 家，其余 90 家均为国有企业。2017 年，资产规模突破 1000 亿元的民营企业只有 61 家，而同期仅 102 家非金融类中央企业的总资产就达到了 76.2 万亿元。由此可见，民营企业在保障经营绩效的同时还需跨越规模发展障碍，增强核心竞争力和抵御风险的能力。

---

① 中国社会科学院经济研究所课题组：《“十四五”时期我国所有制结构的变化趋势及优化政策研究》，《经济学动态》2020 年第 3 期。

② 习近平：《在民营企业座谈会上的讲话》，《人民日报》2018 年 11 月 2 日。

此外，民营企业经营分化的局面也愈加明显，虽然一些规模大、效率高的现代企业已经出现，但数量众多的依然是那些市场竞争激烈、管理模式落后和融资约束强的中小规模企业。因此，民营企业要围绕解决发展瓶颈和转型升级两条路径发展。首先，通过政府政策引导与企业自我完善相结合的路径，实现民营企业建立现代企业制度。一方面，政府通过税收优惠、财政补贴以及政策咨询等方式，扶持广大中小民营企业，促进其完善内部机制，提高管理水平，摆脱落后管理模式；另一方面，企业自身要通过引进人才技术、建设内部激励机制以及股权改造等方式，逐渐转型成为现代企业，提升企业核心竞争力。其次，民营企业自身只有更加规范，才能破解长期困扰其发展的融资难题，政府相关部门也要督促金融机构遵循市场规律，创新金融产品，满足中小企业的正规渠道融资需求。对此，政府需要发挥服务功能，加快建设面向非公有制的经济技术平台、担保平台，同时积极引导民营企业转型升级，培育一批特色突出、市场竞争力强的大企业集团和产业集群。政府在扶植民营企业发展的过程中，要切实构建“亲”“清”的新型政商关系，坚决防止民营企业为自身利益最大化而俘获政府官员的情况。

（四）强化不同所有制经济的产业布局与协调

更高层次和更高水平的不同所有制经济高质量共同发展，需要以各种所有制经济的自主发展和共同发展为基础，即构建独立完备的行业形态、协同共生的产业格局。与改革开放初期相比，各种所有制经济的配置分工发生了较大变化，竞合态势进一步明显，但从产业结构分工上，呈现国有经济占据上游、民营经济留守下游的纵向产业结构。① 从整体的产业布局来看，国有经济通过“有进有退”的产业布局调整和分类改革的整体推进，商业类国有企业基本已集中于关系国家安全、国民经济命脉的重要行业和关键领域，承担着国家重大专项任务；而公益类国有企业则主要聚焦民生保障、社会服务以及公共产品和服务的提供。显然，两类国有企业的经营目标和考核体系存在较大差异。其中，商业类国有企业要以保障国家安全

① 叶满城：《国有企业改革、纵向产业结构与民营企业发展》，《财经问题研究》2017 年第 5 期。

和国民经济运行为目标，重点发展前瞻性、战略性产业，实现经济效益、社会效益与安全效益的有机统一，因此，市场化运作是商业类国有企业的主要运行方式。公益类国有企业则不宜单纯以微观财务指标作为考核标准，而是需要结合数量指标和成本指标来综合考核其经营状况。如此，便不可避免地产生一定程度的政府管控，但管控应该适度且不能完全置于计划之中，通过政府规制引入市场机制，是公益类国有企业不断提高公共服务效率和能力的途径。除了上述国有经济存在的领域外，更广大的领域可由民营经济来充实，即使是某些自然垄断行业的特定环节，如电力生产与供给、燃油销售等，都可以引入民营企业增加市场竞争，倒逼国有企业深化改革提高效率；而且，引入民营企业可为国有企业提供“影子”企业，便于国有企业主管部门进行考核。另外，国有企业在资本、资源方面具有竞争优势，特别是在全国性基础设施建设等领域具有无可比拟的优势，但在各地区内部特别是劳动密集的供给环节，民营企业的效率优势更为明显，因此，产业链上的合理分工配置有利于提高整个产业链的供给效率。

如果以技术层级划分产业链，国有经济的分布主要集中在资源型产业和中技术产业两个产业中，牢牢控制着产业链的上游和中游，这反映出国有经济产业布局调整已取得显著成效。如图 6 所示，国有经济总产出中，资源型产业占比一直维持在 30%～40%，近年有所波动，但整体格局未发生变化。而且国有企业在资源和生产加工部门的分布较多，而在技术密集型产业领域则略显不足，这与改革开放初期国有企业技术外溢催生民营经济快速发展形成鲜明对比。因此，国有企业应依据自身资本密集特点尽可能布局技术密集产业，抢占研发和技术进步先机，突破制约我国经济长远发展的“卡脖子”环节。唯有如此，才能更好地带动全产业链上不同所有制经济技术水平共同提高，形成更为协调协同的竞合关系，构建更为互利合作的分工格局，提供更可持续的发展贡献。

（五）筑牢不同所有制经济共同发展的价值基础

“高质量共同发展”对各类所有制企业之间的竞争与合作提出了更高的要求，由以往相对初级的平等竞争、分工合作和融合发展转向更高层次、更高水平的平等竞争、分工合作和融合发展，并最终成为多种所有制企业

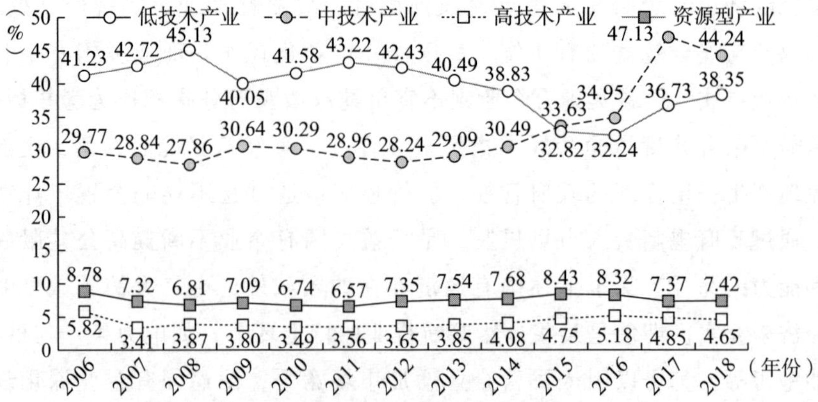

图 6 工业国有企业按技术密集分布状况

注：资源型产业包括采矿业、石油化工、金属和非金属冶炼和制造等行业，电力热力等生产行业；低技术产业包括食品加工、食品制造、饮料制造、烟草加工、纺织、造纸等附加值较低的产业；中技术产业包括化学原料及化学制品制造业、化学纤维制造业、通用设备制造业、专用设备制造业、交通运输设备制造业、电气机械及器材制造业等；高技术产业包括医药制造业、通信设备制造业、计算机制造业等。

数据来源：整理自历年《中国工业经济年鉴》，因《中国工业经济年鉴》发布至 2017 年，因而 2017 年和 2018 年的数据以主营业务收入代替。

高质量共同发展的实现机制。[①] 无论是产业链上的合理分工，还是不同产业的科学布局，其根本目的都是通过优化所有制结构提高经济的整体效率，进而促进生产力的发展。如果说改革的上半程是通过改善激励机制促进效率的提升而发展生产力，那么，进入改革的下半程，就要在继续提高效率促进生产力发展的同时，尽可能实现发展成果共享，缩小收入差距，促进共同富裕的实现。回到主题，不同所有制经济共同发展的功能基础是生产率的提高，但其价值基础应该是提高居民福利水平，即解决人民日益增长的美好生活需要和不平衡不充分发展之间的矛盾。正如前文所述，要凝聚共识，而共识的凝聚需要共同的价值基础，这是未来不同所有制经济都要面对的问题。

对于公有制经济或者说国有企业而言，价值基础本身就是其成立并发

① 中国社会科学院工业经济研究所课题组：《我国多种所有制企业共同发展的时代内涵与“十四五”政策措施》，《经济管理》2020 年第 6 期。

展的前提条件，而非主流经济学所提及的弥补市场失灵或者平抑危机冲击。因此，问题的核心就转化为效率改进与国有企业全民所有性质的体现。[①] 从国有企业利润分配的角度看，改革似乎已找寻出一条相对稳妥的路径，即一方面国有企业利润分类上缴制度已经确立，且随着从管企业到管资本的监管转型，政府对国有企业也正在从重监管向重收益转型。这种转型的关键除了要明确收益上缴外，更要明确收益使用。2017 年，国务院印发《划转部分国有资本充实社保基金实施方案》，规定将企业国有股权的 10% 划转给社保基金，充实企业职工基本养老保险基金。这一举措使国有企业切实与全民福利挂钩。因此，透明化、福利化将是国有企业构筑共同价值基础的有效路径。

与国有企业不同，民营企业并不具有天然的共同价值基础，但从实际情况看，民营企业却与国民经济发展密切相关。“概括起来说，民营经济具有‘五六七八九’的特征，即贡献了 50% 以上的税收，60% 以上的国内生产总值，70% 以上的技术创新成果，80% 以上的城镇劳动就业，90% 以上的企业数量。”[②] 鉴于民营企业与 80% 的城镇就业相关，那么探索适宜的成果分配机制即是民营企业构筑共同价值基础的有效路径。这种分配机制既可能体现在初次分配领域，也可能体现在再分配领域，但不管体现在哪个领域，其根本目标都在于提高居民实际收入水平，缩小收入差距。在初次分配领域，可以考虑适当的员工持股与利润分红，或类似日本的年功序列工资制设计工资增长机制。

（本文发表于《政治经济学评论》2021 年第 5 期）

① 杨新铭、杜江：《国有资本管理体制改革的基本逻辑与方案》，《理论学刊》2020 年第 4 期。

② 习近平：《在民营企业座谈会上的讲话》，《人民日报》2018 年 11 月 2 日。

中国特色社会主义国有企业管理体制的形成、发展与超越

张 旭 王天蛟*

自中华人民共和国成立以来，我国通过历次国有企业改革实践，不断调整政府与国有企业之间的关系，不断探索国有企业内部的管理模式，已初步建立起具有中国特色且符合中国国情的国有企业管理体制。但也毋庸讳言，中国国有企业在管理体制建设方面依然存在一些问题，其已建立起的国资监管体制与现代企业制度依然要在改革中不断完善和创新。进一步完善国有企业的管理体制，宏观上，继续调整政府与国有企业之间的关系，并对国有资产进行有效监管；微观上，在国有企业内建立健全激励约束机制，以充分调动国有企业广大干部职工的积极性、主动性和创造性，从而使国有企业成为运行有效率的市场经济微观主体。这一直是我国不断进行国有企业改革的方向所在。我国自社会主义制度确立以来，对社会主义制度下的国有企业管理体制进行了不断探索，并在这一过程中形成了许多原创性理论成果。党的十八大以来，中国特色社会主义进入了新时代，中国的改革开放站到了新的历史起点，国有企业的发展与改革也进入了新阶段。习近平总书记面对深刻变化的国际国内经济形势，以及经济发展新阶段的新要求，对深化改革国有企业尤其针对国有企业管理方面，提出了一系列新的重要理论观点，为新时代如何改革与完善国有企业经营管理体制指明了方向。

---

* 张旭，经济学博士，中国社会科学院经济研究所教授、博士生导师，中国社会科学院当代中国马克思主义政治经济学创新智库秘书长，全国中国特色社会主义政治经济学研究中心（中国社会科学院）副主任；王天蛟，中国人民大学马克思主义学院经济学博士研究生。

一　新中国成立后我国对国营企业管理体制的初步探索

新中国成立后，中国共产党领导中国人民历经了新民主主义经济建设阶段，以及对农业、手工业和资本主义工商业进行社会主义改造阶段，在中国逐渐建立起“一大二公”“纯而又纯”的公有制经济制度。在这一过程中，以毛泽东同志为核心的党的第一代领导集体，对社会主义国营企业管理体制进行了诸多探索。

（一）从“一长制”到“两参一改三结合”管理体制的过渡

新中国成立后，国营企业为国民经济的恢复做出了巨大贡献。党中央允许各地探索国营企业管理经验，由此各地形成了侧重点不同的企业管理模式，主要有以东北地区为代表的强调以行政为主、厂长有最后决定权的厂长负责制即“一长制”和以华北地区为代表的强调以党委为主、党委有最后决定权、厂长执行党委决定的“党委领导下的厂长负责制”。“一五”期间，国家有计划地重点发展苏联援建的156个重工业大项目，当时的国际环境和意识形态也驱动党中央一切向苏联学习。在“苏联模式”的影响下，苏联的以厂长为核心的“一长制”管理制度得到了更多支持。从1953年起，一部分企业改为实行苏联企业管理的“一长制”，即由厂长对企业生产经营活动实行集中指挥，并对企业经营成果负全责。1954年5月28日中共中央批转华北局《关于在国营厂矿企业中实行厂长负责制的决定》，标志着厂长负责制的全国推行。① 但随着社会主义建设的全面展开，其容易产生官僚主义、忽视民主管理、弱化党对国营企业的控制等弊端也逐渐暴露出来。

1956年，毛泽东同志在听取众多部委汇报后，在4月25日召开的中央政治局扩大会议上，做了《论十大关系》的报告，对我国社会主义经济建设各个方面的经验进行了总结。他提出，“国家和工厂，国家和工人，工厂和工人，国家和合作社，国家和农民，合作社和农民，都必须兼顾，不能

① 《建国以来重要文献选编》第5册，中央文献出版社，1993，第254页。

只顾一头。无论只顾哪一头，都是不利于社会主义，不利于无产阶级专政的”[①]。会议对“一五”期间一切学习苏联经验的弊端进行了反思，结论是苏联的“一长制”不适合中国国情。1956 年 9 月，党的八大报告正式提出，“在企业中，应当建立以党为核心的集体领导和个人负责相结合的领导制度。凡是重大的问题都应当经过集体讨论和共同决定，凡是日常的工作都应当由专人分工负责”[②]。自此，“党委领导下的厂长负责制”，即一切重大问题由党委决定、生产经营活动由厂长负责的制度，成为之后 20 年国营企业的基本管理体制。

1960 年，当时新中国最大的国营企业鞍山钢铁公司热烈响应党中央提出的技术革新和技术革命的号召，发动群众参与管理和技术革新，在一个月内就提出了革新建议 62.1 万多项，实现 10 多万项，突破生产关键技术 1542 项，形成生产自动线 7 条、联动线 199 条、流水线 102 条，机械化程度大为提高。[③] 毛泽东同志对此非常重视，他在总结“鞍钢宪法”时不仅把“党委领导下的厂长负责制”改为“党委领导下厂长分工负责制”，从而使事权进一步明确，责任权利更加清晰，还明确把职工参加企业管理作为一项基本经验规定下来。由此，他提出了“两参一改三结合”这一重要的改革思想，即：对企业的管理，要采取集中领导和群众运动相结合，工人群众、领导干部和技术人员三结合，干部参加劳动，工人参加管理，不断改革不合理的规章制度。“两参一改三结合”既符合马克思主义基本原理，又符合中国国情；既充分体现了毛泽东同志对工人阶级的权利和主人翁地位的尊重，也体现了在社会主义制度下，管理者和被管理者是统一于共同利益基础上的，为实现整体利益而发挥各方面的经验和长处，并最终实现社会主义经济的发展。然而可惜的是，由于种种原因，“两参一改三结合”的管理体制仅仅在我国进行了有限的推行，并没有得到进一步发展，但它的理念对国营企业管理体制改革的积极意义不容置疑。

---

① 《毛泽东文集》第 7 卷，人民出版社，1999，第 30 ~ 31 页。

② 《刘少奇选集》下卷，人民出版社，1985，第 232 页。

③ 《建国以来重要文件选编》第 13 册，中央文献出版社，1993，第 111 页。

（二）三会制度的建立

中共中央曾在中央苏区的公营企业管理中实施过“三人团”制度，即在企业生产中，各项重大问题必须经过由厂长、党支部书记和工会主席组成的“三人团”会议讨论，意见不一致时，厂长有最后决定权。新中国成立后，中共中央允许各地国营企业探索不同的管理经验，但对党组织在国营企业中的作用并没有明确规定，一些企业内部党组织建设并不健全。在华北地区，华北局认为许多从旧政权接收的大厂矿厂长都是旧人员，在实际中不能贯彻党的方针路线，也不能解决党政工团的统一问题，而许多小企业虽然换了共产党员当厂长，但他们很多人不懂生产管理。由于在工作中缺少政治素质和业务水平兼备的“又红又专”的干部，因此实行“党委领导下的厂长负责制”是比较符合实际的选择，即：凡党政工团的上级指示及其在企业中的具体实施方案和措施，一律经过企业党委讨论，做出决定，分工进行；企业中的一切重要事项，最后的决定权属于党委，厂长要对同级党委负责。这样既能贯彻党的方针，领导企业民主管理，又能发挥原来企业厂长、技术人员和工程师的作用。[①] 1956 年，党的八大正式在国家层面确立了党委对国营企业的绝对领导地位。

中国共产党是工人阶级的先锋队，自成立起就一直把建立工会和领导工人运动作为党的基本任务之一。中共中央在中央苏区公营企业实行的“三人团”制度，把工会纳入公营企业的民主管理制度之中，突显了中共中央对工人阶级根本利益的重视。新中国成立后，我国工人运动和工会组织进入了一个新的发展时期。全国工会从无到有，获得了蓬勃发展。广大工人阶级通过全国各地方工会和各产业工会被迅速组织起来，成为党的依靠和新中国人民民主政权的坚强支柱。刘少奇同志指出，国营工厂必须处理管理机关与工人群众之间的矛盾和关系，以及由这种矛盾和关系所引发的各种问题，因此，在国营工厂中由工人群众组织工会，并由工人代表工人群众和工厂管理机关协议并调处各种有关双方的问题，以致签订集体合同

---

① 全国总工会政策研究室：《中国企业领导制度的历史文献》，经济管理出版社，1986，第 194～195 页。

及其他协定等，就是必要的。[①]

新中国成立初期，国营企业内部实行的是职工代表会议制度。这一制度要求企业应当不定期召开职工代表会议，讨论研究企业生产经营中的重大问题。但随着“一长制”的推行，国营企业内部的民主管理被不断弱化。1956年，党的八大提出要将企业中的职工代表会议制度改为职工代表大会制度。1957年4月，《中共中央关于研究有关工人阶级的几个重要问题的通知》要求在全国企业中正式建立职工代表大会制度，并明确了职工代表大会的四项职权，包括审查厂长报告和企业各项计划、审议并决定奖金和福利基金的使用方案、必要时建议上级撤换行政领导及向上级管理机关提出建议等内容，提出职工代表大会是吸引广大职工参加企业管理和监督企业行政的重要制度。职工代表大会不再仅仅是一个咨询机构，而成为具有一定权利、在一定范围内能够发挥制约作用的监督机构。

至此，在不断探索与推动下，以党委会、工会和职工代表大会组成的三会制度正式在国营企业中建立起来。三会制度以制度形式确立了职工群众参与企业管理的民主权利，发挥了职工群众对企业行政的监督作用，体现了工人阶级国家主人翁的地位和作用。

（三）对于发挥企业积极性的重视

毛泽东同志主张要发挥企业的积极性，为解决国家和企业的矛盾及政企不分问题提供了方向。他说：“把什么东西统统都集中在中央或省市，不给工厂一点权力，一点机动的余地，一点利益，恐怕不妥。中央、省市和工厂的权益究竟应当各有多大才适当，我们经验不多，还要研究。从原则上说，统一性和独立性是对立的统一，要有统一性，也要有独立性。……各个生产单位都要有一个与统一性相联系的独立性，才会发展得更加活泼。”[②] 毛泽东同志认为，企业应该有点“独立王国”。“这里的所谓‘独立王国’，是说要有半独立性，或者是几分之几的独立性，公开的、合法的‘半独立王国’。……如果因为反对‘独立王国’就把一切独立自主都反掉

① 《刘少奇选集》下卷，人民出版社，1985，第95页。

② 《毛泽东文集》第7卷，人民出版社，1999，第29页。

了，没有一点自主权了，那事情也很难办。”[①] 在这里，毛泽东同志实际上已经触及了国家和企业关系中企业所有权与经营权相分离和如何分离的问题。尽管在后来的实施中未能坚持下去，但这一理念无疑为后来的深化改革提供了思想和理论基础。

二 改革开放以来我国对国有企业管理体制的再次探索

改革开放后，我国对社会主义公有制的多种实现形式进行了不断探索。党的十四大报告提出“在所有制结构上，以公有制包括全民所有制和集体所有制经济为主体，个体经济、私营经济、外资经济为补充，多种经济成分长期共同发展，不同经济成分还可以自愿实行多种形式的联合经营”[②] 的方针，完成了所有制理论的第一次突破，并形成了社会主义所有制结构的“主体—补充”格局。党的十五大报告正式提出“公有制为主体、多种所有制经济共同发展，是我国社会主义初级阶段的一项基本经济制度”[③]，实现了所有制理论的再次突破，形成并确立了“主体—共同发展”的所有制结构。在新时期所有制结构变化过程中，我国对国有企业管理体制也进行了再次探索。

（一）经济责任制与承包经营责任制下的国营企业管理体制

1978 年，邓小平同志提出，要改变工农业企业的管理方式和国家对工农业企业的管理方式，使之适应现代化大经济的需要。[④] 此后，我国主要对国营企业先后实行了以经济责任制为主要形式的扩权让利式改革，以及以承包经营责任制、租赁经营制为主要形式的两权分离式改革。改革开放后，国营企业的管理体制较之前计划经济体制下的管理体制有了很大变化。

1979 年到 1984 年是国营企业改革的初步试验阶段，以扩大企业自主权，

---

① 《毛泽东文集》第 7 卷，人民出版社，1999，第 53 页。

② 《十四大以来重要文献选编》上，人民出版社，1996，第 19 页。

③ 《十五大以来重要文献选编》上，人民出版社，2000，第 20 页。

④ 《邓小平文选》第 2 卷，人民出版社，1994，第 135 页。

逐步推行各种形式的经济责任制，从而增强企业活力为主要内容。我国将原来集中于政府部门的经营管理权逐步还给企业，建立起国家对企业的经济责任制，按照统一领导、分级管理的原则，明确中央和地方的管理权限，使企业在人、财、物、产、供、销等方面拥有更多更大的决策自主权，并形成以利润留成、盈亏包干、以税代利三种类型为主要代表的国家对企业的分配制度。同时，在企业内部也建立起经济责任制。在企业内部以责定权、以责定利，构建起责、权、利紧密结合的生产经营管理体制。在企业内部管理中，企业经营好坏同职工的物质利益挂钩，企业有权在一定程度上决定机构设置以及任免中层以下干部。企业内部具体实行五种分配方式：一是指标分解，计分计奖；二是计件工资；三是超产奖；四是定包奖；五是浮动工资。

1984 年，党的十二届三中全会通过的《中共中央关于经济体制改革的决定》提出，要确立国家和全民所有制企业之间的正确关系，扩大企业自主权；要确立职工和企业之间的正确关系，保证劳动者在企业中的主人翁地位；企业的所有权和经营权可以适当分开。在实践中，我国开始了以承包经营责任制、租赁经营制为主要形式的所有权与经营权分离的两权分离式改革。1987 年，承包经营责任制在全国国营企业中全面推广，小型国营企业也积极实行了租赁和承包经营模式。政府与企业之间的利益关系通过承包合同、租赁合同的方式固定下来，形成契约双方的责权利关系，改变了过去企业对政府的行政隶属依附关系。在企业内部管理中，作为承包经营责任制的一个主要内容，国营企业全面实行厂长负责制。厂长负责制在当时创造了“能人治企”的强烈氛围，各地纷纷公开招标选聘经营者，一大批经营管理人才脱颖而出，企业内部选拔干部的方式由封闭式变为开放式，使企业人事制度发生了根本变革。承包制的层层推行也促进了岗位责任制的推行，全国国营企业内部推行了优化劳动组合及劳动制度改革，冲击了过去“大锅饭”的用工制度和固定工资制度，有效引导了企业内部劳动力的流向，并使职工收入和企业效益捆绑在一起。

（二）建立现代企业制度后的国有企业管理体制

承包经营责任制和租赁经营制的改革，依然未能使国营企业建立起具有强烈的创新动机和积极的企业行为的经营机制。在党的十四大明确建立社会主义市场经济体制的改革目标后，建立现代企业制度成为国有企业改革的目标方向。1993 年 11 月，党的十四届三中全会所通过的《中共中央关于建立社会主义市场经济体制若干问题的决定》（以下简称《决定》）提出要在国有企业中建立适应市场经济要求，产权清晰、权责明确、政企分开、管理科学的现代企业制度，在理论层面上对建立现代企业制度的基本特征进行了论述。只有在国有企业中建立现代企业制度，才能使其真正成为独立的法人实体和竞争主体，才能更好地适应社会主义市场经济体制。在企业具体管理方面，《决定》指出要坚持和完善厂长（经理）负责制，保证厂长（经理）依法行使职权。实行公司制的企业要按照有关法规建立内部组织机构。企业中的党组织要发挥政治核心作用，保证监督党和国家方针政策的贯彻执行。全心全意依靠工人阶级。工会与职工代表大会要组织职工参加企业的民主管理，维护职工的合法权益。要加强职工队伍建设，造就企业家队伍。形成企业内部权责分明、团结合作、相互制约的机制，调动各方面的积极性。[①] 自此，我国开始了在国有企业内部构建具有社会主义性质的符合中国国情的现代企业制度的不断探索。

1995 年，国务院选定了 100 户国有大中型企业进行现代企业制度试点。1998 年，3 年试点期结束。相关调查结果显示，总体而言，国有企业传统管理体制正被打破，适应市场经济要求的企业管理体制框架初步形成，以公司制为主要形式的制度创新效应逐步显现，试点工作达到了预期目的，取得了较明显的成效，建立现代企业制度试点较为成功。就具体层面而言，试点企业产权制度改革有了新突破，建立了企业法人财产制度，公司法人治理结构初步形成，财务状况及资产质量有较明显改善，还主动进行了“精干主体，分离辅助”的内部管理制度改革。[②] 可以说，在国有企业建立现代企业制度的试点起到了以点带面的作用，示范效应明显，为以后全面推进以建立现代企业制度为目标的国有企业改革积累了丰富经验，打下了理论和实践基础。1997 年，党的十五大报告再次明确“建立现代企业制度是国有企业改革的方向”，

① 《十四大以来重要文献选编》上，人民出版社，1996，第 525 页。

② 邹东涛、张晓文：《30 家现代企业制度试点企业的调查与分析》，《管理世界》1999 年第 1 期。

并提出到20世纪末，绝大多数国有大中型企业初步建立起现代企业制度的改革目标。[①] 1999年9月，党的十五届四中全会通过的《中共中央关于国有企业改革和发展若干重大问题的决定》明确，到2010年，国有企业改革和发展目标是：适应经济体制与经济增长方式两个根本性转变和扩大对外开放的要求，基本完成战略性调整和改组，形成比较合理的国有经济布局和结构，建立比较完善的现代企业制度，经济效益明显提高，科技开发能力、市场竞争能力和抗御风险能力明显增强，使国有经济在国民经济中更好地发挥主导作用。[②] 在试点实践基础上，我国开始全面推进建立国有企业现代企业制度。

建立现代企业制度的改革极大地改变了政府管理国有企业的方式。政企分开、政资分开是现代企业制度建立中的重要命题之一。在我国推行建立现代企业制度改革过程中，一些改革开放较早、经济较发达的地区对国有资产管理体制改革进行了积极探索，尝试以建立国有资产经营公司的形式管理和经营国有资产。在1998年的政府机构改革中，我国建立了多部门管理国有企业的国有资产管理体制，被称为“九龙治水”。这种体制虽然使国有企业摆脱了来自指令性计划的直接管理，将企业生产推向市场，但这种出资人职能多头行使的做法却造成国有资产所有者职能被肢解、出资人责任主体不明确的问题。2003年国务院机构改革决定设立国务院国有资产监督管理委员会，成为新中国成立以来中央政府设立的第一个代表国家履行出资人职责的国务院直属特设机构。国资委的成立第一次在中央政府层面实现了政府的公共管理职能与国有资产出资人职能的分离，基本实现了管资产和管人、管事相结合。同时，国资委的成立克服了之前多头管理造成无人负责的国资监管局面，将原来分割在政府各有关部门的国有资产出资人和监督管理职能都集中起来，使国资管理和国企管理进入了一个新的阶段。[③]

---

① 《十五大以来重要文献选编》上，人民出版社，2000，第22页。

② 《十五大以来重要文献选编》中，人民出版社，2001，第1006页。

③ 国资委成立后，国有企业改革主要由国资委推动。在国有企业管理体制改革上，国资委不仅继续推进国有企业的现代企业制度建设，还代表国家向部分大型企业派出监事会，并建立符合社会主义市场经济体制和现代企业制度要求的选人、用人机制，完善经营者激励和约束制度。

建立现代企业制度的改革也使国有企业内部管理发生了巨大变化。实行改革的国有企业根据自身情况，分别建立了公司法人治理结构，也逐步形成并完善了公司的权力机构（股东会）、决策机构（董事会）、执行机构（经理层）、监督机构（监事会）。大部分国有企业采取由董事会聘任总经理的方式，企业与员工也通过合同制建立了新的劳动关系。部分企业在管理人员中推行竞争上岗方式，开始形成“能上能下”的新机制。但国有企业在建设现代企业制度过程中，一直面临新制度与旧制度融合的问题，尤其是企业的“老三会”（党委会、职代会和工会）与现代企业制度的“新三会”（股东会、董事会、监事会）的融合问题。在实际的管理中，很多企业采取董事会与经理层一套人马，董事长、总经理“一肩挑”，本应是相互监督、相互制约的关系，人员配置却高度重合，董事长、总经理依然由行政任命，职业经理人队伍并未形成。企业的“新三会”形同虚设，董事会与监事会未能发挥作用。企业在决策机制和运行方式上换汤不换药，并没有达到现代企业制度所要求的分权制衡、有效监督的目的。“老三会”与“新三会”的关系如何处理，以及党管干部与选举产生的董事长及董事会选拔任命的经理层的关系如何处理，这些也一直是争议较多的话题。直到今日，我国对国有企业中新旧制度的融合方式依然进行着不断探索。

三　党的十八大以来我国对国有企业管理体制的全面丰富和完善

2013 年 11 月，党的十八届三中全会通过的《中共中央关于全面深化改革若干重大问题的决定》提出，要坚持和完善基本经济制度，“积极发展混合所有制经济。国有资本、集体资本、非公有资本等交叉持股、相互融合的混合所有制经济，是基本经济制度的重要实现形式，有利于国有资本放大功能、保值增值、提高竞争力，有利于各种所有制资本取长补短、相互促进、共同发展。允许更多国有经济和其他所有制经济发展成为混合所有制经济”①。国有企业混合所有制改革从此拉开大幕，进入提速和深化阶段。

① 《十八大以来重要文献选编》上，中央文献出版社，2014，第 515 页。

随着改革的深入和形势的发展变化，国有企业尤其是中央企业领导人员管理工作面临很多新任务和新挑战。2015 年 8 月 24 日，中共中央、国务院印发了《关于深化国有企业改革的指导意见》，这是我国当前和今后一段时期深化中国特色国有企业改革的纲领性文件，对新时代国有企业管理体制改革提出了一系列系统、全面、有针对性的方针政策和措施。2019 年 10 月 31 日，党的十九届四中全会通过的《中共中央关于坚持和完善中国特色社会主义制度推进国家治理体系和治理能力现代化若干重大问题的决定》（以下简称《决定》）提出，“探索公有制多种实现形式，推进国有经济布局优化和结构调整，发展混合所有制经济，增强国有经济竞争力、创新力、控制力、影响力、抗风险能力，做强做优做大国有资本。深化国有企业改革，完善中国特色现代企业制度。形成以管资本为主的国有资产监管体制，有效发挥国有资本投资、运营公司功能作用”①。《决定》将推动国有企业改革、国资监管体制改革及国有企业管理体制改革纳入推进国家治理体系和治理能力现代化的框架下，突显了改革的重要性和艰巨性。以习近平同志为核心的党中央对组织工作和国有企业改革发展、党的建设提出了一系列新思想、新精神、新要求，为新时代国有企业管理体制改革指明了方向。

（一）把党的建设与现代企业制度相结合

习近平总书记一直非常重视国有企业的党建工作。2016 年 10 月，在全国国有企业党的建设工作会议上，习近平总书记强调，要通过加强和完善党对国有企业的领导、加强和改进国有企业党的建设，使国有企业成为党和国家最可信赖的依靠力量，成为坚决贯彻执行党中央决策部署的重要力量；指出坚持党的领导、加强党的建设，是我国国有企业的光荣传统，是国有企业的“根”和“魂”，是我国国有企业的独特优势；强调中国特色现代国有企业制度，“特”就特在把党的领导融入公司治理各环节，把企业党组织内嵌到公司治理结构之中，明确和落实党组织在公司法人治理结构中的法定地位，做到组织落实、干部到位、职责明确、监督严格。针对具体

① 《中共中央关于坚持和完善中国特色社会主义制度推进国家治理体系和治理能力现代化若干重大问题的决定》，《人民日报》，2019 年 11 月 6 日。

的企业管理方法，习近平总书记指出，要加强对国有企业领导人员的党性教育、宗旨教育、警示教育，严明政治纪律和政治规矩，引导他们不断提高思想政治素质、增强党性修养，突出监督重点，强化对关键岗位、重要人员特别是一把手的监督管理；要坚持全心全意依靠工人阶级的方针，从而坚持党对国有企业领导的内在要求，健全以职工代表大会为基本形式的民主管理制度，推进厂务公开、业务公开，落实职工群众知情权、参与权、表达权、监督权，充分调动工人阶级的积极性、主动性、创造性；要坚持党管干部原则，保证党对干部人事工作的领导权和对重要干部的管理权，保证人选政治合格、作风过硬、廉洁不出问题；要从基本组织、基本队伍、基本制度严起，把全面从严治党在国有企业落实落地，同步建立党的组织、动态调整组织设置。① 习近平总书记关于国有企业党的建设理论的提出，深刻回答了事关国有企业改革发展和党的建设的一系列重大问题，具有很强的战略性、思想性、针对性。尤其是他所提出的把加强党的领导和完善公司治理统一起来，把党的领导融入公司治理各环节，把企业党组织内嵌到公司治理结构之中的思想，为构建中国特色现代国有企业制度指明了方向，具有重大的理论和实践意义。

（二）强调实现党管干部与发挥市场机制作用的有机统一

2013 年 11 月，党的十八届三中全会通过的《中共中央关于全面深化改革若干重大问题的决定》提出，全面深化改革，需要有力的组织保证和人才支撑。坚持党管干部原则，深化干部人事制度改革，构建有效管用、简便易行的选人用人机制，使各方面优秀干部充分涌现。② 2016 年 10 月，习近平总书记在全国国有企业党的建设工作会议上强调，坚持党组织对国有企业选人用人的领导和把关作用不能变，着力培养一支宏大的高素质企业领导人员队伍。③ 党的十九大报告明确指出，中国特色社会主义最本质的特

① 习近平：《坚持党对国有企业的领导不动摇 开创国有企业党的建设新局面》，《人民日报》2016 年 10 月 12 日。

② 《十八大以来重要文献选编》上，中央文献出版社，2014，第 544 页。

③ 习近平：《坚持党对国有企业的领导不动摇 开创国有企业党的建设新局面》，《人民日报》2016 年 10 月 12 日。

征是中国共产党领导，中国特色社会主义制度的最大优势是中国共产党领导，党政军民学，东西南北中，党是领导一切的。[①] 由此可见，新时代国有企业管理制度呈现的特点，就是在进一步加强党对国有企业领导的基础上，坚持党管干部、党管人才的原则。2018 年 5 月 11 日召开的中央全面深化改革委员会第二次会议审议通过了《中央企业领导人员管理规定》（以下简称《规定》），为新时代中国特色社会主义背景下如何加强党对中央企业的领导、如何实现中央企业领导人作用的充分发挥，做出了全面规定，把以习近平同志为核心的党中央对组织工作和国有企业改革发展、党的建设提出的一系列新思想、新精神、新要求，特别是党的十九大精神和全国组织工作会议、全国国有企业党的建设工作会议精神，进行了具体的制度化落实。

《规定》既坚持了党管干部原则，强调充分发挥党组织在中央企业选人用人工作中的领导和把关作用，确保党对中央企业干部人事工作的领导权和对重要领导人员的管理权，又突出了发挥市场机制作用，强调从中央企业的市场主体属性出发，扩大选人用人视野，完善与市场竞争相适应的中央企业领导管理机制，激发和保护企业家精神。《规定》提出对敢于负责、勇于担当、善于作为、业绩突出的中央企业领导人员，应当及时提拔重用，激励中央企业领导人员讲担当、重担当；建立容错纠错机制，引导中央企业领导人员争当改革的促进派、实干家；坚持物质激励与精神激励相结合、短期激励与任期激励相结合等措施，激发企业领导人员创新活力和创业动力。这些措施都是对建设适应中国特色社会主义市场经济发展要求的企业家队伍的正向激励，是将党管干部原则与市场机制相统一的中央企业人事制度改革的重大成果。这些人事管理层面的改革，必将在国有企业内部打造出一支对党忠诚、勇于创新、治企有方、兴企有为、清正廉洁的高素质、专业化中央企业领导人员队伍，形成能领导中央企业更好地适应社会主义市场经济的企业家群体，进而极大提高我国国有企业的竞争力和引领力。

（三）探索实行混合所有制企业员工持股

在 2004 年，我国就对高新技术中央企业股权激励形式进行了初步探索，

---

① 习近平：《决胜全面建成小康社会，夺取新时代中国特色社会主义伟大胜利——在中国共产党第十九次全国代表大会上的报告》，人民出版社，2017，第 20 页。

并在此基础上对国有控股上市公司实施股权激励制度进行了探索。在新时代国有企业混合所有制改革提速和深化阶段，《中共中央国务院关于深化国有企业改革的指导意见》（以下简称《指导意见》）提出要探索实行混合所有制企业员工持股。[①] 这一政策是对党的十八届三中全会提出的“允许混合所有制经济实行企业员工持股”要求的具体落实。[②] 实行员工持股的主要目的在于建立有效的激励约束长效机制，而不是短期套利行为，使持股员工与企业既要共同分享企业收益，又要共同承担风险，从而激发员工的积极性，增强企业活力。《指导意见》提出，优先支持人才资本和技术要素贡献占比较高的转制科研院所、高新技术企业、科技服务型企业开展员工持股试点，支持对企业经营业绩和持续发展有直接或较大影响的科研人员、经营管理人员和业务骨干等持股。对员工持股的国有企业产业领域进行细致规划，可以使知识密集、技术密集的科技型企业留住人才。对持股员工范围的划分既可以防止全员持股或平均持股，使员工持股成为福利待遇，又可以防止局限于管理层持股，避免员工持股成为少数人的特权。通过对激励约束机制的探索，使科技型企业的关键管理岗位、技术岗位和业务岗位的核心骨干员工持股，能够大大激发这些国有企业的科研创新能力和企业活力，进而实现企业的可持续发展。

（四）强化企业内部监督和外部监督

《指导意见》提出，要完善企业内部监督体系，明确监事会、审计、纪检监察、巡视及法律、财务等部门的监督职责，完善监督制度，增强制度执行力；要建立健全高效协同的外部监督体制，强化出资人监督，加强和改进外派监事会制度，健全国有资本审计监督体系和制度，加强纪检监察监督和巡视工作，推动形成高效顺畅的外部监督协同机制。[③] 企业内部监督是企业自我约束的体现，是最直接、最基础的监督，可以称为加强监督的第一道防线。国家强化出资人监督从而对国有资产进行有效的外部监督，

① 《〈关于深化国有企业改革的指导意见〉学习读本》，中国经济出版社，2016，第 15 页。

② 《十八大以来重要文献选编》上，中央文献出版社，2014，第 515 页。

③ 《〈关于深化国有企业改革的指导意见〉学习读本》，中国经济出版社，2016，第 118 ~ 121 页。

可以称为第二道防线。通过审计、纪检监察、巡视等依据国家法律法规及党内规定进行的专项外部监督，可以称为第三道防线。通过对三道防线的重重部署，我国构建起具有中国特色的国有企业监察制度，充分体现了监督的严肃性、权威性、实效性，从而促进了国有企业的持续健康发展。

四 我国国有企业管理体制形成与发展的理论基础和理论超越

（一）对马克思主义政治经济学基本理论的运用与发展

马克思在《神圣家族》《关于费尔巴哈的提纲》《德意志意识形态》《哲学的贫困》《共产党宣言》等著作中，逐步系统地阐述了唯物史观的基本原理。唯物史观是马克思全部政治经济学理论的哲学基础，也是贯穿马克思经济学体系形成和《资本论》创作过程的指导思想。在《〈政治经济学批判〉导言》中，马克思第一次全面系统地阐述了政治经济学的研究对象和方法，论述了政治经济学研究的总体方法论，以及在总体方法论规定下的具体方法。对此，恩格斯指出，“德国的经济学本质上是建立在唯物主义历史观的基础上的。……黑格尔的思维方式不同于所有其他哲学家的地方，就是他的思维方式有巨大的历史感作基础。……这个划时代的历史观是新的唯物主义观点的直接的理论前提，单单由于这种历史观，也就为逻辑方法提供了一个出发点。……（马克思）从黑格尔逻辑学中把包含着黑格尔在这方面的真正发现的内核剥出来，使辩证方法摆脱它的唯心主义的外壳并把辩证方法在使它成为唯一正确的思想发展方式的简单形式上建立起来。马克思对于政治经济学的批判就是以这个方法作基础的，这个方法的制定，在我们看来是一个其意义不亚于唯物主义基本观点的成果”①。

马克思在《资本论》中运用唯物史观对资本主义企业的起源和发展进行了深入研究和分析，并研究了资本主义企业内部管理的职能、形式及根本性质。他指出，随着工人协作的发展，资本的指挥发展成为劳动过程本

① 《马克思恩格斯全集》第13卷，人民出版社，1962，第531～532页。

身运行的必要条件，“一切规模较大的直接社会劳动或共同劳动，都或多或少地需要指挥，以协调个人的活动，并执行生产总体的运动”，而“一旦从属于资本的劳动成为协作劳动，这种管理、监督和调节的职能就成为资本的职能”。[①] 马克思指出，资本主义的管理就其形式来说是专制的。随着大规模协作的发展，资本家把直接和经常监督单个工人及工人小组的职能交给了特种的雇佣工人，“正如军队需要军官和军士一样，在同一资本指挥下共同工作的大量工人也需要工业上的军官（经理）和军士（监工），在劳动过程中以资本的名义进行指挥”。[②] 马克思认为，“资本家的管理不仅是一种由社会劳动过程的性质产生并属于社会劳动过程的特殊职能，它同时也是剥削社会劳动过程的职能”，因此，资本主义所管理的生产过程本身具有二重性，即“一方面是制造产品的社会劳动过程，另一方面是资本的价值增殖过程”。[③] 马克思指出，资本主义企业管理所具有的二重性是其作为资本的特殊职能而取得的，因此，资本主义企业管理的特殊性质存在的根本原因在于资本主义生产关系的本质。在以资本主义私有制为基础的经济制度中，资本主义企业的管理是以专制的形式实现资本主义生产过程的动机和目的，即让资本尽可能多地自行增殖和生产剩余价值，因而也就是让资本家尽可能多地剥削劳动力。

我国在探索国有企业管理体制过程中运用并发展了唯物史观。我国的社会主义是在经济文化落后国家建立的，并不是马克思根据人类社会发展一般规律所认为的在资本主义高度发达的基础上实现的。因此，我国并没有发达资本主义企业发展成果和管理经验的基础，只能通过国家主导，充分运用马克思主义政治经济学的基本原理并借鉴苏联模式下的企业管理经验，结合中国国情在实践中对国有企业管理体制进行不断探索。我国充分运用了生产力与生产关系的矛盾是推动社会发展根本动因这一唯物史观基本原理，在生产资料所有制社会主义改造基本完成后，即对经济管理体制改革进行了初步探索。这是因为经济管理体制是社会主义公有制的具体形

---

① 《资本论》第一卷，人民出版社，2004，第 384 页。

② 《资本论》第一卷，人民出版社，2004，第 385 页。

③ 《资本论》第一卷，人民出版社，2004，第 384～385 页。

态，只有实现管理体制变革，才能为生产力的发展创造良好的体制环境。就企业管理方面，毛泽东同志指出，“所有制问题解决以后，最重要的是管理问题，即全民所有的企业如何管理的问题，集体所有的企业如何管理的问题。这方面是大有文章可作的”，“劳动中人与人的关系，是改变还是不改变，对于推进还是阻碍生产力的发展，都有直接的影响”。[①] 由此可见，对国有企业管理体制的不断探索与改革并促进国有企业良好发展，就是通过不断调整生产关系，促进生产力的快速发展。在创立唯物史观的过程中，马克思在《关于费尔巴哈的提纲》中确立了科学的实践观。[②] 我国充分运用了唯物史观视阈下的实践观，在企业管理体制改革过程中，始终认为实践是认识的基础和标准，从管理体制改革的实践中提炼出理论，再反过来对管理体制改革的实践进行解释和指导。我国始终在确保国有企业所有制形式是公有制占主体地位、具有社会主义性质这一基础之上进行改革实践。在经济发展的不同阶段，随着社会生产力的不断发展及科学技术的不断进步，我国对国有企业的认识也在不断深化。随着经济发展整体形势的不断变化，原有的企业管理理论便不能很好地指导和解释新阶段国有企业发展改革实践，由此就需要在国有企业发展改革实践的基础上，通过对现象本质的把握，用更进步、更科学的方法对现实进行再抽象，提炼并总结出新的企业管理理论并指导新的国有企业改革实践，从而也使原有的企业管理理论得到充实和更新。由此，我国历届领导人在不同历史阶段，都提出了具有不同时代特色和时代内容，但精神实质和内在脉络高度统一的国有企业管理思想。这一精神实质即是依靠工人阶级、建立劳动者平等互助关系、让企业领导干部更好地为群众服务及为人民服务等社会主义精神实质。

同时，在我国国有企业管理体制形成与发展过程中，始终重视人的作用。马克思在《资本论》中揭示，资本主义生产的目的是最大限度地追求剩余价值，所以资本主义企业管理中所呈现的资本家与雇佣工人的关系是剥削与被剥削的关系。社会主义的生产目的是为了实现人的自由全面发展和社会成员共同富裕，因此，社会主义企业管理必须要消灭人与人之间剥

① 《毛泽东读社会主义政治经济学批注和谈话》，中华人民共和国国史学会，1998，第806页。

② 张旭：《马克思主义政治经济学研究对象和方法的确立》，《经济纵横》2018年第5期。

削与被剥削的关系，建立起“同志式的互助合作的关系”。毛泽东同志清楚地意识到，“同志式的互助合作的关系”并不能仅仅作为一句空洞的话，而是要在实践中不断进行探索，方能把它切实地落实到企业管理制度中去。[①] 为此，他针对苏联模式“一长制”易滋生官僚主义的弊端，提出以“两参一改三结合”的方法扩大国有企业民主管理。进入新时代，习近平总书记提出的把党的建设与现代企业制度相结合的思想，在企业管理层面巩固和加强党的领导地位，强化了国有企业干部的理想信念，使国有企业干部队伍能更好地为人民服务，在企业管理层面实现了党性与人民性的统一。

（二）对西方企业管理理论的超越

改革开放以来，随着学术界对西方经济学的逐渐引进，一些学者主张以西方经济学中的企业管理理论来指导我国国有企业管理制度改革。在西方经济理论中，新制度主义企业理论无疑是最具代表性的企业理论。新制度主义创始人科斯以“交易成本”概念重新定义了企业，认为企业存在的意义在于通过企业内部调节资源的方式取代市场配置资源以节约交易成本。在新制度主义者看来，企业内部组织是由雇员、管理者、股东之间通过契约关系组成的。企业内部成员之间存在着委托—代理关系，而委托人和代理人之间的目标函数并不一致，而且企业内部也存在信息分布不对称、环境不确定及契约不完全等问题。因此，所谓企业管理就是通过设计合适的“激励约束相容”机制，激发代理人的积极性并使之产生自我约束的内在机制，使代理人在追求自身效用最大化的同时，实现委托人的效用最大化。一些学者尝试将委托—代理理论引入国有企业改革中，认为国有经济改革中的问题在于初始委托人与两级代理人之间效用函数不一致性及信息的非对称性。在委托—代理分析框架下，公有经济中的委托—代理关系具有两大等级体系，即从初始委托人（全民）到政府的第一级自下而上的授权链，以及从政府到最终代理人（企业内部成员）的第二级自上而下的授权链。由此，他们提出了在国有企业内部设计最优激励约束机制的改革建议。[②]

---

① 《毛泽东读社会主义政治经济学批注和谈话》，中华人民共和国国史学会，1998，第806页。

② 杨瑞龙：《论国有经济中的多级委托代理关系》，《管理世界》1997年第1期。

我国在国有企业管理实践中以多重维度探索对企业干部的激励方式，从而超越西方新制度主义企业理论单一强调建立激励约束相容机制的观点。如果以新制度主义企业理论指导我国国有企业改革，那么其政策导向必然是单方面强调对企业管理人员实行薪酬激励和股权激励。但长此以往，企业管理者与工人薪酬差距过大必然会造成工人与管理者的对立情绪，打击工人的劳动积极性，同时股权激励也可能从根本上动摇国有企业的所有制形式。与西方企业管理理论相比，我国更为强调对企业管理人员的正向激励，建立容错纠错机制以激励企业管理人员勇于创新，坚持物质激励与精神激励相结合、短期激励与任期激励相结合等措施。这种包括政治、物质、精神多重维度的激励方式无疑具有更为丰富的内涵。我国对企业管理人员激励方式的探索，在保证国有企业社会主义性质的同时，极大地激励了国有企业各级领导干部干事业的主动性、积极性和创造性，从而使各个国有企业始终稳步地向前发展。

我国在国有企业管理中始终强调对人才的培养和塑造，这样的人才观也超越了西方企业管理理论。新制度主义企业理论以个人主义方法论作为其理论基石，把推动社会各类制度形成和变迁的根本动力归结为人的自利本性。这样的方法论实质是把人看作一种生产要素，从而忽视人作为主体的特殊属性，也没有把人看作历史的、现实的、具有一定社会关系的人。因此，新制度主义企业理论并没有提出培养人才、塑造人才的思想。与西方理论相比，我国国有企业始终将建立人才培养机制视作企业管理中的最重要一环，这与自古以来就重视人才、培养人才的优秀传统是分不开的。我国古代思想家就曾提出“育才造士、为国之本”的理念，认为人才需要通过培养和历练，才能成长为国家的栋梁。习近平总书记更是强调，“要让没有实践经历的干部到重大斗争中去经受锻炼，在克难攻坚中增长胆识和才干”[①]。我国始终注重从国有企业基层开始培养锻炼干部，所遴选的高层干部也必须经过由基层开始的层层历练。在干部参加工作实践的过程中，极为重视对干部的思想政治教育及理论素养的培养，定期组织干部集体学习，确保干部在政治上忠诚可靠，在实际工作中能把理论与实践相结合。

① 习近平：《努力造就一支忠诚干净担当的高素质干部队伍》，《求是》2019 年第 2 期。

通过这样的人才培养机制，我国锻造了一批又一批对党忠诚而又治企有方的企业干部队伍，为国有企业良好发展做出了巨大贡献。

综上，以个人主义方法论为基础的新制度主义企业理论，涵盖着对委托人和代理人理性假设及他们之间具有风险结构差异的假设，但该分析框架所忽视的是中国特色社会主义国有企业体制的特殊性、中国国有企业所处经济发展阶段的特殊性，以及中国国有企业所处中国文化土壤的特殊性。我们应合理借鉴，而不是完全套用西方企业管理理论来指导我国国有企业管理体制改革。

习近平总书记指出："深入研究世界经济和我国经济面临的新情况新问题，揭示新特点新规律，提炼和总结我国经济发展实践的规律性成果，把实践经验上升为系统化的经济学说，不断开拓当代中国马克思主义政治经济学新境界，为马克思主义政治经济学创新发展贡献中国智慧。"① 当前，应继续以马克思主义政治经济学辩证唯物主义和历史唯物主义的总体方法论，深化对中国特色社会主义国有企业管理理论的概括和研究，为新时代中国特色社会主义国有企业管理体制改革和现代企业制度的完善提供可靠、科学、持续的理论支撑。

（本文发表于《经济纵横》2020 年第 12 期）

① 习近平：《不断开拓当代中国马克思主义政治经济学新境界》，《求是》2020 年第 16 期。

中国国有企业国际化的时代背景、发展历程与世界意义

张　旭　郭义盟*

20 世纪 70 年代以来，接受新自由主义进行大规模私有化的发展中国家大都遭遇了严重的经济和社会灾难。2007 年美国次贷危机爆发，发达国家遭受反噬也开始逐渐放弃新自由主义转向“逆全球化”的保护主义。新自由主义思潮在事实上的破产并不代表作为当代资产阶级意识形态的新自由主义已经退出思想舞台，世界经济格局中尚未出现能够获得广泛认同的新思想和新力量。以中国为代表的新兴经济体国有企业的蓬勃发展为形成新的发展理念和路径提供了一种可能性。中国国有企业作为中国海外投资经营的主体，在参与“走出去”战略和“一带一路”建设的过程中，“在游泳中学会了游泳”，在参与全球化过程中做强做优做大，进一步发展更高层次开放型经济，标志着中国逐渐由参与全球化转向推动新一轮全球化，为维护世界经济的稳定发展和国际社会的公平正义提供了“中国方案”。

一　中国国有企业国际化的时代背景

任何经济现象的发生、发展都必然受到其所处的社会历史环境的影响和限制。资本主义经过几百年的发展，以国际垄断资本主义的形式主导全

* 张旭，经济学博士，中国社会科学院经济研究所教授、博士生导师，中国社会科学院当代中国马克思主义政治经济学创新智库秘书长，全国中国特色社会主义政治经济学研究中心（中国社会科学院）副主任；郭义盟，经济学博士，中共四川省委党校、四川行政学院经济学教研部讲师。

球的生产体系。新兴经济体为了谋求独立自主的发展，选择通过建立国有企业实现快速工业化的方式力图突破国际垄断资本主义的基本积累模式，取得了显著效果，在国际投资和全球生产中的作用不断攀升。

（一）国际垄断资本主导世界经济

从资本主义的发展进程来看，垄断是自由竞争发展到一定阶段的客观结果。“垄断产生着竞争，竞争产生着垄断……垄断只有不断投入竞争的斗争才能维持自己。”[①] 换言之，垄断为更大规模的竞争创造着条件。列宁通过分析整个资本主义社会中占支配地位的生产方式，提出在19世纪末20世纪初，资本主义从自由资本主义过渡到了垄断资本主义的发展阶段，这一阶段的特征是垄断以及由垄断带来的金融资本瓜分世界市场。第二次世界大战期间和战后，资本主义国家对经济活动的干预日益增强，国家垄断资本主义成为帝国主义的新形式。20世纪七八十年代，欧美发达国家地区为了应对国家债务危机采取了国有企业私有化、减少政府干预、放开市场准入和国际资本流动管制等新自由主义政策，发达国家的过剩资本突破国界在世界市场组织生产要素配置，客观上推动了全球贸易自由化和金融自由化的大发展。商品生产的主要方式由民族国家生产转向跨国生产，垄断资本的全球扩张最终形成国际垄断资本，帝国主义获得了国际垄断资本主义这一最新形式。显然，当代世界市场的主要特征早已不再是庸俗经济学教科书上所宣扬的“自由竞争”，大型跨国公司之间的垄断竞争才是常态。

国际垄断资本主导世界经济有两个基本特点：一是生产的跨国化。在信息技术革命推动下，产品的设计、加工、组装等复杂生产过程超越了民族国家的疆界，跨国资本特别是西方发达国家的跨国公司通过对外直接投资和其他非股权形式组织和控制着碎片化的全球生产网络。[②] 根据联合国贸发会议公布的数据，2019年全球国外直接投资（Foreign Direct Investment，FDI）达到36.47万亿美元，其中发达国家跨国公司主导完成的FDI达到24.29万亿美元。全球FDI存量占各国总GDP的比重从1980年的5.95%上

① 《马克思恩格斯文集》第1卷，人民出版社，2009，第637页。

② 李滨、陈光：《跨国垄断资本与世界政治的新变化》，《世界经济与政治》2014年第6期。

升到 2019 年的 41.56%。跨国公司在海外的资产份额、销售额和雇员数量在近 30 年稳步增长，全球非金融跨国公司 100 强的平均跨国化指数从 1990 年的 51% 提高到 2019 年的 64%，总资产达到 16.35 万亿美元，海外资产占比为 58%。大型跨国公司凭借强大经济实力成为实际控制全球生产网络的垄断力量。二是垄断资本的融合。跨国并购是 20 世纪 90 年代初开始的第五次并购浪潮的主要模式，大型跨国公司通过交叉持股、国际并购等方式相互渗透。联合国贸发会议公布的数据表明，全球跨国并购价值总额呈波动式快速上涨的态势，从 20 世纪 90 年代初的几百亿美元一度上涨到 2007 年的过万亿美元，并在数千亿规模波动。其中，无论是作为出售方还是收购方，发达经济体跨国并购价值总额在全球占比长期超过 80%，发达经济体的资本跨国融合构成全球垄断资本融合的主体组成部分。有研究表明，美国少数几家大型金融机构交叉持股、联合投资，先锋集团、道富集团、黑岩集团、富达管理研究公司、资本世界投资研究公司等前 20 大金融机构对美国科技、军工、金融、医药保健、能源和电信等国家支柱产业的世界 500 强龙头企业占有 20%~40% 的持股份额，形成规模庞大的垄断集团利益共同体。①

（二）新自由主义导致的“逆全球化”

20 世纪 70 年代以来，随着西方发达国家“滞胀”危机和布雷顿森林体系的解体，里根、撒切尔上台后为摆脱困境而放弃注重国家干预的凯恩斯主义，转向采取以私有化、市场化、自由化为特征的新自由主义政策，这为国际垄断资本的全球扩张提供了条件。国际垄断资本的全球扩张意味着资本主义矛盾的全球扩张，金融化和掠夺式积累成为世界资本主义体系内在矛盾的主要表现形式。新自由主义金融化代表的是发达国家国际垄断资本所需要的全球金融一体化，这为资本的跨国流动和金融市场提供了优渥环境，在客观上的确促进了全球生产网络的发展。根据世界银行公布的数据，截至国际金融危机爆发前的新自由主义全球盛行时期，全球贸易总额占 GDP 的比重从 1986 年的 26.89% 增长到 2008 年的 51.44%。但是，金融

① 闫妍、尹力、李晓腾、陈晓松：《华尔街控制下的美国经济——对我国发展国有资本投资公司的启示》，《管理世界》2015 年第 6 期。

化意味着资本日益转向聚焦分配利润的投机活动，势必挤压创造利润的生产性部门的投资，金融化维持的经济增长必然不可持续。而发达国家主导的新自由主义金融化仍得以存续到2008年金融危机的关键原因在于，国际产业转移对全球生产资源的掠夺式积累在一定程度上推迟了危机的爆发。[①]美日德等发达国家将价值链低端的劳动密集型产业和能耗高、污染环境的资本密集型产业转移到发展中国家暂时维持了金融投机活动的利润水平。发展中国家被纳入新自由主义全球化秩序的同时也承担了金融化风险，国际金融化资本在发展中国家频繁的大规模流动导致货币风险、资本外逃风险、金融脆弱性风险、传染风险甚至主权风险。[②] 过早开放金融市场、加快私有化等丧失独立自主性的新自由主义财政货币政策最终导致发展中国家爆发了拉美主权债务危机、亚洲金融危机，体现了国际金融化资本对发展中国家带有极大的冲击力和破坏性。发达国家内部不可调和的矛盾以金融风险形式最终爆发，并波及全球生产体系：美国次贷危机传染到世界市场演化成为全球金融危机，并进一步引发了欧洲的主权债务危机。而美国利用美元霸权地位实施数轮量化宽松政策向全世界输出通货膨胀，以牺牲其他国家尤其是发展中国家利益的方式来换取本国经济的复苏。

发达国家和发展中国家都因为金融化挤压生产性投资而不同程度地呈现去工业化的趋势。美国作为金融化的发源地和集中地深度参与国际产业转移，对发展中国家劳工资源的掠夺性积累造成了国内产业空心化。20世纪80年代开始的全球外包潮对发达国家的就业结构产生了重要影响，大批纺织业、廉价电子元件和玩具等产业附加值较低的制造业被转移到海外。美国低端制造业外迁带来从北向南的“全球工作大转移”，工人阶级内部出现分化。美国的就业结构中，价值链高端的高技术工人就业岗位得到有效维持，常规制造业创造的技能型就业岗位数量减少，而低教育水平、低技能的服务类岗位增多。1990～2008年，美国新增的2730万个就业岗位中，97.7%的增量就业来自以服务业为主的非贸易部门，医疗保健、政府工作、住宿餐饮等三个行业的就业增加占比达到50.1%。而这期间，贸易部门和

① 卢荻：《马克思主义经济学的全球化理论：一个阐释》，《天津商业大学学报》2012年第1期。

② 陈享光：《金融化与现代金融资本的积累》，《当代经济研究》2016年第1期。

非贸易部门劳动生产率分别提升54.9%和13.9%，社会结构不断分化、社会不平等程度加剧。[①] 另外，美国国际金融资本通过美元霸权体系维持新自由主义全球化秩序，国际金融垄断资本得以冲破国家的疆界在世界市场寻求价值增殖空间，成为此轮全球化最主要的控制者和获益者。美国金融部门利润从1980年的324亿美元上升至2017年的4622亿美元，占其经济总利润的比重从17.2%增加至28%。[②] 然而，由于美国国内缺少有效的财富再分配政策，导致中产阶级和低收入群体未能从新自由主义全球化中获益，成为全球自由贸易的"输家"和全球化逆潮中贸易保护主义的坚实拥趸者。皮尤研究中心2016年发布报告指出，美国中产阶级家庭实际工资率长达30年没有实质性增长，中产阶级占比从1971年的61%萎缩到2016年的49.4%，低收入家庭和高收入家庭占比则分别从25%和14%上升到29%和19%，美国的纺锤形社会结构正在遭到严重破坏。[③] 美国普通民众产生了对包括贫富差距、国际贸易利益分配不公的质疑，掀起了"占领华尔街"运动。国内矛盾不断累积，不同的群体通过选举、游说或社会运动等方式影响政府的贸易政策，美国最终转向"逆全球化"的贸易保护主义。[④]

（三）新兴经济体国有企业兴起

以中国为代表的新兴经济体通过贸易往来、金融投资、技术转让、人口流动、文化交流等多种方式逐渐嵌入到世界体系中，取得了举世瞩目的发展成就。根据世界银行数据，金砖国家对世界经济增长的贡献率（汇率法）从1990年的-2.25%上涨到2019年的41.69%，成为引领世界经济增长的重要引擎。2020年出现的新冠肺炎疫情严重冲击了全球经济，中国发挥举国体制率先控制疫情并恢复经济，为稳定世界经济做出了重要贡献。国际货币基金组织（IMF）于2021年1月发布的《全球经济展望》报告显

---

① Michael Spence & Sandile Hlatshwayo, "The Evolving Structure of the American Economy and the Employment Challenge," *Comparative Economic Studies* 54 (4) (2012).

② 谢富胜、匡晓璐：《金融部门的利润来源探究》，《马克思主义研究》2019年第6期。

③ *The American Middle Class Is Losing Ground*, Pew Research Center, December 9, 2015, https://www.pewsocialtrends.org/2015/12/09/the-american-middle-class-is-losing-ground/.

④ Tobias Rommel & Stefanie Walter, "The Electoral Consequences of Offshoring: How the Globalization of Production Shapes Party Preferences," *Comparative Political Studies* 51 (5) (2018).

示，2020 年全球经济估计萎缩 3.5%，发达经济体萎缩 4.9%，而亚洲新兴市场和发展中经济体萎缩 1.1%，中国预计增长 2.3%，中国成为世界主要经济体中唯一实现全年经济正增长的国家。据中国海关总署统计，2020 年，中国货物贸易进出口总值为 32.16 万亿元，比 2019 年增长 1.9%，其中，由于有效控制疫情和全面恢复生产，我国出口总值达到 17.93 万亿元，同比增长 4%；贸易顺差实现 3.7 万亿元，增长 27.4%。

新兴国家依靠国有企业实现快速“工业化”“国际化”具有现实合理性和历史必然性。在外部环境上，发展中国家面对发达国家的霸权政治和国际垄断资本的经济控制，本国民族经济很容易陷入对发达国家的经济依附，难以实现独立发展。在内部环境上，发展中国家在国内经济发展主要面临专业化约束、技术进步约束、资本约束、产业协调困难和农村剩余劳动力对城市就业的挤压五个方面的难题。由于内外环境的约束，发展中国家难以对发展的“实际过程”进行有效控制，应当通过政府干预实现缪尔达尔提出的服务于分配平等和经济增长双重目标的激进制度改革。[①] 国有企业这一制度性安排可以作为政府干预手段，以实现国家经济决策的“控制过程”。事实上，很多新兴经济体采取强有力的国家宏观调控和产业政策，并通过组建国有企业的形式来实现快速工业化和赶超发展目标。国有经济作为资本社会化的更高形式，可以充分利用社会资本完成资本初始积累和快速扩张，在相当程度上克服私人民族资本的短缺。国家直接对国有企业进行宏观调节和计划管理，克服私人垄断资本无序扩张的局限性和防范国际垄断资本的经济控制风险，使国有经济更有可能从整体利益、长远利益和全局来促进经济的稳定持续发展。

作为新兴经济体践行国家发展政策的主要治理工具，尤其对于致力于追赶型工业化战略的低收入国家，国有企业在金融、能源、资源行业等关乎国家经济安全和经济命脉的重点领域取得了显著的发展成果。例如，中国石油天然气集团有限公司、巴西石油公司、俄罗斯天然气工业股份公司、沙特阿拉伯国家石油公司、印度石油天然气公司等大型能源类企业，中国工商银行、巴西银行、印度国家银行集团、俄罗斯联邦储蓄银行等大型银

① 张旭：《发展中国家的增长约束与经济转型》，《中国人民大学学报》2008 年第 2 期。

行都是国有企业的典型代表。根据经合组织（OECD）的报告，2014年全世界2000强上市企业中有326家国有企业，总市值超过7万亿美元，其中，中国、印度、阿联酋、俄罗斯、巴西等新兴国家国有企业的数量占据绝大多数。[①] 新兴经济体除了政府直接拥有股份公司所有权之外，还通过设立主权财富基金投资公司、国家养老基金投资公司、国家银行贷款公司等国有金融机构直接投资、间接控股，以增强国有资本调控社会资本的能力。[②]

新兴经济体国有跨国公司的发展更加注重规模扩张和控制企业数量，并得益于规模优势和国家政策支持，往往具有较强的抗风险能力，逐渐成为新兴经济体对外直接投资的重要来源。《2019年世界投资报告》指出，2018年全球超过10万家跨国公司，虽然其中国有跨国企业的数量只有约1500家，但普遍规模较大，有16家位列全球跨国企业百强。金砖国家FDI流量全球占比虽然常年在15%左右波动，但已呈现明显的上升趋势。2020年联合国贸易和发展会议发布的《全球投资趋势监测报告》显示，中国吸引外国直接投资（FDI）逆势增长4%，成为全球最大的外资流入国。在国际并购方面，根据2016年OECD发布的国有企业报告可知，国有企业的国际并购占全球并购活动的比重从1996年的0.9%大幅提升到2013年的7%。[③]

二　中国国有企业国际化的发展历程

在“走出去”战略提出后，国有企业作为中国参与和推进全球化的中坚力量，依循经济体制改革和对外开放战略制度的基本路径，在国际化过程中不断做强做优做大，逐渐提升中国在国际分工中的地位。随着国际经济环境的变化，中国因势利导提出“一带一路”倡议，以负责任大国的姿态肩负起推动新一轮全球化的责任，国有企业再担“主力军”重任，服务

① OECD, “State-Owned Enterprises as Global Competitors: A challenge or an Opportunity?” Paris: OECD Publishing, https://doi.org/10.1787/9789264262096-en, 2016.

② Cuervo-Cazurra, A., Inkpen, A., Musacchio, A., et al, “Governments as Owners: State-Owned Multinational Companies,” *Journal of International Business Studies*, 45 (8) (2014): 919-942.

③ OECD, “State-Owned Enterprises as Global Competitors: A challenge or an Opportunity?” Paris: OECD Publishing, https://doi.org/10.1787/9789264262096-en, 2016.

国家战略，开启全球化发展新时代。

（一）国有企业在国际化初期艰难探索海外市场

改革开放之前，我国国营经济通过“156 项工程”“43 方案”“78 计划”三次大规模的对外经济引进提升工业体系水平。改革开放初期，我国面临国内储蓄不足和外汇短缺的“双缺口”，政府主要发挥“引进来”作用，利用巨大的国内市场空间和劳动力优势，以建立经济特区的形式吸引外商直接投资和开展对外技术合作。20 世纪 80 年代，国有企业肩负起探索海外市场的重任，开始尝试“走出去”，建立起服务于对外贸易的海外销售窗口企业，如中国化工进出口总公司、中国五金矿产进出口总公司等。及至 20 世纪 90 年代，随着我国市场经济体制改革加速，能源行业、制造业和贸易等领域的国有企业基于资源、市场获取或产业优势等动因进行海外投资，国有企业在市场化力量的驱动下开展跨国经营。根据《中国对外经济贸易年鉴》的数据可知，1979～2000 年，我国在海外投资兴办企业累计 3382 家，累计海外直接投资额为 41.32 亿美元。但这一时期由于对跨国并购存在的市场、政治、法律、文化差异等对外投资风险缺乏足够认知，导致大部分海外公司投资失败或亏损运营，留下了不少惨痛教训。首先，能源矿产类企业对外投资占据投资流量的绝大部分，而资源行业的稀缺性、敏感性及重要战略意义决定了其具有较大的境外直接投资风险。例如，首钢集团于 1988～1992 年投资 1038.6 万美元收购美国麦斯塔钢铁公司，以获得关键研发资源补充母国企业的研发创新能力，而该公司在 1988 年 6 月的净产值仅有 228.1 万美元，负债却高达 820.7 万美元。1992 年，首钢集团投资 1.18 亿美元收购秘鲁国有铁矿公司 98.4% 的股权后，当地工会常年组织罢工要求增加福利待遇，严重影响公司运营。其次，生产制造类企业相较于能源类企业的投资额不大，在国际化初期能够较好地控制投资风险。以家电、摩托车制造业为代表的生产制造类企业在面临生产能力迅速提升和国内市场逐渐饱和的情况下，开始选择自建生产组装厂、合资办厂、收购当地企业等方式向东南亚开展对外直接投资，小天鹅集团、海信集团、金城集团、TCL 集团等国有企业成为我国最早开拓海外市场较为成功的制造业投资主体。

（二）国有企业在参与全球化过程中做强做优做大

进入21世纪，国有企业面临的国际化竞争环境、开放政策和国际竞争力都发生了明显变化。首先，重大制度环境变迁导致国有企业面临的竞争环境发生了质的变化。[①] 2001年底中国正式加入WTO，使得“国内市场国际化、国际竞争国内化”，国有企业在国内市场面临国外跨国公司的激烈竞争。综合《中国统计年鉴》和我国海关总署发布的数据，2001～2012年，我国实际利用外商直接投资9305.6亿美元，2012年已有480家世界500强企业在我国开展投资活动。外资利用国有企业改制和地方推进国有产权改革的时机，通过收购或兼并我国一些行业的龙头企业以控制市场，例如，以美加净、中华牙膏、乐百氏、天府可乐为代表的食品饮料、日化用品等各行业的知名民族品牌和龙头企业，这些国有企业被收购后逐渐边缘化或退出市场，取而代之的是国外同类产品品牌。其次，对外开放政策赋予国有企业对外投资的企业运营自主权。2000年，《中共中央关于制定国民经济和社会发展第十个五年计划的建议》正式提出实施“走出去”战略，“鼓励能够发挥我国比较优势的对外投资，扩大经济技术合作的领域、途径和方式，支持有竞争力的企业跨国经营，到境外开展加工贸易或开发资源”[②]，这是我国充分利用国内外两种资源、两个市场的政策支撑逐渐走向成熟的标志。2004年修订的《中华人民共和国对外贸易法》将外贸经营权的审批制改为备案登记制，所有企业和个人均可依法获得外贸经营权，增强了国有企业境外活动的自主性。党的十六大报告提出要“鼓励和支持有比较优势的各种所有制企业对外投资，带动商品和劳务出口，形成一批有实力的跨国企业和著名品牌”。党的十七大报告提出要“创新对外投资和合作方式，支持企业在研发、生产、销售等方面开展国际化经营，加快培育我国的跨国公司和国际知名品牌”，明确“走出去”的战略目标就是要培育中国的跨国公司和国际知名品牌。最后，国有企业管理体制改革增强了国际竞

① 刘建丽：《国有企业国际化40年：发展历程及其制度逻辑》，《经济与管理研究》2018年第10期。

② 《十五大以来重要文献选编》（中），人民出版社，2001，第1390页。

争力。一方面，探索建立中国特色现代国有企业制度，为“走出去”奠定了制度基础。1994年，国有企业改革进入建立现代企业制度阶段，促使其真正成为“产权清晰、权责明确、政企分开、管理科学”的独立的法人实体和竞争主体，从而更好地适应社会主义市场经济体制。经过百户国有大中型企业的现代企业制度改革试点，截至2002年，全国4350家国有大中型骨干企业已有3468家完成了公司制改革，改制面达79.7%。[①] 而后，混合所有制改革进一步触及国有企业改革的实质，打破了对公有制纯而又纯的理解，冲破了市场经济姓“公”姓“私”的束缚，提出了公有制多种实现形式的问题。[②] 2013年11月，党的十八届三中全会通过的《中共中央关于全面深化改革若干重大问题的决定》提出，要“坚持和完善基本经济制度”，“积极发展混合所有制经济”。2020年，中央企业所属子企业中混合所有制企业户数占比已经超过70%，大大提高了国有资本配置和运行效率。[③] 近年来，建立中国特色现代国有企业制度成为国有企业改革的方向。中国特色现代国有企业制度把党的建设与现代企业制度相结合，从而实现党管干部与发挥市场机制作用的有机统一。[④] 2019年10月，党的十九届四中全会通过的《中共中央关于坚持和完善中国特色社会主义制度 推进国家治理体系和治理能力现代化若干重大问题的决定》提出，要“深化国有企业改革，完善中国特色现代企业制度”。习近平总书记指出：“中国特色现代国有企业制度，‘特’就特在把党的领导融入公司治理各环节，把企业党组织内嵌到公司治理结构之中，明确和落实党组织在公司法人治理结构中的法定地位，做到组织落实、干部到位、职责明确、监督严格。”[⑤] 另一方面，国有企业在管理体制改革中不断增强经济实力。1995年9月，党的十四届五中全会通过了《中共中央关于制定国民经济和社会发展“九五”计划和2010年远景目标的建议》，对国有企业改革提出实行“抓大放小”的改革战

① 章迪诚：《中国国有企业改革编年史：1978—2005》，中国工人出版社，2006，第632页。

② 张旭：《混合所有制的理论前提和现实依据》，《山东社会科学》2014年第11期。

③ 刘青山：《央企公司制改革取得历史性突破》，《国资报告》2020年第12期。

④ 张旭、王天蛟：《中国特色社会主义国有企业管理体制的形成、发展与超越》，《经济纵横》2020年第12期。

⑤ 《习近平谈治国理政》第2卷，外文出版社，2017，第176页。

略。国有企业逐渐从一般竞争性行业退出，通过重组和调整，提高国内行业集中度，剥离非主业资产，集中资源参与国际竞争。国有企业整体数量显著下降，而单个企业的生产规模和国有经济综合实力却显著上升。根据《中国统计年鉴》提供的数据可知，全国国有及国有控股工业企业数从1996年的12.76万家在"抓大放小"改革中迅速下降到1998年的6.47万家，之后逐渐下降到2007年的2.1万家，而后直到2019年全国国有工业企业稳定在2万家左右；资产规模从1998年的6.47万亿元持续增长到2019年的46.97万亿元，年均增长率达9.9%。

在这个阶段，国有企业率先响应国家号召，结合自身优势进行对外直接投资、跨国并购、对外承包工程和对外劳务合作等多种国际合作形式的"走出去"，在参与全球化过程中实现了做强做优做大。以对外承包工程为例，《中国统计年鉴》数据显示，我国对外承包工程完成营业额在1980~1991年累计为100.69亿美元，到2004年实现量级增长累计达1140.56亿美元，到2015年再次实现量级增长累计达10865.91亿美元，2016~2020年累计达8258.90亿美元。中国国有企业"走出去"主要通过发挥以下战略功能带动了我国经济快速发展。第一，以对外投资带动国内商品和劳务出口。通过建立海外营销渠道、海外创立自主品牌等投资模式将本国产品销往海外市场，有助于企业了解市场信息，避免受到渠道商的制约，从而有利于企业的国际化经营和长远发展。例如，TCL集团和海信集团从代工贴牌生产商向原始设计制造商升级，成功打入欧美发达国家和新兴经济体市场。第二，增加国内关键短缺资源供给。国有企业的国际化必然肩负起服务国家战略的职能，通过海外并购能矿资源来缓解国内能源供给的严峻形势。例如，中国石油以海外并购丰富产业链来带动整体跨越式发展，增强了国际石油勘探开采领域的"控制力"。第三，获取国外先进技术与管理经验。中国高科技企业通过在欧美发达国家建立海外研发中心、海外并购或合资，利用海外优秀的高科技人才和先进的技术创新资源，进行技术和产品的研发工作。例如，中国化工整体复制并购安迪苏公司的生产研发经验，接收海外优秀技术和管理人员，在国内建成全球产能最大、国内首套液体氨基酸一体化生产装置并迅速实现盈利。国有企业实力在"走出去"过程中显著增强，诞生了中国石油、中国中车、中国建筑、中国远洋等一大批代表性的中国国有跨国企业，为更大规模、更高质量的“走出去”奠定了基础。

（三）国有企业服务国家战略开启全球化发展新时代

2013 年，习近平总书记提出“一带一路”倡议，为中国开启新一轮全球化指明了方向，成为中国开启全球化发展新时代的关键谋划。中国国有企业尤其是中央企业抓住这次国家重大战略发展机遇，再次发挥示范作用，率先转移对外直接投资重心，注重与“一带一路”沿线发展中国家和不发达国家的发展对接和优势互补。2015 年 8 月，《中共中央国务院关于深化国有企业改革的指导意见》指出，国有企业未来发展所面临的形势是日益激烈的国际竞争和转型升级的巨大挑战。应对挑战，一方面，中央企业树立起突出主业、提高国际竞争力的国际化经营战略，同时加强境外投资合作，避免恶性竞争。2017 年出台的《中央企业境外投资监督管理办法》提出，中央企业境外投资要坚持聚焦主业，注重境内外业务协同，提升创新能力和国际竞争力。在该战略的指导下，中央企业数量从 2003 年国资委成立之初的 196 家，经过多轮战略性重组和结构调整，减少到 2020 年的 97 家，其中进入世界 500 强的重要企业多达 48 家，形成了一批具有全球竞争力的世界一流企业。[①] 另一方面，以国际产能合作带动国有企业转型升级。党的十九大报告指出：“创新对外投资方式，促进国际产能合作，形成面向全球的贸易、投融资、生产、服务网络，加快培育国际经济合作和竞争新优势。”[②] 2013 年 10 月出台的《国务院关于化解产能严重过剩矛盾的指导意见》提出，要积极拓展对外发展空间，巩固扩大国际市场、扩大对外投资合作。在全球范围内开展资源和价值链整合，以国际市场化解国有企业过剩产能，加快技术自主创新和国际品牌建设发展，推动新旧动能转换，实现国有企业转型升级。2013 年至 2018 年，中国与 56 个共建“一带一路”国家签署双边投资协定，完成非金融类直接投资约 900 亿美元，完成对外承包工程营

① 《48 家央企 32 家地方国企上榜 2020 世界 500 强》，国务院国有资产监督管理委员会网站，http://www.sasac.gov.cn/n2588020/n2877938/n2879597/n2879599/c15338531/content.html?ivk_sa=1024320u，2020 年 8 月 12 日。

② 习近平：《决胜全面建成小康社会　夺取新时代中国特色社会主义伟大胜利——在中国共产党第十九次全国代表大会上的报告》，人民出版社，2017，第 35 页。

业额超过4000亿美元。[①] 其中，国有企业承担了共建“一带一路”国家基础设施建设中约50%的合作项目，完成超过70%的合同额。[②] 纵使在新冠肺炎疫情肆虐的2020年，我国企业在58个共建“一带一路”国家仍完成非金融类直接投资177.9亿美元，同比增长18.3%，占同期总额的16.2%，较上年同期提升2.6%。在61个共建“一带一路”国家完成对外承包工程营业额911.2亿美元，占同期总额的58.4%。[③] 我国充分利用国际市场带动国内产业转型升级，在与共建国家互联互通的同时实现产能转移，推动欧亚大陆一体化和全球基础设施现代化发展。

在“一带一路”倡议实施过程中，国有企业在发挥主体作用的同时实现国有资产保值增值，取得显著成效。一方面，国有企业利用国家战略支持和规模优势发挥主体引领作用，成为“走出去”战略毫无疑问的“先行军”和“主力军”，逐步带动非国有企业的对外投资。根据商务部、国家统计局、国家外汇管理局发布的历年《中国对外直接投资统计公报》，2006年国有企业非金融类对外直接投资存量占81.0%，民营企业在国有企业的带动下，其对外投资主体数量和规模都不断提高。2018年末，中国2.71万家对外直接投资者累计完成对外非金融类直接投资17643.7亿美元。虽然国有企业数量仅占4.9%（1335家），但其对外直接投资存量为8469亿美元，占比高达48.0%。在非国有企业中，有限责任公司占比17.7%、股份有限公司占比8.8%、民营企业占比7.1%、个体经营占比5.9%、港澳台投资企业占比5.4%、外商投资企业占比3.1%。2019年中美贸易摩擦升级，我国对外贸易条件持续恶化，对外直接投资净额为1369.1亿美元，同比下降4.3%，其中国有企业继续发挥稳定器作用，通过加大对共建“一带一路”国家的投资，我国公有经济控股企业实现对外投资580.9亿美元，同比增长27%。另一方面，国有企业的对外投资实现国有资产保值增值和合理的投资

① 推进“一带一路”建设工作领导小组办公室：《共建“一带一路”倡议：进展、贡献与展望》，外文出版社，2019，第30页。

② 《3116个项目惠及沿线国家央企共建“一带一路”成效显著》，国务院国有资产监督管理委员会网站，http://www.sasac.gov.cn/n4470048/n8456886/n10108986/n10109007/n10109110/c10161489/content.html，2018年10月31日。

③ 《2020年我对“一带一路”沿线国家投资合作情况》，商务部网站，http://www.mofcom.gov.cn/article/tongjiziliao/dgzz/202101/20210103033292.shtml，2021年1月22日。

回报。根据商务部发布的数据，2013～2019年，中国与共建“一带一路”国家货物贸易额超过7.8万亿美元，占外贸总额的比重从25%提升至29.4%。2020年，我国与共建“一带一路”国家货物贸易额为1.35万亿美元，同比增长0.7%。2018年，中央企业累计实现营业收入29.1万亿元，同比增长10.1%；实现利润总额1.7万亿元，同比增长16.7%；其中，中央企业境外布局1.1万个分支机构，遍布全球185个国家和地区，总资产超过7.6万亿元，全年营业收入达5.4万亿元，实现利润总额1318.9亿元。国务院国资委研究中心发布的《中央企业高质量发展报告》显示，2019年中央企业境外投资和国际化经营进一步推进，境外资产总额达8.1万亿元、所有者权益达2.3万亿元，在共建“一带一路”国家和地区设立经营单位7180户。

从“走出去”战略到“一带一路”倡议，由参与全球化到推动新一轮全球化，映射出中华人民共和国成立70多年来经济社会发展的巨大变化。当前中国已稳居世界第二大经济体、第一大外汇储备国、第一货物贸易大国、第一制造业大国，国有企业国际化征程迈上了新台阶。

三　中国国有企业国际化的世界意义

习近平总书记多次强调，中国始终不渝走和平发展道路，始终不渝奉行互利共赢的开放战略。以国有企业为主体的对外投资模式是我国开放发展战略的重要保障。中国国有企业以生产性投资为主的对外经济活动对全球工业化和资本积累起到了明显的推动作用；国有企业着眼于长期发展战略，对抵御逆全球化浪潮发挥着重要作用；中国国有企业的国际化是对全球规模的生产性投资的支持，正在成为世界经济的一股重要力量来对抗新自由主义投机性金融的资本积累；以中国为代表的新兴经济体国有企业的蓬勃发展为其他发展中国家提供了一种新的现代化发展模式。

（一）中国国有企业国际化对世界经济的贡献

中国国有企业为宏观经济发展和社会主义现代化建设做出了重要贡献，并深度融入经济全球化。国有企业经过多轮改革，国有资产规模和综合效益都有了显著提高。根据《国务院关于2019年度国有资产管理情况的综合报告》提供的数据，2019 年全国非金融国有企业资产总额为 233.9 万亿元，国有金融企业资产总额为 293.2 万亿元。规模庞大的国有企业在贯彻国家经济发展战略、平抑经济周期的不稳定性、重大技术创新和提高国家核心竞争力等方面发挥着举足轻重的作用。习近平总书记指出："使国有企业成为党和国家最可信赖的依靠力量，成为坚决贯彻执行党中央决策部署的重要力量，成为贯彻新发展理念、全面深化改革的重要力量，成为实施'走出去'战略、'一带一路'倡议等的重要力量，成为壮大综合国力、促进经济社会发展、保障和改善民生的重要力量，成为我们党赢得具有许多新的历史特点的伟大斗争胜利的重要力量。"① 中国国有企业以生产性投资为主的对外经济活动对全球工业化和资本积累起到了明显的推动作用。西方国家抹黑中国企业"走出去"，炮制出所谓中国工业制成品出口挤压其他发展中国家市场的"挤压论"和中国制造业的廉价劳动力优势迫使其他发展中国家尽量降低劳动报酬来维持竞争力的"恶化底线论"，然而统计数据显示，2003 年以后，中国技术密集型的机电产品出口占比常年超过 50%，2019 年达到 59.37%；其中高技术产品出口占比从 1995 年的 6.78% 增长到 2019 年的 29.23%，这充分表明我国出口竞争力的主要支撑因素是全要素生产率而非廉价劳动力。事实上，2006 年以来中国对世界经济增长的贡献率连续 14 年排名全球第一，成为持续稳定推动世界经济增长的主要动力源。2000 年、2019 年中国 GDP 分别为 1.21 万亿美元和 14.34 万亿美元，占全球的比重分别为 3.60% 和 16.34%。据此可以简单估算，2000～2019 年中国对世界经济增长的贡献率将近四分之一。中国对巴西、南非、智利等发展中国家一直保持着逆差状态，这有助于为当地创造就业和诱发工业化投资。中国的出口对其他发展中国家工业化的正面作用值得充分肯定。应该说，中国 2000 年后开启的高速工业化进程结束了 1980～2000 年发展中国家"发展失落"的年代，中国之外的发展中国家在全球工业制成品出口份额和制造业增加值所占份额均有所提升。②

① 《习近平谈治国理政》第 2 卷，外文出版社，2017，第 175 页。

② 卢荻：《中国道路对全球后进发展的意义》，《天府新论》2020 年第 2 期。

（二）国有企业国际化抵御“逆全球化”

中国特色社会主义经济从来都不是一种封闭的经济，而是积极融入世界经济体系的开放型经济。2000 年中国进出口贸易总额为 4743.3 亿美元，仅为美国的 23.7%；2012 年中国首次超过美国，并连续 9 年稳居世界第一大贸易国。在“逆全球化”风潮盛行以来，2019 年中国出口总额（2.50 万亿美元）超过美国（1.64 万亿美元）和日本（0.70 万亿美元）的总和，对全球生产活动做出重要贡献。从这些指标来看，世界第二大经济体比第一大和第三大经济体更“开放”，成为抵御“逆全球化”的关键力量。

首先，国有企业国际化收益与国家利益保持内在一致是保持开放状态的内在动力。国内层面，中国政府对国有企业的国际化按照“加快形成以国内大循环为主体、国内国际双循环相互促进的新发展格局”的要求，立足于国内产业优势开展对外基础设施建设和国际产能合作，是国内市场的延展和补充，国有企业依然是我国经济发展的顶梁柱和经济稳定的压舱石。国际层面，中国虽然取得了巨大的经济成就，但整体仍处于向价值链中高端攀升的阶段，并没有取得良好的国际交换收益。因此，面对与国际垄断资本的激烈竞争，中国必须充分利用国有企业在规模、技术、融资等方面的优势，在广阔的国际市场上寻求进一步转型升级空间，培育具有全球竞争力的世界一流企业。其次，国有企业着眼于长期发展战略，在抵御“逆全球化”潮流中发挥重要作用。在经济周期中，非公有制企业往往采取顺周期的经营策略从而不免加剧经济波动，而国有企业则会遵循国家长期发展战略和应急需求采取反周期的投资策略以平抑经济周期的不稳定性。全球化是世界经济发展的必然趋势，部分发达国家为了应对国内经济发展乏力、失业率上升等问题采取增加关税贸易壁垒和知识产权贸易壁垒等贸易保护主义方式，破坏了世界经贸体系与全球价值链的正常运转。习近平总书记指出：“搞保护主义如同把自己关进黑屋子，看似躲过了风吹雨打，但也隔绝了阳光和空气。”① 为应对发达国家“逆全球化”潮流，中国提出主动开放的“一带一路”倡议，将经济全球化的重心转向南方国家，通过加

① 《习近平谈治国理政》第 2 卷，外文出版社，2017，第 481 页。

强南南合作推动全球自由贸易和投资发展。国有企业服务国家开放发展战略需要，增强对共建“一带一路”的发展中国家的投资，在国家力量的担保下进入政治风险较高、自然资源丰富的东道国，激发各国的投资潜力，为全球贸易提供新增长点，抵消了“逆全球化”造成的消极影响。

（三）国有企业国际化替代新自由主义

由 2007 年下半年美国次贷危机引发的全球经济危机标志着新自由主义在实践中的彻底破产，而特朗普上台后开启的以“美国优先”为主旨的“逆全球化”则标志着新自由主义被彻底抛弃。中国国有企业国际化的资本输出模式聚焦对全球生产性投资的支持，这有可能成为世界经济的一股新兴力量来对抗新自由主义金融化主导的投机性资本积累，甚至可能形成一种有效替代。

被西方认为行政模式僵化、产权模式决策低效的国有企业制度不仅没有拖累中国整体经济发展，反而超越了对短期效率的追求，从长期上专注于生产性投资，已经成为中国经济发展的驱动力。[①] 中国金融体系始终保持着国有金融机构的绝对主导地位，强调服务实体经济发展、保障资本市场健康发展和健全金融监管体系。国有企业的行业布局始终围绕国家安全、重大基础设施和重要矿产资源、公共产品和高科技产业等关乎国计民生的重要行业和关键领域，不仅是我国实体经济最重要的载体，还是我国防止发生系统性金融风险的压舱石。国有企业作为社会生产部门的本质属性是实现社会需要和社会利益，能够发挥公共产品功能从而有效弥补国内市场失灵。国有企业国际化同样对东道国和世界市场具有类似的作用。国有企业跨国经营依然围绕其优势领域，重点开展对外工程承包和国际产能合作。这在提升中央企业发展质量和效益的同时，也提升了东道国资本、技术、就业和管理经验、税收、价值链延伸等直接收益，还会促进上下游供应商和分销商的就业、技术溢出、基础设施的便利、吸引外资示范效应等正向溢出的间接收益，充分体现国有企业国际化的“正外部性”。《中国对外投

① Dic Lo, “State-Owned Enterprises in Chinese Economic Transformation: Institutional Functionality and Credibility in Alternative Perspectives,” *Journal of Economic Issues* 54 (3) (2020).

资统计公报》数据显示，2019 年，国有企业主导的中国境内投资者在共建“一带一路”国家实现直接投资 186.9 亿美元，其中流向制造业、批发和零售业、建筑业、科学研究和技术服务业、电力生产和供应业等具有生产性的实体经济领域的投资占比 76.1%，流向金融业的投资占比仅为 8.5%。按照“一带一路”倡议在基础设施互联互通方面的规划，我国对外承包工程主要涉及交通、水利、电力、能源和通信网络等具有国际公共产品功能的基础设施领域，为东道国持续稳定的经济发展奠定了基础。

（四）国有企业国际化经验对后发国家的启示

中国国有企业国际化不仅能够带动后发国家的经济发展，还为后发国家提供了学习国有企业运营模式的平台。2016 年，中国首次成为全球最大绿地投资来源国，80% 以上的绿地投资额流向资源丰富的发展中国家，国有企业已成为发展中国家绿地投资的最大投资主体，直接带动东道国生产力和就业水平的提升。2018 年，中央企业在共建“一带一路”国家共雇用当地员工 36 万余人，在解决当地就业的同时输出了技术和管理经验。[①] 绝大部分国有企业的海外雇佣机构已建立平等的中外雇员雇用、培养晋升、薪酬福利制度，注重约束高管收入并避免收入差距的极端化扩大。中国国有企业对外直接投资、雇用东道国劳动力及溢出效应有效提升了后发国家的经济发展水平，对缩小国际贫富差距和促进国际社会的公平正义做出了应有的贡献。以中国为代表的新兴经济体国有企业的蓬勃发展为其他发展中国家提供了一种新的现代化发展模式。“二战”后一大批第三世界国家通过民族解放运动挣脱了帝国主义的殖民枷锁，走上民族独立发展的道路。但这些国家面临的是在经济水平低、劳动力生产率低、人口出生率高、以小农和初级产品加工为产业基础等薄弱条件下，如何走出一条适合本国发展需要的现代化道路的问题。西方鼓吹的“华盛顿共识”“休克疗法”等倡导国企私有化、放松政府管制的新自由主义政策造成的结果是，发展中国家民族资本被国际垄断资本掠夺、公共产品被国际金融组织控制。发展中国家如果完全遵循静态比较优势参与国际分工，只可能凭借劳动力优势或资

① 原诗萌：《成绩与挑战：央企“一带一路”履责情况分析》，《国资报告》2019 年第 2 期。

源优势占据劳动密集型或资源密集型等价值链低端产业，仅凭市场的配置作用不可能自发获得核心技术研发和产业升级等真正代表国家财富生产能力的价值链高端产业。中国保持快速稳定增长得益于国有企业主导的生产模式，生产性投资促进了劳动生产率的提升、推动了工业化进程的加快。因此，发展中国家可以在国家支持下建立一定数量的国有企业，从而在事关国计民生的基础产业、支柱产业、战略产业，通过个别产业在国际市场获得创新租金和收益来实现发展中国家的经济崛起和赶超。

总之，以中国为代表的新兴经济体的国有跨国企业作为新兴力量正在推动新一轮全球化，可能成为新自由主义的一种替代方案。以国有企业生产性投资导向为特征的新一轮全球化完全不同于西方国际垄断资本金融投资导向的新自由主义全球化。让世界各国人民共享经济全球化发展成果，这种模式尤其给发展中国家提供了经济发展的机会，能够兼顾国家利益和国际社会公平正义，有助于世界经济的稳定发展，并最终促进各国共同繁荣和世界经济的高质量发展。

（本文发表于《理论学刊》2021 年第 2 期）

新型举国体制如何落地：打造以国企为主导的创新平台

林　盼*

近年来，中央多次提出建立新型举国体制的要求。2012 年出台的《关于深化科技体制改革加快国家创新体系建设的意见》提出，“探索社会主义市场经济条件下的举国体制”，“注重发挥新型举国体制在实施国家科技重大专项中的作用”；2015 年，在《中共中央关于制定国民经济和社会发展第十三个五年规划的建议》的说明中，习近平总书记明确指出，要“发挥市场经济条件下新型举国体制优势”；2016 年，《“十三五”国家科技创新规划》强调，“探索社会主义市场经济条件下科技创新的新型举国体制”；2019 年召开的党的十九届四中全会再度要求，“构建社会主义市场经济条件下关键核心技术攻关新型举国体制”。

一般认为，新型举国体制是指“以国家发展和国家安全为最高目标，科学统筹、集中力量、优化机制、协同攻关，以现代化重大创新工程聚焦国家战略制高点，着力提升我国综合竞争力、保障实现国家安全的创新发展体制安排”。[①] 举国体制并非新鲜事物。从 1949 年开始，中央就尝试利用各种行政手段和政策法规，将“全国一盘棋”“集中力量办大事”作为原则，举全国、全社会之人力、物力、财力，进行政治动员和物资调配，以实现国家利益为最终目标。这样一整套管理体系运行了 70 余年，至今仍发挥着重要作用。在新形势下，如何调动和激发各参与主体的积极性和创造力，进而形成全社会、多部门、跨领域协同作战的局面，更好地发挥新型

* 林盼，经济学博士，中国社会科学院经济研究所《资本论》研究室副研究员。

① 《新型举国体制“新”在何处》，《北京日报》2019 年 7 月 15 日。

举国体制的制度优势，是当前各部门重点关注与思考的问题。我们认为，新型举国体制要从理论到实践，需要充分发挥国有企业的主导作用，加强企业党组织建设，为我国经济社会的全面发展提供根本保障。

一 从传统举国体制到新型举国体制：市场机制的重要性

中华人民共和国成立初期，为了实现经济发展，迅速摆脱积贫积弱的局面，中国共产党以政治动员为主要形式，整合各方面治理资源，初步形成了“集中力量办大事”的传统举国体制模式，邓小平称之为“社会主义制度的优势”①。这种模式依靠行政手段发布指令，在特定的制度条件下，能够通过调动资源的方式完成重大战略任务，但随着系统规模的扩大，负面效应也在逐步累积。尽管中央多次制定政策，调整“收权”和“放权”的占比，但权力收放的主体是各级政府，企业活力无从发挥，积极性和创造性被严重束缚。

回顾历史，1949 年之后，在建立社会主义国家的道路上，中央政府借鉴苏联模式，构建了一套管理权限高度集中的经济体制，通过行政机关自上而下发布指令，对财政收支、物资调度、现金分配进行统一管理，将有限的资本、技术、人才等资源整合到工业化战略上，顺应了生产力发展的需求。国家机关作为经济生活的组织者和调节者，对经济活动进行宏观的管理协调，保持各个部门之间必要的比例关系，尤其是在计划方法、指标体系、决策咨询、收支平衡等方面进行了深入的探索，这是我国集中力量办大事的历史前提与逻辑起点。②

苏联模式的传统举国体制，具有两方面的特征：首先，在央地关系上，中央掌握宏观经济事务的决策权力，设立专门的计划委员会，制订内部协调一致的经济计划，采用物资平衡的方法来测算生产性投入。计划委员会

① 《邓小平文选》第 3 卷，人民出版社，1993，第 377 页。

② 陈劲、阳镇、朱子钦：《新型举国体制的理论逻辑、落地模式与应用场景》，《改革》2021 年第 5 期。

下属各个经济主管部门，将生产计划拆解为具体的生产指标，对地方和企业进行考核。此外，人事管理权、财政权等也高度集中于中央。其次，在政企关系上，国家行政机关掌握了从生产、流通到分配各个环节的决策权。企业的经营方向、生产种类、产业协作等内容都由中央决定。中央制订生产计划，并以指令的形式下达给企业，企业必须无条件地执行。同时，中央拨给企业流动资金和固定基金，统一调配企业生产所需的物资，企业按照计划所规定的经营活动来使用。①

苏联模式的举国体制，从 1956 年开始受到中共领导人的怀疑和批评。毛泽东在《论十大关系》的讲话中提到，“我们的国家这样大，人口这样多，情况这样复杂，有中央和地方两个积极性，比只有一个积极性好得多。我们不能像苏联那样，把什么都集中到中央，把地方卡得死死的，一点机动权也没有”②，这就是“两个积极性”的观点。1958 年，中央要求各工业主管部门以三四分力量掌管全国规划和直接管理的大企业，加强科学研究工作，以六七分力帮助地方办好企业，在供给技术、指导设计、培养人员、交流经验、全面规划等方面帮助地方。③ 类似的权力下放措施，在 1970 年又一次得到实施，通过减少国家统一配给和管理的物资种类，对部分重要物资采取“地区平衡，差额调拨”的办法，实行地区平衡、差额调拨、品种调剂、保证上缴的大包干制度，力求达到上下结合的效果。④

两次放权所持续的时间都不长，很快就都出现了权力上收的现象。由于对举国体制的调整是在计划经济的总框架下进行的，所以陷入“收权”和“放权”摇摆之中。以毛泽东为代表的中央领导多次表达出对“一切统一于中央”的不满，认为“卡得死死的，不是好办法”，并要求充分发挥地方在经济发展中的积极性。但是，无论是收权还是放权，行为主体都是政府，不同之处只是中央与地方政府的权力大小和边界问题。而在企业层面，政府对企业实行统分统配、统收统支、统一计划、直接管理的体制格

① 刘国光：《苏联东欧几国的经济理论和经济体制》，中国展望出版社，1984，第 185 页。

② 《毛泽东文集》第 8 卷，人民出版社，1996，第 234 页。

③ 黄志钢：《陈云对中国工业化道路的探索》，《上海经济研究》2020 年第 12 期。

④ 汪海波：《中华人民共和国工业经济史（1949.10－1998）》，山西经济出版社，1998，第 465～473 页。

局未能得到有效改善，企业经营机制呆滞、僵化，企业和广大职工群众的积极性、主动性、创造性受到严重压抑。中央计划机关不可能完全掌握下属的信息（特别是经过多层传递后传给下属企业的信息），计划管理会带有只考虑总体一般情况、不考虑具体情况的特点，这就是通常所说的计划会管得过于僵硬、企业没有活力的问题，企业自主权太小，难以发挥能动作用。[①]

改革开放之后，在如何发挥举国体制优势的问题上，中央进行了一系列理念调整和政策设计。基于对苏联、东欧等社会主义国家传统计划经济体制失效的历史教训总结和对西方资本主义国家陷入周期性经济危机的理性分析，中国共产党认为，国家的重大战略需求完全依靠行政方式，或者统统交给市场决定，都是不可取的。中国特色的新型举国体制，就应当让政府这只看得见的手和市场这只看不见的手都“硬起来”，克服传统举国体制下政府包揽一切的弊端，限制和调节资本的过度逐利性，实现市场配置和政府调控的有机结合。党的十八届三中全会强调，经济体制改革的“核心问题是处理好政府和市场的关系，使市场在资源配置中起决定性作用和更好发挥政府作用”，既要善于利用市场手段，又能够利用政府集中优势资源办大事。

与传统举国体制相比，近年来所提出的新型举国体制具有三个方面的特点：其一，新型举国体制强化市场机制的作用，通过市场机制反映资源的供求状况，有效进行生产和流通方面的调节，运用市场方式和经济手段来解决预算投入、利益分配等问题，实现生产要素和资源的有效配置。市场机制还能够促进各个主体之间展开竞争，用竞争来调节市场运行，以此提高生产效率，推动技术进步。其二，新型举国体制要求打破政府单一主体的管理和参与模式，充分发挥企业在技术创新中的主体作用，建立以市场为导向、企业为主体、政策为引导的创新体系，使企业成为创新要素集成、科技成果转化的生力军，尤其提出要在核心关键技术的研发攻关上赋予企业充分的自主权，鼓励企业建立研发机构，加大研发投入，开展原创

① 郭冠清、陈健：《社会主义能够解决“经济核算”难题吗？—“苏联模式”问题和“中国方案”》，《学习与探索》2016 年第 12 期。

性研究，促进创新要素向企业集聚。其三，新型举国体制的理想形态是建立政府、企业、高校、研发机构及用户共同参与的“政产学研用”五位一体的协同创新模式，将国家的重大科技创新战略、目标考核、社会动员、资源配置与运用市场激励机制有机结合，共同发挥优势作用，形成具有激励性、系统性的产业技术创新研发环境。[①]

习近平总书记强调：“我们最大的优势是我国社会主义制度能够集中力量办大事。这是我们成就事业的重要法宝。过去我们取得重大科技突破依靠这一法宝，今天我们推进科技创新跨越也要依靠这一法宝，形成社会主义市场经济条件下集中力量办大事的新机制。”[②] 在这里，以“集中力量办大事”为特色的举国体制，是我国长期以来的优良传统，理应充分发扬。“协同攻关”的主体，应包括全社会的各种资源和力量。政府居中统筹联络的作用应当坚持，但并不意味着政府包办一切，而是需要推动“政产学研用”各方共同参与，将物质资源和精神意志集中于特定的战略目标，释放科技和生产力潜能，攻坚克难。

二　如何落地：打造“央企/国企+”的创新平台

总体而言，举国体制可分为两种主要类型：一种用以应对社会有序运行时的大事，体现出常态化、日常化的特征；另一种用以处理非常态的大事，表现出突发性、应急性的特点。2020年的新冠肺炎疫情防控属于后者。在疫情发生之后，中央果断决策，为这场抗击疫情的国家行动赢得了时间，并充分调度力量实现资源的高效配置，“一盘棋统筹与局部优化相统一，行政命令与自愿服务相融合，市场与政府两只手同时发力相得益彰”，创造了抗击传染病大流行物理隔离的经典案例。[③] 这是举国体制的一次成功展示。除此之外，在日常的工作中发挥举国体制优势，则需要借助相应平台。在这方面，国有企业的作用值得关注。

① 何虎生：《内涵、优势、意义：论新型举国体制的三个维度》，《人民论坛》2019年第32期。

② 习近平：《为建设世界科技强国而奋斗》，《人民日报》2016年6月1日。

③ 叶青、李清均：《新型举国体制进路：经验证据、机理分析、路径优化》，《理论探讨》2021年第3期。

当前，在构建新型举国体制的过程中，日益体现出一些矛盾张力的元素。新型举国体制倡导“集中力量办大事”，中央发起自上而下的政府行为，动员和调配各方力量，解决特定的战略目标。问题在于，各方力量多为独立的参与主体，与政府之间仅有间接的行政隶属关系，具有资源碎片化的特征。依靠契约或协议而实现委托代理关系，无形中提高了交易成本。同时，在市场经济的激烈竞争之下，不少参与主体自负盈亏，承担着较高的运营成本，或面临较大的政策风险和市场风险，严重影响了科技创新和转型升级的积极性。理想状态下的“政产学研用”五位一体的协同创新模式时常出现政府积极投入、其他主体态度消极的局面，无法形成“一个拳头”的合力，这对于推进产业基础高级化、产业链现代化，突破攻坚难度大、投入周期长的科研战略瓶颈将会产生难以估量的负面效果。

举国体制的“激励困境”是一个需要正视并解决的重要问题。举国体制要求在短时间内集中尽可能多的资源，通过政治或行政命令将各个主体集聚在同一阵营之中，有计划地组织协作，就不同主攻方向协同参与、同时推进，缩短攻坚克难的总时间，以保证目标任务完成的整体性和连续性。但是，即使是举国体制模式的推崇者，都不得不面对一个问题：在各方主体看来，他们参与到举国体制的动机或激励机制是什么？有学者表示，举国体制带有国家利益的至上性，能够有效提振参与者的精神，通过强调举国体制目标任务的紧急性和重要性，巩固和强化社会成员的集体意识和国家观念，进而提高其劳动积极性。① 而根据上文的分析，对于体制外的参与主体而言，光靠精神激励显然不足以提高他们的积极性。

为了解决这一问题，应当确定一个落地平台，使新型举国体制有“抓手”。我们认为，中央企业或大型国有企业理应担当这一重任。国有企业是中国特色社会主义的重要物质基础和政治基础，是我们党执政兴国的重要支柱和依靠力量，在关系国家安全和国民经济命脉的主要行业和关键领域中占据支配地位。国有企业是以社会主义公有制为基础，在社会再生产过程中从事商品生产、商品流通和服务性活动的生产经营单位，围绕着自己

① 谢富胜、潘忆眉：《正确认识社会主义市场经济条件下的新型举国体制》，《马克思主义与现实》2020 年第 5 期。

的生产经营目标，拥有生产资料和相应的劳动力，在生产、技术和经济上是一个有机的统一体，“把全部国家经济机构变成一架大机器，变成一个使亿万人都遵照一个计划工作的经济机体”。[①] 企业的任务是用尽可能少的人力、物力和财力，为社会生产量多、质优、价廉的产品和提供优良的服务，为国家提供更多的税利，以满足劳动人民物质文化生活日益增长的需要。[②] 在社会常态运行之时，国有企业作为国家重大科技创新的骨干力量，发挥着创新要素的集聚作用，推动关键核心技术的突破，是彰显大国风范的“稳定器”和“压舱石”。

一方面，国有企业由国家对其资本拥有所有权或者控制权，政府的意志和利益决定了国有企业的行为。这一特征使其能够遵循政治目标，承担重要的、非常规的战略任务，保障举国体制的落地；而举国体制所应对的长周期、高风险、高不确定性特征，使民营企业等体制外参与主体难以承受持续性的高强度研发。国有企业从制度起点上，就与国家战略同频共振，将社会主义现代化国家建设的发展目标内化在企业文化之中，能够基于国家使命，在战略性产业、支柱性产业和科技攻关项目研究中，实现“集中力量办大事”，避免短期行为，树立全局意识。

另一方面，国有企业又具有市场化运作的一面。自党的第十八次全国代表大会以来，国有企业遵循市场经济规律和企业发展规律，推进政企分开、政资分开、所有权与经营权分离，使国有企业逐步成为依法自主经营、自负盈亏、自担风险、自我约束、自我发展的独立市场主体，通过充分挖掘自身人、财、物的潜力，提高企业经营效率。在新发展阶段，国有企业改革发展已经取得了巨大成就，日益适应市场经济体制，具备了为中国人民“强起来”做出巨大贡献的充分条件。

国有企业既有遵循政府意志和利益的一面，又有市场化经营运作的特征，这使得国有企业（央企或大型国企）能够成为新型举国体制落地的重要平台。发挥这些龙头企业的自主创新能力，对于提升我国科技竞争力，打造经济要素和资源的汇聚高地，有着至为关键的作用。将国有企业打造

① 《列宁全集》第 34 卷，人民出版社，1985，第 3 ~ 5 页。

② 《中国大百科全书 · 经济学Ⅱ》，中国大百科全书出版社，1998，第 839 页。

成为新型举国体制落地平台的一大优势是，国有企业本身的市场化运作使其能够及时捕捉到市场需求，并选择合适的主体参与研发。举国体制“全国一盘棋”的优势，固然可以短时间内举各界之力，进行政治动员和物资调配，但无法避免信息链条长、节点多的问题，对于市场的信息反馈、潜在的伙伴筛选等方面难以面面俱到。如果要发挥新型举国体制的作用，就应当通过平台下沉落地，充分接触到各类资源和行为主体。

从这个意义上讲，以央企或大型国企为主导的创新平台，深入实施创新驱动发展战略，加快推动双循环背景下的产业转型升级，实现经济的高质量发展已是刻不容缓。因此国有企业要在科技创新上有更多作为，不断将自身打造成为新型举国体制中的技术创新主导者。[①] 通过这一创新平台，整合各类资源，吸引民营企业、高等院校、科研机构、国家实验室、用户等广泛参与，形成“央企/国企+”的创新联合体，强化专业化协作和配套能力，集中力量攻关重大课题，增加微观活力，形成突破核心技术的强大体系支撑。国有企业聚集了全国最重要的科技创新资源，拥有强大的战略科技力量。但在总体上，国有企业的研发投入仍严重不足，尤其是在基础研究方面投入更少，面对“卡脖子”关键核心技术的薄弱环节，还需要继续发挥战略科技力量，实现迅速突破。为此，国有企业应当围绕技术创新进行资本布局，强化基础研究投入，积极探索市场经济条件下的新型举国体制模式，特别是要着力打造科技创新的核心平台，组织协调各方力量攻关克难，大力推进面向市场领域中的交叉融合与原始创新，实现要素集成、流程优化、技术研发、人才培育等复合型战略目标，从而提高我国的工业基础能力，提升产业链水平，使之成为构建新发展格局的原创技术策源地。[②]

为了能够充分发挥国有企业的创新平台功能，政府需要进一步完善科技创新政策，加强创新服务供给，在科研项目、资金扶持等方面给予平台支持，并给予相应的容错空间。同时做好区块链、人工智能、移动通信等技术的研发工作，通过建设“大系统、大平台、大数据”，全力打通“数据

① 陈劲、阳镇、朱子钦：《新型举国体制的理论逻辑、落地模式与应用场景》，《改革》2021年第5期。

② 黄群慧、张弛：《新发展阶段国有企业的核心使命与重大任务》，人民网，http://www.people.com.cn/n1/2021/0310/c32306-32048199.html，2021年3月10日。

壁垒”，加快构建畅通便捷统一的信息应用网络，推动国有企业和其他创新主体之间的多元协同和深度融合，形成一大批高水平的创新联合体，充分调动“政产学研用”的多方资源优势，以此释放新型举国体制的优势活力。各方关系如图 1 所示。

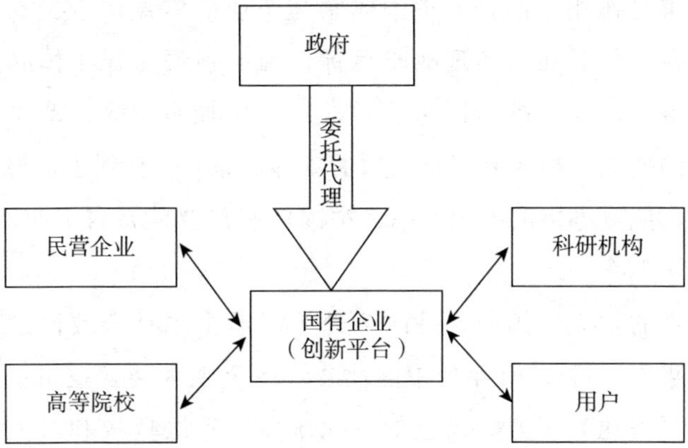

图 1 打造以国有企业为主导的创新平台示意

三 加强企业党组织建设，夯实平台基础

“如果把现代国家制度看成一台机器，政党则是这台机器的领导者和操作者。特别是在中国的国家治理体系中，各项制度的有效运转都离不开中国共产党的领导作用。”① 中共中央办公厅在《关于在深化国有企业改革中坚持党的领导加强党的建设的若干意见》中明确要求，“将党组织的机构设置、职责分工、工作任务纳入企业的管理体制、管理制度、工作规范，明确党组织在企业决策、执行、监督各环节的权责和工作方式以及与其他治理主体的关系，使党组织成为公司治理结构的有机组成部分”。习近平总书记特别强调，要“把党的领导融入公司治理各环节，把企业党组织内嵌到公司治理结构之中”②。如果要充分发挥国有企业的创新平台作用，就需要

① 袁红：《国家治理体系现代化进程中政党现代化的路径分析——以党组的现代化转型为研究对象》，《云南行政学院学报》2018 年第 1 期。

② 许俊伟：《党组织内嵌模式下的国有企业治理机制完善》，《法治现代化研究》2020 年第 1 期。

加强企业的党组织建设，通过增强党组织统领全局的能力和纵向的执行能力，为新型举国体制的落地提供制度保障。

改革开放以来，国有企业的治理机制逐渐形成了各司其职、各负其责、协调运转、有效制约的结构特征，这套治理机制在应对日常的生产经营工作时发挥了重要作用。但是，举国体制与企业的常规治理又有所不同。举国体制要求在有限时间内实现战略目标，因此强调协作主体必须形成对目标的充分理解与认同，进而快速从日常事务中抽身出来，动作一致地应对任务和环境的变化，构成有序且高效的集体行动。[①] 有别于常规治理所主张的各司其职、照章办事的组织形态，举国体制需要的是自上而下“穿透性”的“专断权力”。[②]

企业治理的常规化倾向，是改革开放之后中国社会政治过程的总体特征。有学者指出，过去40年的中国社会政治表现为两套逻辑：一个是集权的逻辑，主要表现为权力关系上的一元统属、等级授权和对上负责的垂直管理形态；另一个是分权的逻辑，在权力关系上要求实行委托代理、权属分立和自主负责的水平监督体制。[③] 从组织社会学的角度来看，常规机制与动员机制存在一定的张力，前者的强化容易导致组织趋于结构刚性，后者的出现则会削弱常规治理结构的稳定性。实现在两套逻辑之间进行切换，既能保证等级明确、分工精细、按部就班的常规运行机制，又能在短时间内打破边界、领导各方、进行政治动员、统筹安排资源，需要有一个权威组织提供内生性的领导能力和更新能力，具有“专断权力”的合法性基础，将常规治理的运行状态切换到变速器的不同挡位。[④]

从这个角度来说，企业的党组织建设具有“切换挡位”的重要作用。党的整合性特征，使其有能力“自上而下将地方机构、社会团体和政治人口‘整编’入既定的政治框架中，形成行政性的组织化的政治社会”[⑤]。组

① 谢富胜、潘忆眉：《正确认识社会主义市场经济条件下的新型举国体制》，《马克思主义与现实》2020 年第 5 期。

② 周雪光：《国家治理逻辑与中国官僚体制：一个韦伯理论视角》，《开放时代》2013 年第 3 期。

③ 陈明明：《双重逻辑交互作用中的党治与法治》，《学术月刊》2019 年第 1 期。

④ 周雪光：《运动型治理机制：中国国家治理的制度逻辑再思考》，《开放时代》2012 年第 9 期。

⑤ 景跃进、陈明明、肖滨：《当代中国政府与政治》，中国人民大学出版社，2016，第 14 页。

织形态的条块网络，强化了企业治理的纵向结构，为举国体制的落地提供了垂直体系调动权力和各种资源配置能力。具体来看，企业党组织在保障新型举国体制落地的过程中，起到以下“二纵一横”的作用。

首先，在企业党委（党组）层面，根据党的十九大新修订的《中国共产党章程》，“国有企业党委（党组）发挥领导作用，把方向、管大局、保落实，依照规定讨论和决定企业重大事项”，“参与企业重大问题的决策”。这就要求企业党委（党组）从国家和民族整体和长远利益出发，在思想上、政治上、行动上同党中央保持纵向的高度一致，并引导各部门在服务国家战略目标、保障国家安全和国民经济运行、发展前瞻性战略性产业以及完成特殊任务中发挥重要作用，实现党的建设与企业改革发展同频共振、同向聚合。[①]

其次，在企业基层党组织层面，要求配合同级管理层执行上级决策，凝心聚力，完成企业中心工作，保证举国体制在企业内部的纵向落地。[②] 通过思想政治工作和企业文化工作的开展，发挥基层党组织的战斗堡垒作用和党员职工的先锋模范作用，全面提升企业治理的软实力。这就要求基层党组织同工会、妇联、共青团等组织全面配合，推进构建和谐劳动关系，激发职工的创造性、能动性，将员工思想和行动统一到事业大局之中。[③]

最后，企业党组织的建立和完善，有助于推进“央企/国企+”创新联合体的建设。科研机构、高等院校等均设有党组织，民营企业的党建工作也在如火如荼地进行。党组织之间的网络化关系，为创新联合体整合资源提供了渠道，可以有效调动各方力量服务于特定的发展战略，保障举国体制的顺利实施。尤其是在民营企业中，通过党组织的科层网络，引导和协调民营企业的经营发展，及时、准确地将外部环境的资源信息进行传递，减少他们对制度环境的误判，降低适应环境变化的成本，对企业的发展有

① 郑寰、祝军：《也论党的领导与国有企业公司治理的完善——中国国有企业公司治理的政治维度》，《经济社会体制比较》2018年第2期。

② 强舸：《“国有企业党委（党组）发挥领导作用”如何改变国有企业公司治理结构？——从“个人嵌入”到“组织嵌入”》，《经济社会体制比较》2019年第6期。

③ 林盼：《党委领导与中国特色企业激励制度的建立和发展》，《湖南工业大学学报》（社会科学版）2021年第4期。

着正面的影响。[①] 不同所有制的企业、不同性质的组织以党组织为桥梁，进行公开透明的信息沟通，形成组织化、制度化、常态化的横向互动机制，为实现举国体制的战略目标凝聚力量。企业党组织保障新型举国体制落地的作用如图 2 所示。

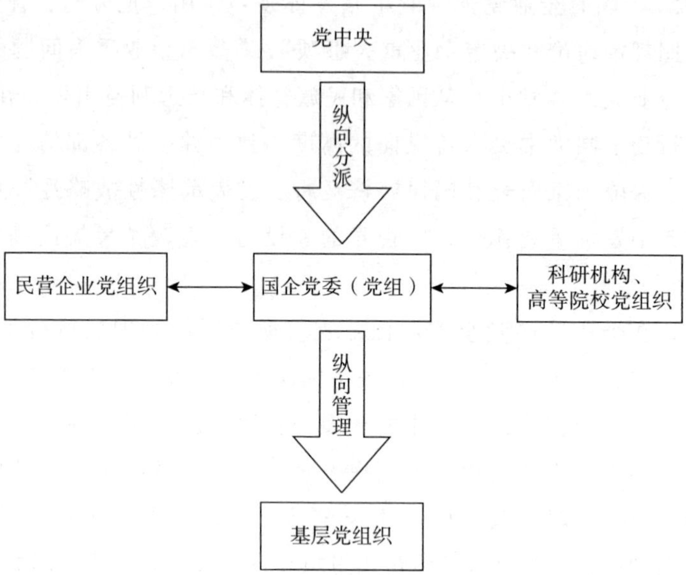

图 2　企业党组织保障新型举国体制落地示意

四　结语

与传统举国体制相比，新型举国体制注重强化市场机制的作用，充分发挥企业在技术创新中的主体作用，努力建成政府、企业、高校、研发机构和用户共同参与的“政产学研用”五位一体的协同创新模式。当前，我国经济正处于转变发展方式、优化经济结构、转换增长动力的攻关期，需要最大限度整合社会资源，贯彻“集中力量办大事”的原则，突破战略性前瞻性关键核心技术，提升系统集成能力和自主创新能力，集中攻克“卡

① 何轩、马骏：《党建也是生产力——民营企业党组织建设的机制与效果研究》，《社会学研究》2018 年第 3 期。

脖子”难题。各管一摊、各自为战的做法已不可行，亟须通过项目合作、产业共建、搭建联盟等方式，打造创新联合体，形成工程项目、应用研究和技术研究“三位一体”的科创平台。[①] 在此过程中，国有企业应当作为新型举国体制的探索者、组织者和引领者，统筹协调各方力量，发挥市场资源配置作用，激发各类主体参与经济社会建设的积极性，形成“劲往一处使”的强大合力。

习近平总书记指出，国有企业要成为党和国家最可信赖的依靠力量，成为坚决贯彻执行党中央决策部署的重要力量，成为贯彻新发展理念、全面深化改革的重要力量，成为实施“走出去”战略、“一带一路”倡议的重要力量，成为壮大综合国力、促进经济社会发展、保障和改善民生的重要力量，成为我们党赢得具有许多新的历史特点的伟大斗争胜利的重要力量。[②] 而坚持和加强党的领导，是社会主义集中力量办大事制度优势的根本来源，是健全市场经济条件下新型举国体制的根本保证。坚持党总揽全局、协调各方的领导核心作用，充分发挥党的强大动员能力和高效组织能力，“使新型举国体制成为实施重大国家战略、推动重大科技创新、为人民群众提供更多‘硬核’产品的重要途径”[③]。为此，要将党建作为企业发展的“压舱石”和“动力源”，发挥“二纵一横”作用，提升企业的影响力和控制力，以此打造“央企/国企 +”创新联合体，使新型举国体制落地生根。

［本文发表于《华东理工大学学报》（社科版）2021 年第 4 期］

---

① 齐英、崔也光：《在构建新发展格局中发挥国企带动作用》，《经济日报》2020 年 11 月 17 日。

② 习近平：《坚持党对国有企业的领导不动摇》，《人民日报》2016 年 10 月 12 日。

③ 张建：《论新型举国体制的制度优势》，《桂海论丛》2020 年第 4 期。

中国特色农村新型集体经济的理论基础、新特征及发展策略

张　弛*

经过改革开放四十多年的高速发展，我国经济社会建设取得了显著成就，社会主义市场经济体制日趋成熟，农村的生产生活方式也发生了巨大变化。特别是中国特色社会主义进入新时代以来，一种明显的趋势是，越来越多的农村走向新型集体经济道路。这种新型集体经济与之前人们理解的集体经济相比已有根本性变化，是在中国特色社会主义制度中形成的有中国特色的集体经济实践。以习近平同志为核心的党中央一直十分重视农村集体经济发展。习近平总书记在2017年召开的中央农村工作会议上指出："要坚持农村土地集体所有，坚持家庭经营基础性地位，坚持稳定土地承包关系，壮大集体经济，建立符合市场经济要求的集体经济运行机制，确保集体资产保值增值，确保农民受益。"① 在2018年中共中央政治局第八次集体学习时进一步提到，"要把好乡村振兴战略的政治方向，坚持农村土地集体所有制性质，发展新型集体经济，走共同富裕道路"。② 农业合作社是发展农村新型集体经济的重要形式。习近平总书记于2020年7月在吉林调研时特地考察了当地的专业合作社，指出"要鼓励全国各地因地制宜发展合

* 张弛，经济学博士，中国社会科学院经济研究所助理研究员，中国社会科学院大学经济学院岗位教师。

① 《中央农村工作会议在北京举行》，《人民日报》2017年12月30日。

② 《习近平主持中共中央政治局第八次集体学习》，新华网，https://baijiahao.baidu.com/s?id=1612306658882120486&wfr=spider&for=pc，2018年9月22日。

作社，探索更多专业合作社发展的路子来”。[①] 中国特色农村新型集体经济是顺应社会主义市场经济发展要求，农民进行财产合作和劳动合作，实行共同经营、民主管理、利益共享的经济组织和经营方式。农村新型集体经济具有合作经济的属性，马克思和恩格斯的农业合作社理论是农村新型集体经济的重要理论基础。本文在梳理马克思和恩格斯关于合作社理论的基础上，结合实地调研[②]，从政治经济学角度分析我国农村新型集体经济的理论新特征及重要价值。

一　理论基础：马克思和恩格斯农业合作社理论的基本内容

当前，我国农业仍处在从传统农业生产方式转向现代农业生产方式的转型时期，小农业急需与大市场对接。成熟市场经济的生产方式持续冲击传统农业的产业结构和小农生产的组织形式，推动农村新型集体经济的不断发展。这与马克思和恩格斯所处时代中农业生产面临的问题具有一定的相似性，其农业合作社理论是中国特色农村新型集体经济的重要理论基础。农业合作社是当时资本主义农业生产中出现的一种重要趋势，在马克思和恩格斯看来其对于改变资本主义生产方式具有重要意义，是吸引农民作为工人的同盟军、支持无产阶级革命事业的有效方式。恩格斯指出，“农民到处都是人口、生产和政治力量的非常重要的因素”，无产阶级政党为了夺取政权，“应当首先从城市走向农村，应当成为农村中的一股力量”。[③]

（一）农业合作社是适应社会化大生产的生产组织

从资本主义社会的基本矛盾看，生产社会化与生产资料资本主义私人

① 《习近平：发展合作社要因地制宜》，求是网，http://www.qstheory.cn/yaowen/2020-07/23/c_1126275723.htm，2020 年 7 月 23 日。

② 中国社会科学院经济研究所于 2018 年 10 月举办了“农村新型集体经济理论与实践研讨会”，并以中国社会科学院国情调研重大项目“乡村振兴战略视角下的农村新型集体经济调研”为依托，邀请多所高校、科研院所等研究力量，共同对全国范围内发展农村新型集体经济的典型村庄进行了实地调研。

③ 《马克思恩格斯选集》第 4 卷，人民出版社，2012，第 355～356 页。

占有之间不断冲突，合作社的出现成为缓解资本与劳动之间对立关系的一种可能。在城市中，工厂工人成立合作工厂，“资本和劳动之间的对立在这种工厂内已经被扬弃，虽然起初只是在下述形式上被扬弃，即工人作为联合体是他们自己的资本家”，这种合作工厂“应当被看作是由资本主义生产方式转化为联合的生产方式的过渡形式”。① 而在农村中，资本主义土地私有制下的小农经济与生产社会化也不断发生冲突。马克思指出，“小块土地所有制按其性质来说就排斥社会劳动生产力的发展、劳动的社会形式、资本的社会积累、大规模的畜牧和科学的累进的应用”，②“这种土地所有制形式以及它所要求的小地块耕作的方式，不仅不能采用现代农业的各种改良措施，反而把耕作者本人变成顽固反对社会进步，尤其是反对土地国有化的人”③。马克思详细分析了小农生产在资本主义制度下的弊端，认为“小土地所有制的前提是：人口的最大多数生活在农村，占统治地位的，不是社会劳动，而是孤立劳动；在这种情况下，财富和再生产的发展，无论是再生产的物质条件还是精神条件的发展，都是不可能的，因而，也不可能具有合理耕作的条件”，而农业资本家为了获得财富，就要迫使土地不断集中，“大土地所有制使农业人口减少到一个不断下降的最低限量，而同他们相对立，又造成一个不断增长的拥挤在大城市中的工业人口”。④ 因此，发展农业生产合作社是缓解以上困境的有效形式。恩格斯在《法德农民问题》中指出，“由于资本主义经济和海外廉价粮食生产的竞争，无论大农和中农都同样无法挽救地要走向灭亡，这是这些农民日益增加的债务和到处可见的衰落所证明了的。对于这种衰落我们根本没有办法阻止，这里我们也只能建议把各个农户联合为合作社，以便在这种合作社内越来越多地消除对雇佣劳动的剥削，并把这些合作社逐渐变成一个全国大生产合作社的拥有同等权利和义务的组成部分”⑤。此外，合作社的发展还为资本主义向共产主义过渡提供了重要条件和可能性。马克思在《法兰西内战》中指出：“如

① 《资本论》第三卷，人民出版社，2004，第 499 页。
② 《马克思恩格斯文集》第 7 卷，人民出版社，2009，第 912 页。
③ 《马克思恩格斯选集》第 3 卷，人民出版社，2012，第 177 页。
④ 《资本论》第三卷，人民出版社，2004，第 918 ~ 919 页。
⑤ 《马克思恩格斯选集》第 4 卷，人民出版社，2012，第 374 页。

果合作制生产不是作为一句空话或一种骗局，如果它要排除资本主义制度，如果联合起来的合作社按照总的计划组织全国生产，从而控制全国生产，制止资本主义生产下不可避免的经常的无政府状态和周期的痉挛现象，那末，请问诸位先生，这不就是共产主义，'可能的'共产主义吗？"① 恩格斯也赞同马克思的观点，他在 1886 年给奥·倍倍尔的信中说，"正像巴黎公社要求工人按合作方式经营被工厂主关闭的工厂那样，应该将土地交给合作社，否则土地会按照资本主义方式去经营。这是一个巨大的差别。至于在向完全的共产主义经济过渡时，我们必须大规模地采用合作生产作为中间环节，这一点马克思和我从来没有怀疑过"②。

（二）所有制性质决定了农业合作社的性质

虽然合作社中蕴含着向共产主义过渡的可能性，但在资本主义所有制条件下，合作社的发展依然受到资本主义制度本身的限制，这种可能性能否成为现实受到很多因素的制约。一方面，合作社在资本主义制度下进行生产，无法完全摆脱资本主义的弊端。马克思在 1864 年的《国际工人协会成立宣言》中指出，"不管合作劳动在原则上多么优越，在实际上多么有利，只要它仍然限于个别工人的偶然努力的狭隘范围，就始终既不能阻止垄断势力按照几何级数增长，也不能解放群众，甚至不能显著地减轻他们的贫困的重担"③。在资本主义条件下的合作组织"当然到处都再生产出并且必然会再生产出现存制度的一切缺点"，④ 即使在资本主义社会中将土地收归国有，依然不能解决根本问题。马克思认为，"在一个资产阶级的政权下，实行土地国有化，并把土地分成小块租给个人或工人合作社，这只会造成他们之间的残酷竞争，促使'地租'逐渐上涨，反而为土地占有者提供了新的便利条件，靠生产者来养活自己"⑤。另一方面，资本主义制度的对抗性因素不断给合作社的发展带来阻力，"土地巨头和资本巨头总是要利

① 《马克思恩格斯全集》第 17 卷，人民出版社，1963，第 362 页。

② 《马克思恩格斯选集》第 4 卷，人民出版社，2012，第 581 页。

③ 《马克思恩格斯全集》第 21 卷，人民出版社，2003，第 13 页。

④ 《资本论》第三卷，人民出版社，2004，第 499 页。

⑤ 《马克思恩格斯选集》第 3 卷，人民出版社，2012，第 177 页。

用他们的政治特权来维护和永久保持他们的经济垄断的。他们不仅不会促进劳动解放，而且恰恰相反，会继续在它的道路上设置种种障碍”①。这使得合作社的发展只能囿于资产阶级利益所允许的范围内，在资本主义制度下无法彻底解决与社会化生产冲突的问题，无论是工人还是农民都不能得到真正的解放。马克思和恩格斯认为，只有进行社会制度革命，改变资本主义财产私有制，将土地收归国有才能解决这些问题。马克思指出，“为了把社会生产变为一种广泛的、和谐的自由合作劳动的制度，必须进行全面的社会变革，社会制度基础的变革，而这种变革只有把社会的有组织的力量即国家政权从资本家和大地主手中转移到生产者本人的手中才能实现”②。他在《论土地国有化》中进一步分析道，“土地国有化将彻底改变劳动和资本的关系，并最终消灭工业和农业中的资本主义生产方式。只有到那时，阶级差别和各种特权才会随着它们赖以存在的经济基础一同消失。靠他人的劳动而生活将成为往事。……生产资料的全国性的集中将成为由自由平等的生产者的各联合体所构成的社会的全国性的基础，这些生产者将按照共同的合理的计划进行社会劳动”③。至于土地收归国有的方式，恩格斯在《法德农民问题》中指出，在条件允许的情况下可以通过赎买进行，并引用马克思的话，“假如我们能赎买下这整个匪帮，那对于我们最便宜不过了”。④ 恩格斯进一步提出，在土地收归国有后，要将土地“转交给现在就已耕种着这些土地并将组织成合作社的农业工人使用”，⑤“农业工人，也只有首先把他们的主要劳动对象即土地本身从大农和更大的封建主的私人占有中夺取过来，转变为社会财产并由农业工人的合作社共同耕种，才能摆脱可怕的贫困”⑥。

（三）支持农业合作社发展的原则和路径

在具体的革命历程中，马克思和恩格斯深入指导了农业合作社运动的

① 《马克思恩格斯选集》第 3 卷，人民出版社，2012，第 9 页。
② 《马克思恩格斯全集》第 16 卷，人民出版社，1964，第 219 页。
③ 《马克思恩格斯选集》第 3 卷，人民出版社，2012，第 178 页。
④ 《马克思恩格斯选集》第 4 卷，人民出版社，2012，第 375 页。
⑤ 《马克思恩格斯选集》第 4 卷，人民出版社，2012，第 375 页。
⑥ 《马克思恩格斯选集》第 3 卷，人民出版社，2012，第 30 页。

发展，对关于农业合作社的错误认识进行了批判和澄清。特别是在 19 世纪末，恩格斯就社会主义政党如何支持农业合作社的问题提出了具体的原则和策略。

第一，发展农业合作社要争取农民理解，坚持自愿原则。在资本主义国家，社会主义政党可以鼓励农民成立合作社，从而使“农民看到他们现在的生产方式必然要灭亡并且从中得出必要的结论，他们就要到我们这里来，而我们的职责就是要尽力使他们也易于过渡到新的生产方式”。[①] 恩格斯建议奥·倍倍尔在德国议会中提出法案，“要求把大片整块国有土地租给农业工人合作社共同耕种”，虽然这一法案肯定会被否决，但“也只有这样，我们才能争取农业工人站在我们这一边；这是一个极好的方法，可以向他们表明，以后他们将在目前属于地主老爷的大地产上实行集体经营”。[②] 当社会主义政党掌握国家权力之后，也要尊重农民意愿，“我们决不会考虑用暴力去剥夺小农（不论有无报偿，都是一样），像我们将不得不如此对待大土地占有者那样。我们对于小农的任务，首先是把他们的私人生产和私人占有变为合作社的生产和占有，不是采用暴力，而是通过示范和为此提供社会帮助”。[③]

第二，改造资本主义制度的小农生产要循序渐进、因地制宜。虽然马克思和恩格斯都强调要将土地收归国有并建立农业合作社，但他们都认为在具体实施过程中要根据情况逐步推进。针对丹麦土地主要是农民私有土地的情况，恩格斯建议，“建立由租佃者和农业工人组成的农业合作社，共同耕种目前由他们各自耕种的土地。这样，中小型农场就将为拥有五百英亩甚至更多的土地的农场所代替，从而就能够采用农业机具，利用蒸汽力和在小规模经营农业时无法利用的其他现代化的改良措施，所需的资产可以用每个合作社的土地作为抵押向国家借贷”，这是暂时的过渡性举措，“同时始终坚持宣传土地国有化是运动的最终目的”。[④] 在《法德农民问题》中，恩格斯针对德国和法国农民类型较多的情况，进一步将这两个国家的

---

① 《马克思恩格斯选集》第 4 卷，人民出版社，2012，第 374 页。

② 《马克思恩格斯全集》第 36 卷，人民出版社，1975，第 249～254 页。

③ 《马克思恩格斯选集》第 4 卷，人民出版社，2012，第 370 页。

④ 《马克思恩格斯全集》第 44 卷，人民出版社，1982，第 560～561 页。

农民细分为农业工人、小农、中农、大土地占有者等类型，并分别分析把他们争取到农业合作社中的方针和策略。在社会主义政党掌握政权后，恩格斯也主张循序渐进原则。他在致奥·倍倍尔的信中提出，“我们一旦掌握政权，就一定要付诸实施：把大地产转交给（先是租给）在国家领导下独立经营的合作社，这样，国家仍然是土地的所有者”①。

第三，发展农业合作社需要国家支持。虽然马克思认为工人合作社由工人自己独立创设才具有可贵之处，② 但是与工人合作社不同，恩格斯认为，小农由于“根深蒂固的私有观念”③，以及“小农的整个经济地位、由他们所受的教育和闭塞的生活方式所产生并且为资产阶级报刊和大土地占有者所助长的偏见之下”④，阻碍他们自动地参加农业合作社，因此，社会主义政党要合理地向小农宣传合作社的好处（但不能做出保护小块土地私有制的不合理承诺）。在社会主义政党取得政权后，国家要进一步为合作社的发展提供更多便利条件，包括“由国家银行接收它们的一切抵押债务并将利率大大减低；从社会资金中抽拨贷款来建立大规模生产（贷款不一定或者不主要是货币，而可以是必需的产品：机器、人工肥料等等）及其他各种便利”⑤。同时，通过率先建立起来的农业合作社的示范作用，“将说服最后一些可能仍在反抗着的小块土地农民乃至某些大农相信大规模合作企业的优越性”⑥，从而不断推动农业合作社的发展。

二　中国特色农村新型集体经济的理论新特征

如何认识我国农村的新型集体经济实践，是理论界讨论的热点问题。中国特色农村新型集体经济是我国社会主义市场经济体制下集体经济的新发展，是顺应新时代农业发展要求的新的农业生产组织方式。当前，不论

① 《马克思恩格斯选集》第4卷，人民出版社，2012，第581页。
② 《马克思恩格斯全集》第19卷，人民出版社，1963，第28～29页。
③ 《马克思恩格斯选集》第4卷，人民出版社，2012，第359页。
④ 《马克思恩格斯选集》第4卷，人民出版社，2012，第369页。
⑤ 《马克思恩格斯选集》第4卷，人民出版社，2012，第371页。
⑥ 《马克思恩格斯选集》第4卷，人民出版社，2012，第375页。

是理论界还是政府部门，都有一些人对农村新型集体经济的认识还停留在计划经济时期的实践，将新时代集体经济实践等同于传统的“归大堆”模式，这实际上是对集体经济概念的误读。我们认为，理解新型集体经济在我国广大农村的实践，要从马克思和恩格斯的基本理论出发，紧扣我国社会主义初级阶段的基本国情，在社会主义市场经济体制下认识农村新型集体经济的新特征。

（一）农村新型集体经济是土地集体所有制基础上的“再合作”

我国农村实行的是土地集体所有制。《中华人民共和国宪法》规定，“农村和城市郊区的土地，除由法律规定属于国家所有的以外，属于集体所有；宅基地和自留地、自留山，也属于集体所有”。土地管理法规定，“农民集体所有的土地依法属于村农民集体所有的，由村集体经济组织或者村民委员会经营、管理；已经分别属于村内两个以上农村集体经济组织的农民集体所有的，由村内各该农村集体经济组织或者村民小组经营、管理；已经属于乡（镇）农民集体所有的，由乡（镇）农村集体经济组织经营、管理”。农村土地由集体所有，因此需要有农村集体经济组织作为农民行使其集体土地所有权的委托代理人，在此基础上进行的经营管理活动就是集体经济。[①] 那么就需要探讨集体经济与合作经济的关系，有学者认为两者是包含关系，集体经济是合作经济，是组成集体的诸成员间进行合作的经济，但合作经济未必都是集体经济，合作经济有多种形式，它是集体经济这个概念所不能包容的。[②] 从对马克思和恩格斯的理论梳理中可以看出，这种观点具有说服力。马克思和恩格斯分析的合作经济发展路径是从劳动合作逐步过渡到财产合作，再发展为生产资料公有制条件下的劳动合作。因此，在土地集体所有制条件下进行农业生产是农业合作社发展的较高级形态，集体经济应是合作经济的一种特殊类型。

改革开放以后，我国农村在坚持土地集体所有制的同时，逐步改变了

---

① 陈锡文、罗丹、张征：《中国农村改革 40 年》，人民出版社，2018，第 82 页。

② 于光远：《谈社会主义建设时期的合作经济问题（摘要）》，《轻工集体经济》1986 年第 6 期。

之前的农业集体生产方式，推动包产到户、包干到户，家庭联产承包责任制成为农业生产的主要方式。1993 年 3 月的宪法修正案将“农村中的家庭联产承包为主的责任制”写入宪法，同年 7 月全国人大常委会通过的农业法第五条也写道：“国家长期稳定农村以家庭承包经营为基础、统分结合的双层经营体制。”“双层经营体制”作为农村基本经营制度在法律层面得以确立，成为我国农村农业发展的制度基石。其中“统”的方面，中央一直有着明确清晰的认识。1982 年中央一号文件强调，包括“双包”责任制在内的各种责任制，“是建立在土地公有基础上的，农户和集体保持承包关系，由集体统一管理和使用土地、大型农机具和水利设施，接受国家的计划指导，有一定的公共提留，统一安排烈军属、五保户、困难户的生活，有的还在统一规划下进行农业基本建设”。[①] 1987 年，中央政治局向全党发布的《把农村改革引向深入》文件中明确规定，“乡、村合作组织主要是围绕公有土地形成的，与专业合作社不同，具有社区性、综合性的特点。……在村一级，有的单设合作机构，有的则由村民委员会将村合作和村自治结合为一体。不管名称如何，均应承担生产服务职能、管理协调职能和资产积累职能，尤其要积极为家庭经营提供急需的生产服务。有条件的地方，还要组织资源开发，兴办集体企业，以增强为农户服务和发展基础设施的经济实力”[②]。这一系列文件不仅阐释了“统”的必要性和主要功能，实际上还指出了“双层经营体制”的合作经济底色。合作经济的作用范围由人民公社时期的覆盖农村生产生活的所有环节，转变为对生产生活进行服务的一些环节，如农业基础设施建设、农民生活设施建设等领域。从财产合作角度看，改革开放之前是包括土地所有权和农业生产资料在内的全面合作，而改革开放后财产合作仅局限于土地所有权范围，农民的农业生产资料归个人所有。从劳动合作的角度看，改革开放前的劳动合作是长期制度化的合作，而改革开放后变为偶然的劳动合作，如村民共同修建村道路、水利设施等活动，日常农业生产劳动则分家分户进行。正如 1983 年中央一号文件中指出的，“分户承包的家庭经营只不过是合作经济中一个经营层次，是一种新型的家庭

① 《中共中央国务院关于“三农”工作的十个一号文件》，人民出版社，2008，第 3 页。

② 《十二大以来重要文献选编》下，人民出版社，1988，第 1233 页。

经济。它和过去小私有的个体经济，有着本质的区别，不应混同”①。

由于农村基本经营制度中既有集体经济成分，又有合作经济成分，并统一于合作经济当中，因此，在农村基本经营制度下发展起来的新型集体经济实际上是在合作经济基础上的“再合作”。在土地集体所有制的前提条件下，广大农民群众通过多种方式重新进行财产合作和劳动合作，以解决一家一户办不了、办不好、办好了不划算的事情。从财产合作看，许多农村新型集体经济将农民“分”到的土地承包权，通过“返租倒包”等形式重新收回集体经营，采用现代化的耕作方式发展规模农业。也有村庄通过村民直接资金入股的方式，扩大集体经济组织的资本规模，发展相关产业项目。财产合作在市场经济体制日趋完善的条件下，已经发展出类型多样的合作方式。从劳动合作看，农民在集体经济组织中进行劳动的方式更加灵活，既可以在集体农业项目中进行农业生产活动，也可以在集体工业企业中进行工业生产活动，或是在集体服务业企业中进行服务活动；收入形式既有工资，也有收益分红，还包括村集体组织给村民的各种福利。有学者对此提出，经过四十多年的发展，中国农民创造了世界上最丰富多彩的合作社形式。②

需要指出的是，许多合作社的参与范围已经超出单个村庄的集体经济组织，参与者可能既有其他村庄的集体经济组织，也有本村集体之外的农民和工人，或是类似公司和企业的其他经济主体。对于这类参与者更为多样的合作经济，我们认为，其经营活动只要是由村集体经济组织主导的，就可以认为其属于新型集体经济范畴。在村集体经济组织主导下进行合作生产，能够保证集体利益得到实现，使合作社的参与者广泛受益，体现出集体经济的本质。

（二）农村新型集体经济符合新时期生产社会化和生产力的发展要求

在马克思和恩格斯看来，资本主义条件下的合作社发展是适应社会化

① 《中共中央国务院关于“三农”工作的十个一号文件》，人民出版社，2008，第24页。

② 孔祥智、片知恩：《新中国70年合作经济的发展》，《华南师范大学学报》（社会科学版）2019年第6期。

大生产的结果。我国农村新型集体经济的发展虽然与马克思和恩格斯分析的时代背景和制度条件差别很大，但都遵循同样的生产力发展规律。在人民公社时期，农业生产的组织方式和分配方式明显超越了当时的生产力水平，导致了农业生产效率损失。20 世纪 70 年代末，我国一些地区的农民开始将土地承包到户，探索适应当时生产力水平的农业生产方式，拉开了自下而上的农村改革序幕。这一过程是社会主义生产方式的自我适应和调整过程，是对社会主义制度认识不断深化的体现。因此，随着生产力的变化而相应调整农业生产方式，符合社会主义波浪式前进、螺旋式发展的一般规律，既不能认为是社会主义制度的倒退，也不能认为会一成不变。邓小平同志曾预见到，“中国社会主义农业的改革和发展，从长远的观点看，要有两个飞跃。第一个飞跃，是废除人民公社，实行家庭联产承包为主的责任制。这是一个很大的前进，要长期坚持不变。第二个飞跃，是适应科学种田和生产社会化的需要，发展适度规模经营，发展集体经济”①。

改革开放后我国生产力水平大幅提升，农业生产条件发生了巨大变化，对农业生产方式提出了新的要求。我国城镇化率由 1978 年的 17.9% 提升到 2019 年的 60.6%，② 大量农村劳动力进入城市，许多地方甚至出现严重的耕地撂荒现象。与此同时，我国农业土地细碎化程度严重。2006 年全国第二次农业普查发现，我国农地经营面积不足 1 公顷的农户数量占比高达 92%，全国农地总面积的 84.8% 由这些小农户分散经营。③ 根据农业部 2013 年的数据，我国承包耕地的农民平均拥有耕地 0.65 公顷，低于世界银行规定的“小土地所有者”拥有 2 公顷土地的标准。④ 这种细碎化的农业经营模式导致农业生产效率长期处于较低水平，排斥新技术、新设备的应用，进一步挤出农村劳动力人口，从事农业生产的经济效益无法得到有效保障，也就无法进行农业资金的积累，阻碍农业生产规模的扩大。发展农村新型

① 《邓小平文选》第 3 卷，人民出版社，1993，第 355 页。

② 根据国家统计局数据，采用城镇人口与总人口之比的计算方式。

③ 孔祥智、刘同山：《论我国农村基本经营制度：历史、挑战与选择》，《政治经济学评论》2013 年第 4 期。

④ 张旭、隋筱童：《我国农村集体经济发展的理论逻辑、历史脉络与改革方向》，《当代经济研究》2018 年第 2 期。

集体经济能够有效解决农业生产面临的人口和土地等问题。

进入新时代，随着社会生产力的巨大发展和科技水平的提升，农业生产力发展对农业经营方式提出了新的要求。通过土地流转等方式，可以实现农村新型集体经济下的土地集中经营，有利于先进生产技术的推广应用。促进农业生产力提高需要以大规模采用先进农业生产技术为基础，而这些技术多是由技术供给方从外部输入的。农村新型集体经济由于以村集体经济组织为依托，具有完整的组织架构，能将以家庭为单位的农户组织起来，使先进生产技术在农村的引进、推广、普及更为高效。通过对农村新型集体经济实践的调研发现，许多集体经济组织积极主动寻找合适的技术供给方进行对接，并对生产技术是否适应当地的实际情况进行综合判断，通过自身在当地的组织能力迅速推广适宜的生产技术，从而大大减少了技术供给方与农户直接对接造成的各种摩擦。生产力发展的重要标志就是分工不断深化、协作不断加强。农村新型集体经济有利于整合农村内部和外部的人力资源，提升农民的劳动专业化水平和生产效率。在集体经济组织领导下开展劳动合作，有利于提高农民收入水平、留住农业生产人才。此外，农村新型集体经济还有利于利润留存和财产积累。生产社会化需要不断扩大经营规模，生产经营的利润由集体经济组织统一分配，能将更多利润用于财产积累，满足扩大生产经营规模的要求。

（三）适应社会主义市场经济体制是农村新型集体经济的核心特征

农村新型集体经济区别于其他类型集体经济的核心特征在于它适应了社会主义市场经济体制，这也是其具有中国特色的重要因素。[①] 马克思和恩格斯的理论指出，在资本主义私有制条件下发展农业合作社，再生产出来的只能是资本主义的生产关系。在社会主义市场经济体制下，集体经济是不断巩固社会主义制度的重要力量，集体经济组织再生产出来的是社会主义生产关系。不过，我国农村长期以来存在重视“分”而忽视“统”的现

① 于金富、胡泊：《马克思农业合作社理论与中国现代农业经营体制》，《社会科学辑刊》2014年第3期。

象，集体统筹经营功能发挥不到位，不少村庄集体经济成了“空架子”；新型集体经济起步晚、起点低、规模小，发展不规范、管理不健全问题仍然存在，带动力有待提升。数据显示，截至2015年底，全国有58.4万个行政村，其中没有村集体经济的超过50%，有集体经济但经营收入低于5万元的占21.7%。[①] 这一现象亟待改变。由于在发展新型集体经济中起主导作用的是村庄集体经济组织，新型集体经济发展好了，村庄集体经济组织就能增强经济实力，为提高农民的生产生活水平创造条件，保证农民平等占有基本生产资料，保障本村村民获得各种福利，促进共同富裕的实现。

在社会主义市场经济体制中，市场在资源配置中起决定性作用，无论是城市还是农村，是企业还是个人，只要涉及商品生产，都受到市场经济规律的支配。以小农户为单位参与市场经济，有着先天的劣势，缺少进行市场博弈和市场竞争的力量，难以在市场中获得与其他市场主体对等的地位。小规模农户所拥有的生产要素较少，也阻碍着农村高质量生产体系和市场体系的发展。[②] 通过发展农村新型集体经济，既能坚持土地集体所有制不变，又能形成规范的市场主体，充分保护普通农民在参与市场经济时的利益。农村新型集体经济组织有能力进行广泛的市场调研和充分的信息分析，进行正确的生产决策，更好地应对市场变化。在市场交易过程中，农村新型集体经济组织具有更强的议价权，可以避免大企业通过局部买方市场的优势恶意打压农产品价格的情况发生，在市场博弈中充分维护自身利益。农村新型集体经济组织还有助于减少交易成本，可以有效整合生产资源，通过规范的领导、管理、监督等方法，更加合理地进行资源配置，将单个农户需要通过市场交易来完成的行为在组织内部解决，从而优化资源配置流程、提高市场竞争力。农村新型集体经济组织在市场中具有更强的抗风险能力。由于其具有更大的资本规模、更丰富的经营手段、更大的市场影响力，相比于单个农户来说，在应对市场波动时能够游刃有余。同时，发展农村新型集体经济还能更好地进行市场运作，特别是在当前关于农业

① 孔祥智：《产权制度改革与农村集体经济发展——基于“产权清晰＋制度激励”理论框架的研究》，《经济纵横》2020年第7期。

② 程恩富、张杨：《坚持社会主义农村土地集体所有的大方向——评析土地私有化的四个错误观点》，《中国农村经济》2020年第2期。

新型经营主体和土地流转相关法律法规逐步健全的情况下，新型集体经济可以更灵活地通过市场化的手段扩大经营规模、提升经营效率，如多渠道融资、抵押贷款、聘用专业管理和技术人才等市场化经营操作。[①]

三　新时期农村新型集体经济的重要价值和发展策略

党的十九届五中全会审议通过的《关于制定国民经济和社会发展第十四个五年规划和二〇三五年远景目标的建议》指出，“坚持把解决好‘三农’问题作为全党工作重中之重，走中国特色社会主义乡村振兴道路，全面实施乡村振兴战略”，并具体提出要“深化农村集体产权制度改革，发展新型农村集体经济”。结合对全国农村新型集体经济的广泛调研，我们认为，新时期农村新型集体经济将在农业和农村发展中发挥重要作用，是乡村振兴战略的重要抓手。

（一）农村新型集体经济是新时期实施乡村振兴战略的重要抓手

党的十九大报告提出乡村振兴战略，指出乡村振兴包括产业振兴、人才振兴、文化振兴、生态振兴、组织振兴的全面振兴。之前农村的发展思路多是从产业作为切入点，将产业发展作为优先方向，认为产业发展会自然而然地解决其他方面的问题。不过许多时候往往事与愿违，单纯在产业端发力无法统筹兼顾五大领域的振兴，可能反而造成负面影响，如破坏当地生态环境、阻碍村级组织建设、冲击当地文化等。而农村新型集体经济能够促进农业农村的全方位发展，是乡村振兴战略的重要抓手。

农村新型集体经济发展较好的村庄，可以依托集体经济，充分整合利用农村的各方面资源，为发展农业、工业、服务业或融合产业提供便利条件，更好地参与市场竞争，从而实现产业兴旺。改革开放后，一些村庄没有选择包产到户，而是坚持走集体经济道路，如河南省南街村、江苏省华

① 王立胜、张弛：《不断完善农村基本经营制度：乡村振兴战略的制度基础》，《理论学刊》2020 年第 2 期。

西村等，其中发展较好的集体经济大多是通过发展工业企业致富；不过这类企业会受到行业周期性波动影响，需要经受市场的严酷考验。之后发展起来的农村新型集体经济，许多都选择发展“新六产”，即三次产业的融合发展。这种产业发展模式是通过土地集中经营发展规模农业，同时适当发展农产品加工产业，并以农业为依托，着重发展农业旅游、农业观光、农业科技示范园等项目。“新六产”模式契合了现阶段我国第三产业蓬勃发展的趋势，可以充分利用居民消费升级、休闲娱乐需求提升的机遇，且对发展初始条件的要求不太苛刻。这种模式发展较好的山东省兰陵县代村，仅该村“国家农业公园”一年的门票销售就给村集体带来四千余万元的收入。农村新型集体经济的发展一方面使参与其中的农民提高收入，另一方面也使大部分农民从土地上解放出来，有机会从事其他工作，拓宽了农民的就业渠道，使农民显著增收。调研发现，新型集体经济发展较好的村庄，农村人均可支配收入一般都高出当地平均水平的50% ~80%，工资性收入和集体经济收入能占其总收入的一半以上。收入水平提高了，才能更好地留住人才。许多新型集体经济强村都吸引了大批大学生返乡工作，为农村进一步发展储备了人才力量。

生态、乡风、社会治理等方面的工作需要强有力的基层组织进行统筹协调，并且需要一定的资金实力支撑。农村新型集体经济发展较好的村庄，村两委都有很强的组织能力，在农民心中也有威信，并且村集体资金充裕，能在生态、乡风、社会治理等工作上实现全方位突破。例如，北京市蔡家洼村认识到绿水青山就是金山银山的重要性，村集体建设了日处理污水3000吨的污水处理厂，依托良好的生态环境打造生态旅游景区，被农业部评选为“中国美丽田园花海景观”。通过村集体统一规划建设，新型集体经济发展好的村庄的农民生活满意度也很高。调研发现，这些村庄农民对基础设施、公共服务、社会治安的满意度均在90分以上（满分100分）。村民的生存发展得到充分保障，生活环境宜居舒适，再加上村委的适当引导，乡风文明便水到渠成。例如，河南省刘庄村制定了详细的村规民约，对红白喜事操办的规模、彩礼、红包等都做出了详细规定，在制度上达到抵制歪风邪气、促进移风易俗的目的，积极倡导社会主义新风尚。山东省寿光市屯西村每年都会出资15万元作为各种评比化管理的经费。比如，每年组织一次“红旗楼道”和“文明家庭户”的评选，从全村41个楼道中选出30个红旗楼道，从全村963户家庭中选出700个文明家庭户，通过树立榜样的方式引导良好乡风。

（二）农村新型集体经济是构建双循环新发展格局的有力支撑

面对国内外发展形势，党中央提出加快形成以国内大循环为主体、国内国际双循环相互促进的新发展格局。这是我国根据发展阶段、环境、条件变化做出的战略决策，是事关全局的系统性深层次变革。农村新型集体经济对于形成强大国内市场方面能够发挥重要作用，是构建双循环新发展格局的有力支撑。农村新型集体经济是适应社会主义市场经济体制的生产组织方式，有利于减少全社会的交易成本，畅通普通农户与大市场的对接环节。对于新技术的应用、新需求的调整，集体经济组织也能发挥规模优势，对于优化农业供给结构、改善农业供给质量、提升农业供给体系对国内需求的适配性发挥积极作用。在过去很长一段时间中，由于我国农业生产力水平较低，农产品在国际市场上缺乏竞争力。在新发展格局下，我国农业可以以新型集体经济组织为依托，着力提升农业生产力水平和农产品竞争力，争取实现农业生产领域的赶超式发展。同时，农村新型集体经济能有效促进国内消费。一方面，农村具有广大的消费主体，其消费潜力由于收入水平的限制尚未充分释放。发展农村新型集体经济有利于农民增收致富，能为促进国内消费提供内生动力。另一方面，农村能够提供优质的消费客体。许多农村新型集体经济选择发展“新六产”，通过建设农业产业园、田园综合体等项目，推动农业和旅游业的融合发展。这既能为消费者提供高质量的农产品，满足我国居民差异化的日常消费需求；也能为消费者提供高质量的旅游文化产品，拉动节假日消费，满足我国居民对于旅游文化产品日益增长的消费需求。更为重要的是，我国广大农村有着巨大的投资空间，包括地下管网、交通设施、通信设备等一系列的基础设施亟待改善。发展壮大农村新型集体经济，村集体经济组织将有实力推动这些工作落实落地，并组织农民积极参与建设，这对于保障这些投资项目的顺利推进具有积极作用。

（三）新时期农村新型集体经济发展策略

从马克思和恩格斯的基本理论出发，结合我国现阶段经济社会发展情况及实地调研所掌握的情况，我们认为，新时期发展农村新型集体经济应做好以下工作。

1. 遵循自愿原则，充分重视农民的主体性①

马克思和恩格斯强调，在建立农业合作社时，要争取农民理解，尊重农民意愿。在我国“三农”问题中，农民始终处于主体地位，中央在推进“三农”工作的过程中也一直强调农民的主体性。调研发现，一方面，农民是推动新型集体经济发展的行为主体。农民通过自身的智慧与力量主动创造和积极实践，促使农业经营模式不断调整，以适应社会主义市场经济的发展要求。另一方面，农民是农村新型集体经济的受益主体。符合农民发展需要、能够实现共同富裕的发展模式才能得到农民的衷心支持和拥护。农村新型集体经济发展较好的村庄，生产经营的收益都用到了农民身上，农民的切身利益得到了充分保障，获得了其他生产经营模式无法替代的实惠，从而使农村新型集体经济的发展获得了正向的反馈。另外，在引入外部资本、外部人才参与农业农村发展过程中，农村新型集体经济组织能够有效保证农民的主体地位，防止农民被边缘化及农村的稀缺资源被低价剥夺。因此，在发展农村新型集体经济过程中，要充分尊重并引导农民的意愿，给予农民发挥主体作用的空间。

2. 循序渐进、因地制宜发展农村新型集体经济

马克思和恩格斯在分析欧洲各国农业合作社发展形势时，注意到了各国情况的差异，认为要根据不同国家的具体情况推进农业合作社运动。我国当前还处于社会主义初级阶段，不同地区农业发展水平差距很大，且各地区自然资源禀赋也千差万别。需要清楚地认识到，新型集体经济是实现乡村振兴战略的一个重要抓手，但并不意味着所有地区都具有大规模发展新型集体经济的条件。有些地区通过龙头企业带动农民致富，有些地区适

---

① 王立胜、张弛：《不断完善农村基本经营制度：乡村振兴战略的制度基础》，《理论学刊》2020 年第 2 期。

宜发展家庭农场或农业种养大户，这些都是能够有效推动乡村振兴的手段。调研发现，新型集体经济能够蓬勃发展起来的村庄，一般都需要具备一些有利条件作为支撑。例如，需要具有一定规模的可利用土地，或者区位优势较为明显，抑或处于受集体文化影响较深的地区，等等。乡村振兴道路的选择应根据当地实际情况合理引导、因地制宜，不能一刀切、一阵风。同时，当农民自发走上新型集体经济道路时，政府应尊重人民群众的选择，积极鼓励和引导农村新型集体经济的健康发展。

3. 从国家层面支持农村新型集体经济发展

马克思和恩格斯认为，农业合作社的发展需要国家的支持。调研发现，由于国家层面对农村新型集体经济的定位还不够清晰，农村新型集体经济组织在参与市场经济过程中依然存在许多障碍，作为市场主体的许多权利无法实现。同时，农村新型集体经济本身在运作过程中也存在许多政策法规模糊的地方，容易发生纠纷和损害集体利益等问题。2018 年 7 月，新修订的《中华人民共和国农民专业合作社法》给予农业合作社更多的市场权利，通过法律的形式规范了农业合作社的组织构成。不过现有政策法规对于农村新型集体经济实践的需要来说依然不够，接下来应进一步完善关于农村新型集体经济的政策法规体系，支持农村新型集体经济的健康发展，明确其市场主体地位，使新型集体经济的经营运行具备明确的法律法规依据。政府相关部门要积极为农村新型集体经济的发展提供资金支持。可以通过建立农村新型集体经济发展专项基金，整合目前各部门支农惠农资金，对发展计划可行、经营风险小、管理科学的新型集体经济项目，采取贴息、奖励、补助等方式予以扶持。组织树立农村新型集体经济样板，让更多人了解农村新型集体经济的发展成就，了解其运作方式并推广成功经验，使社会更全面地认识农村新型集体经济，拓宽广大农村可选择的乡村振兴道路。

4. 加强党对农村新型集体经济的领导工作

农村新型集体经济能不断再生产出社会主义生产关系、成为巩固社会主义制度的重要力量，离不开党的坚强领导。党的基层组织是确保党的方针路线和具体政策贯彻落实的主要抓手。应加强党的集中统一领导，将村党委领导班子、村委会领导班子、村集体经济组织领导班子三者合为一体。由于农村集体经济组织本身规模较小，集中领导能够更好地使新型集体经济组织调配该村的生产资源，更加灵活地进行决策和行动，以应对市场的瞬息万变。发展集体经济的根本目的在于为人民群众谋福利，推动村民走向共同富裕。集体经济发展的好坏事关村民的切身利益，而村两委是村民利益的代表，是保障村民利益的责任人。村两委应参与集体经济的决策过程，把握好集体经济的发展大方向，并处理好集体经济收益的分配问题。应加强新型集体经济组织的党建工作，进一步增强党组织的凝聚力，提升战斗力，树立为人民服务的宗旨，防止损害集体经济利益的情况发生。

（本文发表于《经济纵横》2020 年第 12 期）

新发展阶段的理论逻辑：一种思想史的视角

胡怀国*

习近平总书记在省部级主要领导干部学习贯彻党的十九届五中全会精神专题研讨班开班式上的讲话中指出："正确认识党和人民事业所处的历史方位和发展阶段，是我们党明确阶段性中心任务、制定路线方针政策的根本依据，也是我们党领导革命、建设、改革不断取得胜利的重要经验。党的十九届五中全会提出，全面建成小康社会、实现第一个百年奋斗目标之后，我们要乘势而上开启全面建设社会主义现代化国家新征程、向第二个百年奋斗目标进军，这标志着我国进入了一个新发展阶段。"① 新发展阶段是我国全面建设社会主义现代化国家的阶段，它意味着我国将由世界上最大的发展中国家转变为世界上最大的发达国家，这不仅在我国社会主义发展进程和中华民族伟大复兴进程中具有里程碑式的重要意义，而且将从根本上改变世界上发达经济体的版图和数百年来各国现代化的具体路径，具有深刻的历史逻辑、实践逻辑和理论逻辑。

2021 年是新发展阶段的开局之年，也是中国共产党成立 100 周年。100 年来，中国共产党团结带领全国各族人民不懈奋斗，历经新民主主义革命时期、社会主义革命和建设时期、改革开放和社会主义现代化建设时期，成功地站在了全面建设社会主义现代化国家的新的历史起点上，其中最重

* 胡怀国，经济学博士，中国社会科学院经济研究所政治经济学研究室主任，研究员、博士生导师。

① 《深入学习坚决贯彻党的十九届五中全会精神确保全面建设社会主义现代化国家开好局》，《人民日报》2021 年 1 月 12 日。

要的一条经验就是坚持把马克思主义基本原理同中国具体实际相结合，而我国所处的发展阶段和历史方位则是我国具体实际的集中体现。新发展阶段不仅是我国发展的新的历史方位，更是未来30年我国制定路线方针政策的根本依据，事关全面建设社会主义现代化国家的全局，具有重要的理论价值和现实意义。“只有在整个人类发展的历史长河中，才能透视出历史运动的本质和时代发展的方向。”① 本文试图透过人类社会发展的历史长河，系统梳理人类社会发展的阶段性、社会主义发展的历史进程及其理论回应，以更准确地把握我国发展的新的历史方位、更深入地理解新发展阶段的理论逻辑。

一　人类社会发展的阶段性及其理论回应：从亚当·斯密到卡尔·马克思

按照世界银行提供的数据，2019年世界人口总计为76.74亿人，其中高收入经济体、OECD成员国和我国拥有的人口分别为12.36亿人、13.60亿人和13.98亿人。② 这意味着，如果我国能成功地实现新发展阶段的预期目标，即到2035年基本实现社会主义现代化（人均GDP达到中等发达国家水平）、到21世纪中叶全面建成社会主义现代化强国，那么我们将在新中国成立之后不到100年的时间里，沿着社会主义方向和性质的现代化路径跻身于发达经济体之列，所涉及的人口规模将超过发达经济体现有人口的总和，这无疑将从根本上改变世界上发达经济体的版图，并在人类社会发展史上开辟出一条全新的现代化路径。习近平总书记曾经指出：“当代中国正经历着我国历史上最为广泛而深刻的社会变革，也正在进行着人类历史上

① 习近平：《在纪念马克思诞辰200周年大会上的讲话》，人民出版社，2018，第7页。

② 对于发达国家，目前尚无明确的标准，但肯定要比高收入经济体的标准高。世界银行的数据表明，2019年世界高收入经济体（人均国民收入超过12535美元）总计为83个，而人口超过100万人、500万人和1000万人的高收入经济体（按2019年人口数量统计）分别为48个、31个和20个；其中，人口超过1000万人的高收入经济体有美国、日本、德国、法国、英国、意大利、韩国、西班牙、波兰、加拿大、沙特阿拉伯、澳大利亚、罗马尼亚、智利、荷兰、比利时、希腊、捷克、瑞典和葡萄牙，大致可将其归类为欧美及其衍生经济体。参见：http://databank.worldbank.org/data/download/site-content/OGHIST.xls。

最为宏大而独特的实践创新。这种前无古人的伟大实践，必将给理论创造、学术繁荣提供强大动力和广阔空间。这是一个需要理论而且一定能够产生理论的时代，这是一个需要思想而且一定能够产生思想的时代。”[①] 在人类社会发展的历史上，那些成功实现了现代化转型的经济体通常都经历了一系列实践创新、制度创新和理论创新；特别是那些重大的理论创新，它们作为人类社会发展的重要阶段的理论回应，不仅深化了人们对人类社会发展规律的认识，而且对当时的经济乃至其后的社会发展亦产生了深远的影响。历史地看，不论是实践创新、制度创新还是理论创新，通常都与人们对人类社会发展的阶段性的深刻理解和准确把握有关，那么我们不妨从人类社会现代化的源头——英国工业革命谈起。

在人类社会的发展历史上，英国工业革命是一个重大事件，它不仅开启了人类社会的现代化进程，而且孕育出第一个现代意义上的理论经济学体系——古典经济学，以及作为古典经济学的批判继承和创新发展的马克思主义政治经济学体系。按照著名经济史学家克拉克的观察，“1800 年以前，在我们所能观察到的所有社会中，人均收入会有所波动，时好时坏，但却没有发生趋势性变化。……即使到 1813 年，大部分人的物质条件并不比他们非洲大草原上的祖先好”[②]。一般认为，至少就主要经济体而言，人类社会曾长期处于传统农业社会，其核心特征是围绕数量相对有限、位置相对固定的土地资源，形成某种具有等级化和人格化特征的制度性框架；在这种相对稳定和封闭的经济社会结构中，人们难以完全凭借自身努力改变自身境遇，从而不仅难以产生现代意义上的经济发展，而且无法产生现代意义上的理论经济学体系。18 世纪中叶以来，发轫于英国的工业革命则深刻地改变了这一切，它不仅极大地提高了劳动生产率、推动了经济发展，而且深刻地改变了整个社会的组织方式和运行模式，开启了人类社会从传统社会向现代社会的转型，同时也孕育出经济思想史上的两部划时代经典

① 习近平：《在哲学社会科学工作座谈会上的讲话》，人民出版社，2016，第 8 页。

② 〔美〕格雷戈里·克拉克：《工业革命》，载〔美〕菲利普·阿吉翁、〔美〕史帝文·杜尔劳夫主编《增长经济学手册》第 2A 卷，冯科、胡怀国译，经济科学出版社，2019，第 219 ~ 220 页。

作品，即亚当·斯密的《国富论》和卡尔·马克思的《资本论》[①]。

“只有聆听时代的声音，回应时代的呼唤，认真研究解决重大而紧迫的问题，才能真正把握住历史脉络、找到发展规律，推动理论创新。”[②] 亚当·斯密和马克思分别在英国工业革命发轫之初和接近尾声之际，紧紧抓住了时代的脉搏、回应了时代的呼唤，成功构建了影响深远的理论经济学体系。其中，前者开辟了理论经济学的古典时代，为整个西方社会的现代化路径提供了一种基本的理论框架；后者则对这种现代化路径进行了系统的理论考察和彻底的理论反思，不仅开创了理论经济学中的马克思主义政治经济学体系，而且为科学社会主义的现实运动奠定了根本的理论基础。斯密和马克思之所以能够做出如此重大的理论创新，某种程度上同他们对人类社会发展的阶段性的深刻理解有关。以斯密为例，在现代经济学奠基之作《国富论》中，斯密对人类社会的不同发展阶段进行了系统的比较，特别是“最低级最粗野的狩猎民族”、“比较进步的游牧民族”、“比较更进步的农业社会”以及制造业发展所引起的“更为进步的社会”。他深刻认识到，从相对稳定封闭的传统社会转型为高度开放扩张的现代社会，通常意味着公共事务和公共支出的增加。以国家安全和军事支出为例，“游牧民多余暇，幼稚农业状态下的农民，也有一些空闲时间，至于手艺工人或制造业者，则全无闲暇。关于武艺的训练，第一种人就是把大部分时间花费在它上面，都于自己无损。第二种人把一部分时间花费在它上面，也不会蒙受大损失。第三种的情况却大不同。他费去一小时，即有一小时的损失。……然而在另一方面，由农业改良而产生的财富，或者说，由这些改良蓄积下来的财物，却又不免诱起邻国的觊觎和侵略”。[③] 也就是说，经济发展和社会进步，必然要求国家承担起更多的维护国家安全和社会稳定的职责，故“君主的第一义务，就是策本国社会的安全，使其不受其他独立社会的横暴与侵侮。

① 在 1867 年《资本论》第一版序言中，马克思明确指出：“我要在本书研究的，是资本主义生产方式以及和它相适应的生产关系和交换关系。到现在为止，这种生产方式的典型地点是英国。因此，我在理论阐述上主要用英国作为例证。”参见《马克思恩格斯文集》第 5 卷，人民出版社，2009，第 8 页。

② 习近平：《在哲学社会科学工作座谈会上的讲话》，人民出版社，2016，第 14 页。

③ 〔英〕亚当·斯密：《国民财富的性质和原因的研究》下卷，郭大力、王亚楠译，商务印书馆，1996，第 260～261 页。

这种义务的实行，势必随社会文明的进步，而逐渐需要越来越大的费用”。①

斯密认为，当时西欧各国盛行的重商主义体系，本质上是一种管制与垄断的学说，其所提出来的国家致富手段，不仅是短视的，而且是不公正的，不可能实现真正的富国裕民。一方面，“消费是一切生产的唯一目的，而生产者的利益，只在能促进消费者的利益时，才应当加以注意，……但在重商主义下，消费者的利益，几乎都是为着生产者的利益而被牺牲了”②；另一方面，“重商主义所要奖励的产业，都是有钱有势的人所经营的产业。至于为贫苦人民的利益而经营的产业，却往往被忽视、被压抑”③。真正的国家富强必须以人们的普遍富裕为基础，而“在一个政治修明的社会里，造成普及到最下层人民的那种普遍富裕情况的，是各行各业的产量由于分工而大增”④。由此，斯密以普遍的劳动分工和平等自愿的市场交易为基础，构建起人类社会第一个现代意义上的理论经济学体系。其基本结论是：一方面，应充分发挥市场在资源配置中的决定性作用，“每一个人，在他不违反正义的法律时，都应听其完全自由，让他采用自己的方法，追求自己的利益，以其劳动及资本和任何其他人或其他阶级相竞争”⑤；另一方面，要更好地发挥政府作用，“第一，保护社会，使不受其他独立社会的侵犯。第二，尽可能保护社会上各个人，使不受社会上任何其他人的侵害或压迫，这就是说，要设立严正的司法机关。第三，建设并维持某些公共事业及某些公共设施”⑥。

马克思生活在英国工业革命末期，他对英国工业革命有着更为全面、

① 〔英〕亚当·斯密：《国民财富的性质和原因的研究》下卷，郭大力、王亚楠译，商务印书馆，1996，第270页。

② 〔英〕亚当·斯密：《国民财富的性质和原因的研究》下卷，郭大力、王亚楠译，商务印书馆，1996，第227页。

③ 〔英〕亚当·斯密：《国民财富的性质和原因的研究》下卷，郭大力、王亚楠译，商务印书馆，1996，第212页。

④ 〔英〕亚当·斯密：《国民财富的性质和原因的研究》上卷，郭大力、王亚楠译，商务印书馆，1996，第11页。

⑤ 〔英〕亚当·斯密：《国民财富的性质和原因的研究》下卷，郭大力、王亚楠译，商务印书馆，1996，第252页。

⑥ 〔英〕亚当·斯密：《国民财富的性质和原因的研究》下卷，郭大力、王亚楠译，商务印书馆，1996，第252～253页。

深刻的观察，并通过对古典经济学的批判继承和创新发展，创立了马克思主义政治经济学。早在《1844年经济学哲学手稿》中，马克思就深刻地认识到，“分工提高劳动的生产力，增加社会的财富，促使社会精美完善，同时却使工人陷于贫困直到变为机器。劳动促进资本的积累，从而也促进社会富裕程度的提高，同时却使工人越来越依附于资本家”。[①] 也就是说，马克思接受了斯密关于分工能够提高劳动生产力、促进经济发展的观点，但进一步认识到劳动分工和市场交易在促进经济发展和资本积累的同时，还会强化劳动相对于资本的弱势以及劳动对资本的依赖性，进而造成劳动异化、劳动外化以及作为其社会性实现的私有财产的积累。在马克思看来，“人是人的最高本质”，经济发展必须服务于人的发展，人类社会必将在生产力高度发达的基础上，通过共产主义来扬弃人类的自我异化，最终实现人的自由而全面的发展，“共产主义是对私有财产即人的自我异化的积极的扬弃，因而是通过人并且为了人而对人的本质的真正占有；因此，它是人向自身、也就是向社会的即合乎人性的人的复归，这种复归是完全的复归，是自觉实现并在以往发展的全部财富的范围内实现的复归”。[②]

如果说，斯密的研究重点是如何通过现代市场经济的发育和完善来促进经济发展，那么马克思的研究重点则是在经济发展的基础上，如何通过制度变革来保证经济发展服务于人的发展。当然，尽管马克思关注的重点是人的发展及其社会性基础和制度性框架，但同时他也深刻地认识到人的发展必须以经济发展为基础，这也是马克思创立的科学社会主义区别于空想社会主义、浪漫主义和无政府主义等学说的重要特征。正是由于对经济发展的重视，马克思移居英国后对以英国为代表的资本主义生产方式进行了集中深入的政治经济学研究，最终创作出了马克思主义政治经济学说史上的不朽经典——《资本论》，深刻揭示了资本主义运行规律和人类社会发展规律，并得出了资本主义必将为共产主义（未来社会）所代替的历史必然性。马克思特别指出：“无论哪一个社会形态，在它所能容纳的全部生产力发挥出来以前，是决不会灭亡的；而新的更高的生产关系，在它的物质

① 《马克思恩格斯文集》第1卷，人民出版社，2009，第123页。

② 《马克思恩格斯文集》第1卷，人民出版社，2009，第185页。

存在条件在旧社会的胎胞里成熟以前，是决不会出现的。……大体说来，亚细亚的、古希腊罗马的、封建的和现代资产阶级的生产方式可以看做是经济的社会形态演进的几个时代。资产阶级的生产关系是社会生产过程的最后一个对抗形式。"① 人类社会必将在生产力高度发达的基础上，进入经济发展与人的发展相互促进的新阶段，这就把人们对人类社会发展的阶段性的认识推向了一个新的高度。

二　对社会主义发展阶段的认识及其理论逻辑：从初级阶段到新发展阶段

正如习近平总书记指出的："马克思创建了唯物史观和剩余价值学说，揭示了人类社会发展的一般规律，揭示了资本主义运行的特殊规律，为人类指明了从必然王国向自由王国飞跃的途径，为人民指明了实现自由和解放的道路。"② 通过对以英国为代表的资本主义生产方式的深入分析，马克思创立了马克思主义政治经济学说，深刻揭示了资本主义必将为共产主义（未来社会）所代替的历史必然性，并对未来社会进行了初步的理论设想。按照经典作家的最初设想，"共产主义革命将不是仅仅一个国家的革命，而是将在一切文明国家里，至少在英国、美国、法国、德国同时发生的革命，在这些国家的每一个国家中，共产主义革命发展得较快或较慢，要看这个国家是否有较发达的工业，较多的财富和比较大量的生产力"③。然而，与其最初设想不同的是，科学社会主义从理论到实践、从实践到制度、从一国到多国的现实运动，几乎无一例外地发生在生产力水平相对落后的国家，且不同国家在完成社会主义革命、进行社会主义建设时面临的发展阶段和环境条件存在很大不同。特别地，"在中国这样落后的东方大国中建设社会主义，是马克思主义发展史上的新课题。我们面对的情况，既不是马克思主义创始人设想的在资本主义高度发展的基础上建设社会主义，也不完全

① 《马克思恩格斯文集》第 2 卷，人民出版社，2009，第 592 页。

② 习近平：《在纪念马克思诞辰 200 周年大会上的讲话》，人民出版社，2018，第 8 页。

③ 《马克思恩格斯文集》第 1 卷，人民出版社，2009，第 687 页。

相同于其他社会主义国家。照搬书本不行，照搬外国也不行，必须从国情出发，把马克思主义基本原理同中国实际结合起来，在实践中开辟有中国特色的社会主义道路。在这个问题上，我们党作过有益探索，取得过重要成就，也经历过多次曲折，付出了巨大代价”[①]。其中最重要的一点就是对社会主义发展阶段的准确认识。

历史地看，至少就实现路径而言，资本主义和社会主义的产生与发展及其理论回应存在很大的不同。资本主义的产生和发展经历了较为漫长的历史过程，人们在资本主义生产方式有了一定的发展之后才形成了包括古典经济学在内的相关理论学说，马克思更是在以英国为代表的资本主义生产方式充分展开之后才创立了马克思主义政治经济学说，在某种程度上属于先有现实运动、后有理论回应。社会主义的产生则完全不同，它在很大程度上是先有初步的理论设想和奋斗目标，再经历一种从理论到实践、从实践到制度的现实运动。正如习近平总书记指出的：“抽象的理论是经过加工提炼的，它形成理论时抽象掉的那些次要因素和属性，在现实中无论怎样都是撇不掉的。”[②] 现实运动总是发生在特定的历史条件之下，从理论设想到现实运动必然会引入一系列额外的复杂性。特别地，正如毛泽东指出的，“在复杂的事物的发展过程中，有许多的矛盾存在，其中必有一种是主要的矛盾，由于它的存在和发展规定或影响着其他矛盾的存在和发展”[③]；社会生产力水平的提高、社会主义发展的阶段性变化及其所引起的社会主要矛盾的转化，必然要求我们“根据我国生产力发展的要求，在每一个阶段上创造出与之相适应和便于继续前进的生产关系的具体形式”[④]。这意味着社会主义的发展进程必然是一个实践创新、理论创新和制度创新相统一的过程。正是在这个意义上，习近平总书记特别强调：“马克思一再告诫人们，马克思主义理论不是教条，而是行动指南，必须随着实践的变化而发展。一部马克思主义发展史就是马克思、恩格斯以及他们的后继者们不断

① 《改革开放三十年重要文献选编》上，中央文献出版社，2008，第475页。

② 习近平：《对发展社会主义市场经济的再认识》，《东南学术》2001年第4期。

③ 《毛泽东选集》第1卷，人民出版社，1991，第320页。

④ 《改革开放三十年重要文献选编》上，中央文献出版社，2008，第213页。

根据时代、实践、认识发展而发展的历史。”①

在这个过程中，我国改革开放以来形成并在社会主义现代化建设进程中不断深化的社会主义初级阶段理论，是社会主义发展史上的一个重大理论创新，是对社会主义发展的阶段性的深刻认识和理论升华。按照马克思、恩格斯的理论设想，共产主义（未来社会）以生产力高度发达的资本主义创造的巨大物质财富为基础，从根本上克服了生产资料的资本主义私人占有和社会化生产之间的矛盾，进一步解放了生产力，故其必定拥有比资本主义更高的生产力水平以及与之相适应的更高级的生产关系。然而，由于社会主义革命主要发生在资本主义相对薄弱、生产力相对落后的国家，故几乎所有的社会主义国家在进行社会主义建设时面临的都是生产力相对落后的现实条件。因此，如何准确认识社会主义发展阶段、相应的生产力水平以及与之相适应的生产关系，就成了事关社会主义建设全局的重要问题。回顾20世纪波澜壮阔的社会主义发展史，苏联作为人类历史上建立的第一个社会主义国家，在社会主义建设过程中形成了对几乎所有社会主义国家都产生了广泛影响的传统社会主义模式，这种模式既有对马克思主义理论的创新发展，也存在着严重的教条主义和明显的僵化特征。特别是脱离社会主义发展阶段和生产力水平、盲目追求生产资料的单一公有制，急于向共产主义过渡，在取得了社会主义建设巨大成就的同时也日益表现出严重弊端，最终导致20世纪末苏联解体、东欧剧变，世界社会主义运动陷入低潮。与之不同的是，尽管我国在社会主义建设时期较多地借鉴了苏联经验，但几乎始终对传统社会主义模式中的教条主义有所察觉，在社会主义建设的艰辛探索过程中积累了正反两方面的历史经验，并初步建立起了相对完整的工业体系和国民经济体系。改革开放以来，我国坚持马克思主义基本原理与我国具体实际相结合，更为准确地认识到了我国生产力发展的实际水平，创造性地提出了社会主义初级阶段理论，成功地开辟了中国特色社会主义道路，不仅创造了经济快速发展奇迹和社会长期稳定奇迹，实现了中华民族从站起来到富起来的伟大飞跃，而且重新焕发了科学社会主义的蓬勃生机活力，开辟了当代中国马克思主义和21世纪马克思主义的新境界，

① 习近平：《在纪念马克思诞辰200周年大会上的讲话》，人民出版社，2018，第9页。

并在中国共产党成立100周年之际成功地站在了全面建设社会主义现代化国家的新的历史起点上。

社会主义初级阶段理论来之不易。正如党的十三大报告总结的，“不承认中国人民可以不经过资本主义充分发展阶段而走上社会主义道路，是革命发展问题上的机械论，是右倾错误的重要认识根源；以为不经过生产力的巨大发展就可以越过社会主义初级阶段，是革命发展问题上的空想论，是‘左’倾错误的重要认识根源”[①]。1956年，我国完成了社会主义革命，确立了社会主义基本制度，事实上已经进入了社会主义初级阶段。党的八大报告亦明确指出，“我们国内的主要矛盾，已经是人民对于建立先进的工业国的要求同落后的农业国的现实之间的矛盾，已经是人民对于经济文化迅速发展的需要同当前经济文化不能满足人民需要的状况之间的矛盾”[②]，但由于我们对社会主义发展阶段的认识还没有达到足以提出系统完整的社会主义初级阶段理论的程度，故在此后的社会主义建设过程中走过了一段曲折的艰难探索历程。党的十一届三中全会重新确立了解放思想、实事求是的思想路线，做出了把党和国家的中心工作转移到经济建设上来、实行改革开放的历史性决策，正式开启了我国改革开放的历史进程，我国社会主义发展进入了一个新阶段。党的十二大明确提出要“把马克思主义的普遍真理同我国的具体实际结合起来，走自己的道路，建设有中国特色的社会主义”[③]，我国的改革开放事业从此全面展开。在此基础上，党的十三大结合以往正反两方面的历史经验，系统阐述了社会主义初级阶段理论，明确提出“正确认识我国社会现在所处的历史阶段，是建设有中国特色的社会主义的首要问题，是我们制定和执行正确的路线和政策的根本依据。对这个问题，我们党已经有了明确的回答：我国正处在社会主义的初级阶段。这个论断，包括两层含义。第一，我国社会已经是社会主义社会。我们必须坚持而不能离开社会主义。第二，我国的社会主义社会还处在初级阶段。我们必须从这个实际出发，而不能超越这个阶段”。[④] 正是依据社会主义初

① 《改革开放三十年重要文献选编》上，中央文献出版社，2008，第474页。

② 《中国共产党第八次全国代表大会关于政治报告的决议》，人民出版社，1956，第4页。

③ 《十二大以来重要文献选编》上，人民出版社，1986，第3页。

④ 《改革开放三十年重要文献选编》上，中央文献出版社，2008，第474页。

级阶段理论，党的十四大确立了社会主义市场经济体制的改革目标和基本框架，党的十五大系统阐述了建设中国特色社会主义经济的基本内容，明确了以公有制为主体、多种所有制经济共同发展的基本经济制度和社会主义市场经济的微观基础，开创了我国改革开放的新局面，成功地把中国特色社会主义推向了21世纪。

正如习近平总书记指出的："社会主义初级阶段不是一个静态、一成不变、停滞不前的阶段，也不是一个自发、被动、不用费多大气力自然而然就可以跨过的阶段，而是一个动态、积极有为、始终洋溢着蓬勃生机活力的过程，是一个阶梯式递进、不断发展进步、日益接近质的飞跃的量的积累和发展变化的过程。"[①] 社会主义初级阶段理论依据的是马克思主义基本原理和我国具体实际，特别是我国社会主义发展的阶段和生产力发展的实际水平。社会主义初级阶段本身是一个不断发展的动态过程，随着经济社会发展水平和生产力水平的提高，我们对社会主义初级阶段的理论认识也会有一个不断深化的过程。21世纪以来，特别是党的十八大以来，"经过长期努力，中国特色社会主义进入了新时代，这是我国发展新的历史方位"，[②] 其基本依据是我国的经济快速发展奇迹和社会长期稳定奇迹，极大地提高了我国社会生产力的发展水平并引起了我国社会主要矛盾的转化。新时代仍然属于社会主义初级阶段，但社会主要矛盾发生了转化。党的十九大系统阐述了新时代坚持和发展什么样的中国特色社会主义、怎样坚持和发展中国特色社会主义等问题，明确了分两个阶段实现第二个百年奋斗目标的战略安排。2021年是中国共产党成立100周年，也是我国全面建成小康社会、实现第一个百年奋斗目标之后，乘势而上开启全面建设社会主义现代化国家新征程、向第二个百年奋斗目标进军的开局之年，我国正式进入了全面建设社会主义现代化国家的新发展阶段。从初级阶段到新时代再到新发展阶段，是我们对社会主义发展的阶段性认识不断深化的过程，同时也是社会主义初级阶段理论不断发展完善的过程，我们必须结合这一过程

① 习近平：《深入学习坚决贯彻党的十九届五中全会精神　确保全面建设社会主义现代化国家开好局》，《人民日报》2021年1月12日。

② 习近平：《决胜全面建成小康社会　夺取新时代中国特色社会主义伟大胜利——在中国共产党第十九次全国代表大会上的报告》，人民出版社，2017，第10页。

来深刻理解新发展阶段的理论逻辑、准确把握新发展阶段的历史方位和时代内涵。

三 深刻理解新发展阶段的理论逻辑：基于社会主义初级阶段理论的初步考察

新发展阶段是我国全面建设社会主义现代化国家的阶段，同时也是社会主义初级阶段中的一个新的阶段，这意味着新发展阶段既拥有社会主义初级阶段的本质特征，又拥有经济社会发展所赋予的新的时代内涵和具体内容。按照党的十三大系统阐述的社会主义初级阶段理论，我国社会主义初级阶段“不是泛指任何国家进入社会主义都会经历的起始阶段，而是特指我国在生产力落后、商品经济不发达条件下建设社会主义必然要经历的特定阶段。我国从五十年代生产资料私有制的社会主义改造基本完成，到社会主义现代化的基本实现，至少需要上百年时间，都属于社会主义初级阶段”。[①] 这意味着从 1956 年基本完成社会主义改造、确立社会主义基本制度，到 2049 年新中国成立 100 周年，全面建成社会主义现代化国家、实现第二个百年奋斗目标之际，我国都处于社会主义初级阶段。同时，社会主义初级阶段是一个不断动态演进的连续过程，其间的重要时间节点包括：1978 年，我国正式开启了改革开放，开辟了中国特色社会主义道路，形成了社会主义初级阶段理论；2012 年，中国特色社会主义进入了新时代；2021 年，我国进入了全面建设社会主义现代化国家的新发展阶段；2049 年，我国将全面建成社会主义现代化国家。也就是说，从最初的社会主义初级阶段到新发展阶段，是我国社会主义发展进程中的阶梯式递进和日益接近质的飞跃的量的积累。新发展阶段是社会主义初级阶段动态演进过程的进一步发展，我们有必要结合社会主义初级阶段理论和我国社会主义发展的阶段性特征，进一步明晰社会主义初级阶段、新时代和新发展阶段的理论逻辑及其相互关系，进而更为准确地把握新发展阶段的历史方位及其政策含义。

社会主义初级阶段理论是我国社会主义发展进程中的重大理论创新，

① 《改革开放三十年重要文献选编》上，中央文献出版社，2008，第 475～476 页。

是马克思主义基本原理和我国具体实际相结合的产物，也是我国改革开放和社会主义现代化建设的总依据。社会主义初级阶段理论明确了我国处于并将长期处于社会主义初级阶段，这意味着：其一，我国已经是社会主义社会，满足人民需要、实现共同富裕、促进人的全面发展是社会主义的本质要求和我国发展的根本目的；其二，我国的社会主义仍处于初级阶段，我们的根本任务是发展生产力，“是否有利于发展生产力，应当成为我们考虑一切问题的出发点和检验一切工作的根本标准”[①]。我国的社会主义性质和初级阶段的生产力水平，共同决定了“社会主义的本质，是解放生产力，发展生产力，消灭剥削，消除两极分化，最终达到共同富裕”[②]。同时，按照生产关系一定要适应生产力水平的马克思主义基本原理，“社会主义生产关系的发展并不存在一套固定的模式，我们的任务是要根据我国生产力发展的要求，在每一个阶段上创造出与之相适应和便于继续前进的生产关系的具体形式”[③]；或者说，“社会主义基本制度确立以后，还要从根本上改变束缚生产力发展的经济体制，建立起充满生机和活力的社会主义经济体制，促进生产力的发展，这是改革，所以改革也是解放生产力”[④]。也就是说，改革是社会主义的自我完善，是为了适应生产力发展水平而对生产关系进行的适应性调整，它必然是一个随着生产力水平不断提高而持续进行的动态过程。由此，我们可以把社会主义初级阶段理论的核心逻辑简要地归纳为“改革（生产关系的适应性调整和社会主义的自我完善）—解放和发展生产力（经济发展与社会进步）—满足人民需要（日益增长的物质文化需要）—人的全面发展、全体人民共同富裕”或简单记为“改革—经济发展—物质文化需要”。

社会主义初级阶段理论的提出和改革开放的持续推进，极大地解放和发展了生产力，创造了我国经济快速发展奇迹和社会长期稳定奇迹，并引起了我国社会主要矛盾的转化，中国特色社会主义进入了新时代。新时代仍然属于社会主义初级阶段，但社会主要矛盾发生了历史性变化：一方面，

---

① 《改革开放三十年重要文献选编》上，中央文献出版社，2008，第 476 页。

② 《邓小平文选》第 3 卷，人民出版社，1993，第 373 页。

③ 《改革开放三十年重要文献选编》上，中央文献出版社，2008，第 213 页。

④ 《邓小平文选》第 3 卷，人民出版社，1993，第 370 页。

人民的需要由日益增长的“物质文化需要”转变为日益增长和不断升级的多层次、多样化、个性化的“美好生活需要”；另一方面，满足人民需要的主要制约因素由“落后的社会生产”转变为“不平衡不充分的发展”。这就对新时代我国发展提出了新的要求：“我们要在继续推动发展的基础上，着力解决好发展不平衡不充分问题，大力提升发展质量和效益，更好满足人民在经济、政治、文化、社会、生态等方面日益增长的需要，更好推动人的全面发展、社会全面进步。”[①] 也就是说，新时代仍然属于社会主义初级阶段，仍然要求通过改革推动经济发展进而促进人的发展，但随着经济社会发展水平、生产力水平和人民生活水平的提高，“人民需要”由相对简单的物质文化需要提升为更为全面多元的美好生活需要，“经济发展”由相对侧重于量的扩张的快速经济增长转变为更加注重质量和效益的质的提升的高质量发展，“改革”亦相应地进一步深化为“全面深化改革”。党的十八大以来提出的一系列新思想新理念新战略，如以人民为中心的发展思想、全面深化改革、供给侧结构性改革，以及创新、协调、绿色、开放和共享的新发展理念等，正是为了适应新时代我国经济社会发展的新特征新要求，其在经济方面集中表现为全面贯彻新发展理念、坚持以供给侧结构性改革为主线、着力推动高质量发展、加快建设现代化经济体系。相应地，社会主义初级阶段的核心理论逻辑亦由“改革—经济发展—物质文化需要”进一步深化为新时代的“全面深化改革—高质量发展—美好生活需要”。

2021 年是中国共产党成立 100 周年，同时也是我国全面建设社会主义现代化国家、正式进入新发展阶段的开局之年。新发展阶段仍然属于社会主义初级阶段，仍然处于中国特色社会主义的新时代，社会主义初级阶段和新时代的核心理论逻辑仍然适用于新发展阶段，但我国社会主义发展进程与我国发展阶段、环境和条件变化又赋予了其新的时代内涵并提出了新的要求。具体而言，在新发展阶段，我们必须根据我国发展阶段、环境和条件变化，统筹中华民族伟大复兴战略全局和世界百年未有之大变局，深

① 习近平：《决胜全面建成小康社会　夺取新时代中国特色社会主义伟大胜利——在中国共产党第十九次全国代表大会上的报告》，人民出版社，2017，第 11～12 页。

刻认识我国社会主要矛盾变化带来的新特征新要求，深刻认识错综复杂的国际环境带来的新矛盾新挑战，统筹国内和国际两个大局、发展和安全两件大事，全面贯彻新发展理念，加快构建新发展格局，努力实现更高质量、更有效率、更加公平、更可持续、更为安全的发展。换句话说，在新时代的核心理论逻辑“全面深化改革—高质量发展—美好生活需要”中，为了顺应我国新发展阶段、国内外环境条件变化和全面建设社会主义现代化国家的要求，处于核心环节的“高质量发展”的内涵和外延得到了极大的深化和扩展，某种程度上可以把新发展阶段的核心理论逻辑归结为“全面深化改革—高质量发展（新发展理念、新发展格局）—美好生活需要”，并由此规定了新发展阶段的时代内涵和政策含义：一方面，我国社会主要矛盾已经转化为人民日益增长的美好生活需要和不平衡不充分的发展之间的矛盾，我们必须切实转变经济发展方式，推动经济发展的质量变革、效率变革、动力变革，提升供给体系与国内需求的适配性，加快构建以国内大循环为主体、国内国际双循环相互促进的新发展格局，更好地满足人民多样化、个性化和不断升级的美好生活需要；另一方面，当今世界正经历百年未有之大变局，世界进入动荡变革期，我国发展面临的国际环境日趋复杂，我们必须坚持创新在我国现代化建设全局中的核心地位，把科技自立自强作为国家发展的战略支撑，深入实施创新驱动发展战略、突破关键核心技术，提升我国产业链供应链现代化水平，更好地维护我国产业链供应链的稳定性、安全性和竞争力。

四　结语

习近平总书记曾经指出：“今天，时代变化和我国发展的广度和深度远远超出了马克思主义经典作家当时的想象。同时，我国社会主义只有几十年实践、还处在初级阶段，事业越发展新情况新问题就越多，也就越需要我们在实践上大胆探索、在理论上不断突破。……我们要以更加宽阔的眼界审视马克思主义在当代发展的现实基础和实践需要，坚持问题导向，坚持以我们正在做的事情为中心，聆听时代声音，更加深入地推动马克思主义同当代中国发展的具体实际相结合，不断开辟 21 世纪马克思主义发展新境界。”[①] 新发展阶段是我国全面建设社会主义现代化国家的阶段，同时也是经过几十年积累、站到了新的起点上的社会主义初级阶段中的一个阶段。党的十九大明确了到2035年基本实现社会主义现代化、到本世纪中叶全面建成社会主义现代化强国的战略安排，党的十九届五中全会对全面建设社会主义现代化国家如何开好局、起好步做出了系统谋划和战略部署，全面勾勒了立足新发展阶段、贯彻新发展理念、构建新发展格局、推动高质量发展的现代化路径。站在全面建设社会主义现代化国家新征程的新的历史起点上，我们必须保持战略定力，统筹国内和国际两个大局、发展和安全两件大事，全面贯彻新发展理念，加快形成以国内大循环为主体、国内国际双循环相互促进的新发展格局，在不稳定和不确定的国际环境中持续推进我国高质量发展，奋力谱写全面建设社会主义现代化国家的壮丽篇章。

（本文发表于《改革与战略》2021年第5期）

① 习近平：《在庆祝中国共产党成立95周年大会上的讲话》，人民出版社，2016，第9～10页。

新发展理念生成逻辑及其对新发展格局的引领作用研究

郭冠清[*]

问题是发展的导向，发展理念是发展方向的指引。以“发展是硬道理”的发展理念为指引，我国在1997年人均国民总收入（GNI）达到750美元，成功跨过了“贫困陷阱”[①]，迈入“中等低收入阶段”，并在2010年人均GNI达到4340美元，成功跨过了“中等低收入阶段”[②]，进入了“中高收入阶段”[③]，创造了人类经济发展的奇迹。然而，就在2010年，我国经济出现了连续11个季度的下滑，[④] 2012年GDP的增长率更是创下了12年来的新低，而且没有迹象表明这种下滑之后经济能回到原来的增长路径，仿佛真的要跌入“中等收入陷阱”[⑤]。如何突破“中等收入陷阱”进入高收入阶段，为实现国家现代化目标奠定坚实的基础，迫切需要一种更能体现“发展才是硬道理”的新的发展理念来指引我国经济发展。

对于新发展理念，习近平总书记于2016年1月18日在省部级主要领导

---

* 郭冠清，经济学博士，中国社会科学院经济研究所研究员，中国社会科学院大学教授。

① 一些文献将我国跨越“贫困陷阱”的时间节点选择为1999年，可能是考虑到1998年我国又重新返回低收入阶段的情况。

② 注意2010年进入中等高收入的阈值为3976美元，而不是3000美元。

③ World Development Indicators（WDI），Washington，DC：World Bank，2020.

④ 郭冠清：《论习近平新时代中国特色社会主义经济思想》，《上海经济研究》2018年第10期。

⑤ 世界银行每隔四年对东亚经济进行一次主题研究，2007年的主题报告《东亚复兴：关于经济增长的观点》首次提出“中等收入陷阱”概念，并对中国在内的东亚国家发出警惕跌入“中等收入陷阱”的警示。注意英文文献中出现的东亚（East Asia）通常情况下，不仅包括一般意义上所指的东亚，而且还包括地理上所指的独立于东亚的东南亚。参见印德尔米特·吉尔、霍米·卡拉斯：《东亚复兴：关于经济增长的观点》，黄志强、余江译，中信出版社，2008。

干部学习贯彻党的十八届五中全会精神专题研讨班上以“深入理解新发展理念”[①] 为题做了详细的分析，2021 年 1 月 11 日在省部级主要领导干部学习贯彻党的十九届五中全会精神专题研讨班上以“把握新发展阶段，贯彻新发展理念，构建新发展格局”[②] 为题发表了重要的讲话，为我们全面准确理解和把握新发展理念指明了方向。我国学者也做了大量的研究，[③④] 对于理解新发展理念内涵及其对高质量发展的引领等具有十分重要的意义。但是应该看到，新发展理念正式提出后，已有的研究更多是解读而不是学理化研究。笔者试图从学理上探索新发展理念的生成逻辑和新发展阶段对构建新发展格局的指引作用。从理论逻辑上，新发展理念是唯物史观在我国的具体应用，重新解读“生产力—生产方式—生产关系”原理[⑤⑥]和习近平关于政治与经济关系的论述[⑦⑧]是笔者理论分析的出发点；从历史逻辑看，新发展理念是我国经济进入新常态下经济发展的客观诉求，是百年来中国共产党人对我国经济发展道路探索的新成果；从现实逻辑看，新发展理念是利用社会主义制度优势、跨越“中等收入陷阱”、进入高质量发展的必然选择。以我国取得全面建成小康社会决定性胜利为标志，以当今世界正经历百年未有之大变局为背景，我国进入了一个新发展阶段。

一　发展理念与经济发展阶段

马克思的唯物史观为分析发展理念对经济发展的作用提供了方法论指

① 习近平：《深入理解新发展理念》，《求是》2019 年第 10 期。

② 习近平：《把握新发展阶段，贯彻新发展理念，构建新发展格局》，《求是》2021 年第 9 期。

③ 顾海良：《新发展理念与当代中国马克思主义经济学的意蕴》，《中国高校社会科学》2016 年第 1 期。

④ 刘伟：《坚持新发展理念，推动现代化经济体系建设——学习习近平新时代中国特色社会主义思想关于新发展理念的体会》，《管理世界》2017 年第 12 期。

⑤ 刘学梅、郭冠清：《中国特色社会主义政治经济学研究对象的探索》，《经济学家》2019 年第 12 期。

⑥ 郭冠清：《回到马克思：对生产力—生产方式—生产关系原理再解读》，《当代经济研究》2020 年第 3 期。

⑦ 习近平：《对发展社会主义市场经济的再认识》，《东南学术》2001 年第 4 期。

⑧ 郭冠清：《论习近平〈对发展社会主义市场经济再认识〉一文的学术贡献》，《福建论坛》（人文社会科学版）2018 年第 1 期。

导，习近平关于政治与经济关系的论述，为打开经济发展理念神秘面纱创造了条件，而社会主义制度的巨大优势和对发展理念的探索是新发展理念生成的历史逻辑。

（一）新发展理念生成的理论逻辑

一个国家或地区要发展，必须以生产力本身所处的阶段为基础，这是它所赖以发展的条件，是不以人们意志为转移的。对此，早在1846年12月28日马克思致安年柯夫的信中就做过清楚的表达："人们不能自由选择自己的生产力——这是他们的全部历史的基础，因为任何生产力都是一种既得的力量，以往的活动的产物。所以生产力是人们的实践能力的结果，但是这种能力本身决定于人们所处的条件，决定于先前已经获得的生产力，决定于在他们以前已经存在，不是由他们创立而是由前一代人创立的社会形式。"[①] 正是在这个意义上，海尔布隆纳将生产力看作社会发展的一个限制条件。[②] 而传统政治经济学教科书把揭示人类社会发展规律的唯物史观误读为"生产力决定生产关系，生产关系反作用于生产力"，不仅丢掉了生产力与生产关系之间的中介"生产方式"，而且把先决条件当作了唯一决定因素。[③④] 在生产力—生产方式—生产关系中，生产力作为先行条件是不能选择的，关键是选择生产方式以促进生产力发展（包括生产力的解放和发展），并使与生产方式相适应的生产关系能够满足发展的需要。

在上层建筑与经济基础关系方面，我们也需要从传统政治经济学"经济基础决定上层建筑，上层建筑对经济基础具有反作用"的认识中走出来，正确认识发展理念作为上层建筑对于促进生产力从而带来经济基础改变方面的引领作用。对于上层建筑与经济基础的关系，习近平总书记在《对发展社会主义市场经济的再认识》一文中，从政治与经济关系的角度进行了深刻的论述。他指出："经济离不开政治，政治也离不开经济，这是客观事

① 《马克思恩格斯全集》第27卷，人民出版社，1972，第477~478页。

② 〔美〕罗伯特·L. 海尔布隆纳：《马克思主义：赞成与反对》，马林梅译，东方出版社，2016。

③ 郭冠清：《回到马克思：政治经济学核心命题的重新解读（上）——以〈马克思恩格斯全集〉历史考证版第二版（MEGA2）为基础》，《经济学动态》2015年第5期。

④ 郭冠清：《新中国农业农村现代化的政治经济学分析》，《经济与管理评论》2020年第5期。

物发展的必然规律。经济政治化和政治经济化，应是经济和政治辩证统一关系和谐发展的集中体现。”① 对于社会主义市场经济体制下政治与经济的关系，他更进一步做了分析，“社会主义与市场经济的有机结合，为实现政治与经济的辩证统一找到一种迄今为止的最佳形式。在这一体制下，一方面是社会主义的制度优势为市场经济健康发展开辟了广阔空间，使社会主义的经济基础更加雄厚、经济内涵更为丰富，形成了显著的政治经济化特征；另一方面，市场经济的发展也推进了政治体制的改革，并在优化经济资源配置的同时，优化了政治资源的配置，使社会主义民主政治建设不断加强，社会主义制度进一步趋于完善和巩固，经济政治化的特征和运动趋势也更加显著”。②

从习近平关于政治与经济的论述中可以看出，由于社会主义制度在动员资源方面的制度优势更加突出，从而确定正确的经济发展理念以引领经济健康持续发展变得异常重要。这一点，我们从新发展理念生成的历史逻辑中可以清楚地看出。

（二）新发展理念生成的历史逻辑

中国共产党成立 100 年以来，大致形成了四个不同历史阶段的发展理念③：新中国成立初期以“重工业优先发展战略”为代表的发展观、改革开放新时期以“发展才是硬道理”为代表的发展观、以新型工业化与“以人为本”为代表的“科学发展观”和新时代以创新为发展动力的新发展理念。④

新中国成立初期，我国经济“一穷二白”，生产力非常落后，如果按照“生产力决定论”发展经济，显然我们不具备工业化的条件，那就只能发展农业和手工业。但是，由于生产力是经济发展的基础条件，我们需要选择促进生产力的制度安排，毫无疑问，在工业基础非常薄弱和帝国主义的战争威胁及经济封锁条件下，“以俄为师”，选择计划经济体制，以“重工业优先发展战略”为发展理念，是一个即使不是最优也是次优的选择。通过

① 习近平：《对发展社会主义市场经济的再认识》，《东南学术》2001 年第 4 期。

② 习近平：《对发展社会主义市场经济的再认识》，《东南学术》2001 年第 4 期。

③ 本文将发展观、经济发展战略看作发展理念的同义语，不做进一步区分。

④ 严格来说，还应该包括 1966 年到 1976 年以“以阶段斗争为纲”为代表的错误发展观。

实施“重工业优先发展战略”，不仅保卫了新生的人民政权，而且还建立起了门类比较齐全的工业体系和国民经济体系，为中华民族伟大复兴奠定了坚实的物质基础，中国人民从此“站起来”了。

尽管取得了很大成就，但是以“以阶级斗争为纲”“宁要社会主义的草，不要资本主义的苗”为主要特征的意识形态制约着经济发展，至少在广阔的农村，我国还处在李嘉图—马尔萨斯的“贫困陷阱”之中，依然没有解决广大人民群众迫切需要的温饱问题。改革开放新时期，总设计师邓小平以“发展才是硬道理”为发展理念，将党的工作重心从“以阶级斗争为纲”转变到“以经济建设为中心”上来，[①] 解放和发展了生产力，并在1997年成功跨过了李嘉图—马尔萨斯“贫困陷阱”，带领全国人民走向富强的道路，迈入“中等低收入阶段”。之后，以江泽民同志为核心的第三代领导集体，深入贯彻“发展才是硬道理”的发展观，强调“发展是党执政兴国的第一要务”，坚持用发展的办法解决前进中的问题，把“实现什么样的发展、怎样发展”的问题看作社会主义现代化建设的根本所在。在“发展才是硬道理”的引领下，中国经济取得了前所未有的成就，在世界经济发展史上创造了中国增长的奇迹。

虽然以“发展才是硬道理”为代表的经济发展观以年均两位数的增长速度[②]使“中国富了起来”，但是总的来说，经济增长还是没有摆脱依靠资源高消耗和生态环境恶化的困境，而且随着经济的发展，人民对经济发展的环境和可持续性提出了更高的要求。以此为背景，2003年胡锦涛同志在党的十六届三中全会上提出了“坚持以人为本，树立全面、协调、可持续的发展观，促进经济社会和人的全面发展”的科学发展观，并在2007年党的十七大报告中对科学发展观的要义、核心、基本要求和根本方法进行了全面的阐述。“科学发展观”从党和国家事业发展全局出发，直视经济发展中的环境污染问题和资源耗费问题，对“实现什么样的发展、怎样发展”进行了更进一步的探索。

---

① 邓小平反复强调：“我们坚持社会主义，要建设对资本主义具有优越性的社会主义，首先必须摆脱贫穷。”参见《邓小平文选》第2卷，人民出版社，1994。

② 这里的增长速度指的是1978~2002年的增长速度。

当前，我国面临矛盾叠加、风险隐患增多、经济发展速度放缓等严峻挑战。具体而言，第一，我们需要经济发展驱动力来抵消人口红利的消失、要素价格上涨、环境和资源压力增大等带来的经济持续下滑的压力，需要“创新发展”，并继续通过“开放发展”解决内外联动和市场容量问题；第二，要破解中国经济结构失衡中的收入结构失衡问题，亦即解决经济发展不平衡问题，使区域之间、城乡之间、人与人之间收入差距缩小，需要“协调发展”和“共享发展”；第三，要破解高污染、高能耗不可持续发展问题，需要“绿色发展”。在这种情况下，以习近平同志为核心的党中央进一步深化对发展本质、内涵、实现路径等的认识，系统提出创新发展、协调发展、绿色发展、开放发展、共享发展五大发展理念，赋予“实现什么样的发展、怎样发展”问题以更为深刻的中国特色社会主义新内涵。①

二 新发展理念与跨越“中等收入陷阱”

中等收入阶段是一个特殊的发展阶段，巴西等拉美国家在20世纪70年代初就进入了中等收入阶段，② 四十多年仍未迈入高收入阶段。跨越“中等收入陷阱”是新时代要解决的最迫切任务。考虑到对于是否存在“中等收入陷阱”有着不少的质疑，这里先从论证“中等收入陷阱”命题开始。

（一）究竟是否存在“中等收入陷阱”

众所周知，“中等收入陷阱”是世界银行在2007年的《东亚复兴：关于经济增长的观点》报告中首次提出，并对中国在内的东亚国家发出警惕跌入“中等收入陷阱”的警示。报告中沿用了2004年格瑞尔发表在《外交事务》（Foreign Affairs）中“中等收入组技术上比不过富国，价格上比不过穷国”的观点，不过，吉尔和卡拉斯并没有对“中等收入陷阱”给予明确

① 郭冠清：《论习近平新时代中国特色社会主义经济思想的理论创新》，《社会科学辑刊》2018年第5期。

② World Development Indicators（WDI），Washington，DC：World Bank，2020.

的定义和说明，这是造成混乱的最初原因。使“中等收入陷阱”产生广泛影响的是2012年世界银行的报告《2030年的中国：建设现代和谐有创造力的社会》，在这部影响至深的报告中，依照各经济体相对于美国人均GDP的比值（按照购买力PPP评价）将它们划分为低中高三组，在1960年时已有101个中等收入经济体，到了2008年，其中只有13个成功进入高收入经济体行列。[①] 如果考虑到这13个经济体中，毛里求斯等经济体规模太小且本身还是发展中国家，日本、以色列和爱尔兰在1960年就已接近高收入边界，剩下的只有韩国、西班牙等。由此可以看出，大多数发展中国家接近50年仍没有迈入高收入阶段，绝大多数跌入了“中等收入陷阱”。Glawe和Wagner[②]、Klingler-Vidra和Wade[③]、Paus[④]等的研究也得出了类似的结论。

对于“中等收入陷阱”，蔡昉认为可以将它看作一种“超稳定均衡状态”，原有的动力不足以使它长期离开这种状态，就如同马尔萨斯陷阱一样，一般的技术进步不足以使它长期偏离平衡状态，因为人口的增加会使它重新回到原有贫困状态。[⑤] 张德荣通过比较从1960年到2010年低收入、中低收入、中高收入、高收入阶段的变化，发现确实存在“中等收入陷阱”，[⑥] 而郑秉文基于国际经验的研究也得出了类似的结论。[⑦] 笔者认为，跨越“中等收入陷阱”是发展中国家转向发达国家的必由之路，并不以经济体是否跌入“中等收入陷阱”而改变。

---

① World Bank, China 2030: Building a Modern, Harmonious, and Creative High-Income Society, World Bank Publications, 2012.

② Linda Glawe, Helmut Wagner, “China in the Middle-Income Trap?” *China Economic Review* (60) (2020).

③ Robyn Klingler-Vidra, Robert Wade, “Science and Technology Policies and the Middle-Income Trap: Lessons from Vietnam,” *The Journal of Development Studies* 56 (4) (2020).

④ Eva Paus, “Innovation Strategies Matter: Latin America's Middle-Income Trap Meets China and Globalisation,” *Journal of Development Studies* 56 (4) (2020).

⑤ 蔡昉：《“中等收入陷阱”的理论、经验与针对性》，《经济学动态》2011年第12期。

⑥ 张德荣：《“中等收入陷阱”发生机理与中国经济增长的阶段性动力》，《经济研究》2013年第9期。

⑦ 郑秉文：《“中等收入陷阱”与中国发展道路——基于国际经验教训的视角》，《中国人口科学》2011年第1期。

（二）以新发展理念引领跨越“中等收入陷阱”

要跨越“中等收入陷阱”，需要从劳动密集型生产方式转向知识密集型生产方式，以生产高附加值的产品在国际分工中位居产业链较高的位置，这需要从“人口红利”之外寻找新的经济发展动力，这也是新发展理念把“创新发展”置于首位的原因。离开创新，即便不出现“卡脖子”事件和“逆全球化”潮流，也将在国际贸易中被锁定在低水平的比较优势之中，无法跨越“中等收入陷阱”。这一点不仅在“供给严重短缺”的新中国建设时期并不严重，而且在人口红利尚在、资源尚可耗费、“三驾马车”动力尚足的改革开放时期也并不严重。拉美和西亚一些国家长期无法跨越“中等收入陷阱”的一个重要原因就是在人口红利消失、要素价格上涨之后，没有找到经济发展新动力。

根据国际经验，影响跨越“中等收入陷阱”的因素，除了与创新有关的技术进步和人力资本提升外，还有收入差距不能过大（主要是影响消费）、资源不能过度开发（影响可持续发展）、不能闭关锁国（影响市场容量），因而，要跨越“中等收入陷阱”，“绿色发展”“开放发展”“共享发展”都是不可或缺的因素。至于“协调发展”，在自发的市场经济体中很难做到，它是发挥我国社会主义制度优势、解决发展不平衡不充分问题、助力跨越“中等收入陷阱”的必然选择。由此可以看出，新发展理念不仅是跨越“中等收入陷阱”的必然选择，而且在跨越“中等收入陷阱”中注入了“中国元素”，它将在可预期的未来为发展中国家提供“中国方案”。

三　新发展理念与高质量发展

新时代要实现经济从高速增长向高质量发展转变，必须坚持贯彻新发展理念，真正做到崇尚创新、注重协调、倡导绿色、厚植开放、推进共享。

（一）什么是高质量发展

高质量发展并不是一个可以随意配置的标签，而是包含一系列实实在在内容的科学内涵，它是新时代与我国社会主要矛盾变化孪生的范畴，可以用“能够更好满足人民日益增长的美好生活需要的发展”来定义高质量发展。①

通过与高速增长相对比，可以明显看出高质量发展的内涵。在发展目标方面，与高速增长阶段主要解决温饱之类的物质文化需要不同，在高质量发展阶段，人民需要的内涵大大扩展，需求结构也发生了变化，更好的教育、更稳定的工作、更满意的收入、更可靠的社会保障、更高水平的医疗卫生服务、更舒适的居住条件、更优美的生活环境等都可以视为高质量发展的标签。推动高质量发展的核心和要义就在于着力破解发展不平衡不充分这一满足人民日益增长的美好生活需要的主要制约因素。在发展方式上，与高速增长阶段追求 GDP 高速增长的目标不同，高质量发展阶段更加注重质量和效益，集约化生产方式将代替粗放型生产方式。在宏观调控方面，与高速增长阶段侧重于需求管理解决经济总量问题不同，高质量发展阶段主要是通过供给侧结构性改革，提高供给体系的质量和效益，扩大有效和中高端供给，增强供给侧结构对需求变化的适应性，以满足人民日益增长的美好生活需要。

（二）新发展理念是高质量发展的必然选择

1. 创新发展是引领经济高质量发展的动力。正如习近平总书记所指出的，“发展动力决定发展速度、效能、可持续性。对我国这么大体量的经济体来讲，如果动力问题解决不好，要实现经济持续健康发展和‘两个翻番’是难以做到的”②。坚持创新发展，在关键领域、“卡脖子”的地方下大功夫，为发展增添新动能。

2. 协调发展是高质量发展的内在要求。坚持协调发展，需要发挥我国社会主义制度的优势，自觉主动解决地区差距、城乡差距、收入差距等发展不平衡问题。对于协调发展，习近平总书记强调：“从当前我国发展中不平衡、不协调、不可持续的突出问题出发，我们要着力推动区域协调发展、城乡协调发展、物质文明和精神文明协调发展，推动经济建设和国防建设

① 高培勇：《理解、把握和推动经济高质量发展》，《经济学动态》2019 年第 8 期。

② 习近平：《深入理解新发展理念》，《求是》2019 年第 10 期。

融合发展。”①

3. 绿色发展是高质量发展的必要条件。绿色是生产力发展到一定阶段人民对美好生活需要的必然诉求，而满足人民对美好生活的需要，不仅是一个生产目的的问题，而且也是一个满足消费需求、增加市场容量、推动经济发展的问题。对此，习近平总书记提出了“绿水青山就是金山银山”“保护生态环境就是保护生产力”“改善生态环境就是发展生产力”等著名论断，坚持绿色发展，改善生态环境，促进人与自然和谐相处。2013 年 9 月 7 日，习近平总书记在哈萨克斯坦纳扎尔巴耶夫大学发表题为“弘扬人民友谊　共创美好未来”的重要演讲时指出，“我们既要绿水青山，也要金山银山。宁要绿水青山，不要金山银山，而且绿水青山就是金山银山。我们绝不能以牺牲生态环境为代价换取经济的一时发展。我们提出了建设生态文明、建设美丽中国的战略任务，给子孙留下天蓝、地绿、水净的美好家园”。②

4. 开放发展解决的是高质量发展的内外联动问题。开放是国家繁荣发展的必由之路，不仅需要对外开放，而且也需要建立更加开放的国内市场。没有开放，就无法建立畅通的国内国际双循环。对此，习近平总书记指出：“我国 30 多年来的发展成就得益于对外开放。一个国家能不能富强，一个民族能不能振兴，最重要的就是看这个国家、这个民族能不能顺应时代潮流，掌握历史前进的主动权。”③ 坚持开放发展，既要集中精力办好自己的事，又要积极参与全球治理、为国内发展创造良好环境。

5. 共享发展是高质量发展的目标追求。社会公平正义问题是资本主义社会无法解决的难题，它不仅是中国特色社会主义的本质要求，而且也是通过缩小收入差距，增加国内消费的重要手段。坚持共享发展，要更加注重共同富裕问题。正如习近平总书记所指出的，“共享理念实质就是坚持以人民为中心的发展思想，体现的是逐步实现共同富裕的要求”④。

---

① 习近平：《深入理解新发展理念》，《求是》2019 年第 10 期。

② 习近平：《弘扬人民友谊　共创美好未来》，《人民日报》2013 年 9 月 8 日。

③ 习近平：《深入理解新发展理念》，《求是》2019 年第 10 期。

④ 习近平：《深入理解新发展理念》，《求是》2019 年第 10 期。

四　新发展理念与新发展格局

在新发展理念引领下，我国 GDP 总量超过 100 万亿元，取得全面建成小康社会决定性胜利，乘势而上开启全面建设社会主义现代化国家新征程，进入了一个新发展阶段。[①] 把握新发展阶段的特征，坚持以新发展理念为引领，构建以国内循环为主体畅通国内国际双循环的新发展格局是新发展阶段的主要任务。

（一）新发展理念、高质量发展与新发展格局的关系

如果说每一个时代都有其发展使命的话，新时代的历史使命就是以新发展理念为引领推动高质量发展。尽管党的十九大报告中已经做出了“我国已进入高质量发展阶段”的判断，但这并不意味着新时代推动高质量发展主题已经改变，也不意味着新发展理念的引领作用已经不复存在。推动高质量发展是一个长期的历史过程，新发展理念作为一个洞察新时代经济发展规律的理念将引领我国踏入全面建设社会主义现代化国家新征程。那又如何理解党的十九届五中全会提出的构建国内循环为主体畅通国内国际双循环的新发展格局呢？或者换句话说，究竟新发展理念、高质量发展、新发展格局是一个怎样的关系呢？

从逻辑关系看，以新发展理念为引领，通过供给侧结构性改革，推动我国进入了高质量发展阶段，这一阶段与高速增长阶段相比，更加注重发展的质量而不是发展速度，更加注重满足人民对物质以外美好生活的需要。而以全面建成小康社会决定性胜利为标志，我国经济发展进入了一个生产力水平更高的阶段，这个阶段还面临着国际环境不确定性等挑战，这是以新发展理念为引领推进高质量发展的一个新的发展阶段，在这个新发展阶段，需要构建新发展格局。因此，新发展理念引领、高质量发展、构建新发展格局构成了一个既相互联系又相互独立的发展序列。仅从新发展理念与新发展格局关系看，二者是一个辩证统一关系。一方面，新发展格局的

---

① 习近平：《把握新发展阶段，贯彻新发展理念，构建新发展格局》，《求是》2021 年第 9 期。

形成是贯彻新发展理念的结果，没有新发展理念，我国也许就会跌进“中等收入陷阱”，不可能进入新的发展阶段；另一方面，构建新发展格局需要以新发展理念为引领，离开新发展理念，就无法构建新发展格局。仅从高质量发展与新发展格局关系看，二者也是一个辩证统一关系。一方面，新发展格局是经济高质量发展的格局，构建新发展格局需要高质量发展；另一方面，没有更高质量、更有效率、更加公平、更可持续、更加安全的高质量发展，构建新发展格局就无从谈起。因此，以供给侧结构性改革推动高质量发展需要推动质量变革、效率变革、动力变革，建设现代化经济体系，在构建新发展格局中尤为重要。只是构建新发展格局，需要更加注重统筹发展与安全的关系，这是构建新发展格局的逻辑主线。

（二）以新发展理念引领新发展格局的内在逻辑

根据习近平总书记2021年1月11日在省部级主要领导干部学习贯彻党的十九届五中全会精神专题研讨班开班仪式上的讲话精神，贯彻新发展理念、构建新发展格局重点需要实现高水平的自立自强、保持经济循环的畅通无阻、实行高水平对外开放。

在国际环境日趋复杂、不稳定性不确定性明显增加、新冠肺炎疫情影响深远、经济全球化遭遇逆流等背景下，安全已不是可有可无的点缀品，而是必须考虑的基础和前提。构建新发展格局必须统筹发展与安全的关系，[①] 这需要自主创新，攻破“卡脖子”的难关，加强产业链和供应链的有效对接，而这需要强化创新驱动为第一动力的理念，需要全面加强对科技创新的部署，需要发挥社会主义制度集中精力办大事的优势，有力有序推进创新攻关的“揭榜挂帅”体制机制建设。没有技术创新、机制创新、理论创新等，要实现高水平的自立自强就是天方夜谭。

保持经济循环的畅通无阻，需要高水平供给和完整的需求体系。从供给看，需要深化供给侧结构性改革，全面优化升级产业结构，提升创新能力、竞争力和综合实力，通过质量变革、效率变革、动力变革，提高供给水平，增强供给体系的韧性，解决发展不平衡不充分的问题，形成满足人

① 高培勇：《构建新发展格局：在统筹发展和安全中前行》，《经济研究》2021年第3期。

民美好生活需要的高质量的供给，而这些离开创新和协调都无从谈起。从需求看，需要建立扩大需求的有效制度。在外需占比不断减少和不确定性不断增加的情况下，只有释放内需潜力，培育完整内需体系，加强需求侧管理，扩大居民消费，提升消费层次，才有可能建立有效需求。建立有效需求本身是扩大群众的消费能力，而这需要建立公平有效的分配体系，让广大群众有能力去扩大消费和提高消费层次，而离开共享这也很难实现。建立有效需求对疏通国内国际双循环的堵点，形成更高效率和更高质量的投入产出关系，实现经济在高水平上的动态平衡非常重要，但如何建立是一个严峻的挑战。

实行高水平对外开放之所以必要，除了我国生产力水平达到了我国前所未有的高度外，一个重要原因是过去按照比较优势原理引进技术和设备，出口劳动密集型产品，实现合作共赢的时代已经不复存在，我国的外贸依存度已经从2006年的63%降到2019年的32%左右，而2019年GDP实际增长率6.1%中，货物和服务净出口的贡献仅为0.7个百分点。[①] 因此，需要塑造我国参与国际合作和竞争新优势，这不仅需要以强大的国内经济循环体系和稳固的基本盘为基础，而且还需要改善我国生产要素质量和配置水平，提高产业链和供应链的附加值以提供高附加值的产品。以新发展理念为引领，建设更高水平开放型经济新体制，积极参与到全球经济治理之中，是畅通国内国际双循环构建新发展格局的核心和要义。

五　结束语

新发展理念是习近平新时代中国特色社会主义经济思想的主要内容，对新发展理念生成逻辑的研究具有十分重要的意义。习近平总书记《深入理解新发展理念》一文已准确地阐释了其丰富内涵和演变逻辑，而对于跨越“中等收入陷阱”这一新时代面临的严峻考验，更多的研究是在新发展理念提出之前，一些学者将“中等收入陷阱”视为西方经济学中的话语体

① 郭冠清：《构建双循环新发展格局的理论、历史和实践》，《扬州大学学报》（人文社会科学版）2021年第1期。

系用语，轻易地将它弃掉，而未发现其中包含的科学内容。本文以重新解读的唯物史观为方法论基础，以习近平总书记关于政治与经济关系的论述为支撑，对新发展理念生成的理论逻辑进行了探索。以生产力—生产方式—生产关系为逻辑主线，从经济史的视角揭示了新发展理念产生的历史逻辑。从跨越“中等收入陷阱”和推进高质量发展需要的视角论证了新发展理念生成的现实逻辑。对上层建筑与经济基础关系的重新解读揭示新发展理念的重要作用，从跨越“中等收入陷阱”的视角揭示新发展理念的生成逻辑。这是本文可能具有的第一个边际贡献。

新发展理念是新时代引领我国社会主义现代化建设的重要法宝，高质量发展是新时代的发展主题，构建新发展格局是新发展阶段的主要任务。本文以经济新常态为起点，构建了从新发展理念到高质量发展再到构建新发展格局这样一条看似简单却包含深刻内涵的逻辑链条，揭示其隐含的关系。这也是本文可能具有的第二个边际贡献。期待更多的学者，对这样一个时代主题进行学理化的研究。

（本文发表于《河北经贸大学学报》2021 年第 4 期）

构建新发展格局科学内涵研究

裴长洪　刘洪愧[*]

面对当今世界"百年未有之大变局"，习近平总书记在2020年5月23日指出，"逐步形成以国内大循环为主体、国内国际双循环相互促进的新发展格局"[①]（以下简称"新发展格局重要论述"）。2020年8月24日，习近平总书记在经济社会领域专家座谈会上再次强调，"要推动形成以国内大循环为主体、国内国际双循环相互促进的新发展格局"[②]。加快构建新发展格局已经成为中国应对新发展阶段的机遇和挑战、贯彻新发展理念、建设社会主义现代化国家的路径选择。这个新发展格局的设计，是以习近平同志为核心的党中央根据我国新发展阶段、新历史任务、新环境条件做出的重大战略决策，是习近平新时代中国特色社会主义经济思想的又一重大理论成果。[③] 研究和阐释这一重大理论成果，是发展中国特色社会主义政治经济学、中国开放型经济学的重大理论课题。

一　新发展格局重要论述是马克思主义政治经济学的运用和发展

新发展格局重要论述的思想渊源只能从马克思主义政治经济学理论中去

---

* 裴长洪，经济学博士，中国社会科学院经济研究所研究员，中国社会科学院大学教授、博士生导师；刘洪愧，经济学博士，中国社会科学院经济研究所副研究员，中国社会科学院大学副教授。

① 习近平在看望参加政协会议的经济界委员时的讲话。参见习近平：《坚持用全面辩证长远眼光分析经济形势　努力在危机中育新机于变局中开新局》，《人民日报》2020年5月24日。

② 习近平：《在经济社会领域专家座谈会上的讲话》，《人民日报》2020年8月25日。

③ 刘鹤：《加快构建以国内大循环为主体、国内国际双循环相互促进的新发展格局》，《人民日报》2020年11月25日。

寻找。回到马克思主义经典著作特别是《资本论》的理论逻辑，是理解和阐释这一理论来源的基本途径。《资本论》中资本主义经济生产、分配、流通、消费的整个社会扩大再生产，都是建立在资本主义经济国内循环基础上的。资本主义经济的生产过程本质上是剩余价值的生产。“绝对剩余价值的生产构成资本主义制度的一般基础，并且是相对剩余价值生产的起点。”① 绝对剩余价值既依靠延长劳动力的工作时间和强度，又依靠剥削更多劳动力，因此需要不断迫使农村自给自足生产方式破产，使农民成为无产者，从而为城市工业生产输送更多劳动力。城市中越来越多的人口集聚又反过来扩大了资本主义生产的国内循环基础。

大量新增的城市劳动力为绝对剩余价值的生产和国内市场的扩大奠定了基础。但是绝对剩余价值的生产不仅会遭到工人阶级对延长工作日的强烈抵制和反抗，而且也受到农村向城市转移劳动力数量增长的限制，这决定了绝对剩余价值的提高程度是有限的，而且无法持续。而相对剩余价值的生产以技术进步和提高生产率为前提，可以在不延长工人劳动时间的条件下获取更多的剩余劳动时间和相应的剩余价值。马克思指出：“我把通过缩短必要劳动时间、相应地改变工作日的两个组成部分的量的比例而生产的剩余价值，叫做相对剩余价值。”② 因此，相对剩余价值的生产必须依靠生产技术的改良和新技术、新工艺的应用。但是，“在资本主义生产中，发展劳动生产力的目的，是为了缩短工人必须为自己劳动的工作日部分，以此来延长工人能够无偿地为资本家劳动的工作日的另一部分”③。相对剩余价值的生产既可以保证劳动力的扩大再生产，也可以保证源源不断的资本积累，这使其成为资本家追求的最终目标。伴随着劳动生产率的不断提高，相对剩余价值不断增加，构成了资本积累和社会扩大再生产的必要条件。

但是，资本家缩短工人必须为自己劳动的工作日部分，仍然会遭到工人阶级的反抗。随着社会经济发展，劳动力价值也随之提高；工人工资是劳动力价格的货币表现，工人阶级要求增加工资的呼声是制约相对剩余价

① 《资本论》第一卷，人民出版社，2018，第 583 页。
② 《资本论》第一卷，人民出版社，2018，第 366 页。
③ 《资本论》第一卷，人民出版社，2018，第 373 页。

值无限扩大的强大力量。为了维持资本主义社会的长治久安，只要实际工资的上涨幅度不超过劳动生产率提升所带来的相对剩余价值提高的幅度，资本家就不得不向工人阶级妥协。但是，提高工资的幅度是受到严格限制的，这就是："劳动价格的提高被限制在这样的界限内，这个界限不仅使资本主义制度的基础不受侵犯，而且还保证资本主义制度的规模扩大的再生产。"① 从另一个角度看，工人工资的增加提高了社会购买力，扩大了国内市场，从而使资本主义经济的国内循环容量进一步扩大。在资本主义经济扩大再生产中，新技术、新产品的不断出现创造了新供给，也刺激了新需求。所以，只要实际工资上涨幅度不超过劳动生产率的增长幅度，资本主义国内经济循环就能顺利进行并不断扩大，从而形成以国内经济循环为主体的格局。

需要说明的是，资本主义生产方式在一个经济体占据统治地位必然是先以民族国家的国内市场为基础，然后再扩展到海外市场。对于任何独立成熟的经济体，国内循环都是其经济发展的基础。以英国和西班牙为例，后者仅靠海外殖民掠夺，国内资本主义经济始终没有发展起来，终究被英国所取代。当西班牙满足于获得海外财富并肆意消费时，英国更专注于提高国内生产能力并引领了第一次工业革命。1850 年英国的金属制品、钢铁和纺织品的生产量占世界的 1/2，煤产量占世界的 2/3，造船业、铁路里程也都位居世界第一，对外贸易量占世界的 20%，10 年后增长至 40%；英国 1860 年的工业产值占欧洲的 55% ~60%，占世界的 40% ~50%，英镑也因此成为世界货币。②

直至当代，"以国内大循环为主体"仍是一些资本主义发达大国经济的明显特征，对研究大国经济发展规律具有启示意义。考察美国和德国各类需求对经济增长的贡献率，美国国民经济分析局的数据显示，1929 ~2011 年，对美国经济增长贡献率最高的一直是国内私人消费，其次是政府消费和投资，再次是国内私人投资，最后才是净出口。即便在美国外贸顺差比较大的"黄金时期"（即 1946 ~1970 年），其净出口对经济增长的贡献率仍非常低，最高的 1947 年仅为 4.4%。虽然德国一直以贸易强国著称，且保持有较大的贸易顺差，但在其经济增长历史数据中可以发现同样的规律。

---

① 《资本论》第一卷，人民出版社，2018，第 716 页。

② 阎照祥：《英国史》，人民出版社，2014。

根据世界银行的世界发展指标数据，1970～2019年，德国经济增长的三大贡献者依次是最终消费支出、固定资本形成和净出口。20世纪70年代至90年代初期，德国净出口对经济增长贡献率一直为负，直到2000年之后才转为正。中国、美国和德国都是当今世界经济和贸易总量排名靠前的国家，具有较强的可类比性。

马克思建立在资本主义经济基础上的社会化大生产理论，其经济学分析范式和演绎逻辑同样适用于分析中国特色社会主义市场经济的运行与循环。当然，社会主义经济与资本主义经济有着本质区别，资本主义经济的本质是剩余价值生产，并且被资本家所剥削和掠夺，社会主义生产也需要积累剩余劳动和剩余产品，但归劳动人民所有，通过人民当家做主的国家进行分配，并发展各种社会事业以造福人民。按照马克思主义唯物辩证法，任何自然现象和社会事物都是对立统一的，都具有两重性，资本主义剩余价值生产，既具有资本主义经济所固有的剥削的特殊性，也具有现代市场经济的一般属性，可以被社会主义经济所利用。在考察其一般属性下，资本和剩余价值等概念就有了公共性和社会性的另一重含义。所以，借助这些概念和逻辑来分析现代市场经济规律，包括社会主义市场经济循环，是完全符合马克思主义立场和观点的。

从中国的发展实际看，农村剩余劳动力不断向城市转移，为工业化生产提供了源源不断的动力。1978～2019年，中国常住人口城镇化率由17.9%上升到60.6%，提高了42.7个百分点；城镇常住人口数量由1.7亿人提高到8.5亿人，增加了6.8亿人。[①] 另外，技术改良、新工艺和新技术的应用提高了工业生产的劳动生产率，中国全员劳动生产率增速在2000年之前大多高于城镇人均实际工资增速（见图1）。通过最低工资制度和劳动保障制度的建立和完善，中国城镇居民人均实际工资和人均实际可支配收入在21世纪以来不断提高（见图1），农村农民收入也得到改善。这些都极大地增加了国内需求并开拓了国内市场，形成了国内大循环的基础。国家统计局数据显示，随着产业结构的变迁，中国经济逐渐向服务业转移，其就业人口占比明显上升，工资

① 其中，1978年数据来自《国家新型城镇化规划（2014－2020年）》，2019年数据来自《中华人民共和国2019年国民经济和社会发展统计公报》。

水平随着城市化进程提升最快，已成为平均工资最高的行业，帮助创造了世界上最大的中等收入群体，这进一步为“以国内大循环为主体”奠定了坚实基础。

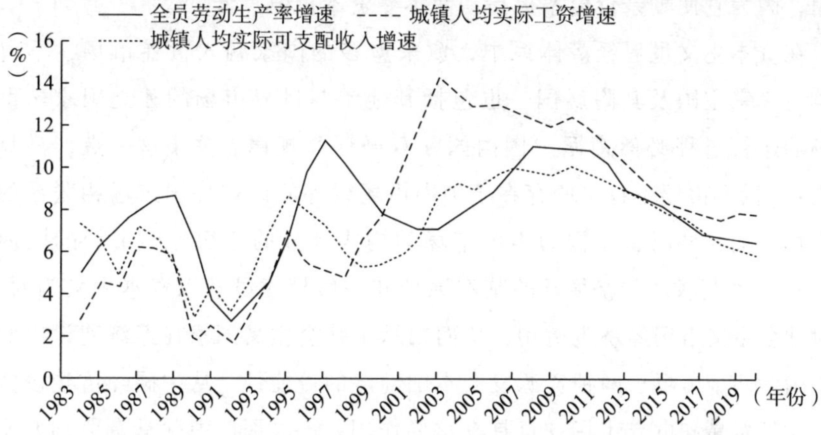

图 1　1983 ~ 2019 年中国全员劳动生产率、城镇人均实际工资和城镇人均实际可支配收入增速

注：全员劳动生产率为实际 GDP（2010 年不变价）与全部就业人员的比率，这里的增速都经过 5 年移动平均处理。

资料来源：Wind 中国宏观经济数据库。

但是中国经济以国内大循环为主体并不意味着封闭，它始终是对外开放的，其理论依据是马克思主义政治经济学。随着经济的发展和生产力的提高，与之相适应的较高资本有机构成会使数量越来越少的劳动者推动数量越来越多的生产资料。在资本主义生产中，“这种活劳动中对象化为剩余价值的无酬部分同所使用的总资本的价值量相比，也必然不断减少。而剩余价值量和所使用的总资本价值的比率就是利润率，因而利润率必然不断下降”。[①] 国内平均利润率的下降是资本追逐海外市场和扩张经济领土的最基本动因。世界市场的开拓是资本主义生产方式的必然产物。正如马克思所说，“大工业便把世界各国人民互相联系起来，把所有地方性的小市场联合成为一个世界市场”[②]。世界市场的开拓使国际贸易得到长足发展，把国内价值发展为国际价值，使剩余价值可以在世界范围内实现，从而提高利

① 《资本论》第三卷，人民出版社，2018，第 237 页。

② 《马克思恩格斯选集》第 1 卷，人民出版社，1995，第 234 页。

润率。因为“对外贸易一方面使不变资本的要素变得便宜，一方面使可变资本转变成的必要生活资料变得便宜，就这一点说，它具有提高利润率的作用，因为它使剩余价值率提高，使不变资本价值降低”①。

在资本主义世界经济体系中，愈来愈多的国家融入世界市场，不仅有资本主义宗主国及其附属国，也包括其他参与世界市场的独立国家。世界市场的运行过程必然遵循“国内国际双循环”规律。关于这一点，马克思指出：“世界市场不仅是同存在于国内市场以外的一切外国市场相联系的国内市场，而且同时也是作为本国市场的构成部分的一切外国市场的国内市场。”② 马克思关于经济循环的基本原理和一般规律虽然以资本主义为对象，但对社会主义市场经济也适用，从而揭示了社会主义国家在经济建设中利用国内国际两个市场、两种资源发展本国经济的可能性。从中国经济建设实践看，对外贸易和世界市场一直具有重要作用。一方面，中国具有劳动要素禀赋优势，发展对外贸易可使劳动力价值在更广阔的世界市场得到实现，从而提高国民福利；即便在资本有机构成提高情况下，发展对外贸易也将使资本要素和必要生活资料变得便宜，从而提高企业利润率，增强国际竞争力。另一方面，发展对外贸易有助于中国引进先进工艺和技术，更大程度地获得技术外溢，加速国内产品的更新换代，促进新产品、新产业的兴起，并通过新供给扩大新需求，创造更大的国内市场和国内循环。随着国内资本要素的积累和资本优势的逐渐形成，中国利用世界市场就会从商品市场迈向投资市场。中国企业“走出去”成为利用国外市场和资源的新渠道，从而形成由中国企业参与直至主导的国内国际相互促进的产业循环。这就是新发展格局重要论述对马克思主义政治经济学运用与创新发展的实践依据和发展前景。

二　新发展格局重要论述揭示中国经济发展的客观规律

根据上述马克思主义政治经济学原理，所谓经济循环，是指一国社会

① 《资本论》第三卷，人民出版社，2018，第264页。

② 《马克思恩格斯全集》第30卷，人民出版社，1995，第239页。

总的物质产品和服务产品在生产、分配、流通、消费各环节中的运动过程。这个运动过程是复杂的，只有完成了最后“惊险的一跃”，产品价值才能实现，使用价值才能得到合理利用。在扩大的社会化再生产中，经济循环的目的是要实现价值增殖和国民消费福祉的增进。在封闭经济条件下，一国社会总的物质产品和服务产品的供给只来自经济体内部，经济体内部的有效需求是实现供需平衡的基本条件。而在发生对外经济贸易活动的情况下，一国的总供给既来自内部，也来自外部；实现供需平衡的有效需求既来自内部，也来自外部。所谓一国是否“以国内大循环为主体”，就是判断一国经济循环的主要内容是来自内部的供给与需求，抑或相反。由于现代市场经济是以价值增殖和国民消费福利增加为目的，因此，分析经济增长的贡献主要是来自国内供给和需求还是来自国外供给和需求，就成为经济循环以内外哪个为主的主要研究对象。

中华人民共和国成立后，经济建设始终坚持独立自主、自力更生的基本方针，同时积极发展对外经济贸易关系。改革开放前，中国参与国际循环受到国际大环境的较大限制，经济自然以国内市场为主，并建立了比较完整的独立自主的工业生产体系，需求也主要来自国内。改革开放后，中国积极参与国际循环，大量吸引外资并承接国际产业转移，进出口贸易大幅增长，国外供给和需求增加，“国内国际双循环相互促进”的能力显著增强。但是中国经济发展的基本逻辑并没有因此而改变，开放型经济也始终以满足国内供给及需求为出发点和落脚点。所以，构建新发展格局的发展思路，既是中国经济建设的经验总结，又揭示了中国经济发展的客观规律，成为新发展阶段的思想指南以及新发展理念的实现路径。

（一）“以国内大循环为主体”首先表现为改革开放后中国经济增长动力始终以内需为主

在经济全球化时代，国际分工和国际需求对一国经济增长的作用大为增强，这容易使人们误认为国际循环对经济增长具有决定性作用。正如唯物辩证法所指出的，内因始终是第一位的，决定着事物发展的趋势；外因处于第二位，只是起着加速或延缓事物发展的作用；外因必须通过内因起作用。对于中国这样的超大规模经济体，这一规律尤其适用。在中国，有效参与国际循环的仍是东部沿海部分地区的部分行业、部分企业和部分群体，中西部地区大部分企业和群体都不同程度地游离于国际循环之外，而且还有相当大比例的产品和服务是不可贸易的。中国经济持续高速增长，不可能仅依托部分参与国际循环的地区和企业，而是通过改革开放激活了整个经济系统的内生动力，促进了国内经济循环的畅通。在这个过程中，外需或者国际循环更多的是起到了激发内需活力的作用。

从中国经济发展的历史数据中可以清晰地发现这一规律。如果按照支出法对国内生产总值（GDP）进行核算，可以发现，代表内需的国内消费支出和资本形成始终是中国经济增长的最主要贡献者。图 2 给出了 1982 ~ 2019 年三大需求对中国经济增长的贡献率的变化情况。国内最终消费支出在绝大部分年份是经济增长的最大贡献者，其次是资本形成，而货物和服务净出口对经济增长的拉动作用有限，最高不超过 35%。进一步，从三大需求的变化趋势看，1982 ~ 2007 年，最终消费支出对 GDP 增长贡献率有升有降，但自 2007 年以来呈缓慢上升趋势，2019 年已高达 63%。从资本形成总额对 GDP 增长贡献率看，1988 ~ 1990 年和 1996 ~ 2000 年下降较明显，整

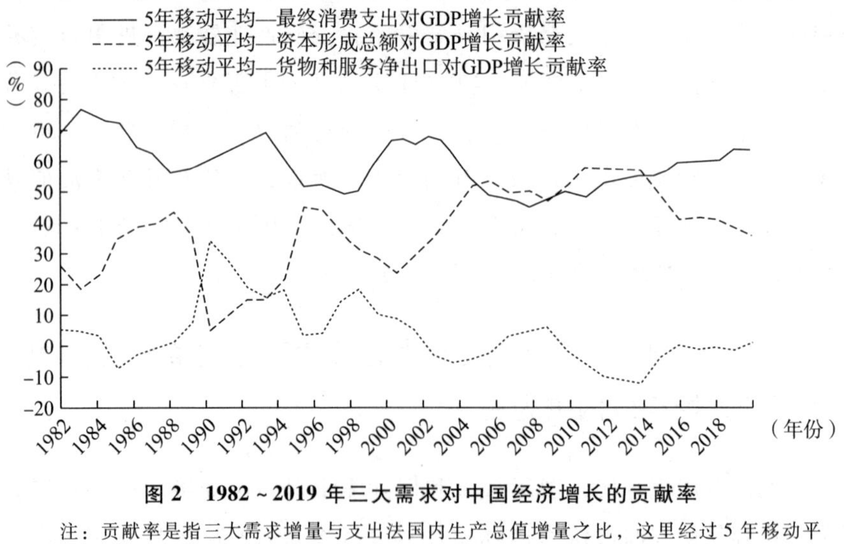

图 2　1982 ~ 2019 年三大需求对中国经济增长的贡献率

注：贡献率是指三大需求增量与支出法国内生产总值增量之比，这里经过 5 年移动平均处理。

资料来源：根据国家统计局数据绘制。

体呈现波动增长的态势，2010 年前后达到最高值。反观货物和服务净出口对 GDP 贡献率，1990 年之前增长较快，但之后开始下降，甚至下降为负值。2002 年后，由于受中国加入世界贸易组织（WTO）的正向激励作用，净出口的贡献率略微上升，但 2008 ~ 2013 年再次下降，并降为负值，2014 年以后开始回升，但基本保持在零值以下。

（二）“以国内大循环为主体”还表现为国内贸易始终大于国际贸易

对经济循环的考察既包括生产视角也包括流通视角，但是学者们往往过于关注国际流通（即国际贸易）而较少注意国内流通（即国内贸易），这使得诸多研究以外贸（出口）依存度衡量中国对外依赖程度，并得出了中国经济更多依赖国际循环的错误结论。实际上，简单以“外贸依存度”（即进出口总额占 GDP 的比重）衡量中国经济对外依赖程度是不准确、不科学的。因为进出口额或出口额均是存量维度（C + V + M）的统计，而 GDP 是增加值（V + M）维度的统计，两者并非同一口径，前者可以用来衡量不同经济体对外依赖度，但难以衡量一个经济体内部的内外循环占比。表面看我国的外贸依存度很高，但是进出口中包含的国内增加值特别是当年的国内增加值很低，使用不当就会造成这一指标的误导性。关于偏差的具体大小，可将出口占 GDP 的比重与出口的国内增加值占 GDP 的比重的差值进行比较，这是第一个偏差；如果再把当年出口中可能包含的往年国内增加值考虑在内，则偏差更大。从表 1 可以发现，中国出口占 GDP 的比重与出口的国内增加值占 GDP 的比重确实存在很大差距，部分年份甚至高达 10%。出口的国内增加值占 GDP 的比重最高时也仅为 26.46%，2016 年已经降低到 16.46%。从外贸依存度看，其中含有相当大比重的国外增加值部分，最高甚至达到 18.50%，经过调整，进出口的国内增加值占 GDP 的比重将大幅下降，2016 年已下降到 30.70%。

表 1　2005～2016 年中国外贸（出口）依存度及其偏差

单位：%

(1)	(2)	(3)	(4)	(5)	(6)	(7)
年份	出口占GDP的比重	进出口占GDP的比重	出口的国内增加值占比	出口的国内增加值占GDP的比重	进出口占GDP比重的国外增加值部分	进出口的国内增加值占GDP的比重
2005	33.57	61.95	73.73	24.75	17.64	44.31
2006	35.71	64.16	74.10	26.46	18.50	45.66
2007	35.16	61.89	75.23	26.45	17.42	44.47
2008	32.21	57.17	77.05	24.82	14.79	42.38
2009	24.34	44.52	80.51	19.59	9.49	35.03
2010	27.21	50.76	78.92	21.48	11.47	39.29
2011	26.60	50.79	78.26	20.82	11.57	39.23
2012	25.49	48.27	79.16	20.18	10.63	37.64
2013	24.61	46.77	79.65	19.60	10.02	36.75
2014	23.59	45.07	80.47	18.99	9.22	35.85
2015	21.44	39.61	82.68	17.72	7.43	32.19
2016	19.74	37.28	83.35	16.46	6.57	30.70

资料来源：第（2）、（3）列根据联合国贸易和发展会议（UNCTAD）统计数据计算得出；第（4）列来自经济合作与发展组织贸易增加值（OECD-TiVA）数据库；第（5）列为第（2）列乘以第（4）列所得；第（6）列为第（2）列减去第（5）列后乘以 2 所得，这是因为出口的国外增加值也包含在进口中，所以这部分国外增加值在进出口中被计算了 2 次；第（7）列为第（3）列减去第（6）列所得。

从流通环节看，中国的国内贸易远比国际贸易规模大，对经济发展的促进作用更加显著。改革开放以来，中国在要素和商品市场进行了一系列改革，劳动力、资金和商品跨地区流动的交易成本不断降低，市场一体化程度显著加强。国内统一大市场的形成对国内大循环起到了非常重要的作用，也是中国参与国际循环的基础。从中国各地区总支出的国内份额和进口份额占比的数据看,[①] 不管是在 2002 年还是 2007 年，除了北京和天津、

① Tombe, T., Xiaodong Zhu, "Trade, Migration, and Productivity: A Quantitative Analysis of China," *American Economic Review* 109 (5) (2019).

中部沿海地区、南部沿海地区外，其他地区的进口份额占比基本低于10%，而且中部沿海地区和南部沿海地区的进口份额还在下降。[1] 中国各地区大部分的支出都花费在国内产品上，在进口产品上的支出占比较低。考虑到各地区之间进口与出口的差距不大，可以合理推断出口与国内贸易的比值也不会很高。

随着中国服务业在国民经济中占比的上升，国内贸易规模将继续增加，从而强化以内需为主的经济发展格局。国家统计局数据显示，1978～2019年，中国服务业占GDP的比重已由22%左右上升到53.9%。但是服务业中许多产品的可贸易性远弱于制造业产品，服务产品大部分只能在当地消费，因此，随着服务经济占比的上升，本国消费的占比将随之提高，说明“以国内大循环为主体”是由客观经济发展规律决定的。

（三）中国经济发展阶段和动力机制演变诠释“以国内大循环为主体”

改革开放初期，中国率先在农业部门进行改革，在提高农业生产效率、促进国内经济发展的同时释放出大量农村剩余劳动力，为之后工业部门参与国际循环奠定了基础。中国从20世纪80年代开启开放型工业化进程，90年代中期以来进一步提速，制造业占GDP的比重快速上升。在整个工业化过程中，大量的农村劳动力和其他生产要素向工业部门转移。因为非农部门的劳动生产率远高于农业部门，且这一差距随着工业化进程的推进不断拉大，所以这种资源配置效应极大地提高了劳动生产率，[2] 极大地改善了整个经济体系的供给能力，促进了经济增速的持续提升。工业化不仅促进了固定资产投资的增长，而且需要基础设施支撑，从而也使得投资对经济增

---

① 各地区包含省份分别是：东北地区（黑龙江、吉林和辽宁）；北部沿海（河北和山东）；中部沿海（江苏、上海和浙江）；南部沿海（福建、广东和海南）；中部地区（山西、河南、安徽、湖南、湖北和江西）；西北地区（内蒙古、陕西、宁夏、甘肃、青海和新疆）；西南地区（四川、重庆、云南、贵州、广西和西藏）。

② Brandt, L., C. T. Hsieh, and X. D. Zhu, “Growth and Structural Transformation in China,” in Brandt, L. and T. Rawski, *China's Great Economic Transformation* (Cambridge: Cambridge University Press, 2008).

长发挥更大作用，很明显这些投资大多源于国内需求。

2000年以来，工业化开始进入中后期，城市化开始发力，大量农业人口定居城市的愿望更加强烈。2000年中国城镇化率仅为35.39%，2010年上升到49.68%，[①] 2011年首次超过50%，达到51.27%，2019年突破60%，达到60.6%。[②] 城市化过程中住房需求的增加带动了房地产开发和投资的热潮，促进了相关产业的发展；而地方政府依靠土地财政融资，支撑起大规模的公共基础设施建设，推动了投资的继续增长。随着21世纪后城市化进入相对独立的快速发展阶段，土地要素的价格被重估，成就了地方政府的土地财政，公共基础设施投资得到扩张，进而推动了区域经济增长。[③] 而且，城市化一方面使城镇居民收入得到较大幅度的增长和积累，从而推动消费和服务业发展；另一方面也促进了公共服务支出的增长，并成为新的经济增长动力。在此过程中，中国的区域一体化程度不断增强，建设了一大批超大城市及相应城市群，形成了中心城市带动城市群发展、城市群推动更大范围区域发展、各区域协调发展带动全国经济发展的增长模式。这种区域一体化程度的增强也加速了国内人员、要素和资源能源的流通并在更大范围内高效配置，使国内大循环不断扩张。上述中国经济发展阶段和动力机制转变的经济规律无疑从理论上解释了"以国内大循环为主体"的实现逻辑。未来"以国内大循环为主体"所要实现的目标"关键在于经济循环的畅通无阻，……最本质的特征是实现高水平的自立自强"。[④]

（四）中国参与国际循环主要是为国内大循环服务

中国高度重视发展开放型经济并积极参与国际循环，这也是为国内大循环服务。中国的进出口始终以服务国内消费和生产需求为目标，以国内的生产和供给能力为基础。通过对比中国GDP占世界GDP的比重、中国出口（进口）占世界的比重的发展趋势可以发现以下两方面特征。一方面，中国出口和国内经济增长的合理逻辑是，GDP的上升反映国内供给能力的增强，进而

① 2000年和2010年的常住人口城镇化率数据来自国家统计局全国人口普查。

② 数据来自国家统计局2011年和2019年发布的《中华人民共和国国民经济和社会发展统计公报》。

③ 中国经济增长前沿课题组：《城市化、财政扩张与经济增长》，《经济研究》2011年第11期。

④ 习近平：《把握新发展阶段，贯彻新发展理念，构建新发展格局》，《求是》2021年第9期。

提高了服务国际市场的能力，使出口不断上升，并促进了全球经济的发展。由图3不难发现，除了极少数年份，1978～2019年，中国GDP占世界的比重高于中国出口占世界的比重，这不仅说明其经济增长领先于出口增长，而且说明中国出口相对GDP占世界的比重并不是特别高；相比其他经济体，中国出口占比较高是因为其本身经济体量就足够大，是与GDP相匹配的出口占比。近年来，中国GDP继续保持中高速增长，但是出口增速开始下降，与GDP占世界的比重开始拉开差距，反映了出口的重要性逐渐下降。另一方面，中国始终坚持进口和出口并重、相互促进，进口更多体现了服务国内消费和生产需求的目的。图3表明，2004年以前，中国进口和出口占世界的比重基本不相上下，保持同步增长的态势，甚至在1985～1989年以及其他若干年份，其进口占世界的比重高于其出口占世界的比重。这说明在改革开放早期，中国对国外消费品和生产要素有更多需求且供给能力相对不足，所以这个阶段的开放型经济更多以满足国内消费和生产需求为主。2004～2010年，中国出口占世界的比重上升更快，超过了其进口占世界的比重，这一结果建立在前一阶段供给能力提升基础上，反映了中国对世界市场的需要，满足了国内供给能力提升的市场需要。2011年以来，中国货物出口和进口占世界的比重差距开始缩小，2018年两者已经基本相差无几，说明随着中国消费能力的提升，对国外产品的需求不断增加。

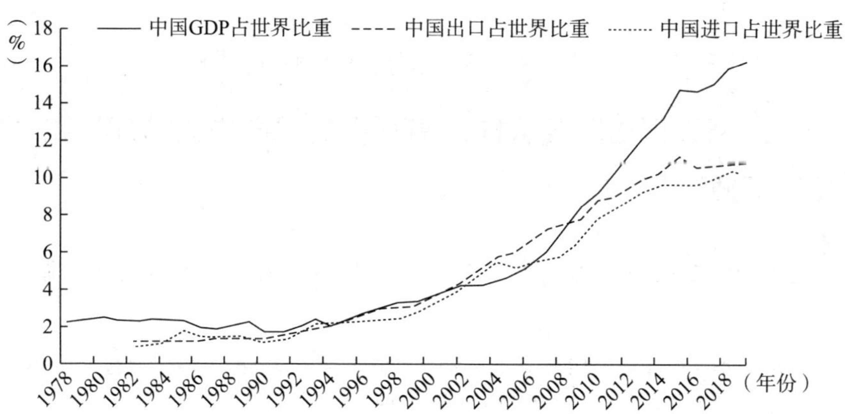

图3　1978～2019年中国GDP、出口和进口占世界的比重

资料来源：根据联合国贸易和发展会议（UNCTAD）统计数据绘制。

不管是进口、吸引外资还是对外投资，始终都是为了促进国内大循环又好又快发展。作为后发展国家，中国迫切需求的是技术、高端零部件和生产性服务；作为人口和生产大国，中国还缺乏资源能源类产品，进口正好满足了这些需求。图 4 表明，2000 年以来，中国能源进口和高技术电子产品零部件进口增速在大部分年份都高于进口总额增速。在改革开放早期，中国就进口了大量国外技术并注意提高技术吸收能力，[①] 技术吸收、技术溢出和高端零部件进口极大提高了中国的生产能力，并提供了超越发达国家的可能性，中国高铁的发展就印证了这一点。[②]

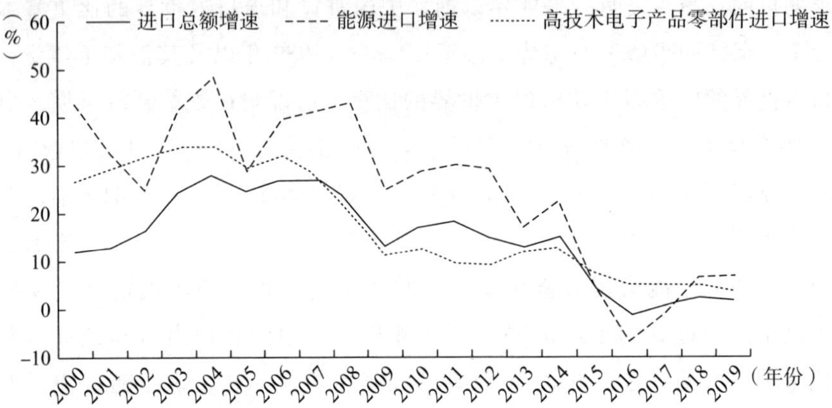

图 4　2000～2019 年中国进口总额、能源进口和高技术电子产品零部件进口增速

注：增速经过 5 年移动平均处理。

资料来源：根据联合国贸易和发展会议（UNCTAD）统计数据绘制。

（五）新发展格局要求构建高水平的“国内大循环”和“国内国际双循环”

上文中的数据和事实表明“以国内大循环为主体、国内国际双循环相

① World Bank 的研究表明中国 20 世纪 80 年代到 21 世纪初的技术吸收水平远高于同期的韩国、土耳其和墨西哥等发展中国家。World Bank, Global Development Horizons 2011: Multi-polarity – The New Global Economy, Washington, DC: World Bank, 2011.

② 参见黄阳华和吕铁关于中国高铁技术引进、技术吸收和赶超过程的详细研究。黄阳华、吕铁：《深化体制改革中的产业创新体系演进——以中国高铁技术赶超为例》，《中国社会科学》2020 年第 5 期。

互促进”是中国经济发展的客观规律。新发展格局则更加强调经济循环的畅通无阻以及实现高水平的自立自强。这就是说，要在社会化再生产过程的矛盾运动中克服障碍，迈向新发展阶段的高水平、高质量的“双循环”。

改革开放以来，中国经济以内需为主的基本逻辑没有变，但是经济发展质量不断提高，表现形式和侧重点也与时俱进。在以往较长时间里，以内需为主更多体现在内需和外需的数量占比变化方面，国内循环本身的质量和畅通程度可能相对较低。进入新发展阶段之后，以内需为主虽然还会表现在内需和外需的数量占比上，但将出现更多新的内容，对质量的要求会更高，是一种更高水平的国内大循环：一是国内大循环对整个国民经济活动的引导、带动和控制力将增强；二是国内供给体系将进一步完善，供给质量将不断提高；三是国内大循环的畅通程度和稳定性更强，能够有效抵御国内国际的各类负向冲击，产业链供应链的自主可控能力明显增强；四是依托国内超大规模市场优势，国内大循环对中国有效参与国际循环的支撑作用将更强，成为中国与世界商品交换、引进外资以及对外投资的基础性力量。

国内大循环不仅是指国内物流的畅通，更是指经济活动中各类生产要素的有效组合以及整个社会商品与服务供需之间的高效匹配。这就需要打破区域市场壁垒，建设全国统一的生产和流通体系以及要素和消费市场。这就要求持续推进供给侧结构性改革，不断提高供给质量，满足人民不断增长的高水平需求；这也要求对社会消费进行有效引导，使得消费需求结构更加合理，避免盲目性消费；这还要求社会消费需求信息和数据能够及时收集并反馈到供给体系中，产品供给信息也能及时被消费者所知悉，从而形成需求和供给的高水平互动平衡，实现经济在高水平上的动态平衡。

同时，国内国际双循环相互促进也将由以往的较低水平转向新发展阶段的更高水平，形成高水平的开放型经济。这里需要强调的是，“以国内大循环为主体”并不意味着自给自足的封闭经济，不是什么事情都自己干，而是在关键核心技术和产品上能够自给，做到不受制于人。在此基础上，中国仍要积极参与国际分工和国际循环。过去，中国通过国际循环激发国内循环的活力、提升国内循环，是被动地参与国际循环。新发展格局的要求是，在高水平“以国内大循环为主体”的基础上，主动参与国际循环，甚至引领某些产业、某些区域的国际循环。这既为国内大循环增加了新内容，又提供了国际循环的新动力和新模式，从而促进国内国际双循环迈上新台阶。这也就意味着“国内国际双循环相互促进”具有了世界性意义。

三 “国内国际双循环相互促进”提出新的世界经济动态平衡观

西方主流国际经济学提出的世界经济平衡观机械地把新古典经济学的国内一般均衡理论延伸到世界经济分析中，片面强调均衡汇率在世界经济平衡中的作用，其理论逻辑和实践逻辑都是错误的。[①] 从实践角度观察，其错误的根源不仅在于有意或无意地忽略美元霸权地位及其造成的“特里芬”难题，而且明显滞后于历史发展。当今世界经济多极化，尤其是中国经济因素对世界的影响不断增大，这是西方理论界未看到也不情愿看到的。中国开放型经济理论提出了“多元平衡”观，[②] 而“国内国际双循环相互促进”更是在此基础上形成动态平衡观。这表明中国经济与世界经济的宏观平衡不仅要建立在“多元平衡”基础上，还要推进不同发展阶段的动态平衡，从而进一步发展了世界经济平衡理论。改革开放以来，在贸易、投资、经济合作等各领域，中国与世界经济不断实现新的互动循环和相互促进，其主要表现如下。

第一，从“两头在外”逐步转向“两头内外并重”的贸易发展模式。中国与世界经济动态平衡的首要表现就是中国的贸易模式从“两头在外”逐步转向“两头内外并重”。这对全球生产分工网络和消费格局产生了根本性影响，促进了世界经济近 30 年的高速发展。“两头在外、大进大出”的贸易模式是改革开放以来很长一段时间的现象。从 1994 年开始，中国扭转了货物贸易经常性逆差的历史，进入货物贸易持续顺差阶段。[③] 中国以轻

① 裴长洪、刘斌：《中国开放型经济学：构建阐释中国开放成就的经济理论》，《中国社会科学》2020 年第 2 期。

② 裴长洪：《中国特色开放型经济理论研究纲要》，《经济研究》2016 年第 4 期。

③ 根据国家统计局数据，1978 ~ 1993 年，中国货物贸易仅在 1982 年、1983 年、1990 年、1991 年和 1992 年为顺差，其余年份均为逆差，1994 年以来一直保持顺差状态。

纺、服装、鞋帽、箱包等为代表的劳动密集型产品逐渐具备了较强的出口竞争优势。而且随着国内工业化的发展，供应链逐步完善并带动中间品配套能力的提高，使中间品进口价值占比下降，开始出现了从原材料和市场的“两头在外”到“国内国际双循环”的新格局。数据显示，中国加工贸易占进出口总额的比重在1981年时仅为6%，“两头在外”贸易发展模式使其快速增长到1998年的53.4%，之后随着贸易结构调整和转型升级，加工贸易占比开始下降，由2012年的34.8%下降至2017年的29%，2019年进一步下降到25.2%。[①] 出口的国内增加值占比则不断上升，由2005年的73.73%上升到2016年的83.35%（见表1），表明中国中间品供给能力不断提高。而且从中国的政策实践看，早在2006年和2011年制定的“十一五”规划和“十二五”规划中就明确指出对“两头在外”的贸易模式进行调整，提出“立足扩大国内需求推动发展，把扩大国内需求特别是消费需求作为基本立足点”。2012年中央经济工作会议进一步提出要从“简单纳入全球分工体系、扩大出口、加快投资”的传统模式向“扩大内需、提高创新能力、促进经济发展方式转变”。2019年中央财经委员会第五次会议指出要“坚持独立自主和开放合作相促进，打好产业基础高级化、产业链现代化的攻坚战”。这些政策都是发展方式转变的重要标志。

第二，从输出商品、引进外资为主转向扩大进口、对外投资并重。2008年国际金融危机爆发以来，中国在对外贸易中越来越强调出口质量和结构的优化，而不刻意追求出口规模的扩张；同时积极扩大进口，特别是高质量资本品、消费品和资源能源产品的进口，用以更好满足生产和生活需要。这使得中国的进出口不断趋于平衡发展状态，贸易顺差额逐渐降低。从表2可知，2007年以来，中国进口与出口的比值呈上升趋势，已经由2007年的0.76上升到2019年的0.92，2018年甚至达到0.95。未来随着中国扩大进口体制机制的继续完善，进口与出口比值将更加合理。

---

① 其中1981年、1998年、2012年、2017年的数据来自国家统计局；2019年数据来自商务部《中国对外贸易形势报告》（2020年春季）。

表 2　2007～2019 年中国与世界的贸易和投资情况

年份	出口（亿美元）	进口（亿美元）	进口与出口比值（%）	实际外商直接投资（FDI）（亿美元）	对外直接投资（OFDI）（亿美元）	OFDI 与 FDI 比值（%）	对共建"一带一路"国家和地区的直接投资（亿美元）
2007	12482	9490	0.76	747.7	265.1	0.35	–
2008	14799	11465	0.77	923.9	559.1	0.61	–
2009	12417	10296	0.83	900.3	565.3	0.63	–
2010	16564	14334	0.87	1057.4	688.1	0.65	–
2011	20089	18269	0.91	1160.1	746.5	0.64	–
2012	21751	19432	0.89	1117.2	878.0	0.79	–
2013	23556	21202	0.90	1175.9	1078.4	0.92	126.3
2014	24629	22416	0.91	1195.6	1231.2	1.03	136.6
2015	23614	20021	0.85	1262.7	1456.7	1.15	189.3
2016	21990	19527	0.89	1260.0	1961.5	1.56	153.4
2017	24443	22079	0.90	1310.4	1582.9	1.21	201.7
2018	26889	25474	0.95	1349.7	1430.4	1.06	178.9
2019	26822	24744	0.92	1381.4	1369.1	0.99	186.9

资料来源：进出口数据来源于 UNCTAD 统计数据库；中国对外直接投资（OFDI）和对"一带一路"地区的直接投资数据来源于《2019 年度中国对外直接投资统计公报》；实际利用外商直接投资（FDI）数据来源于国家统计局。

从投资角度看，吸收外资和对外投资都是"国内国际双循环相互促进"的重要手段。吸收外资是改革开放以来促进国内经济增长的重要经验，补充了中国长期以来的资金短缺，也引入了国外先进的生产技术。同时，吸收外资给全球范围内的资金提供了新的投资地和获得高额收益的投资渠道。对外投资则是近年来中国主动促进"国内国际双循环"的努力，为发展中国家提供了新的资金来源和相应技术，也使更多国家可以参与国际分工，共享中国经济发展成果。表 2 中的数据显示，2007 年以来，中国对外直接投资发展迅速，远快于实际外商直接投资，两者比值由 2007 年的 0.35 稳步上升到 2016 年的 1.56，虽然之后有所下降，但是 2019 年仍高达 0.99。这说明中国吸收外资和对外投资趋向平衡发展，已经开始由引进外资为主逐步过渡到两者并重。

第三，外汇储备从增强人民币信用为主转变为支持国际金融治理改革因素。1994～2007年，中国通过参与国际循环，曾出现经常项目和资本项目双顺差，累积了1.5万亿美元的巨额外汇储备。[①] 在此期间，其基本功能是增强人民币的国内信用，成为中国人民银行货币发行之锚，通过外汇占款形式增发了12万亿元多人民币，从而为中国的资源性资产货币化以及国内大规模开发建设增加了资本信用。在国际金融危机发生后，中国通过外汇占款发行人民币以增加流动性的比重趋于下降，人民币增发工具主要转变为中央银行的再贷款和其他市场操作手段。[②] 但是，巨额外汇储备为人民币贸易结算的扩大、双边本币互换、人民币"走出去"以及共建"一带一路"中的资金融通安排提供了强大的国家信用，也为国际金融治理体系改革奠定了基础。人民币国际化程度不断提高，如国际货币基金组织（IMF）已经将人民币纳入特别提款权新货币篮子，权重位列第三（10.92%），仅次于美元和欧元，高于日元和英镑，这使发展中国家有了更多种国际信用工具的选择。

中国要求改革国际金融治理体制，缓解"特里芬"难题。全球金融治理的中国方案是建立多元、公正、高效的全球金融治理体系。中国倡导成立了"亚洲基础设施投资银行"、"丝路基金"和"金砖国家新开发银行"，将大量外汇储备转变为发展中国家和"一带一路"的建设资金，并广泛吸引其他国家参与。这是一种"国内国际双循环相互促进"和多元平衡的全球金融治理方案。中国在人民币国际化过程中将外汇储备作为国际金融体制改革的支持因素，倡导一种更加多元化的国际货币体系和全球金融治理方案，这将在极大程度上有助于推动建设开放型世界经济并构建人类命运共同体，形成更加紧密稳定的全球经济循环体系，促进各国共享全球化深入发展机遇和成果。

---

① 根据国家外汇管理局数据，1994～2007年，中国外汇储备由516.2亿美元增加到15282.49亿美元，增加约1.5万亿美元，同期美元兑人民币汇率平均约为8.0，所以通过外汇占款形式增发的人民币约为12万亿元。

② 《中国货币政策执行报告（2020年第三季度）》明确指出："近年来，我国央行摆脱了外汇占款增长导致的被动扩表模式，货币政策自主性明显增强，银行作为货币创造中枢的作用充分发挥。2020年以来，中国人民银行主要运用降准和再贷款工具对冲新冠肺炎疫情影响。"

此外，中国与世界经济互动循环和相互促进的变化，不仅是中国经济自身发展的逻辑，也是世界经济发展的客观规律，这个规律已经被中国经济对世界经济日益增加的贡献所证明。

（1）进入21世纪以来，中国经济对世界经济增长的贡献度不断上升。改革开放以来，中国对世界经济的贡献明显加强，已经成为世界经济增长的最大推动因素。根据国家统计局数据，1961～1978年，中国对世界经济增长的年均贡献率仅为1.1%；此后迅速提升，1979～2012年，年均贡献率已经达到15.9%，仅次于美国，位居世界第二位；2013～2018年，年均贡献率进一步提高，达到28.1%，稳居世界第一位。事实上，自2006年以来，中国对世界经济增长的贡献率已经跃升世界第一并持续至今，2019年的贡献率达到了30%左右。特别是在2008年国际金融危机后，中国经济持续保持中高速增长，成为全球经济复苏和可持续发展不可或缺的发动机。

（2）中国主导的共建“一带一路”突破了原有国际分工的地理局限，为更多国家分享经济全球化红利创造了机遇。20世纪90年代以后，经济全球化加速推进，国际产业链更多向发展中国家转移。其中，以交通运输设备（主要是汽车）和电子及通信设备（主要是计算机设备和手机）为代表的新产品成为跨国公司全球布局产业链的主要产品。在此过程中，基本形成了以美国、日本、欧盟控制三大产品核心技术和主要零部件生产，以新兴市场经济体生产一般零部件或进行组装为特点的垂直型国际分工网络，这被学术界称作全球价值链。随着这三大产品技术可分性的增强，劳动分工趋于细化，形成了覆盖北美、东亚、欧洲三大区域许多经济体的产业链、价值链和供应链体系。在国际贸易活动中出现了产品内贸易逐渐取代以往的产业间贸易和产业内贸易，促使中间品贸易占比日益提高的新现象，学术界通常称之为“价值链贸易”。中国深度嵌入这种价值链贸易。跨国公司在中国布局了大量汽车、笔记本电脑和移动通信设备的零部件生产和组装厂，而且随着技术外溢和生产的前后向关联的发展，带动了中国本土企业的投资和产品供给能力的增强，特别是电子产品的分工细化，给了中国本土企业广阔的发展空间，中国“世界工厂”的地位由此被世界关注。这形成了从20世纪90年代中后期到2008年国际金融危机期间中国参与国际循环的重要内容。

国际金融危机后，世界经济之所以陷入停滞阶段，其重要的原因是，以汽车、计算机设备以及手机为代表的三大产品和三大国际分工网络基本结束，国际投资也基本完成，分工再细化和再投资的回旋余地已经很小，中间品和最终品的贸易增长也趋于回落。[①] 从世界经济发展视野看，需要寻找更广阔的经济地理空间，突破三大国际分工网络的空间局限，为以往曾经兴旺发达的各类产业塑造新的产业链、价值链和供应链。这正是共建“一带一路”的重要目的。中国对共建“一带一路”国家和地区的直接投资不断增长，由 2013 年的 126.3 亿美元增加到 2019 年的 186.9 亿美元（见表 2），占中国对外直接投资的比重由 11.71% 上升到 13.65%。特别是“中欧班列”的大量开行，进一步扩大了中国对外贸易的范围。截至 2020 年底，中欧班列累计开行超过 3 万列，仅 2020 年就开行 1.24 万列，运送集装箱 113.5 万标箱，同比增长分别为 50% 和 56%，往返综合重箱率达到 98.4%，通达欧洲 21 个国家、92 个城市。[②] 共建“一带一路”和中欧班列开行极大地促进了中国内陆城市与境外的经济贸易合作，不仅使世界经济地理更加平衡，也开创了全新的生产和分工模式。

共建“一带一路”还带动了中国与诸多国家的贸易发展。不仅中国与美、欧、日的双边贸易持续增长，而且与其他国家的贸易，特别是与东盟国家、俄罗斯、非洲国家、拉美国家的双边贸易增长也很迅速，从而改变了中国对外贸易的区域结构，增进了更多国家的贸易福利。从表 3 给出的 2000 ~ 2019 年中国出口地区结构变化数据可以发现：从六大洲出口占中国全部出口的比重看，亚洲和北美洲的占比呈下降趋势，而欧洲、拉丁美洲和加勒比地区、大洋洲和非洲的占比呈上升趋势，特别是拉丁美洲和加勒比地区以及非洲的占比上升到原来的 2 倍以上。从更加细分的地区结构看，比较显著的变化是：东亚的占比下降较为明显，几乎下降 1/2 左右，这主要是因为中国对日本和韩国的出口相对减少，但东南亚、南亚、中亚和西亚的占比不断上升，东南亚的上升幅度尤其大；美国占中国出口的比重总体

① 裴长洪、刘洪愧：《中国外贸高质量发展：基于习近平百年大变局重要论断的思考》，《经济研究》2020 年第 5 期。

② 《中欧班列跑出互利共赢“加速度”》，《人民日报》2020 年 12 月 4 日。

表现出下降的趋势，但仍较大；西欧和北欧占中国出口的比重有小幅度下降，而东欧和南欧的占比上升较为明显。总体看，中国出口的地区结构不断优化，特别是对发展中国家、共建“一带一路”国家和地区出口的占比不断上升，有利于世界经济更加平衡发展。

表3 2000～2019年中国出口的地区结构变化

单位：%

年份	2000	2004	2008	2012	2016	2017	2018	2019
亚洲	53.34	49.80	46.41	49.18	49.64	48.48	47.82	49.13
东亚	41.64	36.81	28.81	29.70	26.57	25.22	24.65	24.07
东南亚	6.96	7.23	7.99	9.97	12.21	12.35	12.86	14.39
南亚	1.81	2.32	3.67	4.00	5.35	5.56	5.29	4.97
中亚和西亚	2.93	3.44	5.94	5.51	5.50	5.34	5.01	5.69
北美洲	22.20	22.49	19.20	18.59	19.70	20.40	20.66	18.18
美国	20.93	21.09	17.67	17.20	18.39	19.01	19.23	16.71
拉丁美洲和加勒比地区	2.86	3.04	4.98	6.56	5.40	5.75	5.94	6.03
欧洲	18.02	20.64	24.02	19.32	18.55	18.93	19.07	19.84
西欧和北欧	13.16	14.57	15.12	12.46	11.83	11.96	11.76	12.18
东欧和南欧	4.85	6.07	8.90	6.86	6.72	6.96	7.34	7.66
大洋洲	1.57	1.71	1.81	2.19	2.26	2.26	2.30	2.31
非洲	2.01	2.31	3.57	4.16	4.39	4.18	4.21	4.51

资料来源：根据UNCTAD统计数据库计算所得。

（3）中国与美国经济的互动循环对中美两大经济体是双赢。中国与美国经济的互动循环是中国与世界经济互动循环中最重要的内容。扩大中美两大经济体的贸易投资和经济合作对中国是有利的，中国希望中美经贸关系继续向前向好发展。那么，这种合作对美国是否有利，需要根据事实判断。中国商务部于2017年5月25日发布《关于中美经贸关系的研究报告》，详尽披露和分析了中美经济互动循环的数据资料以及双方获得的经济利益。美国获益的事实可以从5个方面观察：①货物贸易。除北美地区外，中国是美国最大的出口市场且增速非常快。2001～2016年，美对华出口增长5倍，而美对全球出口仅增长90%；2007～2016年，美对华出口年均增速达到

11%，而同期美国总出口年均增速仅为4%。中国已成为美国大宗农产品和高端制成品最大的海外市场之一。在全球价值链中，美国向中国“外包”加工组装和制造环节，并从中国进口最终产品，但美国依托其“链主”地位获取了绝大部分利润。②服务贸易。美对华服务贸易一直保持顺差。2006～2016年，美对华服务出口由144亿美元增长到869亿美元，2016年顺差达到557亿美元，约是2006年的40倍。③双向投资。美对华投资企业获益良多，中国对美投资为美国创造了大量就业岗位。2015年美在华企业共实现销售收入约5170亿美元，利润超过360亿美元。截至2016年底，中国对美投资累计约为1090亿美元，为美国创造就业岗位超过14.1万个。④金融投资与服务。中国已成为美国金融机构和投资者进行资产配置和战略投资的重要市场，并获得了丰厚收益。美国的银行、保险、证券等金融机构大都在中国设立了分支机构或合资公司，也可通过合格境外机构投资者（QFII）资格投资中国金融市场。美国的会计师事务所、律师事务所均有为中国企业和金融机构提供服务且获益颇丰。⑤中美经贸联系也对美国的经济增长、就业与消费者福利起到了重要促进作用。2015年美对华出口和中美双向投资共为美国创造了2160亿美元的GDP以及260万个就业岗位。中国为美国提供的物美价廉的制成品则是美国几十年来维持低通胀率的主要原因，极大提高了美国中低收入阶层的实际购买力。[①]

四　新发展格局重要论述蕴含深化改革含义

把握新发展阶段、贯彻新发展理念、构建新发展格局是习近平总书记重要论述指引中国未来发展的三个基本着眼点，需要将三者结合起来思考。从“十四五”时期开始，中国从全面建成小康社会进入全面建设社会主义现代化国家新阶段。党的十九大报告和十九届五中全会审议通过的《中共中央关于制定国民经济和社会发展第十四个五年规划和二〇三五年远景目标的建议》为2035年远景目标做了精心设计，要实现创新型国家和法治国

① 《关于中美经贸关系的研究报告》，中国商务部，http://images.mofcom.gov.cn/www/201708/20170822160323414.pdf，2017年5月25日。

家，建成文化、教育、人才、体育和健康五方面强国，并实现人均 GDP 达到中等发达国家水平。为达到这个宏伟目标，新发展阶段需要践行新发展理念。由于国民经济循环过程中充满了各种矛盾，而且许多是体制机制性的矛盾，所以深化改革就成为贯彻新发展理念、构建新发展格局的题中应有之义。2021 年新年伊始，习近平总书记就专门强调，需要完整、准确、全面贯彻新发展理念，要把全面深化改革与贯彻新发展理念、构建新发展格局紧密联系起来，发挥全面深化改革在构建新发展格局中的关键作用。因此，贯彻新发展理念不仅是思想与观念的革新，而且是全面深化改革的实际行动，需要更加精准地出台改革方案。在构建新发展格局中，关键要抓住主要矛盾，解决畅通国内国际循环中的堵点和难点，这也是深化改革的攻坚点。

1. 新发展格局要有发展的新目标、新要求

当今世界百年未有之大变局加速发展，虽然中国仍处于战略机遇期，但国际环境更加复杂多变，美国遏制中国的基本战略不会变、霸权主义作风不会变。美国学者很早就注意到这一点，称中美竞争为“修昔底德陷阱”以及“百年马拉松”。[①] 同时，中国经济体量已足够大，人均 GDP 自 2019 年开始超过 1 万美元，每增长 1 个百分点所对应的 GDP 绝对量越来越大。加上要素价格上升、人口老龄化显现、制造业占比下降过早过快的负面效应，经济新常态的特征将在更多领域出现，增长动力要更多依靠国内新动能和新循环，这是世界大国经济发展的普遍规律。只有提升国内循环的起点和国际分工水平才能高效参与国际循环，促使世界经济更加平衡发展，让更多国家享受中国经济发展成果，这也是“双循环”新发展格局的新目标和新要求。在 2021 年 3 月全国人大通过的 2035 年远景目标中虽然没有提及 GDP 定量目标，但提出“经济总量和城乡居民人均收入将再迈上新的大台阶，人均国内生产总值达到中等发达国家水平，中等收入群体显著扩大”。这事实上对经济发展提出了更高要求，因此经济仍需在高质量发展前

① “修昔底德陷阱”是美国哈佛大学教授格雷厄姆·艾利森针对守成大国和新兴大国的关系（特别是中美竞争）所提出的概念；“百年马拉松”出自美国国防部前顾问白邦瑞撰写的著作，用以形容中美长期竞争。

提下保持合理增速，从而使人均 GDP 达到 2 万美元以上的水平。

2. 实现新发展格局需要落实新发展理念

新发展格局勾画了未来中国经济发展的基本路径，在实践中需要新发展理念的指引。新发展理念并不仅是概念和大道理，也需要具体的行动和指标来体现。例如，“十四五”规划要求全员劳动生产率增速高于国内生产总值增速，这是质量效益的一个综合性指标。具体而言：一是要更重视创新驱动发展，全社会研发经费投入年均增速要达到 7% 以上；在实体经济中要推进产业高级化、产业链现代化，保持制造业占比基本稳定；争取数字经济核心产业增加值占 GDP 的比重从 2020 年的 7.8% 提高到 2025 年的 10%。二是要更重视民生福祉，实现居民人均可支配收入增长幅度与经济增长速度基本同步；城镇调查失业率控制在 5.5% 以内；劳动年龄人口平均受教育年限从 10.8 提高到 11.3；基本养老保险参保率从 91% 提升至 95%；每千人口拥有 3 岁以下婴幼儿托位数从 1.8 个增加到 4.5 个；人均预期寿命从 77.3 岁提高到 78.3 岁。三是要更重视绿色发展，加强山水林田湖草系统治理，森林覆盖率从 23.2% 提高到 24.1%；基本消除重污染天气和城市黑臭水体；单位 GDP 能耗和二氧化碳排放分别降低 13.5% 和 18%。四是要更重视安全发展，加强国家安全体系和能力建设，强化国家经济安全保障。实施粮食、能源资源、金融安全战略，粮食综合生产能力保持在 1.3 万亿斤以上；2025 年能源综合生产能力要大于 46 亿吨标准煤。[①]

3. 实现新发展格局需要切实疏通“国内大循环”“国内国际双循环”的堵点和难点

其中关键在于产业链的自主可控和安全稳定，如果关键技术无法自给，则必然受制于人，国内大循环和国内国际双循环就不能畅通。因此，首先要构建自主安全可控的国内产业链，并借此缩小城乡区域收入差距以扩大国内消费市场，然后在此基础上将国内产业链拓展成国际产业链。

（1）供给侧结构性改革要补足产业链短板，尤其是高科技领域和能源供给的短板。美国对中国高科技领域的遏制不会放松，所以中国在关键技术和核心零部件上不能完全依赖进口，这就需要完善自主创新的体制机制。

① 参见《中华人民共和国国民经济和社会发展第十四个五年规划和 2035 年远景目标纲要》。

一是要加强对知识产权的定价与保护，完善知识产权相关问题的立法。二是构建多主体创新体系，厘清政府、科研机构、企业和科研人员的作用，营造既分工又合作、良性互动的新局面，从而加快关键核心技术和重大基础科学的形成，并促进科研成果向技术产品转化。三是调整国内教育培训体系，健全多层次、全流程的人才培养机制，大学、科研机构、企业要在人才创新的各阶段发挥不同作用，培养出多层次的人才队伍。四是完善科技创新激励和评价机制，要以国家重大科技需求和长远发展为导向，给予科研人员更多物质激励和精神鼓励。五是仍需加强国际合作，继续加强与世界上包括美国在内的所有科研机构和科研人员在高科技领域的合作。六是大力开发数字化、智能化的新产品及其供应链体系。特别是要在新能源和智能汽车、工业机器人和智能化机器、家用智能化设备中取得突破性进展，形成国内比较自主完善的供应链网络，并依托国内超大规模市场获得竞争优势。此外，要以新基建推动传统产业数字化，建设产业互联网。七是在基础能源供给端，要实现供给来源和种类的多元化。中国的传统能源（如石油和天然气）储量少，供给无法大幅提高，因此需要开发各种形式的新能源，提高其在能源供给中的占比。

（2）深化流通体制改革，提升供给与需求的动态平衡。流通体系是供给侧与需求侧的连接点，是畅通国内大循环和国内国际双循环的核心环节之一。流通体系包含市场交易和物流两方面，商品和服务首先要有交易，然后才需要运送。统一大市场是建立在不同种类的商品和服务专门市场之上的，它们的交易方式都有特殊性，要在深入认识和梳理不同种类商品和服务的交易形式基础上区分出各自的交易规律，健全市场运行规则，完善市场监管政策，形成分门别类的商品和服务全国大市场监测体系。不同市场领域都有各自特殊的改革任务，但也都需要实施共同的改革内容：一是全面清理各省市阻碍市场流通和公平竞争的地方性规章制度，构建“进入自由、标准统一、监管一致、数据互通”的统一市场体系，实现商品和要素在全国范围的自由低成本流动。二是降低跨地区的物流运输成本，如高速公路收费。三是积极利用数字技术助力统一市场体系建设，可以在粤港澳大湾区、长三角地区、京津冀地区等率先建成市场监管大数据平台，然后推广到全国。四是尽快完善全国统一的社会保险公共服务平台建设，推动社保转移接续便利化；加快建设全国范围的医疗保障信息系统，逐步实现医疗、养老等社会保障制度的全国统筹。

畅通国内国际双循环也是深化流通体制改革的题中应有之义。要尽快打通内外贸人为割裂的制度障碍，实现内外贸一体化，使国际贸易成为国内贸易的延伸，这就需要培育更多内外贸一体化综合性企业。此外，要加快从以往的商品、要素开放转向规则、管理、标准等制度性开放。对标国际通行的最高标准，深化完善以“边境内规则”为特征的改革开放，建立公平竞争的市场环境，使国内营商环境更加友好，透明度更高。构建对国有、民营和外资企业一视同仁、平等对待、统一监管的制度体系，使各类市场主体依法平等进入和退出，取缔区别性、歧视性的优惠政策及不正当市场干预措施，从而激发民营和外资企业的投资热情，同时也给予国有企业足够的市场竞争压力。

（3）需求侧改革要以保障就业，缩小区域城乡收入差距，提高劳动报酬和全社会的边际消费倾向为主要目标。产业链的完善伴随着更多农业人口向城市转移以及更多产业向中西部地区转移，从而成为缩小城乡区域收入差距的市场化机制。此外，在一次分配中，要以就业优先政策保障城乡低收入人群充分就业，并采取有效措施促使实际工资稳步增长。在二次分配中，要通过税收制度改革来合理调控财产性收入差距，节制资本所得。在城乡收入差距方面，要切实保障农民工充分就业，采取恰当的农地和宅基地流转制度，使农村土地资产能够转化为农民收入；既要防止少数人内部侵占和非法处置农村集体资产，也要防止外部资本的侵吞和非法控制。在区域收入差距方面，要引导东部地区产业向中西部地区合理转移，同时加大向中西部贫困地区的转移支付力度。为了扩大国内需求，还要加大消费者权益保护和国际标准采用力度，同时要有序扩大社会服务业对内对外的市场开放度，如医疗、教育、幼教、环保等领域，切实降低这些领域的市场准入限制。

（4）区域经济改革要凸显不同经济功能区优势互补，构建地区间互有分工的高耦合度产业链网络。目前中国经济重心大体可分为五大地区，分别是粤港澳大湾区、长三角地区、京津冀地区、中部城市群、西三角地区（主要包括成都、重庆和西安），但是五大地区间的分工合作还处于发展的早期阶段，需要进一步构建更为合理的地区间产业链布局，这是“以国内大循环为主体”的重点。粤港澳大湾区要将金融和科技创新更好结合，打造成中国和世界的科技创新高地，并与湖南、江西、广西形成更紧密的分工和合作关系。长三角地区则要努力成为中国和全球的投融资中心、数字经济和数字贸易重地以及高端制造业基地，并与长江流域的中西部城市建立更好的产业关联。京津冀地区要着重发展总部经济和科创产业，成为中国各区域间分工与合作的“雁头”，并在文化产业和国际交往方面发力，成为文化输出和国际合作重镇。中部城市群则要加快吸收东部地区的制造业转移，努力成为中国制造业的广阔腹地。西部地区腹地广阔，以成都、重庆、西安构成的西三角地区优势明显，未来可打造成为区域内制造业基地和发展引擎以及“一带一路”重要节点城市。

（5）高水平对外开放要以构建中国主导的国际产业链为新内涵和新目标。未来中国经济参与国际循环，以及实现国内国际双循环相互促进，绝不仅限于共建“一带一路”经济地理意义上的新循环，还应当立足于自主技术创新引领的以塑造新产业及其区域供应链为核心的国际循环。这就要求：一是提升中国在以往参与的三大产品和三大国际生产网络中的分工地位。为了从中低端国际分工地位向上攀升，应突破高端芯片、汽车发动机、人工智能、新能源等“卡脖子”技术，塑造中国企业主导的国际和区域产业链。中国研发技术力量强的地区和城市应当承担这样的历史使命。二是中国必须形成自身标志性的新技术和新产品，这样才能开拓新市场并树立主导不同区域国际产业链的地位。人类在技术创新道路上所创造的新产品，过去始终是以替代和节省劳动力以及压缩时空为特征，未来也必然如此。只不过在增加生态环境新理念后，新产品也增加了绿色环保的新特征。所以，未来的交通运输设备中的新产品，将出现新能源汽车、自动驾驶和智能汽车；生产设施中将出现各种工业机器人、无人机和智能化机器设备；大众消费品中将出现各种家用智能化用具。这三大新产业将引领未来的国际产业链。中国塑造的国际新产业链应该以这些产品为主要方向，形成要素禀赋、开放合作、产业配套、超大规模市场、技术创新叠加的综合竞争优势，并形成自主知识品牌，打造中国生产并出口核心技术产品、部分一般中间品和部分最终品，进口部分一般中间品和部分最终品的国内国际双循环新格局。三是无论是传统的三大产品，还是未来的智能化和绿色化新产品，都需要先在国内形成产业分工和循环，依托国内超大规模的市场优势培育国际竞争力，然后形成对外的产业辐射。这种由中国核心技术主导的产业链布局，应具有国内国外兼顾、经济效率和安全稳定兼顾的特征，可以比较有效地抵御国际突发事件的冲击（如美国对某些关键技术和零部件的出口限制）。在该意义上，需要在国内形成重点研发和核心技术创新的园区或城市，以及由其带动的经济一体化区域。四是塑造国际价值链不仅需要硬实力，还需要对服务、信息和数据进行有效控制的软实力。未来中国与世界的双循环不仅限于实物产品的国际生产分工与流动，还包括服务、信息和数据的流动与循环，所以中国需要积极参与国际数字贸易及其国际规则的构建，但是要兼顾信息自由流动与国家安全，统筹开放发展与安全稳定，这也是未来双循环相互促进的重要内涵与目标。

（本文发表于《中国工业经济》2021 年第 6 期）

新发展格局的理论逻辑、战略内涵与政策体系

——基于经济现代化的视角

黄群慧*

一 引言

党的十九届五中全会指出，在全面建成小康社会、实现第一个百年奋斗目标之后，中国的社会主义现代化进程进入到一个新发展阶段。在新发展阶段这个中国发展新历史方位，需要以新发展理念为指导构建新发展格局，从而实现第二个百年奋斗目标——全面建成富强民主文明和谐美丽的社会主义现代化强国。构建新发展格局明确了新发展阶段的中国经济现代化的路径选择，围绕构建新发展格局，中国经济理论、经济战略和政策体系都面临着创新发展的一系列重大任务。

2020 年 4 月 10 日在中央财经委第七次会议上，习近平总书记首次提出构建以国内大循环为主体、国内国际双循环相互促进的新发展格局。自此以后，在多次会议和其他公开场合上，习近平总书记都提及加快构建新发展格局的要求。同时，学术界也围绕着新发展格局进行了大量的讨论。2020

---

* 黄群慧，经济学博士，中国社会科学院经济研究所所长，中国社会科学院大学教授、博士生导师，中国社会科学院习近平新时代中国特色社会主义思想研究中心研究员。本文受国家社会科学基金重大项目“现代化经济体系的系统结构、测度指标与重大问题研究”（项目批准号：20ZDA043）的资助；本文也是中国社会科学院经济研究所《中国经济报告（2021）——构建新发展格局》总报告的核心内容。

年10月29日党的十九届五中全会将构建新发展格局作为《中共中央关于制定国民经济和社会发展第十四个五年规划和二〇三五年远景目标的建议》（以下简称《建议》）的“纲”提出；[①] 2021年3月11日十三届全国人大四次会议通过的《中华人民共和国国民经济和社会发展第十四个五年规划和2035年远景目标纲要》（以下简称《纲要》），以《建议》为基础对构建新发展格局进行了规划部署。从上述过程看到，在不到一年的时间内，关于新发展格局的理论研究和实践探索都在不断深入。但是，新发展格局作为一个“国之大者”的未来新发展阶段的“国之大计”，还亟待进一步从理论和实践各个层面进行深入研究。

新发展格局提出以后，国内学术界的相关研究跟进是十分及时的，围绕新发展格局的基本内涵、现实背景、理论基础、重大意义、政策建议以及“双循环”、“经济循环”、“内循环”等方面相关问题进行了深入的研究。短短的几个月时间已经出现了数千篇相关文献，这极大地促进了关于对新发展格局的认识。但总体而言，由于研究的路径依赖和思维惯性，再加之时间相对较短，这些文献的研究深度和学理分析还有待加强，战略内涵和政策体系研究水平还有待提升；尤其是对新发展格局的理解以及研究总体重心还有些偏颇，一个关键的问题是多数文献将“双循环”对等于“新发展格局”，把国内大循环主导、双循环相互促进的新发展格局简化为“双循环”，或者是“双循环新发展格局”。以2021年3月20日为查询时间，以“新发展格局”为关键词在知网查询文献篇数，有240篇查询结果；而以“双循环”为关键词，在知网查询到的文献数量高达2858篇；而再以“国内大循环”为关键词，在知网查询文献篇数只有65篇。虽然在实际研究中很多文献也强调了打通内循环的关键堵点、扩大国内市场需求的观点，而且围绕扩大内需也有大量的研究文献，但是，实际上用“双循环”或者“双循环新发展格局”这种简称是不能够准确概括“新发展格局”的准确内涵的，其最大问题在于直观上看重视了“双循环相互促进”，但忽略了“国内大循环为主体”这个关键内涵。如果仅仅是因为“双循环”更有传播冲

① 刘鹤：《加快构建以国内大循环为主体、国内国际双循环相互促进的新发展格局》，《人民日报》2020年11月25日。

击力，就用“双循环”替代“新发展格局”，这是舍本逐末。与国内这种有些偏颇的研究解读相反的是，国际上一些智库研究人员产生了另外一个对“新发展格局”的错误理解方向，认为在“新发展格局”框架下，中国的努力是推进自身与国际“脱钩”计划的一部分，将“新发展格局”与“脱钩”关联在一起。[①] 这种错误在于只认识到新发展格局强调“高水平自立自强”、“国内大循环为主体”的内涵，但忽略掉了“双循环相互促进”的重要内涵。这一切表明，新发展格局作为着眼于中国长远发展和长治久安的重大战略部署，其深刻内涵和对世界经济的重要和深远的影响，还需要学术理论界进一步深入研究。

2021 年 1 月 11 日习近平总书记在省部级主要领导干部学习贯彻党的十九届五中全会精神专题研讨班开班式上指出：进入新发展阶段、贯彻新发展理念、构建新发展格局，是由我国经济社会发展的理论逻辑、历史逻辑、现实逻辑决定的。加快构建以国内大循环为主体、国内国际双循环相互促进的新发展格局，是《建议》提出的一项关系我国发展全局的重大战略任务，需要从全局高度准确把握和积极推进。构建新发展格局的关键在于经济循环的畅通无阻，构建新发展格局最本质的特征是实现高水平的自立自强、更加强调自主创新。[②] 这意味着，对新发展格局的理解和未来有关新发展格局的研究至少要重视三个方面：一是要树立系统观，把新发展阶段、新发展理念和新发展格局三者作为一个整体来理解新发展格局的内涵；二是要重视逻辑性，深入研究新发展格局的理论、现实和历史逻辑；三是要把握主要矛盾，要围绕实现高水平的自立自强和自主创新这个构建新发展格局的本质特征、畅通经济循环这个构建新发展格局的关键问题，来探索构建新发展格局的实施战略和政策体系。

基于上面对新发展格局的认识和已有文献的问题，本文试图从三方面做

---

① Blanchette, Jude and Andrew Polk, “Dual Circulation and China’s New Hedged Integration Strategy,” http://www.csis.org/analysis/dual-circulation-and-chinas-new-hedged-integration-strategy, August 24, 2020.

② 《习近平在省部级主要领导干部学习贯彻党的十九届五中全会精神专题研讨班开班式上发表重要讲话》，中共中央党校（国家行政学院）网站，https://www.ccps.gov.cn/tpxw/202101/t20210112_147078.shtml，2021 年 1 月 11 日。

出对新发展格局研究的边际贡献。一是从经济现代化理论视角提出构建新发展格局的理论逻辑。与已有研究不同的是，本研究从经济现代化，也可以认为是工业化理论角度梳理构建新发展格局的理论逻辑，提出“阶段—模式—动力”的三维理论解释。二是给出构建新发展格局的战略内涵，将构建新发展格局战略与推进新型工业化、信息化、城镇化和农业现代化“新四化”战略有机结合起来，提出构建新发展格局的关键在于推进高质量工业化战略。三是系统梳理构建新发展格局的政策体系和重要的政策方向，提出构建新发展格局的“双协同”政策体系——供给侧结构性改革与需求侧管理的有效协同的宏观调控政策体系、竞争政策与产业政策有效协同的技术创新政策体系。

二　构建新发展格局的“阶段—模式—动力”三维理论逻辑

自构建新发展格局提出以后，众多理论工作者都在寻求新发展格局的理论基础，出现了一批这方面的研究文献。这主要有两方面的视角，一是马克思主义政治经济学的视角，如生产力与生产关系理论、社会资本再生产理论、世界市场理论、空间生产理论、社会主义市场经济理论等，[①] 尤其是可以追溯到马克思关于产业资本循环、两大部类资本再生产循环、社会再生产循环（生产、消费、流通和分配的国民经济循环）的三个层次经济循环理论。[②] 另外一个视角则是从宏观经济学的视角，如经济增长理论、国际贸易理论、全球价值链理论等，尤其是比较优势理论被认为是“双循环”的最为基础的理论逻辑。[③] 实际上，无论是马克思主义视角文献，还是宏观经济学视角文献，都聚焦“经济循环”和“双循环”这些关键词寻求相应理论基础，虽然在一定程度上可以为新发展格局的关键在于畅通经济循环找到相应的理论依据，但是并不全面，还无法进一步说明新发展格局要求

① 任君、黄明理：《“双循环”新发展格局研究述评》，《经济问题》2021 年第 4 期。

② 王国刚：《激活商业信用机制，推进国内经济大循环畅通》，《经济研究》2020 第 12 期。

③ 杨英杰：《“双循环”新发展格局的历史逻辑、理论逻辑和实践逻辑》，《长白学刊》2021 年第 2 期。

实现高水平自立自强的本质特征。

实际上，构建新发展格局是一项事关全局的重大的经济现代化战略任务，寻求新发展格局的理论逻辑最应该从现代化理论去挖掘，这样不仅直接，而且更为全面系统，也更符合构建新发展格局作为经济现代化路径的本意。现代化理论是关于现代化现象特征和规律的、经过一定逻辑性表述的理性认识。基于已有的现代化理论，可以引申出构造现代化理论的要素，这包括现代化界定或者定义、现代化模式、现代化过程或者阶段、现代化动力和现代化结果，这些要素通过一定的结构化就构成了现代化理论。[①] 也就是说，一般意义的整体现代化理论可以从这五个方面的要素来刻画现代化现象。但不同理论由于有自己的特殊概念或者重要的关系命题，可能对现代化的界定、模式、动力、过程和结果就会有不同的描述或者侧重某方面的论述，从而形成不同的现代化理论，发展成为具有众多流派的庞杂的知识体系。关于现代化的界定和定义，虽然不同的现代化理论也会有理解差异，但一个比较普遍的解释是：现代化是人类社会从传统社会向现代社会转变的历史过程，具体可以包括发达国家经历工业革命以来的深刻变化过程以及发展中国家追赶世界先进水平成为发达国家的过程。在经典的现代化理论看来，经济现代化的核心过程就是工业化，甚至可以把经济现代化就等同于工业化，这意味着现代化的实质就是由工业化驱动的现代社会变迁的过程。[②] 以此对现代化理解为基础，大量的经济现代化问题的研究更趋向于研究关于经济现代化或者工业化的过程和阶段、经济现代化或者工业化的动力和模式，而所谓经济现代化理论或者工业化理论也更多地是对经济现代化阶段、动力、模式等方面的理性认识。这里将这些理论认识概括为“三论”。

一是现代化阶段论。现代化是一个可以划分为不同阶段的过程。关于

---

① 何传启：《现代化科学——国家发达的科学原理》，科学出版社，2010。

② 本文将视角定位于“经济现代化视角”。由于经济现代化的核心过程就是工业化，甚至可以把经济现代化就等同于工业化，那么如果从经济学角度而言，本文的“经济现代化视角”就是“工业化视角”。甚至可以进一步认为，既然构建新发展格局是一个经济现代化的路径，那么，构建新发展格局也就是一个在新发展阶段的替代原来低成本出口导向工业化战略的新的工业化战略，这也是本文后面在战略内涵角度要深入阐释的。

经济现代化阶段划分的理论很多，现代化理论中对现代化阶段著名的划分有罗斯托关于传统社会、为起飞创造前提、起飞、向成熟推进、大众化高消费、追求生活质量的现代化“六阶段”，[①] 以及钱纳里等关于经济现代化的前工业化、工业化前期、工业化中期、工业化后期以及后工业化的工业化“五阶段”。[②] 在工业化阶段划分中还有早在20世纪30年代由W. 霍夫曼提出的、基于霍夫曼比例（消费资料工业净产值与资本工业净产值之比）划分的四个阶段。另外，世界银行单纯按照人均国民收入把各经济体划分为低收入、中低收入、中高收入、高收入四种类型，这实际上可以认为是一个经济体经济现代化进程的四个阶段。而且从中等收入进入高收入阶段往往十分困难，被认为现代化进程中存在“中等收入陷阱”。

二是现代化模式论。现代化是一个具有多种路径也就是多种模式的过程，也是一个具有路径依赖的过程。由于不同国家的资源禀赋和社会历史文化前提差异，虽然成为发达国家的现代化目标趋同，但发展的路径和模式可以有多种，尤其是后发国家的现代化模式与先进国家不同，后发国家可以有“后发优势”而实现所谓“赶超”。以驱动因素为例，经济现代化分为市场驱动为主、政府驱动为主、政府与市场共同驱动三种模式。英国、美国和法国大体归为市场驱动为主型，德国、日本大体可归为政府与市场共同驱动型，苏联和计划经济体制下的新中国大体可以归为政府驱动为主型。改革开放以后，中国推进了市场化改革，中国经济现代化从单纯政府驱动为主型转向政府和市场共同驱动型。在后发国家的经济现代化研究中，格申克龙的“大突进理论”非常有代表性，提出了不同国家的经济落后程度决定着不同的工业化模式，经济越落后，其工业化起步的“大突进”程度越高。[③]

三是现代化动力论。根据马克思主义经济基础决定上层建筑的著名论断，社会变迁的动力是经济增长和结构变革，对应到现代化过程中，现代化过程的驱动力就是经济现代化。而经济学理论认为，工业化是工业驱动

---

① Rostow, W. W, “The Stages of Economic Growth: A Non-Communist Manifesto,” Cambridge University Press, 1960.

② H. 钱纳里等：《工业化和经济增长的比较研究》，吴奇等译，上海三联书店，1989。

③ 史东辉：《后起国工业化引论——关于工业化史与工业化理论的一种考察》，上海财经大学出版社，1999。

的一个国家或地区人均收入的提高和产业结构从农业主导向工业主导的演进过程，其实质是国民经济中一系列重要的生产要素组合方式连续发生由低级到高级的突破性变化，[①] 进而推动经济增长的过程。也就是说经济现代化就是一个经济体从传统步入现代的经济持续增长的过程。而工业化、经济增长实际上构成了发展经济学乃至整个经济学的核心议题，从这个意义上看，众多经济理论都可以理解为经济现代化理论和现代化动力理论。围绕经济增长动力，虽然有众多流派，但无论是马克思主义政治经济学，还是新古典增长理论（外生增长理论）、新增长理论（内生增长理论）、演化经济理论等，都是从不同视角论述技术进步对经济增长的意义及内在机理，构成了庞杂的理论体系。马克思认为，技术作为一种渗透性的生产要素，通过提高劳动者的能力、促进资本积累以及改进劳动资料特别是生产工具，把巨大的自然力和自然科学并入生产过程，使生产过程科学化，进而对提高生产力、促进经济发展具有巨大的促进作用。实际上，“创新”一词最早是由美国经济学家熊彼特在 1912 年出版的《经济发展理论》一书中提出的，熊彼特的创新理论所提到的创新是“建立一种新的生产函数”或者是“生产要素的新的组合”。经过多年的发展，现在把创新作为经济增长和现代化的动力，已经成为经济学界的共识。

基于现代化理论的“三论”，我们可以结合新发展格局的内涵提出以下三方面关于新发展格局的“阶段—模式—动力”的三维理论逻辑认识，[②] 如图 1 所示。

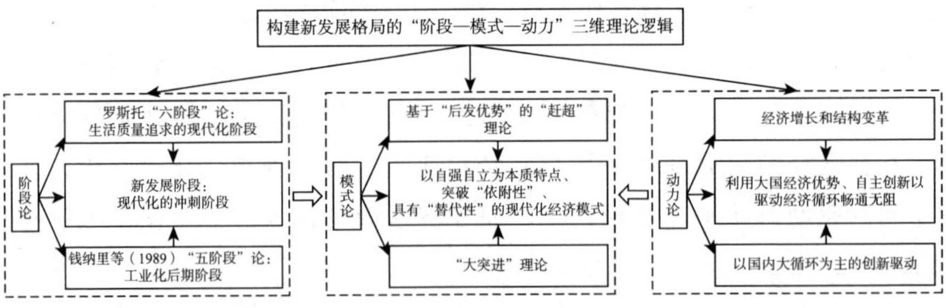

图 1　构建新发展格局的“阶段 – 模式 – 动力”三维理论逻辑

---

① 张培刚：《农业与工业化（上卷）——农业国工业化问题初探》，华中工学院出版社，1984。

② 黄群慧：《构建新发展格局的现代化理论逻辑》，《光明日报》2021 年 3 月 12 日。

一是基于现代化阶段论，构建新发展格局是中国社会主义现代化进程进入到新发展阶段的必然要求，是与现代化新阶段相适应的经济现代化路径。

“十四五”时期是我国全面建成小康社会、实现第一个百年奋斗目标之后，乘势而上开启全面建设社会主义现代化国家新征程、向第二个百年奋斗目标进军的第一个五年，我国将进入新发展阶段。从现代化阶段论理论看，新发展阶段既是社会主义事业的新阶段，也是中国的现代化进程的一个新发展阶段，这个新发展阶段是全面建设现代化国家的新征程。如果基于罗斯托现代化“六阶段”划分，这个新阶段意味着中国社会实现了起飞、完成了向成熟推进，开始从大众高消费转向对生活质量追求的现代化阶段。大多数文献认为，中国已经处于大众高消费阶段，新发展阶段意味着中国已经开始转向对生活质量追求的阶段。实际上，从经济增长角度看，我们可以把起飞前准备、起飞和向成熟推进这三个阶段界定为经济高速增长阶段，而大众高消费和对生活质量追求这两个阶段可认为是高质量发展阶段。新发展阶段意味着中国已经实现了从高速增长转向高质量发展，步入到高质量发展阶段。如果基于钱纳里等传统工业化“五阶段”的划分，从人均国内生产总值、三次产业产值、城市化率、制造业占比、第一产业就业占比等指标综合评价，中国已经步入工业化后期，虽然还没有完全实现工业化，但在一定意义上可以认为基本实现了传统意义上的工业化。[①] 新发展阶段意味着中国开始从工业化后期向后工业化阶段过渡，这个新发展阶段是新型工业化、城镇化、信息化和农业现代化“同步发展”的高质量工业化阶段。这实质意味着新发展阶段是最终实现现代化的“冲刺”阶段。

在新发展阶段这个实现现代化的“冲刺”阶段，中国经济需要跨越现代化进程中的三个关键节点。一是在2025年前后跨越“中等收入陷阱”成为高收入国家，二是在2035年基本实现现代化、成为一个中等发达国家，三是在2050年建成富强民主文明和谐美丽的现代化强国。虽然基于我们对

---

① 黄群慧：《“十四五”时期深化中国工业化进程的重大挑战与战略选择》，《中共中央党校（国家行政学院）学报》2020年第2期。

潜在增长率预测，[①] 中国能在这三个时间点实现这三个目标，[②] 但是这显然不是一个自然而然就可以跨过的阶段，这个新发展阶段需要围绕经济高质量发展寻求相应的新发展路径和现代化战略。而加快构建以国内大循环为主体、国内国际双循环相互促进的新发展格局，则是与这个新发展阶段相适应、以新发展理念为指导的新的经济现代化战略。在这个新发展阶段，中国经过了“富起来”阶段已积累了比较雄厚的物质基础，综合国力已居世界前列，形成了超大规模的大国经济基础，无论是从生产供给角度看，还是从14亿人口巨大的市场潜力看，都具备了国内经济大循环的基本条件。不仅如此，中国改革开放以来低成本出口导向的工业化战略对中国实现经济赶超发挥了巨大作用，但在新发展阶段这种战略的核心技术受限、内需亟待开拓等弊端日益明显，已经不适应新发展阶段的需要。再综合考虑经济全球化面临的挑战和发展趋势，加快构建在更高开放水平上的国内经济大循环为主体、国内国际双循环相互促进的新发展格局，就成为新发展阶段的经济现代化路径的必然选择。

二是基于现代化模式论，构建新发展格局是中国基于自身资源禀赋和发展路径而探索的、以自立自强为本质特征的、突破关键核心技术“依附性”、具有“替代性”的一种经济现代化模式。

中国作为一个现代化的后发国家，要实现赶超，成为一个现代化国家，必须根据自身社会、经济、自然和历史文化条件，充分利用自身的“后发优势”，探索适合自己国情的经济现代化模式。如果借用俄籍美国经济学家格申克龙的“大突破”理论，中国特色的经济现代化模式一定具有“替代性”，也就是中国现代化模式与先进国家的所谓标准或者原发的现代化模式存在不同之处，这些不同之处就是对先进国家经济现代化模式相应内容的“替代”。

所谓后发国家的现代化模式具有“后发优势”，一方面表现在可以广泛学习先进国家的现代化经验、汲取其教训，从而基于自身发展进行创新、

① 中国社会科学院经济研究所《中国经济报告（2020）》总报告组：《全球经济大变局、中国潜在增长率与后疫情时期高质量发展》，《经济研究》2020年第8期。

② 黄群慧、刘学良：《新发展阶段中国经济发展关键节点的判断和认识》，《经济学动态》2021年第2期。

在现代化模式上实现广泛的“替代”；另一方面表现在引进、消化、学习、吸收先进国家的技术，从而减少技术创新和技术进步的成本和时间，从而有别于先进国家的现代化模式和路径。当然，这两方面“后发优势”被有效地利用、探索出具有“替代性”的现代化模式、实现经济赶超的前提是，后发国家政府对自身国情、国家经济落后状况有正确的认识以及有强烈的意愿推进国家经济现代化进程。应该说，迄今为止的中国经济现代化进程表明，中国成功利用了后发优势，使市场在资源配置中起决定性作用，更好地发挥政府作用，在中国共产党领导下走出了一条具有中国特色的社会主义经济现代化道路，中国的现代化进程进入到追求生活质量的经济高质量发展新阶段。

但是，后发国家在推进经济现代化进程中也有其“后发劣势”。虽然利用了先进国家的经验和技术，但后发国家也会产生对先进国家在技术、贸易和资本等方面的“依附关系”。在基于全球价值链分工的今天，其全球生产分工地位往往也被锁定在价值链中低端。在先进国家确定的世界经济规则和支配的国际经济秩序中，后发国家往往处于不平等的地位。当后发国家现代化进程发展到一定程度，国际竞争力日益增强、经济规模迅速扩大和国际经济地位得到显著提升以后，后发国家与先进国家之间会发生全面贸易摩擦，从而制约后发国家的经济现代化进程。在发展经济学中激进学派用“依附性”来描述世界经济体系中发展中国家的这种“依附关系”。虽然激进学派的理论受到很多批评，且在当今全球化背景下并不一定正确，但是全球现代化史表明，“依附性”问题在大多数发展中国家中在一定程度上是存在的。如果后发国家现代化进程发展到一定阶段，不能够有效地通过自主技术创新有效突破这种关键核心技术的“依附关系”，其现代化有可能停滞或者被完全中断。实际上，众多发展中国家无法成为高收入国家，在所谓的“中等收入陷阱”中无法自拔，在一定程度上也正是不能突破这种“依附关系”的一种体现，或者说必然结果。

对于中国现代化进程而言，中国经济发展也面临着创新瓶颈，科技创新能力薄弱已经成为中国经济高质量发展的“阿喀琉斯之踵”。虽然中国科技创新能力不断提升，已经成为研发人员投入第一大国、经费投入第二大国，但是以“工业四基”为代表的产业基础能力高级化和产业链现代化水平亟待提升，存在大量的“卡脖子”技术，技术体系中相当多的关键核心技术依赖国外。如果这种关键核心技术“依附性”不能有效突破，会直接制约我国新发展阶段的经济高质量发展和我国现代化进程的推进。2018 年中美贸易摩擦、2020 年新冠肺炎疫情以及经济全球化强势逆流背景下，更加凸显了突破这种关键核心技术“依附性”的必要性和急迫性。习近平总书记指出：新发展格局的本质特征是高水平的自立自强，必须更强调自主创新。这意味着构建新发展格局是一种立足于畅通国内经济大循环为主、寻求突破关键核心技术“依附性”的经济现代化模式，在一定程度上是对低成本出口导向型工业化发展模式的扬弃。当然，构建新发展格局，绝不能否定开放和全球化，而要实行高水平对外开放，重视以国际循环提升国内大循环效率和水平，塑造我国参与国际合作和竞争新优势，改善我国生产要素质量和配置水平，推动我国的创新能力提升和产业转型升级。也就是说，构建新发展格局，是要在经济全球化下实现关键核心技术“依附性”突破、建立具有中国特色的经济现代化模式。

三是基于现代化动力论，构建新发展格局是一种充分利用大国经济优势、围绕自主创新驱动经济循环畅通无阻的经济现代化战略。

生产力决定生产关系，经济基础决定上层建筑，经济现代化是国家整体现代化的驱动和基础。虽然不能够直接把经济发展完全对等为经济现代化过程，但如何促进经济增长和经济结构优化，推动从传统经济结构向现代经济结构转变，无疑是经济现代化战略的核心。构建新发展格局作为我国新发展阶段实现经济现代化的路径，也是新发展阶段的经济现代化战略。

新发展格局的一个关键词是“经济循环”。经济活动本质是一个基于经济分工和价值增值的信息、资金和商品（含服务）在居民、企业和政府等不同的主体之间流动循环的过程。从经济思想史看，用循环流动描述经济活动最早可以追溯到法国经济学家魁奈 1758 年出版的《经济表》中。马克思在其《资本论》中提出社会再生产理论，将社会再生产过程描述为由生产、分配、交换和消费等环节构成的经济循环，还给出了产业资本循环从货币转换为商品、从购买商品到生产出新商品、从新商品再转换为货币的三个过程和公式。列昂惕夫在此基础上提出要以循环流动理论——“可再生产性”论取代“稀缺”论，以此作为经济学理论的基石。[①] 因此，从经济循环角度来刻画新发展格局，一方面抓住了经济运行的本质特征，另一方面也进一步丰富和发展了当代马克思主义政治经济学。

构建新发展格局的关键在于经济循环的畅通无阻，从而连续不断地实现社会再生产过程，保证经济持续增长和经济结构不断优化。而要实现经济循环的畅通无阻，必须进一步推进高水平的科技创新，通过创新驱动经济循环的畅通无阻，这也是中国新发展阶段经济现代化战略的核心要求。当前阻碍中国经济循环畅通的因素，既有供给侧结构性因素，也有需求侧内需潜力得不到有效释放问题，还有百年未有之大变局下国际环境不确定不稳定明显加大的影响，从战略和政策上要求：通过深化供给侧结构性改革来提高供给体系对国内需求的适配性与加强需求侧管理来扩大对供给的有效需求相结合；国内国际双循环互相促进要求经济增长实现在更高水平对外开放基础上的内外平衡，既要对内深化改革、激励技术创新、实现经济的创新驱动发展，又要全面提高对外开放水平、形成全面开放新格局、实现经济的开放发展，最终实现国内国际双循环互相促进；在经济效率与经济安全之间统筹平衡，实现更有效率、更为安全的产业体系和区域布局。

构建新发展格局的动力是以国内大循环为主的创新驱动，也就是基于国内大市场的高水平的自立自强和自主创新。从现代化战略角度看，其理论逻辑基础在于大国工业化的特性。库兹涅茨在其《各国的经济增长：总产值和生产结构》中按人口将所有样本国分为22个大国和35个小国，实证分析结果是，在同样的人均国内生产总值水平下，大国工业尤其是制造业所占份额比较大；[②] 钱纳里、塞尔昆在《发展的格局（1950—1970）》中揭示了大国和小国在发展格局上的差异：虽然大国和小国在发展格局上可以归结出许多不同之处，但大国经济发展的最一般特征是人口众多、市场容

① 乔治·吉利贝尔：《循环流动》，载史蒂文·N. 杜尔劳夫（Steven N. Durlauf）、劳伦斯·E. 布卢姆（Lawrence E. Blume）主编《新帕尔格雷夫经济学大辞典》，经济科学出版社，2016。

② 西蒙·库兹涅茨：《各国的经济增长：总产值和生产结构》，常勋等译，商务印书馆，1985。

量巨大，可以体现出更多的内向化的倾向。[①] 如果说库兹涅茨的研究支持了改革开放以来中国快速工业化进程造就了世界第一制造大国的事实，那么钱纳里等的研究则为构建国内大循环为主的新发展格局战略提供了理论依据。改革开放之初，中国虽然具有庞大的人口，但由于人均收入很低，还不能说具备了庞大的市场容量，那时候中国积极参与国际大循环，市场和资源“两头在外”，采用出口导向工业化战略具有其合理性。现在，中国人均收入已经超过了 1 万美元，具有 4 亿多人的中等收入群体，这无疑已经是一个十分庞大的市场，再加之制造业增加值已经连续十年总量第一，在这样的供需条件下构建以国内大循环为主、以高水平的自强自立的科技创新为驱动的新发展格局就十分合乎逻辑。当然，以国内大循环为主并不意味着忽视国际循环，而是要求国际循环还要以国内大循环为依托，二者相互促进。

三　构建新发展格局的高质量工业化战略内涵

一个国家的经济现代化过程是工业化与城镇化互动的经济发展过程。[②] 工业化为城镇化提供了经济基础和成长动力，而城镇化为工业化提供了要素集聚和广阔的需求市场。随着以制造业创新发展为核心动力的工业化推动国民经济中一系列重要的生产要素组合方式连续发生由低级到高级的突破性变化、进而推动人均收入的提高和经济结构的转变，人口、资本等生产要素逐步从农村向城镇集聚，城镇规模逐步扩张，城镇化进程也在不断加快，而这个不断加快的城镇化进程也进一步促进了经济结构转变和人均收入增加的工业化进程。基于这样的规律认识，构建新发展格局作为新发展阶段的经济现代化战略，其战略内涵就是在新发展阶段如何推进工业化

① 钱纳里、塞尔昆：《发展的格局（1950—1970）》，李小青等译，中国财政经济出版社，1989。

② 在经典的现代化理论中，由于更侧重于产业结构演进视角的考虑，城镇化进程往往包括在工业化进程中，并没有被单独列出。如果从产业和区域两个视角考虑经济现代化进程，经济现代化就是一个工业化和城镇化互动的经济发展过程，一般互动规律是在经济现代化进程初中期，工业化促进带动城镇化作用突出，而到经济现代化中后期，城镇化进一步牵引提升工业化水平。

和城镇化互动发展的过程，也就是新发展阶段如何实施工业化和城镇化战略。为此，基于一个通用的战略管理分析框架（SWOT），我们需要分析明确在新发展阶段的外部环境变化（机遇与威胁）与内部条件变化（优势与劣势），从而明确新发展阶段工业化和城镇化的具体战略内涵要求，也就是构建新发展格局的战略内涵。

（一）新发展阶段中国经济现代化面临的外部环境变化

总体而言，我国仍处于重要的战略机遇期，但机遇和挑战的内涵发生了重大变化，从外部环境看，新发展阶段是世界百年未有之大变局的深度变革期、新一轮科技与产业革命的加速拓展期。具体而言，这些变化至少包括以下三个重要方面。

一是世界经济环境呈现出全球化强势逆流变局。国际金融危机以来尤其新冠肺炎疫情蔓延下，保护主义、单边主义、霸权主义来势凶猛，全球化遭遇强势逆流，全球宏观经济治理进入未知领域，二战以来形成的全球宏观经济治理框架面临着巨大的挑战，全球政府高负债不断刷新历史纪录。在这种背景下，全球生产分工的内化趋势明显，全球价值链呈现出区域性和本土化的特征，国际环境的不确定性、中美贸易摩擦、疫情等外部冲击正在重塑全球产业链，一方面在纵向分工上趋于缩短，另一方面在横向分工上趋于区域化集聚，各国更多开始强调自主可控，倾向于选择转向“内循环经济模式”，全球产业链面临重构的巨大风险。在这种背景下，中国经济现代化进程面临着巨大的挑战，低成本出口导向工业化战略的不可持续性已经日益凸显。

二是科技和产业创新呈现出加速“革命”新局。20 世纪下半叶以来，以信息化和工业化融合为基本特征的新一轮科技革命和产业变革一直在孕育发展，国际金融危机后“革命”进程开始加快，新冠肺炎疫情的发生使应用场景不断拓展和深化，更呈现出从商务办公、社区治理、生活消费、生产服务到智能制造的全方位的“革命”新局，催生了大量的新产业、新业态和新商业模式。从技术经济范式角度分析，这一轮科技革命和产业变革已显现出以下特征：以数字技术智能技术的突破性应用为主导驱动社会生产力变革；以信息（数据）为核心投入要素提高社会经济运行效率；以产业智能化、融合化、绿色化为趋势正在重构现代产业体系。中国的经济现代化进程面临着由于科技革命和产业创新可能带来的“弯道超车”重大机遇，也会面临着如果无法将自己的工业化进程与信息化革命很好地融合而造成现代化进程相对“倒退”的严重威胁。

三是国际经济力量正在呈现深刻调整格局。经济全球化使劳动力、资本、技术三要素在全球范围内的流动出现不对称性，加剧了国与国之间发展的不平衡，各国在全球化进程中的收益呈现出结构性差异。从主要战略力量之间的对比看，冷战结束后的失衡态势发生明显改变。2018 年，中国的 GDP 已经达到美国的 2/3，应对国际金融危机，尤其是新冠肺炎疫情的过程中显示出的中国之治、西方之乱更是加强了人们对“东升西降”态势的认可，美国独自掌控地区和国际局势的意愿、决心和能力明显下降。从世界范围来看，多极化趋势不断深入，国际混乱失序因素明显增多，不确定性和风险持续高企，大国之间的合作明显下降、竞争明显上升，全球经济竞争正在面临着百年未有的深刻调整格局。从中国经济现代化进程看，一方面中华民族伟大复兴的战略全局在有序地、坚定地向着建成富强民主文明和谐美丽的社会主义强国方向演进，另一方面世界百年未有之大变局下中国作为新兴大国和平崛起因受到守成大国的打压而面临日益严峻的竞争压力。

（二）新发展阶段中国经济现代化进程的内部条件变化

从我国自身发展来看，我国全面建成小康社会、实现第一个百年奋斗目标后，又要乘势而上开启全面建设社会主义现代化国家新征程，向第二个百年奋斗目标进军，“十四五”时期作为全面建设社会主义现代化国家新征程的开局起步期至关重要。我国在 2020 年全面建成小康社会，经济社会发展的各方面都将达到新的水平。一方面，中国已经发展成为一个超大规模经济体，综合国力已居世界前列。2020 年我国 GDP 总量已经达到 101.6 万亿元人民币，是世界第二大经济体、制造业第一大国、货物贸易第一大国、商品消费第二大国、外资流入第二大国，我国外汇储备连续多年位居世界第一；我国还具有世界上最大的中等收入水平群体，为形成超大规模的内需奠定了基础，是我国新发展阶段经济增长的巨大潜力所在。另一方面，中国特色社会主义制度体系日趋成熟，形成了中国特色社会主义制度和国家治理体系，具备了中国特色社会主义道路自信、理论自信、制度自信、文化自信的坚实基础条件，形成了中国特色社会主义制度和国家治理体系的制度基础优势。

从中国的工业化和城镇化进程看，改革开放以来，尤其是加入 WTO 以来，中国快速地推进了工业化进程，采用了低成本出口导向高速度工业化战略，用几十年的时间走完了发达国家上百年的工业化进程，实现了十几亿人口全面脱贫和建成小康社会，这是人类工业化史上前无古人的伟大成就。到 2019 年，我们测算的工业化水平综合指数达到 95，已经处于工业化后期的后半阶段，[①] 新发展阶段将从工业化后期的后半阶段向后工业化阶段过渡，在 2035 年全面实现工业化，全面进入后工业化社会。伴随着工业化的快速推进，城镇化水平也在持续提升，尤其是 2015～2019 年中国常住人口城镇化率年均提高 1.13 个百分点，到 2019 年达到 60.6%，户籍人口城镇化率达到 44.4%，预计到 2025 年户籍人口城镇化率将达到 65.5%。[②] 这一切表明，在新发展阶段，中国经济现代化进程起点已经较高，具备了很好的量的基础条件，中国经济现代化进程已经到了经过了量的积累、开始实现质的突破的关键时期。

但是，还必须认识到中国经济现代化进程的不平衡不充分矛盾十分突出，发展质量亟待提高。一方面，工业化发展存在不平衡，工业化与信息化融合发展还不充分，新型工业化进程还相对缓慢。从工业化动力看，存在内外不平衡的问题，长期以来低成本、出口导向的高速工业化战略，造成对外部过度依赖，内需亟待开拓的内外动力失衡，经济安全风险加大，核心技术缺失、产业结构升级压力巨大等问题比较突出。从区域结构看，工业化水平总体上呈现东部、中部、西部逐步降低的梯度差距，近年来南北差距也日趋明显。从产业结构看，钢铁、石化、建材等行业的低水平产能过剩问题突出，受制于创新能力，高端产业和价值链的高端环节发展不

① 黄群慧、李芳芳等：《中国工业化进程报告（1995～2020）："十三五"回顾与"十四五"展望》，社会科学文献出版社，2020。

② 魏后凯等：《城镇化和区域发展战略与政策研究》，载谢伏瞻主编《迈向新征程的中国经济社会发展》，中国社会科学出版社，2020，第 440～479 页。

够，关键装备、核心零部件和基础原材料等严重依赖进口和外资企业。另外，工业化对农业产业现代化带动力度不够，三次产业之间融合程度还亟待提高。从工业化发展的资源环境看，工业化速度与资源环境承载力不平衡，绿色能源和绿色制造发展还不充分。从工业化与信息化关系看，互联网、大数据、人工智能和实体经济融合深度需要加强，制造业信息化水平、智能制造能力都有待提升。另一方面，以人为核心的城镇化质量水平有待提升，城镇化与工业化良性互动发展还不充分。到 2019 年末，我国户籍人口城镇化率与常住人口城镇化率还差 16.2 个百分点。农村土地制度与城乡公共服务改革的严重滞后，导致落户意愿与落户政策错配，严重阻碍了农业转移人口市民化的进程，造成农业转移人口难以享受到平等的市民权利。另外，大中小城市网络建设还不协同，城镇的产业发展、公共服务、吸纳就业、人口集聚的功能协同还有短板，工业化和城镇化存在着“时间上不同步”和“空间上无互动”的双重错位，城市群和都市圈发展还不充分。另外，从根本上说，造成工业化城镇化发展不平衡不充分的原因还是体制机制不完善。

无论是工业化发展不平衡不充分，还是以人为中心的城镇化质量有待提高，从经济循环角度看会表现为各类生产要素循环不畅通、国内循环不够充分、国内国际经济循环不平衡，而造成这种循环不畅的关键原因是创新能力不够，这既包括科技创新水平不够，也包括改革开放在内的制度创新问题，这也正是构建新发展格局这个战略的本质和关键要求所在。

（三）构建新发展格局作为经济现代化战略的核心内涵

新发展阶段外部环境和内部条件的变化要求新的经济现代化战略，新的经济现代化战略应该适应世界百年未有之大变局和中华民族伟大复兴战略全局的需要，构建新发展格局就是这样一个新的经济现代化战略。而经济现代化既然可以理解为工业化城镇化互动的经济发展过程，那么构建新发展格局的经济现代化战略内涵对工业化和城镇化提出了怎样的要求呢？

一方面，构建新发展格局的战略核心是从成本驱动、出口导向、高速度工业化转向创新驱动、内需导向、高质量工业化。这里有三层内涵。一是经济现代化的动力，必须从基于低成本劳动力的比较优势转向基于高水平科技创新能力的竞争优势。改革开放以来尤其是加入 WTO 以后，中国以要素低成本积极参与全球价值链分工，实现了我国经济的高速增长，这种战略不可持续。近年来，核心技术缺失、产业基础薄弱、产业链现代化水平低、国内市场需求得不到有效满足等问题日益突出，亟待通过提升技术创新能力、更加强调自主创新实现战略基点转型。正如上面对新发展格局的理论逻辑分析所揭示的，构建新发展格局是以科技自立自强和自主创新为本质特征、基于创新驱动经济循环畅通无阻的经济现代化战略，这意味着新发展格局是要实现经济现代化进程动力的重大转变。二是经济现代化的战略重心从出口导向转向内需主导，[①] 这意味着要充分利用大国在资源禀赋、市场容量等方面的优势，以国内经济大循环为主、国内国际相互促进推进经济现代化进程。另外，在当前全球化遭遇强势逆流的背景下，经济安全与经济发展同等重要的前提下，这种重心转变十分必要。三是经济现代化的目标从追求速度实现赶超转向追求高质量发展。进入新发展阶段，中国全面建成小康社会，社会生产力水平总体上显著提高，但工业化城镇化进程面临的更加突出问题是发展不平衡不充分，这已经成为满足人民日益增长的美好生活需要的主要制约因素。而高质量发展就是经济发展能够更高程度体现新发展理念的要求、解决发展不平衡不充分的问题、满足人民日益增长的美好生活需要的发展，高质量发展应该具有创新是第一动力、协调成为内生需要、绿色成为普遍形态、开放成为必由之路、共享成为根本目的的一组经济发展特性。也就是说，高质量工业化本身就是以新发展理念为指导、针对工业化城镇化不平衡不充分的问题而实施的工业化战略。需要进一步说明的是，高质量工业化战略的核心是制造业高质量发展，通过创新驱动推进中国制造向高端化、智能化、绿色化、服务化转型，实现

---

① 在发展经济学中“出口导向”往往是与“进口替代”相对应的，但不能把构建新发展格局的扩大内需战略理解为“进口替代”。构建新发展格局在扩大内需、以国内大循环为主的同时，还要国内国际循环相互促进，需要以国内大循环吸引全球资源要素，充分利用国内国际两个市场两种资源，积极促进内需和外需、进口和出口、引进外资和对外投资协调发展，促进国际收支基本平衡。

中国从制造大国向制造强国的转变。围绕制造强国这个目标，中国在2015年提出了制造业发展战略规划。虽然这个战略规划遭到美国的无端指责，但这个规划指明了中国制造业的未来发展方向。考虑到制造业对于科技创新能力提升的重要意义以及制造业对于经济增长的创新效应，而构建新发展格局的本质是高水平的自立自强，那么制造业的高质量发展无疑是构建新发展格局这个经济现代化战略的重中之重。

另一方面，构建新发展格局的战略过程是新型工业化、信息化、城镇化、农业现代化协同推进的“四化同步”。坚持走中国特色新型工业化、信息化、城镇化、农业现代化道路，推动信息化和工业化深度融合、工业化和城镇化良性互动、城镇化和农业现代化相互协调，促进工业化、信息化、城镇化、农业现代化同步发展。这个“新四化”同步发展要求是党的十八大提出的，党的十九大再次强调，而党的十九届五中全会提出，到2035年我国基本实现新型工业化、信息化、城镇化、农业现代化，建成现代化经济体系。当今世界正处在以信息技术突破性发展驱动新一轮科技革命和产业变革的信息化时代，信息化已经成为现代化的核心特征，信息化与工业化深度融合并持续改变着城镇化内涵；而工业化和城镇化的互动发展，也带动了农业现代化，进而随着农业产业效率提升也促进农业人口向城镇集聚。因此，信息化和工业化深度融合、工业化和城镇化良性互动、城镇化和农业现代化相互协调，是当今时代现代化进程的内在要求和基本规律。也就是说，一个国家的现代化进程，必然要求工业化、信息化、城镇化和农业现代化的同步推进。经济现代化可以包括工业化、城市化、信息化和农业现代化等方面，作为现代化战略，构建新发展格局要求畅通国内经济大循环，从内容上可以表现为信息化和工业化深度融合、工业化和城镇化良性互动、城镇化和农业现代化相互协调，从现代化进程上也就是工业化、信息化、城镇化和农业现代化的同步推进，这不仅是当今时代现代化进程的内在要求和基本规律，也是在新发展阶段以新发展理念为指导构建新发展格局、经济高质量发展战略的必然要求。新型工业化是相对传统工业化道路而言的，是以信息化带动工业化、以工业化促进信息化、科技含量高、经济效益好、资源消耗低、环境污染少、人力资源优势得到充分发挥的经济现代化战略。[①] 新型工业化、信息化、城镇化和农业现代化的“新四化”同步发展，充分体现了新发展理念的要求，也是构建新发展格局的战略实施过程。一方面，“新四化”同步发展将科技创新作为现代化的第一驱动力，准确把握了当今世界现代化进程的信息化、绿色化的人类社会创新发展的方向，充分体现了构建新发展格局的本质特征。以科技创新推进“新四化”同步发展，这也正是构建新发展格局的战略过程和战略路径。另一方面，“新四化”同步发展针对中国现代化进程中发展的不平衡不充分问题，更好地展现了生产要素之间、产业与产业之间、产业与区域之间、城镇与乡村之间、人与环境之间的内在协调发展性，这也是构建新发展格局畅通经济循环的要求。也就是说，“新四化”同步发展过程也正是畅通经济循环、构建新发展格局的过程。因此，积极推进“新四化”同步发展，实现信息化和工业化深度融合、工业化和城镇化良性互动、城镇化和农业现代化相互协调，正是构建新发展格局战略实施的基本过程，而“新四化”同步实现，则正是新发展格局形成的基本要求。

四 构建新发展格局的“双协同”政策体系

构建新发展格局是中国进入新发展阶段、以新发展理念为指导的新的现代化战略选择，这个新的现代化战略的基本内涵是以高水平的自立自强和科技自主创新来实现经济循环的畅通无阻。围绕构建新发展格局这个基本内涵，相应的政策体系也需要不断创新完善。一方面，围绕着畅通经济

① 需要说明的是，新型工业化概念是2002年党的十六大正式提出的，从表述上看已经包括了信息化、绿色化、高级化（高科技含量）等方面内涵，提出“四化同步”再将信息化与新型工业化并列实际上有突出强调信息化的意义。另外，农业也是一个产业，在理论上农业现代化也是可以归结到工业化内涵之中的，“四化同步”把农业现代化单独列出也是有突出强调的意义，因为我国农业现代化相比各个行业现代化还是一个短板，值得强调。还需注意的是，新型工业化虽然在一定程度上可以理解为高质量工业化，但二者还不完全等同。因为高质量工业化是以新发展理念为指导的工业化，而新型工业化内涵相对比较窄，虽然体现出了创新发展、绿色发展的要求，在一定程度也能够引申出协调发展和共享发展的含义，但开放发展方面的内涵则没有直接体现；而且新型工业化主要是相对于传统工业化而言，而高质量工业化应该是相对于高速度工业化而言，与我国经济发展从高速度转向高质量发展相统一。

循环，中国经济治理与宏观调控体系需要沿着需求侧管理与供给侧结构性改革这条主线有效协同的方向不断完善，中国经济政策需要形成加强需求侧管理政策与深化供给侧结构性改革政策的有效组合体系。另一方面，围绕着提高自主科技创新能力需要，建立以竞争政策为基础的产业政策与竞争政策有效协同的技术创新政策体系。总之，在坚持供给侧结构性改革为主线、国内经济大循环为主体、市场在资源配置中起决定性作用的原则下，构建新发展格局需要加快形成一种供给与需求动态平衡、改革与管理有效协同、国内循环与国际循环相互促进、竞争政策与产业政策有效配合的政策体系和运行机制（如图2所示）。

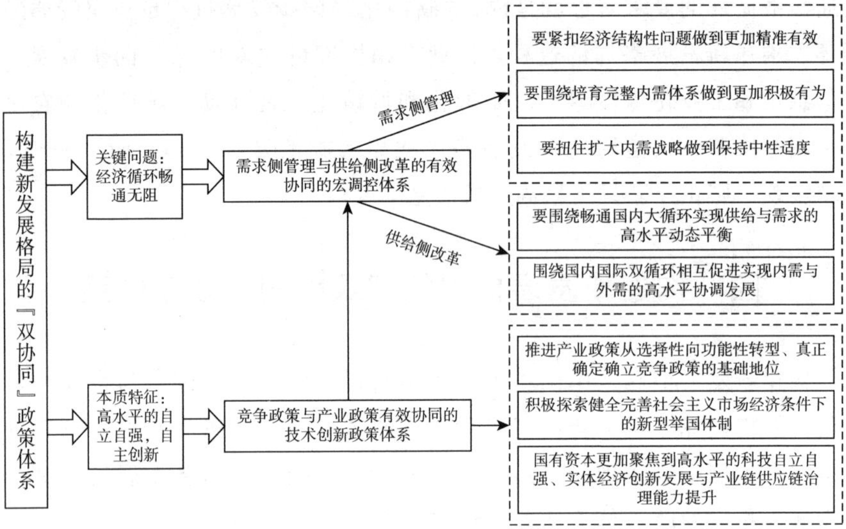

图2　构建新发展格局的“双协同”政策体系

（一）需求侧管理与供给侧改革的有效协同的宏观调控体系

在构建新发展格局下加强需求侧管理与深化供给侧结构性改革的有效协同，无论是从经济治理实践，还是从经济学理论发展，都具有十分重要的创新意义。从经济治理实践角度看，作为一个转型的市场经济体制国家，中国一直协调改革、管理与发展的关系，平衡供给和需求的矛盾。在1992年中国明确提出建设社会主义市场经济体制后，以需求管理为重点的宏观调控体系逐步建立。尤其是进入21世纪以后，总体上中国宏观政策导向和工具主要是以需求管理为主，财政政策与货币政策协同调控使得投资和出口成为扩大内需的主要拉动因素。2015 年中央基于对中国经济进入新常态的判断提出供给侧结构性改革，中国经济增长动力开始转向更多依赖改善供给的技术进步和创新驱动的长期视角，中国经济政策导向被概括表述为“三去一降一补”、“破、降、立”和“巩固、增强、提升、畅通”等阶段性方针，供给侧结构性改革成为经济工作的主线。而新发展格局则要求在坚持供给侧改革的主线下协同强化需求侧管理，以培育完整内需体系和建设强大国内市场，从而实现更高质量、更有效率、更为公平、更可持续、更加安全的经济发展。这在宏观政策导向上需要在深化供给侧结构性改革中充分考虑到短期扩大需求总量的要求，而加强需求侧管理时还必须着眼于长期供给侧结构性矛盾的化解。这不仅是宏观经济调控的新方向，也意味着对宏观经济理论的创新和发展。从宏观经济理论上看，这是一个供给侧结构性改革理论兼容了需求管理论内涵、突破供给学派理论长期视角和凯恩斯主义短期视角的综合理论框架，这个综合框架有内在机制的协同，也是一个系统性理论框架，这也正是“十四五”规划纲要提出的坚持系统观念原则的内在要求。当然这种理论和实践的重大创新并非一蹴而就，需要从需求侧和供给侧两端发力，不断探索有效协同的政策体系和内在机制。

从需求侧看，需求侧管理要与供给侧结构性改革有效协同，需要在以下三方面持续加强。[①] 一是需求侧管理要紧扣经济结构性问题，做到更加精准有效。当前经济中结构性问题是多方面的，既有高端消费需求旺盛与高端服务和产品供给不足之类的需求与供给之间错配，也有对国外关键核心技术过于依赖的内需和外需结构失衡，还有投资和消费内部结构不协调，例如，投资增长仍主要来自房地产投资和基础设施投资，高新技术产业、教育和卫生投入虽然增速较高但占比偏低。新发展格局下加强需求侧管理，绝不是大规模需求刺激、简单进行总量管理，其真正的要义是紧扣上述结构性问题，有效发挥需求对供给的牵引作用，因“题”施策，做到更加精准有效。例如，在投资方面，并不是说强调供给侧结构性改革、实现经济

① 黄群慧、陈创练：《新发展格局下需求侧管理与供给侧结构性改革的动态协同》，《改革》2021 年第 3 期。

增长从投资驱动导向转向消费驱动导向就不再注重投资，而是要看如何投资。新发展格局下，要扩大内需应该更加注重“补短板”和“促升级”的有效投资。所谓“补短型”投资即针对发展中不平衡的领域进行的投资，这类投资有助于提高国民经济运行的协调性、疏通国民经济循环的堵点，从而畅通经济循环扩大经济流量，主要包括基础设施、民生事业、区域协调、生态保护等领域；所谓“升级型”投资即针对未来经济现代化发展方向进行促进经济高级化现代化的投资，旨在从国民经济循环角度提供经济循环的新动能，培育经济新增长点，从而增强经济循环动能、提高经济循环水平，重点方向包括新型基础设施建设投资和制造业高质量发展投资等。也就是说，需求侧管理应该要主动触及深层次的结构性问题，在深度和力度上与供给侧结构性改革保持协调。

二是需求侧管理要围绕培育完整内需体系，做到更加积极有为。构建新发展格局、畅通国内经济大循环需要加快培育包括现代市场体系、现代产业体系、收入分配体系和新型消费体系等在内的完整内需体系，进一步释放内需潜力。而加快培育完整内需体系，除了要求深化供给侧结构性改革外，还要求需求侧管理政策体系的配套支持。具体而言，财政政策和货币政策不仅要围绕经济增长、充分就业、物价稳定、国际收支平衡四大目标综合施策，还应该充分体现统一开放、竞争有序的现代市场体系建设的要求，积极促进创新引领、协同发展的现代产业体系发展。尤其是，要坚持就业优先的政策导向，收入分配政策要以切实提高居民收入水平、建立和完善体现效率促进公平的收入分配体系为基本要求，正确处理国家、企业和个人之间的关系，保证居民可支配收入增速与经济增长速度同步。另外，需求侧管理政策要在挖掘国内消费潜力、加快消费转型升级、塑造新型消费体系方面发挥积极作用，要积极促进新型城镇化进程，合理增加公共消费，依托公共消费带动居民消费增长，加快新型消费基础设施建设投资，大力促进消费数字化转型。

三是需求侧管理要扭住扩大内需战略，做到保持中性适度。需求侧管理必须要紧紧扭住扩大内需这个战略基点，当前内需已经成为拉动中国经济增长的绝对主力，其中最终消费对 GDP 增长的贡献率达到六成以上，然而从中长期走势看，投资需求和消费需求均呈现下调趋势。建设超大规模国内市场、形成旺盛内需已经不仅仅是短期的政策目标，而是一个长期的要求，是一个可持续的历史过程。这不仅要通过深化供给侧结构性改革来解决长期的供给结构性问题，同时，促进消费升级、完善投资结构也要加强需求侧管理，通过需求升级牵引供应链和产业链创新发展。要提高需求侧管理与供给侧改革的有效协同，需求侧管理必须兼顾长期的制度性改革任务以适应供给侧结构性改革的长期性要求，兼顾结构性问题和周期性问题并有针对性地解决。财政政策应该更多地用于解决结构性问题，而货币政策应该更多地解决周期性问题。为了同时满足长期、多目标的要求，需求侧管理就不可短期过于激进，要比以往更加中性和适度，运用当期政策解决迫切性问题、保持经济运行总体稳定的同时，要前瞻性地考虑到对中长期的影响。需求侧管理必须要把握政策力度，并与供给侧结构性改革的力度和节奏紧密结合起来。

从供给侧看，供给侧结构性改革要与需求侧管理有效协同，需要从两方面入手深入实施。一方面，供给侧改革要围绕畅通国内大循环，实现供给和需求的高水平动态平衡。在 2018 年中央经济工作会议提出的“巩固、增强、提升、畅通”要求中，畅通国民经济循环，形成国内市场和生产主体、经济增长和就业扩大、金融和实体经济的良性循环，就是供给侧结构性改革的重要要求之一。新发展格局下，供给侧结构性改革应该更加以畅通国内经济大循环为目标，针对生产、分配、流通、消费各环节的卡点、堵点，破除制约经济循环的制度障碍，推动生产要素的循环流转和各环节的有机衔接，加快培育统一开放、竞争有序的市场体系，激发供给体系提高供给质量，更好地满足市场需求转型升级和灵活多样之变化，提升供给体系对需求的适配性。尤其是通过供给侧结构性改革，积极推进制造强国建设，不断提升产业基础高级化和产业链现代化水平，促进先进制造业和现代服务业深度融合，促进数字技术与实体经济深度融合，培育先导性和支柱性产业，推动战略性新兴产业融合化、集群化、生态化发展，强化基础设施的支撑引领作用，提升服务业的效率和服务质量，从而形成实体经济、科技创新、现代金融、人力资源协同发展的现代产业体系，实现以供给体系质量提升引领和创造新需求，最终形成需求牵引供给、供给创造需求的更高水平动态平衡。

另一方面，供给侧改革要围绕国内国际双循环相互促进，实现内需与外需的高水平协调发展。一般而言，需求侧管理的国际经济政策基本目标是实现国际收支平衡，这进一步要求实现内需与外需、进口与出口、吸引外资与对外投资等各方面的协调发展。改革开放以来，尤其是在加入世贸组织以后，中国积极加入全球价值链分工，形成了依靠国际大循环的、出口导向的工业化战略，中国经济实现了快速发展和赶超。但近年来，关键核心技术缺失、产业基础薄弱、产业链现代化水平低、国内市场需求得不到有效满足等问题日益突出，严重制约了中国经济的可持续增长和经济安全。构建新发展格局要求以国内大循环为主体基础上的国内国际双循环相互促进，这意味着我国需要通过深化供给侧结构性改革协同推进强大国内市场和贸易强国的建设，改变激励出口的政策导向，吸引全球资源要素，塑造我国参与市场竞争新优势，实现新的内需和外需的高水平协调发展。尤其是，要通过深化供给侧结构性改革，完善国家创新体系和创新生态，把科技自立自强作为国家发展的战略支撑，提高我国创新能力，打破关键核心技术大多依赖国外供给的“依附性”，疏通经济循环中的“卡点”，提升中国产业在全球价值链中的地位。

（二）竞争政策与产业政策有效协同的技术创新政策体系

从世界工业化史看，存在着不同的工业化模式和动力机制，这不仅仅体现了工业化进程的复杂性，落实到工业化推进的政策体系上，也存在复杂的动态组合。这种政策体系动态组合的本质是随着工业化推进如何处理政府与市场的关系。与政府和市场的关系相对应，工业化进程中相应的政策体系可以分为产业政策和竞争政策。从一定意义上可以认为，市场驱动为主的工业化更倾向于依靠竞争政策，而政府驱动为主型的工业化进程更倾向于依靠产业政策，对于政府和市场共同驱动的工业化则是产业政策和竞争政策的混合。如同政府和市场关系是经济学中一个重大而复杂的论题一样，实际上工业化进程中不同阶段的产业政策和竞争政策如何组合，是一个具有重大理论和现实意义的问题。

产业政策直观地理解为关于产业发展的政策，在这种泛泛的描述背后蕴含着丰富的理论性内涵。对产业政策的深入理解需要把握两方面前提。

一是产业政策存在合理性。虽然现实中产业政策多是后发国家出于赶超发展需要而采取的发展产业的政策工具，但是从更为普遍的理论意义看，存在各种经济理论解释为什么需要产业政策。比较传统的解释是新古典经济学提出的为了矫正市场失灵，这种市场失灵既包括由于不完全竞争、信息外部性、公共品等引起的传统市场失灵，也包括市场机制在协调经济活动中的市场协调失灵。“信息外溢”“协调失灵”被认为是政府实施产业政策的两大理论基石。[①] 而更有解释力的演化经济学则从经济系统结构动态演化角度出发，认为市场自组织状态下会出现短视的低水平局部均衡和忽视社会公共目标的情况，这需要政府通过产业政策激励创新行为和规制市场主体行为来打破低水平局部均衡和促进社会公共目标的实现，进而促进经济发展目标。这有力支撑了发展中国家通过产业政策实现后发赶超的合理性。二是产业政策的复杂性。不同国家和同一国家不同工业化时期所实施的产业政策内涵、程序、力度和具体工具形式都千差万别，这使得产业政策非常复杂。从类型上看，包括现代产业政策与传统产业政策，横向产业政策与纵向产业政策，选择性产业政策与功能性产业政策，限制性产业政策与鼓励性产业政策，等等；从内容上看，涉及创新政策、教育政策、贸易政策、市场管理、中小企业政策等各个方面。理解了产业政策的合理性和复杂性，就避免了陷入关于是否需要产业政策的初级争论中，而将研究产业政策问题的关键聚焦到如何根据工业化进程阶段动态制定更加合意的产业政策。

广义的竞争政策一般认为是政府实施的以保护市场竞争、促进和强化市场机制作用、规范市场竞争行为为目标的各种政策总和。狭义的竞争政策是规制企业包括垄断协议、滥用市场支配地位和经营者集中等垄断行为和不正当竞争行为的各种政策。从经济发展的视角看，政府之所以实施竞争政策、建立公平竞争的市场机制，一个基本的共识在于公平竞争是优化资源配置、激励创新、促进产业发展、增进社会福利的最为重要的前提，而单个企业为了追求自己利润最大化的垄断和不正当竞争行为会破坏公平

① Hausman, R. and D. Rodrik, “Economic Development as Self-Discovery,” Journal of Development Economics 72 (2) (2003).

竞争市场机制，进而不利于社会资源优化配置、产业创新与发展、社会福利最大化。在这个意义上，竞争政策也是一种促进产业发展的政策。只是与产业政策不同的是，竞争政策是通过保护市场公平竞争、促进市场充分竞争从而实现促进产业发展的目的，而产业政策是看到了单纯的市场竞争存在着“市场失灵”，由政府直接制定政策干预市场机制、弥补市场失灵从而达到鼓励或者限制某些产业的发展的目标。当然，产业政策和竞争政策并非“非黑即白”，例如，与选择性产业政策不同，功能性产业政策就是强调在不破坏市场公平竞争的前提下围绕着建设和完善产业发展基础条件（包括市场基础条件）而促进产业发展。实际上，围绕产业创新发展、社会福利最大化等目标，产业政策与竞争政策存在着有效实施的动态组合。

经过多年实践，中国的产业政策已经发展为一套动态复杂的政策组合，包括产业结构政策、产业组织政策、产业布局政策和产业技术政策等各类政策。从实施效果看，总体上对中国快速推进工业化进程、促进产业转型升级、实现经济赶超发挥了重要作用，但是，中国的产业政策在一定程度上也存在干预市场和影响市场机制形成的问题。随着市场经济体制改革的不断深入，在不断完善产业政策的同时，中国不断强化竞争政策，[①] 具体包括 1993 年 9 月颁布《反不正当竞争法》、2007 年 8 月通过《反垄断法》、2015 年 10 月明确提出逐步确立竞争政策的基础性地位、2017 年 10 月出台《公平竞争审查制度实施细则（暂行）》等关键措施。中国正在建设和不断完善基于竞争政策基础地位的产业政策与竞争政策的协调机制。坚持竞争政策的基础性地位，其基本要求是深化市场化改革、加快垄断行业以及要素市场改革，将竞争政策作为产业政策和其他各类经济政策的前置性和约束性政策，这是高标准市场体系建设的基本要求，也是加快构建完整内需体系、促进经济循环的一项重要内容，所以构建新发展格局也一定要坚持竞争政策的基础性地位。

构建新发展格局的本质特征是高水平的自立自强、提高科技创新能力。围绕促进自主创新形成以竞争政策为基础地位、产业政策与竞争政策有效协同的技术创新政策体系，也就成为构建新发展格局的重要政策支撑和基

① 黄群慧：《改革开放 40 年中国的产业发展与工业化进程》，《中国工业经济》2018 年第 9 期。

本要求，这具体要在以下三方面强化着力。

1. 推进产业政策从选择性向功能性转型、真正确立竞争政策的基础地位

新发展阶段的中国现代化进程已经到了工业化后期向后工业化过渡的阶段，需要实施高质量工业化战略。中国产业结构的日益完备、产业技术水平逐步向全球技术前沿靠近，长期以来与我国工业化初中期阶段相适应的由选择性产业政策主导的政策体系越来越不适用了，产业政策应该从选择性向功能性转型，产业政策资源应更多地导向科技创新服务体系建设，竞争政策和功能性产业政策应该占据主导，以提升自主创新能力和激发颠覆性创新技术涌现。另外，面对全球百年未有之大变局，新一轮科技和产业革命正在不断拓展深化，全球贸易规则和竞争秩序正处于不断变化甚至秩序重构过程中。虽然各大国都在努力掌握和增强其在新兴技术和新兴产业领域的主导权，但这一轮以智能化、数字化、网络化为核心特征的新工业革命所涉及的科学技术基础的广度、技术融合的深度和市场应用的复杂性都是空前的，任何一个国家都不可能掌握新工业革命产业体系、供应链体系、价值链体系和创新体系的全部环节，需要继续在多边主义原则下构建更加开放的产业生态和创新生态。[①] 在这种背景下要更好地实现国内与国际经济循环相互促进，需要通过更大范围、更高水平的市场开放、加强知识产权保护、强化竞争政策等积极引导和融入新的多边贸易投资规则，维持自由、公平、透明的全球市场秩序，致力于形成一套符合市场经济发展的规则。这同样要求我国的产业政策转型与竞争政策基础地位的真正确定。

围绕着提高自主创新能力来构建新发展格局，既要真正确立竞争政策的基础地位，也要有效发挥产业政策的作用，这需要在有效协调竞争政策和结构性产业政策的基础上确立竞争政策的基础地位。为此，需要把握两个重要方面的政策措施。一方面，明确结构性产业政策发挥作用的边界，积极推进产业政策转型。严格控制结构性产业政策数量，产业政策要强调质量，强调“少而精”和协同配套。要最大限度地从结构性产业政策主导转向功能性产业政策主导，通过市场或非市场的方式为产业提供科学技术、

① 谢伏瞻:《论新工业革命加速拓展与全球治理变革方向》,《经济研究》2019 年第 7 期。

人力资本等创新公共服务，通过创新体系建设或公共服务体系建设，如共性技术研发机构、技术扩散服务机构和项目、针对中小企业的法律会计服务等，为产业和企业提供特定的服务以提升其创新能力；要最大限度地从“刚性”产业政策转向“柔性”产业政策，加大知识产权保护力度，建立知识产权侵权惩罚性赔偿制度，鼓励塑造良好产业生态和竞争环境；最大限度地从封闭环境下的产业政策转向开放条件下的产业政策，实现产业政策与国际通行规则惯例的兼容，提高产业政策的普惠性。但是，要坚持在关乎国家发展全局和国家产业安全的关键领域实施结构性产业政策，充分发挥我国制度优势和经济规模优势。另一方面，要从组织机制上逐步确立竞争政策的基础地位，这要求改革产业政策主要由行政部门负责制定和执行的机制，实现产业政策制定程序与组织机制的再造。我们曾建议产业政策和竞争政策协调的组织保障可以考虑以下方案：组建国家竞争政策与产业发展委员会，负责管理竞争政策和产业政策的集中制定，各相关部委负责相关产业政策建议和具体实施。该方案与目前我国竞争政策和产业政策治理体系的区别，是将政策制定部门与政策执行部门分离，将政策协调的重心由政策出台后的事后协调调整为政策出台时的事前协调。①

2. 积极探索和健全完善社会主义市场经济条件下的新型举国体制

社会主义市场经济条件下的新型举国体制，本质上可以认为是发挥市场在资源配置中起决定性作用与更好地发挥社会主义国家政府集中力量办大事作用在科技创新中的有效协同机制，其政策体系就是基于产业政策手段与竞争政策手段有效协同的科技创新政策。虽然单纯理解举国体制，顾名思义，是国家利用所有资源和手段，举全国、全社会之人力、财力、物力去达成某一特定目标的工作体系、运行机制和制度安排，体现了“集中力量办大事”原则和思想以及国家统一意志，但是社会主义市场经济体制下的新型举国体制，还需要把握两层含义。一是市场经济体制下的新型举国体制，是对传统举国体制以行政配置资源为主要手段的超越，将充分发挥市场在资源配置中的决定性作用和更好发挥政府作用兼顾起来，推动有

① 中国社会科学院经济研究所课题组：《“十四五”时期深化工业化进程的产业政策和竞争政策研究》，《经济研究参考》2020 年第 11 期。

效市场和有为政府的更好结合。二是市场经济条件下的新型举国体制，是在经济全球化、信息化背景下的开放体制，是中国积极寻求国际合作、积极顺应经济全球化、信息化趋势的举国体制。这意味着，科技创新的新型举国体制，要面向国家重大需求，通过政府力量和市场力量协同发力，集成国家战略科技力量、社会资源共同攻克重大科技问题的组织模式和运行机制，充分发挥我国制度优势，综合运用行政力量和市场的各种手段，但又尊重科学规律、经济规律、市场规律和全球化规律，让企业在关键核心技术攻关中占据主体地位，尤其是发挥企业家的创新作用。

充分发挥我国新型科技创新的举国体制的优势，不断完善我国新型举国体制，一方面要界定实施新型举国体制的边界。新型举国体制更适合针对投入巨大、技术难度高，市场主体单独难以攻克的重大的、国家战略性、基础性的科学技术问题和经济发展项目。另一方面要不断提高我国新型举国体制的创新效率。当前我国在推进新型举国体制进行技术创新的组织实施过程中存在一些突出问题：从跨部门、跨地区协调层面看，目前我国的举国体制更多是在“资源投入”方面实现了“举国投入”，但在“组织管理”（即跨部门协调、跨地区协调）方面还没有真正实现“举国协同发力”；从项目组织管理实施层面看，参与主体权责不对称的问题突出，科学管理和制度激励严重不足；从总体环境看，目前我国的举国体制项目在人才引进、技术竞争、国际合作等方面还不能有效响应新的国际竞争环境的挑战。为此，要加强统一管理和促进部门合作，重视打造核心平台和发挥行政垂直管理体系的协调作用；要明确主要权利人和责任人职责，导入成熟的项目管理流程，进一步提升重大项目的组织实施效率；要根据新的国际竞争形势，对国家重大科技和产业化项目在战略部署方面进行调整。①

3. 以国有企业分类改革为前提将国有资本更加聚焦到高水平的科技自立自强、实体经济创新发展与产业链供应链治理能力提升的功能定位上

从一定意义上说，国有企业可以作为一种产业政策手段，通过国有企

① 黄群慧、倪红福：《基于价值链理论的产业基础能力与产业链化水平提升研究》，《经济体制改革》2020 年第 5 期。

业使命要求、国有资本功能定位，政府可以将国有资本有效配置到服务于国家特定产业发展目标上。这种产业政策手段，为了与竞争政策协调，就要求国有企业在市场竞争中遵循“竞争中性”的原则。对于中国国有企业而言，既要充分发挥国有资本功能定位和实现国有企业使命要求，又要坚持“竞争中性”保护市场公平竞争，一个基本前提是坚持分类改革与分类监管。对于公益类和特定功能类国有企业，需要进一步发挥国有经济战略支撑作用，推动国有资本进一步聚焦于战略安全、产业引领、国计民生、公共服务等功能；对于充分竞争领域的国有企业，强化资本收益目标和财务硬约束，增强流动性，完善国有资本优化配置机制。在新发展阶段，国有企业需要以构建新发展格局为企业使命，国有资本需要以贯彻新发展理念、构建新发展格局为优化配置目标。具体而言，国有资本功能定位需要在以下几方面聚焦。

一是高水平的科技自立自强。构建新发展格局最本质的特征是实现高水平的自立自强，而自强自立的关键在于科技的自主创新。中央企业有研发人员近100万人，两院院士超过200人，拥有一半以上的国家重点实验室，但是国有企业总体上的研发投入严重不足，尤其是在基础研究方面投入更少，面对众多“卡脖子”关键核心技术薄弱环节，中央企业还没有很好地发挥重要战略科技力量的作用实现迅速突破。国有企业必须围绕原创性技术创新进行大量资本布局，强化基础研究投入，提高高级技能工人占比，完善科技服务体系，在积极探索市场经济条件下的新型举国体制和推进创新攻关的“揭榜挂帅”体制机制的过程中发挥重要作用，中央企业要成为新型举国体制下的科技自立自强的核心平台，组织协调攻关重大的、战略性、基础性技术问题，提升重大项目的组织实施效率，在国家重大科技和产业化项目上进行科学战略部署。

二是实体经济的创新发展。近年来中国经济总体上呈现“脱实向虚”的趋势，一定程度上出现了过快和过早“去工业化”问题，这十分不利于我国经济高质量发展，不利于我国经济安全。虽然中央企业是我国实体经济的顶梁柱和制造强国建设的主力军，但总体上国有资本也存在一定程度的“脱实向虚”问题。从2020年1到11月份数据看，中央企业中工业企业资产总额的占比51.4%，虽然保持超过一半的占比，但近些年占比也是呈现明显下降趋势，2019 年工业企业资产总额占全部中央企业资产总额较 2015 年下降 5.5 个百分点；而同期地方国资委监管的国有企业工业企业资产总额占比更是只有 12.9%，比金融业资产占比低 9.5 个百分点，比房地产和建筑业资产占比还低 2 个百分点，2019 年比 2015 年下降了 7.5 个百分点。新发展阶段，国有资本必须在实体经济，尤其是制造业上积极布局，国资委要强化主业管理，有效推动实体经济的创新发展。

三是产业链供应链的治理能力提升。在当今全球价值链分工的背景下，提升国家产业链供应链现代化水平，就是一个国家推进其产业链供应链向高附加值延伸、强化其产业在全球价值链各环节的增值能力、实现在全球价值链的地位升级、企业在全球价值链治理能力提升的过程。从国际经济循环角度看，中国企业在全球价值链中的分工地位还处于中低环节，对全球价值链治理还缺少话语权；从国内经济循环角度看，总体上国有企业尤其是中央企业在产业链供应链中处于中上游地位，对产业链供应链具有一定的控制能力，但这种能力主要是基于资源导向的，不是基于创新导向的。新发展阶段要构建新发展格局，就要提升产业基础能力和产业链水平。国有企业要在现有的基础上，采用流程或者工序升级、产品升级、价值链环节攀升，或者企业功能升级、价值链跃迁，或者跨产业升级及其组合等方式来提高我国产业基础能力和产业链水平，实现从基于资源优势控制产业链向基于创新能力控制产业链的转化。

最后，需要说明的是，构建新发展格局，聚焦实现国有企业的使命定位和国有资本的功能布局，不仅仅是国有企业自身的问题，同时和国有资产监管体制直接相关。党的十八大提出了要建立以管资本为主的国有资产监管体制，党的十九大和十九届四中、五中全会也在不断地强调要健全管资本为主的国有资产监管体制。但是，“管资本为主”不能理解为“只管资本”，把“管资本”单纯理解为监管企业的资本收益。从经济学理论上看，“管资本”其内涵也绝不是单纯地只关注资本收益。“资本”在现实中存在两种内涵，或者说属性，一种是资本的“金融”概念或者“金融属性”，可以表述为作为一种资源的可自由流动的资金；另外一种是资本的“技术”概念或者“技术属性”，可以表述为在某特定生产组织或者机构内进行的生产过程中包含的一组生产要素。[①] 国有资产监管体制的“管资本为主”更多的是资本的“技术属性”，而非“金融属性”，“管资本”不仅要考核其资本回报，还要关注其资本回报是通过什么途径获得的，要监管企业是否已经脱离主业、违背使命要求和偏离资本功能定位，尤其是对于公益性和商业两类企业而言。当然，这并不意味着国有资产监管体制要回到党的十八大之前。在“管资本为主”的管理体制下，监管方除了监管国有资本保值增值，还要对国有企业使命、重大战略进行监管。在新发展阶段，尤其是要监管国有资本是否更加聚焦到高水平的科技自立自强、实体经济创新发展与产业链供应链治理能力提升的功能定位上。

五 结语

围绕构建新发展格局，中国经济理论、经济战略和政策体系都面临着创新发展的一系列重大任务。与已有研究强调新发展格局“双循环”的属性不同，本文更加强调新发展格局的本质特征是中国现代化进程进入到新发展阶段后的高水平的自强自立，尤其是本文对新发展格局给出了一个经济现代化，也可以说是工业化的全新视角。基于经济现代化视角，本文围绕构建新发展格局的理论逻辑、战略内涵和政策体系提出了一系列新的观点、认识和建议。

从新发展格局的理论逻辑看，构建新发展格局是中国社会主义现代化进程进入到新发展阶段的必然要求，是与现代化新阶段相适应的经济现代化路径。构建新发展格局是中国基于自身资源禀赋和发展路径而探索的、以自立自强为本质特征的、突破“依附性”、具有“替代性”的一种经济现代化模式。新发展格局是一种充分利用大国经济优势、围绕自主创新驱动经济循环畅通无阻的经济现代化战略。

从构建新发展格局的战略内涵看，作为一种经济现代化战略，它顺应

① 卢依季·L. 帕西内蒂、罗伯特·斯卡其里：《资本悖论》，载史蒂文·N. 杜尔劳夫（Steven N. Durlauf），劳伦斯·E. 布卢姆（Lawrence E. Blume）主编《新帕尔格雷夫经济学大辞典》，经济科学出版社，2016。

了全球经济环境呈现出的全球化强势逆流变局、科技和产业创新呈现出加速“革命”新局、国际经济力量正在呈现深刻调整格局等世界大变局的环境变化，充分利用了新发展阶段下中国经济现代化进程已经到了经过量的积累、开始进行质的突破的关键时期的各方面条件，深刻把握了中国经济现代化进程的不平衡不充分矛盾十分突出、发展质量亟待提高的关键问题，其战略的核心内涵是高质量工业化，也就是实现从成本驱动、出口导向、高速度工业化向创新驱动、内需导向、高质量工业化的转变，协同推进新型工业化、信息化、城镇化、农业现代化的实现。

从构建新发展格局政策体系看，需要在坚持供给侧结构性改革为主线、国内经济大循环为主体、市场在资源配置中起决定性作用的原则下，加快形成一种供给与需求动态平衡、改革与管理有效协同、国内循环与国际循环相互促进、竞争政策与产业政策有效配合的政策体系和运行机制，尤其是形成需求侧管理与供给侧改革有效协同的宏观调控体系、竞争政策与产业政策有效协同的技术创新政策体系。

（本文发表于《经济研究》2021 年第 4 期）

新发展格局的内在逻辑、时代内涵与实现路径

胡怀国*

2020 年 4 月份以来，习近平总书记多次强调指出，要加快形成“以国内大循环为主体、国内国际双循环相互促进的新发展格局”。党的十九届五中全会审议通过的《中共中央关于制定国民经济和社会发展第十四个五年规划和二〇三五年远景目标的建议》（以下简称《建议》）对“十四五”时期如何加快构建新发展格局进行了系统阐述，明确提出要“以推动高质量发展为主题，以深化供给侧结构性改革为主线，以改革创新为根本动力，以满足人民日益增长的美好生活需要为根本目的，统筹发展和安全，加快建设现代化经济体系，加快构建以国内大循环为主体、国内国际双循环相互促进的新发展格局”。[①] 新发展格局是根据我国发展的阶段、环境和条件变化所做出的主动选择，是新发展阶段推进高质量发展、重塑我国国际合作和竞争新优势的战略抉择，是事关“十四五”和未来更长时期我国发展战略、发展路径的重大战略部署，具有深刻的理论逻辑、实践逻辑和时代内涵。

一 新发展格局的理论逻辑与实践逻辑

习近平总书记《在经济社会领域专家座谈会上的讲话》中指出，“今年

---

* 胡怀国，经济学博士，中国社会科学院经济研究所政治经济学研究室主任、研究员，中国社会科学院大学教授、博士生导师。

① 《中共中央关于制定国民经济和社会发展第十四个五年规划和二〇三五年远景目标的建议》，人民出版社，2020，第 6 页。

以来，我多次讲，要推动形成以国内大循环为主体、国内国际双循环相互促进的新发展格局。这个新发展格局是根据我国发展阶段、环境、条件变化提出来的”[①]。当今世界正经历百年未有之大变局，我国发展面临的国内外环境发生着深刻复杂的变化，新发展格局正是立足世界百年未有之大变局和中华民族伟大复兴的战略全局，顺应大国发展的经济规律和我国发展的阶段、环境和条件变化，在统筹国内与国外、发展与安全的基础上提出来的重要战略举措。经济理论和国际经验表明，一个国家的经济发展往往会经历不同阶段，而那些成功地实现阶段性跨越的经济体通常会伴随着明显的结构性变迁和动力转换：（1）绝大多数经济体曾长期处于传统农业社会，它更多地属于一种自给自足的生存型经济，在产业结构上以第一产业为主，在需求结构上以消费为主，经济活动更多的是为了满足生存需要，整个社会在某种程度上受制于“马尔萨斯陷阱”；（2）正如斯密在《国富论》（1776 年）中指出的，“世界上从未存在过而且也决不能存在完全没有制造业的大国”[②]，大国突破“马尔萨斯陷阱”、从传统社会转型为现代社会，通常需要经历某种工业化进程，在产业结构上表现为第二产业的崛起，在需求结构上表现为投资的增加以及消费比例的相对下降；（3）随着经济社会的发展、收入水平的提高和生活水平的改善，那些成功突破“中等收入陷阱”的经济体，往往经历了显著的消费升级过程，特别是从生存型消费转向更有利于人力资本积累和知识积累的发展型享受型消费，并通过消费升级带动要素升级、产业升级和技术升级，在产业结构上表现为第三产业尤其是高端服务业的兴起，在需求结构上表现为消费比例的提高。

图 1 是按世界银行分类标准划分的不同收入组别的经济发展水平（人均 GDP）与最终消费率（消费/GDP）之间的关系，它至少部分地反映了经济发展过程中的这种阶段性跨越和结构性转换，其本身存在着一定的规律性，但绝非是一个自然而然的过程。正如李斯特（1837 年）在论及工业化进程时所指出的，“对各种制造业起源的研究表明，工业的发展常常可能是由于机遇。可能正是机遇引导着某些人到某一特定的地方去促进曾经是弱

① 习近平：《在经济社会领域专家座谈会上的讲话》，人民出版社，2020，第 4 页。

② 〔英〕亚当·斯密：《国民财富的性质和原因的研究》上卷，商务印书馆，1996，第 368 页。

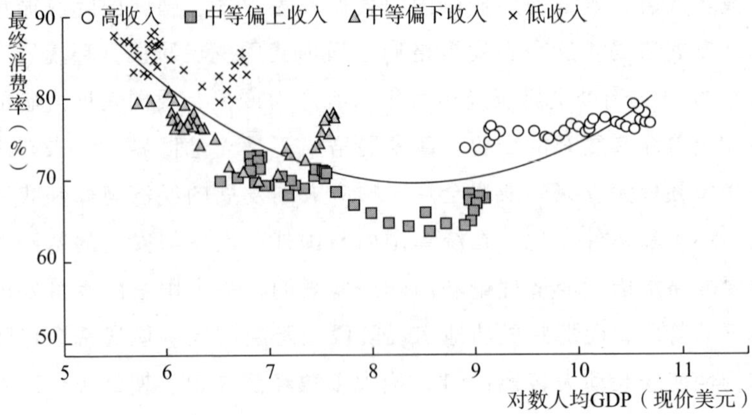

图 1　不同收入组别的经济发展水平与最终消费率（消费/GDP）变动：1978～2018 年

资料来源：根据“世界银行数据库”整理而成，感谢史琳琰博士在数据整理和制图方面提供的帮助。

小而微不足道的某一工业的发展——就如同偶然被风吹落的种子可能有时会长成参天大树一样。但是，工业的发展是一个可能需要几百年才能完成的过程，不该把一个国家通过法律和制度所实现的成就纯粹归之于机遇”。[①]至少就大国经济而言，如果说工业化是摆脱“马尔萨斯陷阱”、步入现代经济发展的关键，那么消费升级推动下的要素升级、产业升级和技术升级，则是摆脱“中等收入陷阱”的核心，它们都需要与之适应的制度性框架和相对特定的国内外条件和环境。历史地看，那些成功实现上述阶段性跨越的经济体尽管具体路径各有不同，但往往表现出了如下共性。其一，在传统社会的基础上开启工业化进程，往往有赖于一定的保护政策或“隔离”措施，以减弱先进工业国的竞争压力并形成某种有利于资本积累的制度性框架；其二，工业化的大规模推进，有赖于更深度地融入全球经济，以充分利用国际资源和国际市场、国际资本与国际技术；其三，随着经济发展、收入提高和技术水平逼近国际前沿，以消费升级推动要素升级和产业升级成为跨越“中等收入陷阱”的关键，它通常意味着依托国内循环的结构性升级，并通过内循环的升级推动外循环的升级，进而步入内外循环相互促

① 〔德〕弗里德里希·李斯特：《政治经济学的自然体系》，商务印书馆，1997，第 40～41 页。

进的高质量发展之路。

正如习近平总书记指出的，“新中国成立以来特别是改革开放以来，在不到 70 年的时间内，我们党带领人民坚定不移解放和发展社会生产力，走完了西方几百年的发展历程，推动我国快速成为世界第二大经济体”①。我国在短短几十年时间里成功实现了从站起来到富起来、迎来了从富起来到强起来的历史性飞跃，不仅经历了不同的发展阶段和结构性跨越，而且是我们深入理解《建议》系统阐述的新发展格局的现实基础，有必要予以简要回顾和梳理。

概略言之，新中国成立之初，“中国还有大约百分之九十左右的分散的个体的农业经济和手工业经济，这是落后的，这是和古代没有多大区别的，我们还有百分之九十左右的经济生活停留在古代”，② 我国发展有赖于大规模地推进工业化进程。1956 ~ 1978 年的社会主义建设时期，是我国在特定的国内条件（一穷二白的落后农业国）和国际环境（两大阵营相对抗的冷战格局）下，集中力量推进工业化进程的时期。在此期间，我国主要借鉴社会主义传统模式，形成了某种有助于推进强制性积累和超高投资率的制度性框架，其核心逻辑是在维持社会稳定、保障人民基本生活的前提下，尽可能地整合各种资源、尽快地推进工业化，包括统购统销、人民公社、户籍制度在内的一系列体制机制和制度安排，在很大程度上都是为了配合这一目标。在这一过程中，特别是在冷战格局的国际环境下，一方面，我们难以充分利用国际市场、国际资本和国际技术，不得不集中相对有限的资源用于工业化进程，居民消费和社会发展在某种程度上受到了抑制，人们的收入水平和生活水平并没有随着经济发展同步提高；另一方面，我们更多地借鉴了同属于社会主义阵营的苏联经验，主要运用计划经济手段和集中行政体制推进工业化进程，某种程度上造成了资源配置和产业结构的扭曲，第二产业的发展在某种程度上是以第一、第三产业的不平衡发展为代价的。这是我国社会主义建设的艰辛探索时期和工业化进程的艰难起步阶段，尽管其间我们也遭遇到各种各样的困难、出现过各种各样的问题，

---

① 习近平：《在纪念马克思诞辰 200 周年大会上的讲话》，人民出版社，2018，第 18 页。

② 《毛泽东选集》第 4 卷，人民出版社，1991，第 1430 页。

但整体上使我国在短短二十多年的时间里，迅速由一个拥有数千年小农经济传统的落后农业国，转变成了工业部门在国民经济中占主导地位的工业国家，并初步建立起了相对完整的工业体系和国民经济体系。

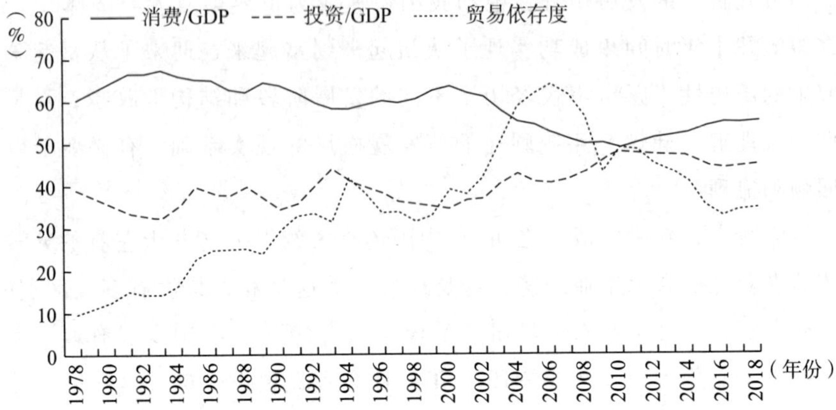

图 2　我国经济发展的结构性变迁（需求侧）：1978～2018 年

数据来源：国家统计局。

"改革开放是我们党的一次伟大觉醒，正是这个伟大觉醒孕育了我们党从理论到实践的伟大创造。"① 1978 年 12 月 18 日至 22 日召开的党的十一届三中全会，在深刻总结我国社会主义建设正反两方面经验的基础上，做出了把党和国家的工作中心转移到经济建设上来、实行改革开放的历史性决策。与此同时，特别是 20 世纪 80 年代以来，我国发展面临的国际环境发生了一系列新变化，为我国发展提供了更为有利的条件：一方面，国际政治局势趋于缓和，和平与发展逐渐成为时代的主题；另一方面，全球主要经济体经历了新一轮经济自由化、全球化浪潮，特别是以全球价值链分工为特征的新一轮全球化浪潮，不仅推动了全球经济增长，而且推动了国际产业转移、重塑了国际分工格局。改革开放以来，我国充分利用国内国际的有利条件和我国发展面临的历史性机遇，一方面，通过不断深化改革、更多地引入市场化的体制机制，不断提高经济效率和社会活力；另一方面，充分利用新一轮经济全球化和国际产业加速转移的历史性机遇，深度融入

① 习近平：《在庆祝改革开放 40 周年大会上的讲话》，人民出版社，2018，第 4 页。

全球产业链供应链体系，推动了我国经济的持续快速增长和人民生活水平的不断提高，创造了举世瞩目的经济快速发展奇迹和社会长期稳定奇迹。图2部分反映了改革开放以来我国经济发展的结构性变迁（需求侧）：贸易依存度（进出口占GDP的比重）持续提高、投资率（投资/GDP）始终处于较高水平、国内消费率（消费/GDP）相对下降，它们共同推动了我国经济的高速增长，并充分显示了外循环拉动内循环的强劲动力（至少在2006年以前）。不过，21世纪以来特别是2008年以来，我国发展面临的国内条件和国际环境发生了巨大变化：一方面，以外循环拉动内循环的动力开始减弱，贸易依存度在2006年达到峰值后开始快速下降；另一方面，国内消费率（消费/GDP）出现了方向性变化，自2010年起稳步回升（参见图2）。大国发展的一般规律与我国发展阶段、环境和条件的变化，共同预示了我国发展进入了一个新的阶段，即从大规模推进工业化的高速增长阶段转变为以消费升级带动要素升级、产业升级和技术升级的高质量发展阶段。

正是基于对我国发展阶段、环境和条件变化的深刻认识和准确把握，党的十八大以来，以习近平同志为核心的党中央做出了“我国社会主要矛盾已经转化为人民日益增长的美好生活需要和不平衡不充分的发展之间的矛盾”“中国特色社会主义进入了新时代”的重大政治判断，① 并依据我国社会主要矛盾发生变化带来的新特征新要求，统筹推进“五位一体”总体布局、协调推进“四个全面”战略布局，明确了不断促进人的全面发展、全体人民共同富裕的以人民为中心的发展思想，确立了全面贯彻新发展理念、以供给侧结构性改革为主线、推进高质量发展、加快建设现代化经济体系的战略目标。党的十九大全面阐述了新时代坚持和发展中国特色社会主义的总目标、总任务、总体布局、战略布局、发展方式、发展动力等基本问题，明确了分两个阶段到2035年基本实现现代化、到本世纪中叶全面建成社会主义现代化强国、实现第二个百年奋斗目标的战略安排。十九届五中全会审议通过的《建议》，正是按照党的十九大做出的分两个阶段实现第二个百年奋斗目标的战略安排，统筹考虑我国发展阶段、环境和条件变

① 习近平：《决胜全面建成小康社会夺取新时代中国特色社会主义伟大胜利——在中国共产党第十九次全国代表大会上的报告》，人民出版社，2017，第10～11页。

化，对“十四五”时期我国发展进行系统谋划、做出的一系列重大战略部署，其核心是通过贯彻新发展理念、构建新发展格局、推进高质量发展，以实现更高质量、更有效率、更加公平、更可持续、更为安全的发展。其中，“以国内大循环为主体、国内国际双循环相互促进”的新发展格局，不仅是新时代推进高质量发展、更好满足人民美好生活需要的必然要求，也是顺应大国发展规律和我国发展阶段、环境和条件变化做出的主动选择，更是“十四五”时期开启全面建设社会主义现代化国家新征程的一项重要战略部署，具有深刻的理论逻辑与实践逻辑。

二 深刻把握新发展格局的时代内涵

“十四五”时期是我国全面建成小康社会、实现第一个百年奋斗目标之后，乘势而上开启全面建设社会主义现代化国家新征程、向第二个百年奋斗目标进军的第一个五年，这也意味着我国发展进入了一个新阶段。正如习近平总书记指出的，“进入新发展阶段，国内外环境的深刻变化既带来一系列新机遇，也带来一系列新挑战，是危机并存、危中有机、危可转机。我们要辩证认识和把握国内外大势，统筹中华民族伟大复兴战略全局和世界百年未有之大变局，深刻认识我国社会主要矛盾发展变化带来的新特征新要求，深刻认识错综复杂的国际环境带来的新矛盾新挑战，增强机遇意识和风险意识，准确识变、科学应变、主动求变，勇于开顶风船，善于转危为机，努力实现更高质量、更有效率、更加公平、更可持续、更为安全的发展”①。新发展格局是适应我国发展阶段、环境和条件变化，在错综复杂的国际环境下保持战略定力、办好自己的事的主动选择，是新发展阶段贯彻新发展理念、推进高质量发展的重要战略部署，有必要深刻认识、准确把握其时代内涵。

（一）新发展格局是适应我国社会主要矛盾变化、更好满足人民美好生活需要的必然要求，是新发展阶段推进高质量发展、到 2035 年基本实现社会主义现代化远景目标的一项重要战略部署。党的十九大立足于中华民族

① 习近平：《在经济社会领域专家座谈会上的讲话》，人民出版社，2020，第 4 页。

伟大复兴战略全局、准确把握国内国际形势和我国发展条件，做出了我国社会主要矛盾发生了转化、中国特色社会主义进入了新时代的重大政治判断，并依据我国社会主要矛盾发展变化带来的新特征新要求，明确了“要在继续推动发展的基础上，着力解决好发展不平衡不充分问题，大力提升发展质量和效益，更好满足人民在经济、政治、文化、社会、生态等方面日益增长的需要，更好推动人的全面发展、社会全面进步”。[①] 我国社会主要矛盾的变化是关系全局的历史性变化，中国特色社会主义进入新时代是我国发展新的历史方位，以扩大内需为战略基点、以国内大循环为主体的新发展格局是新时代更好满足人民美好生活需要的必然要求。“十四五”时期是我国开启全面建设社会主义现代化国家新征程、向第二个百年奋斗目标进军的第一个五年，也标志着我国进入了新发展阶段；党的十九届五中全会审议通过的《建议》，既是对“十四五”时期我国经济社会发展的全面规划，又是对新发展阶段我国经济社会发展的系统谋划，尽快构建新发展格局则是其中事关全局的关键环节。由此可见，新发展格局并不是临时性的权宜之计，而是着眼于我国长远发展的重大战略部署，是对“十四五”和未来更长时期我国发展战略的重大调整完善。

（二）新发展格局是适应我国发展阶段、环境和条件变化的主动选择，是在不稳定不确定的世界中推进高质量发展的战略举措。改革开放以来，我国充分利用相对有利的国内条件和国际环境，主动打开国门、深度融入全球经济，创造了经济快速发展奇迹和社会长期稳定奇迹，它在很大程度上是一种“两头在外”“大进大出”的赶超型发展模式和以外循环拉动内循环的发展战略。21 世纪以来特别是 2008 年国际金融危机以来，我国发展的阶段、环境和条件都发生了重大变化：一方面，单纯的量的扩张不仅面临着越来越大的资源环境压力，而且难以满足人民多样化、个性化和不断升级的美好生活需要；另一方面，世界经济增长持续乏力、国际贸易不断萎缩，使得市场和资源两头在外的国际大循环动能明显减弱，我们必须结合我国发展的阶段、环境和条件调整发展战略、转换发展模式、寻求经济发

① 习近平：《决胜全面建成小康社会夺取新时代中国特色社会主义伟大胜利——在中国共产党第十九次全国代表大会上的报告》，人民出版社，2017，第 11～12 页。

展新动能。以国内大循环为主体、畅通国内循环，不仅有利于扩大内需、推动消费升级、更好满足人民美好生活需要，而且有助于提升供给体系对国内需求的适配性。与此同时，当今世界正经历百年未有之变局，新一轮科技革命和产业变革深入发展，国际力量对比深刻调整，我国发展的外部环境发生了巨大变化。一方面，随着我国发展水平的提高、经济体量的增大和技术前沿的逼近，我国与发达经济体在更多领域由强互补性转变为一定程度的竞争性，特别是“实践反复告诉我们，关键核心技术是要不来、买不来、讨不来的”①，这意味着我们必须更多地依赖自主创新、努力实现关键核心技术自主可控，确保我国发展的主动权；另一方面，随着国际经济、科技、文化、安全、政治等格局的深刻调整，保护主义、单边主义上升，世界进入动荡变革期，我国发展面临着日趋错综复杂的国际环境，我们必须着力维护产业链供应链的稳定性安全性，这都要求我们必须着力畅通国内大循环，以国内大循环的畅通和升级促进国际大循环的安全、稳定与升级。

（三）以国内大循环为主体、国内国际双循环相互促进的新发展格局，不是封闭的单循环，而是顺应大国经济发展规律和我国发展阶段、环境和条件变化，统筹国内和国际两个大局、发展与安全两件大事，以扩大内需为战略基点、以国内大循环为主体的国内国际双循环相互促进。依托国内需求是大国经济发展的一般规律，我国发展已经由投资和进出口主导的赶超型发展阶段，转变为以内需为主导、以消费升级为特点的高质量发展阶段。以国内大循环为主体、以扩大内需为战略基点，既不是封闭的单循环，也不是简单的国内需求的量的扩张，而是在畅通国内大循环的基础上实现更高水平的双循环的相互促进：一方面，通过畅通国内大循环，着力优化升级生产、分配、流通、消费体系，提升供给体系对国内需求的适配性，形成需求牵引供给、供给创造需求的更高水平动态平衡；另一方面，通过深化供给侧结构性改革，把扩大内需战略与创新驱动发展战略有机结合，依托国内超大规模市场优势和内需潜力，提高科技创新能力、突破关键核心技术，提升我国产业链供应链现代化水平，维护我国产业链供应链的稳

① 《习近平谈治国理政》第 3 卷，外文出版社，2020，第 248 页。

定性、安全性和竞争力，进而在统筹国内和国际、发展与安全的基础上，实现国内国际双循环的相互促进，以更高水平的对外开放打造国际合作和竞争新优势。正如习近平总书记指出的，“扩大内需和扩大开放并不矛盾。国内循环越顺畅，越能形成对全球资源要素的引力场，越有利于构建以国内大循环为主体、国内国际双循环相互促进的新发展格局，越有利于形成参与国际竞争和合作新优势”①。新发展格局以扩大内需为战略基点、以国内大循环为主体，但它绝不是简单的扩大内需、更不是封闭的单循环，而是统筹需求与供给、国内与国际、发展与安全的系统性谋划和深层次变革。

三　加快构建新发展格局的政策含义与实现路径

党的十九届五中全会审议通过的《中共中央关于制定国民经济和社会发展第十四个五年规划和二〇三五年远景目标的建议》，围绕未来五年我国发展目标和2035年基本实现现代化远景目标，在准确把握当前和今后一个时期国内外发展大势、深入分析我国发展环境面临的深刻复杂变化的基础上，对“十四五”时期我国经济社会发展进行了系统谋划和全面部署。其中，加快构建新发展格局是“十四五”和未来更长时期事关全局的系统性谋划和深层次变革，我们必须以满足人民日益增长的美好生活需要为根本目的、以深化供给侧结构性改革为主线、以推动高质量发展为主题、以改革创新为根本动力，加快构建以国内大循环为主体、国内国际双循环相互促进的新发展格局。

（一）深化市场化改革、畅通国内大循环，以扩大内需为战略基点、以供给侧结构性改革为主线，提升供给体系对国内需求的适配性，形成需求牵引供给、供给创造需求的更高水平动态平衡。新发展阶段构建以国内大循环为主体的新发展格局，必须以扩大内需为战略基点，但新发展格局中的扩大内需绝不是短期的需求侧管理，而是立足于世界百年未有之大变局和中华民族伟大复兴战略布局的中长期战略安排，必须立足长远和根本，坚持系统性观念，进行系统性谋划和深层次变革。这就要求我们：（1）深

① 习近平：《国家中长期经济社会发展战略若干重大问题》，《求是》2020年第21期。

化市场化改革、畅通国内大循环。正如习近平总书记指出的，“理论和实践都证明，市场配置资源是最有效率的形式。市场决定资源配置是市场经济的一般规律，市场经济本质上就是市场决定资源配置的经济”[①]。新发展阶段构建以国内大循环为主体的新发展格局，必须进一步深化市场化改革、畅通国内大循环，加快建设统一开放、竞争有序的市场体系，贯通国内市场的生产、分配、流通、消费各环节，打破市场垄断、行业分割和地方保护，打通经济循环堵点，破除妨碍生产要素市场化配置和商品服务流通的体制机制障碍，建设高标准市场体系，建立统一开放的要素市场，健全劳动、资本、土地、知识、技术、管理、数据等生产要素由市场评价贡献、按贡献决定报酬的体制机制，充分激发各类市场主体的活力。(2) 消费是我国经济增长的重要引擎，必须坚持以扩大内需为战略基点、全面促进消费，增强消费对经济发展的基础性作用。为此，必须顺应消费升级趋势，努力提升传统消费、培育新型消费、发展服务消费。坚持按劳分配为主体、多种分配方式并存，提高劳动报酬在初次分配中的比重，多渠道增加城乡居民财产性收入，着力提高低收入群体收入、努力扩大中等收入群体。完善公共服务体系和再分配机制，健全多层次社会保障体系，不断增强人民群众的获得感、幸福感和安全感。(3) 构建新发展格局必须以供给侧结构性改革为主线，“把实施扩大内需战略同深化供给侧结构性改革有机结合起来”。[②] 我国社会主要矛盾的转化，意味着发展的不平衡不充分已成为满足人民日益增长的美好生活需要的主要制约因素，必须深化供给侧结构性改革，“用改革的办法推进结构调整，减少无效和低端供给，扩大有效和中高端供给，增强供给结构对需求变化的适应性和灵活性，……使我国供给能力更好满足广大人民日益增长、不断升级和个性化的物质文化和生态环境需要”。[③] 正是在这个意义上，习近平总书记强调说，“要坚持供给侧结构性改革这个战略方向，扭住扩大内需这个战略基点，使生产、分配、流通、

① 习近平：《论坚持全面深化改革》，中央文献出版社，2018，第31页。

② 《中共中央关于制定国民经济和社会发展第十四个五年规划和二〇三五年远景目标的建议》，人民出版社，2020，第15页。

③ 习近平：《在省部级主要领导干部学习贯彻党的十八届五中全会精神专题研讨班上的讲话》，人民出版社，2016，第29～30页。

消费更多依托国内市场，提升供给体系对国内需求的适配性，形成需求牵引供给、供给创造需求的更高水平动态平衡”[①]。

（二）以科技创新催生新发展动能，推进产业基础高级化、产业链现代化，维护我国产业链供应链的稳定性、安全性和竞争力。习近平总书记曾经指出，“虽然我国经济总量跃居世界第二，但大而不强、臃肿虚胖体弱问题相当突出，主要体现在创新能力不强，这是我国这个经济大块头的‘阿喀琉斯之踵’。通过创新引领和驱动发展已经成为我国发展的迫切要求”[②]。新发展阶段构建新发展格局，必须坚持以创新驱动塑造我国发展新优势、以科技创新催生我国发展新动能，全面推动全产业链优化升级、提升我国产业链供应链现代化水平。（1）创新是引领发展的第一动力，“现在，我国经济社会发展和民生改善比过去任何时候都更加需要科学技术解决方案，都更加需要增强创新这个第一动力”，[③] 构建新发展格局同样需要“坚持创新在我国现代化建设全局中的核心地位，把科技自立自强作为国家发展的战略支撑”。[④] 一方面要强化企业创新主体地位、促进各类创新要素向企业集聚；另一方面要健全社会主义市场经济条件下新型举国体制，加强基础研究、推进学科交叉融合，完善共性基础技术供给体系，实施一批具有前瞻性、战略性的国家重大科技项目，打好关键核心技术攻坚战。（2）面对世界百年未有之大变局和错综复杂的国际环境，要紧紧围绕制造强国、质量强国等，坚持把发展经济着力点放在实体经济上，统筹推进产业基础高级化、产业链现代化。一方面，立足我国产业规模优势、配套优势和部分领域先发优势，打造新兴产业链、锻造产业链供应链长板；另一方面，实施产业基础再造工程、加大重要产品和关键核心技术攻关力度，补齐产业链供应链短板，推动全产业链优化升级，进而在提高我国发展的质量效益和核心竞争力的同时，更好地维护我国产业链供应链的稳定性、安全性和

① 习近平：《在经济社会领域专家座谈会上的讲话》，人民出版社，2020，第 5 页。

② 习近平：《在省部级主要领导干部学习贯彻党的十八届五中全会精神专题研讨班上的讲话》，人民出版社，2016，第 11 页。

③ 习近平：《在科学家座谈会上的讲话》，人民出版社，2020，第 4 页。

④《中共中央关于制定国民经济和社会发展第十四个五年规划和二〇三五年远景目标的建议》，人民出版社，2020，第 9 ~ 10 页。

竞争力。

（三）以国内大循环的畅通和升级重塑我国国际合作和竞争新优势，统筹国内与国际、发展与安全，实现国内国际双循环的相互促进，在不稳定不确定的世界中推进我国高质量发展。当今世界正经历百年未有之大变局，经济全球化遭遇逆流、世界进入动荡变革期，但人类命运共同体理念深入人心、和平与发展仍然是时代主题。正如习近平强调的，“实践证明，过去40年中国经济发展是在开放条件下取得的，未来中国经济实现高质量发展也必须在更加开放条件下进行”，[①] 对外开放是我国的一项基本国策，中国开放的大门只会越开越大。不过，随着我国发展阶段和条件的变化，随着世界经济政治格局的深刻调整、世界进入动荡变革期，我国对外开放的内容和形式都发生了新的变化：一方面，我们要通过内循环的畅通和升级推动外循环的升级，实现更高水平的开放和国内国际双循环的相互促进；另一方面，要在重塑我国国际合作和竞争新优势、推进更高水平开放的同时，更好地统筹发展与安全，有效防范各类风险，确保我国经济行稳致远。（1）顺应我国发展阶段、环境和条件的变化，推进我国产业链供应链现代化和全产业链优化升级，进而在提升我国在全球价值链分工地位、推进更高水平开放的同时，更好地维护我国产业链供应链的稳定性、安全性和竞争力，或如习近平强调的，“产业链、供应链在关键时刻不能掉链子，这是大国经济必须具备的重要特征”。[②]（2）近年来世界经济持续低迷，保护主义和单边主义明显上升，全球产业链供应链受到各种因素的冲击，地区化和区域化趋势明显，新冠肺炎疫情全球大流行进一步加剧了这种趋势。我们要进一步推进与不同国家和地区的经济合作，“凡是愿意同我们合作的国家、地区和企业，包括美国的州、地方和企业，我们都要积极开展合作，形成全方位、多层次、多元化的开放合作格局”。[③]（3）安全是发展的前提，发展是安全的保障。越开放越要重视安全、越要统筹好发展和安全。新发展阶段推进高质量发展，必须“把安全发展贯穿国家发展各领域和全过程，防

① 《习近平谈治国理政》第3卷，外文出版社，2020，第194页。

② 习近平：《国家中长期经济社会发展战略若干重大问题》，《求是》2020年第21期。

③ 习近平：《在经济社会领域专家座谈会上的讲话》，人民出版社，2020，第8页。

范和化解影响我国现代化进程的各种风险，筑牢国家安全屏障”。[①]

正如习近平总书记指出的，“改革开放以来，我们遭遇过很多外部风险冲击，最终都能化险为夷，靠的就是办好自己的事、把发展立足点放在国内”。[②] 我们应该充分认识到，尽管当今世界正经历百年未有之大变局、我国发展面临的国内外环境发生了深刻复杂的诸多变化，但我国仍处于重要的战略机遇期，并且“我国制度优势显著，治理效能提升，经济长期向好，物质基础雄厚，人力资源丰厚，市场空间广阔，发展韧性强大，社会大局稳定，继续发展具有多方面优势和条件”。[③]《建议》系统阐述的加快构建以国内大循环为主体、国内国际双循环相互促进的新发展格局，正是根据我国发展阶段、环境和条件变化，在深刻认识我国社会主要矛盾发展变化带来的新特征新要求、深刻认识错综复杂的国际环境带来的新矛盾新挑战的基础上，统筹国内和国际两个大局、发展和安全两件大事，在不稳定不确定的世界中增强战略定力、办好自己的事的主动选择和系统谋划，是“十四五”和未来更长时期推进高质量发展、更好满足人民美好生活需要的重大战略部署。“改革是解放和发展社会生产力的关键，是推动国家发展的根本动力”[④]，同时也是构建新发展格局的根本动力。站在全面建设社会主义现代化国家新征程的新的历史起点上，我们必须进一步深化市场化改革、推进高水平开放，加快构建国内国际双循环相互促进的新发展格局，奋力谱写社会主义现代化新征程的壮丽篇章！

（本文发表于《山东社会科学》2021 年第 2 期）

---

① 《中共中央关于制定国民经济和社会发展第十四个五年规划和二〇三五年远景目标的建议》，人民出版社，2020，第 36 页。

② 习近平：《关于〈中共中央关于制定国民经济和社会发展第十四个五年规划和二〇三五年远景目标的建议〉的说明》，载《中共中央关于制定国民经济和社会发展第十四个五年规划和二〇三五年远景目标的建议》，人民出版社，2020，第 53 页。

③ 习近平：《在经济社会领域专家座谈会上的讲话》，人民出版社，2020，第 3 页。

④ 习近平：《在经济社会领域专家座谈会上的讲话》，人民出版社，2020，第 7 页。

奠定高质量发展的所有制基础

胡家勇*

所有制问题是马克思主义政治经济学的基本理论问题，也是中国特色社会主义政治经济学的基本理论问题。改革开放四十多年来，我国所有制改革实践和所有制理论发展相互促进，取得了一系列重要成果。党的十五大把"公有制为主体、多种所有制经济共同发展"作为社会主义基本经济体制；党的十六大提出了"两个毫不动摇"的方针；党的十七大提出了"平等保护物权"，构建各种所有制经济平等发展的制度环境；党的十八大以来，所有制理论进一步发展，提出混合所有制经济是社会主义基本经济制度的重要实现形式，发挥国有经济战略支撑作用，激发各类市场主体活力；等等。可以说，中国特色社会主义所有制理论的基本框架、主要逻辑和重要命题已经初步形成。

2020年我国全面建成小康社会，进而开启全面建设社会主义现代化国家新征程。目前，我国经济社会发展的基本条件发生了重大变化。从经济成长阶段看，我国经济已经由高速增长阶段转向高质量发展阶段，社会分工越来越细化，经济社会网络越来越复杂和细密，各类经济信息呈几何级数增长，经济复杂性和不确定性显著增加，社会主要矛盾已经转化为人民日益增长的美好生活需要和不平衡不充分的发展之间的矛盾；从经济发展的资源环境条件看，高投入、高排放、高污染的粗放增长之路已经走到了尽头，生态环境容量变小，资源能源约束变硬；从经济发展的动力看，技术革命和产业变革的作用凸显，经济增长越来越依靠创新和全要素生产率

* 胡家勇，经济学博士，中国社会科学院经济研究所研究员，中国社会科学院大学教授、博士生导师。

的提升；从社会需求看，消费日趋多样化、个性化，消费者越来越注重产品品质和消费安全性，对生态产品的需求日益旺盛。党的十九届五中全会又提出了“统筹发展和安全”“确保国家经济安全”“确保人民生命安全”等重大问题。这些新因素在不断出现，其力量不断增强，势必对我国所有制改革和所有制理论发展产生重要而深远的影响。

适应经济高质量发展，所有制改革实践和理论创新需要进一步解决以下三个基本问题：一是如何加快建立现代产权制度；二是如何合理确立公有制的主体地位；三是如何加快非公有制经济的健康成长。

一　加快完善现代产权制度

产权是所有制的核心，现代产权制度是现代市场经济的基石，也是社会主义市场经济重要的支撑性制度，它关系到人们创造价值、积累财富、有效配置资源的内在激励，是各类生产要素流动的基本驱动力。党的十八届三中全会提出健全“归属清晰、权责明确、保护严格、流转顺畅”① 的现代产权制度；党的十九大报告将完善产权制度作为完善市场经济体制的一个重点，提出实现产权有效激励；党的十九届四中全会把“健全以公平为原则的产权保护制度”作为推进国家治理能力和治理体系现代化的重要内容；党的十九届五中全会把“健全产权执法司法保护制度”作为建设高标准市场体系的制度基础。现代产权制度建设被置于越来越高的理论和实践高度。

关于产权制度的重要性，我国古代思想家孟子就提出“有恒产者有恒心，无恒产者无恒心”②，影响深远。现代经济学同样强调产权的重要性。威廉·鲍莫尔、罗伯特·利坦和卡尔·施拉姆指出：如果不能有效保护产权，“就不能指望个人会冒着失去自己的资金和时间的风险，投资于运气不

① 《中共中央关于全面深化改革若干重大问题的决定》，人民出版社，2013，第 8 页。

② 2016 年 11 月颁布的《中共中央国务院关于完善产权保护制度依法保护产权的意见》（人民出版社，2016）中对这一句话有所引用，“有恒产者有恒心，经济主体财产权的有效保障和实现是经济社会持续健康发展的基础”。

济的冒险项目”。[①] 实际上，冒险是创新和应对不确定性的核心要素。拉古拉迈·拉詹和路易吉·津加莱斯认为，“竞争性市场要发展起来，第一步就需要政府尊重和保护公民的财产权利”。[②] 与传统经济相比，现代经济体系和交易具有非常复杂的联系和结构。复杂交易，诸如自然资源、资本、技术、知识、数据等交易，具有高度的复杂性和不确定性，未来收益是人们从事诸如此类交易的重要诱因。在这种情况下，产权的清晰界定和有效保护就显得十分重要。

因此，当创新和不确定性在经济发展中的重要性增加时，现代产权制度的重要性也会随之增加。以往的高速经济增长处于传统经济增长轨道，主要靠大规模要素投入、政府投资和技术模仿，相当一部分投资和经济活动落在了技术含量偏低和交易简单的价值链低端以及基础设施和房地产领域，创新和不确定性的作用不太明显。这样的经济增长是不可持续的，必须转向现代经济增长，更多地依靠创新和企业家精神，发挥各类市场主体的创造力和冒险精神。这就需要有完善的现代产权制度来保障人们的利益，主要是未来利益和不确定性利益，以支持复杂交易的进行。鲍莫尔、利坦和施拉姆在谈到产权制度对创新型经济的重要性时指出：“创新型企业家行为是一种有风险的活动，承担这些风险的个人必须得到恰当的补偿。也就是说，当他们成功实现其努力时，对由此产生的结果：资金、土地、产品或全部三种财产，他们必须有财产权。此外，企业家（和所有企业）必须相信，他们与其他各方签署的合同是得到承认的。”[③]

现代产权制度是形成良好要素市场和充分发挥市场在资源配置中起决定性作用的基础。改革开放四十多年来，我国高速经济增长主要建立在商品和服务市场发育较快而要素市场发育相对滞后的基础上，生产要素配置的行政化色彩浓厚。但是，要素的行政化配置具有适应性效率低的内在缺

---

① 〔美〕威廉·鲍莫尔、〔美〕罗伯特·利坦、〔美〕卡尔·施拉姆：《好的资本主义，坏的资本主义，以及增长与繁荣的经济学》，刘卫、张春霖译，中信出版社，2008，第6页。

② 〔印〕拉古拉迈·拉詹、〔美〕路易吉·津加莱斯：《从资本家手中拯救资本主义：捍卫金融市场自由，创造财富和机会》，余江译，中信出版社，2004，引言，XXⅣ。

③ 〔美〕威廉·鲍莫尔、〔美〕罗伯特·利坦、〔美〕卡尔·施拉姆：《好的资本主义，坏的资本主义，以及增长与繁荣的经济学》，刘卫、张春霖译，中信出版社，2008，第96页。

陷，会造成诸如生产要素错配、持续性产能过剩、低端供给过剩而高端供给不足等问题，甚至可能把经济和社会发展带入“中等收入陷阱”，这就急需把要素的行政化配置转变为要素的市场化配置，以提高经济总体适应性、效率和韧性。现代生产要素市场是生产要素市场化配置的前提条件。只有存在一个运转良好的生产要素市场，才有可能发现生产要素的相对稀缺性、潜在用途和经济价值，形成正确的生产要素价格，以供人们做出合理的经济核算和选择。现代产权制度是现代生产要素市场的基础，是成本、价格、生产、分工、交换、储蓄、投资等一系列经济行为和经济参数得以形成的前提。①

我国经济持续快速增长，一个重要原因是我国产权保护状况得到了改善。鲍莫尔、利坦和施拉姆就认为，中国模式的成功原因之一是“有效实施的产权和合约权”。② 但我国产权保护状况，特别是非公有产权的保护状况并不理想。据世界银行与国际金融公司研究报告《中国营商环境 2012》研究结论，2011 年和 2012 年，在 182 个国家和地区中，中国投资者保护分别排在第 93 位和第 97 位，投资者保护强度指数（1 到 10）为 5，属中等强度保护。

加快建立完善的现代产权制度，以下四点比较重要。

第一，将改革开放以来沉淀下来的一些模糊产权变为清晰的、可交易和能够获取合理收益的产权，从而使这些产权所支配的经济资源快速加入国民经济循环之中，特别是加入创新创业过程之中，而不是游离于社会再生产过程之外，或配置到低效用途上，甚至外逃。如果说改革开放初期不健全的产权还能实现经济较快增长，那么，在经济高质量发展阶段，这样的产权状况已经不再能够有效激励经济增长。

第二，有效保护国有资本及其收益，防止国有资本流失。国有经济布局调整、结构优化和混合所有制改革，大都涉及国有资产的评估、转让、流动和重组，如果没有有效的国有资产保护制度，很容易造成国有资本流

① 卢现祥：《论产权制度、要素市场与高质量发展》，《经济纵横》2020 年第 1 期。

② 〔美〕威廉·鲍莫尔、〔美〕罗伯特·利坦、〔美〕卡尔·施拉姆：《好的资本主义，坏的资本主义，以及增长与繁荣的经济学》，刘卫、张春霖译，中信出版社，2008，第 132 页。

失，特别是腐败对国有资本的侵蚀。特别需要提到的是，国有土地和国有自然资源等是迅速增值的优质国有资产，是构成整个国民经济循环的基础，迫切需要通过完善国有自然资源产权制度和市场交易规则等加以有效保护和高效利用，借以促进经济的永续发展和生产生活的生态化。

第三，尽快完善知识产权制度。迈向高质量发展，实施创新驱动发展战略，完善的知识产权制度是关键，这有利于知识和技术的生产、积累、扩散和最优配置，有利于刺激技术的发明和有效利用。在这方面，美国1980年颁布的《拜杜法案》值得借鉴。《拜杜法案》将知识产权主要界定给了知识和技术的发明人或机构，强调对技术发明人的产权激励。经过十年左右的力量孕育，《拜杜法案》助推了20世纪90年代美国知识经济的兴起，也为数字经济的发展奠定了基础。早在1992年，党的十四大就提出“不断完善保护知识产权的制度”，[①] 党的十九大进一步提出“强化知识产权创造、保护、运用”。[②] 对于知识产权的界定和收益分配，也做了相应的规定：“试点赋予科研人员职务科技成果所有权或长期使用权”[③] “构建充分体现知识、技术等创新要素价值的收益分配机制，完善科研人员职务发明成果权益分享机制”[④]。因此，适应高质量发展的需要，应尽快细化知识产权创造、运用、交易和保护的制度规则，建立起完善的现代知识产权制度。

第四，约束行政权力对产权的侵害。产权的界定和保护需要依靠政府行政权力和司法制度来实现，但不受限制的行政权力和司法权力有时会成为侵害产权的一个根源。因此，需要将权力装进制度的笼子，在充分发挥政府在产权界定和保护上的积极作用的同时，抑制可能产生的负面影响。

---

① 《十四大以来重要文献选编》上，中央文献出版社，2011，第22页。

② 习近平：《决胜全面建成小康社会夺取新时代中国特色社会主义伟大胜利——在中国共产党第十九次全国代表大会上的报告》，人民出版社，2017，第31页。

③ 《中共中央国务院关于新时代加快完善社会主义市场经济体制的意见》，人民出版社，2020，第16页。

④ 《中共中央关于制定国民经济和社会发展第十四个五年规划和二〇三五年远景目标的建议》，人民出版社，2020，第11页。

二 合理把握和确立公有制的主体地位

公有制的主体地位和国有经济的主导作用是中国特色社会主义政治经济学的一条重要原则。改革开放之前和初期，公有制经济“一统天下”，公有制的主体地位和国有经济的主导作用不是问题。随着经济市场化进程的推进，我国的所有制结构逐步演变，总的趋势是公有制经济的占比明显下降，非公有制经济的占比明显上升。2018 年，规模以上工业企业总资产中，国有企业占38.8%，民营企业占21.1%，外商及港澳台投资企业占19.8%；在社会总就业中，民营企业和个体工商户占56%，国有混合所有制企业的股份有限公司和有限责任公司占19%，国有企业和集体企业占14%，外资企业占5%；在全社会固定资产投资（不包含农户投资）中，民间投资占62%。从数量上看，除资产占比以外，其他指标中非公有制经济所占比重已经远高于传统的公有制经济。在这种情况下，科学地把握公有制的主体地位和国有经济的主导作用就显得非常重要了。

党的十五大对公有制的主体地位已经做出了明确界定：公有制的主体地位主要体现在公有资产在社会总资产中占优势，国有经济控制国民经济命脉，对经济发展起主导作用；而公有资产占优势，要有量的优势，更要注重质的提高，不同行业、不同地区可以有所差别。可见，党的十五大已经开始从“质”的方面来把握公有制的主体地位。目前，人们对公有制主体地位和国有经济主导作用的担忧主要是由于过分关注“量”的指标而忽视“质”的指标。马克思在论述一种生产相对于其他生产处于决定地位时，提出了“普照的光”的理论，指出：“在一切社会形式中都有一种一定的生产决定其他一切生产的地位和影响，因而它的关系也决定其他一切关系的地位和影响。这是一种普照的光，它掩盖了一切其他色彩，改变着它们的特点。”[①] 在社会主义市场经济中，公有制的主体地位和国有经济的主导作用应该从“普照的光”的角度来理解和把握，而不能简单地依据和套用某种数量比例。当然，公有制的主体地位需要有一定“量”来保证，没有一

① 《马克思恩格斯文集》第 8 卷，人民出版社，2009，第 31 页。

定的“量”，就不能保证一定的“质”，这是质与量的辩证法。

从量与质的辩证关系来理解，虽然我国公有制经济所占比重下降了，但公有制的主体地位和国有经济的主导作用没有变。

第一，公有资产仍保持“量”的优势。如果把竞争领域的经营性公有资产、基础设施领域的网络性公有资产（如路网、通信网、管网、渠网等）、金融领域的金融公有资产、公共服务领域的公益性公有资产（如学校、医院、养老院等）、自然资源领域的资源性公有资产（如土地、矿藏、水、河流、森林、草原、海洋等）等都包括在内，公有资产量的优势是十分明显的。值得注意的是，随着要素条件的变化和经济市场化的加深，资源性公有资产迅速升值，在经济社会生活中的地位越来越重要。据学者估算，2011 年末，全国农业用地价值为 61.4 万亿元，建设用地价值为 486.66 万亿元，18 种矿产基础储量的经济价值为 189.25 万亿元，这三项资源性公有资产的估价总计为 737.31 万亿元。①

第二，公有资产不仅具有“量”的优势，更具有“质”的优势。网络性资产、金融资产、公益性资产、资源性资产和竞争性领域的优质资产大多为公有资产。这些资产处在经济社会生活的重要领域和关键环节，支撑、控制和引领着经济社会的发展。公路、铁路、通信、管道、渠道等网络性资产，支撑着整个社会的人流、物流和信息流。金融资产是资本流动和资源配置的神经中枢，是防范和化解系统性金融风险的基础设施。学校、医院和基础科研机构等公益性资本为居民生活和科技进步提供基本保障。

在新时代，巩固公有制的主体地位和国有经济的主导作用，需要从中国特色社会主义政治经济学的基本原则出发。党的十八届三中全会提出“使市场在资源配置中起决定性作用和更好发挥政府作用”，混合所有制经济是基本经济制度的重要实现形式；党的十九大报告重申了这一原则并提出“加快国有经济布局优化”“培育具有全球竞争力的世界一流企业”；党的十九届四中全会提出“构建社会主义市场经济条件下关键核心技术攻关新型举国体制”；党的十九届五中全会提出“加快国有经济布局优化和结构调整，发挥国有经济战略支撑作用”“统筹发展和安全”，等等。所有这些

① 郑志国：《公有制为主体涵盖资源性资产》，《江汉论坛》2012 第 12 期。

重要论述都是我们在确立公有制主体地位和国有经济主导作用时需要依据系统思维加以统筹考虑的。

第一，进一步厘清国有资本的功能定位和国有经济的使命担当。中美贸易摩擦和新冠肺炎疫情使我们对国有资本的功能定位和国有经济的使命担当有了更加清晰的认识，那就是国有资本和国有经济必须在国民经济和人民生命健康的重要领域和关键环节发挥“压舱石”和“顶梁柱”的作用，它们是化解重大经济社会风险的定海神针。从另一个角度看，国有资本和国有经济与政府职能有着天然的内在联系。党的十八届三中全会对政府职能做了系统性归纳，其中“加强和优化公共服务”“推动可持续发展”“促进共同富裕”“弥补市场失灵”等就是政府需要通过运用国有资本和国有经济来发挥的职能。因此，从国有资本和国有经济的功能定位和使命担当以及现代市场经济中的政府职能出发，国有资本要牢牢控制国民经济命脉部门和重要民生部门，承担提供重要公共品和大型基础设施的职责，化解重大经济社会风险，有效弥补非公有资本和市场机制的内在缺陷。从当前形势出发，强化国家战略科技力量，攻克关键核心技术，补齐民生短板，加快新基础设施建设，等等，都是国有资本和国有经济应该发力的领域。

第二，加快优化国有资本布局。党中央一再强调“加快国有经济布局优化和结构调整”。要依据国有资本的功能定位和使命担当来优化国有资本的布局，以此来做强做优做大国有资本和国有企业。具体来说，国有资本要加快向公共服务、重点前瞻性战略性产业、生态环境保护、科技进步、人民生命安全和国家安全等重要领域集中。目前，加快国有资本结构的优化调整的条件已经具备。一是我们已经积累起了数量庞大的非公有资本，它们完全可以承担起竞争性领域的资源配置和经济发展职能，可以迅速填补国有资本退出后的经济领域；二是国有经济资本化、证券化程度的提高以及多层次资本市场的不断发育，提高了国有资本流动性，为国有资本向自己功能领域集中提供了便利条件。

第三，深化国有企业混合所有制改革，以此来强化国有资本的功能和影响力。党的十九大报告提出“深化国有企业改革，发展混合所有制经济，培育具有全球竞争力的世界一流企业”。发展混合所有制企业，无论是国有资本控股还是非公有资本控股，都能够放大国有资本的功能，增强国有资本的影响力，从而强化而不是削弱公有制的主体地位和国有经济的主导作用。

三　促进非公有制经济健康成长

激发各类市场主体的活力是实现高质量发展的微观基础，而构建各种所有制经济平等竞争和共同发展的体制机制，是促进非公有制经济快速成长的关键。

促进非公有制经济的快速成长，需要在理论上深化对非公有制经济的认识，最主要的是要认识到非公有制经济是现代生产力和现代市场经济的重要组成部分。目前，人们对非公有制的认识仍基本停留在改革开放初期，许多政治经济学教科书和相关论文仍从生产力落后和生产力发展不平衡来寻找非公有制经济和中小微企业存在的原因，非公有制经济和中小微企业被打上了技术落后和“散乱差”的烙印。这种认识与现代生产力发展是不一致的，显得不合时宜，需要随着现代生产力的发展而改变。从实际情况看，2019 年世界 500 强企业排名中，我国有 129 家企业上榜，其中就包括华为、太平洋建设、正威国际、中国恒大、京东、碧桂园、阿里巴巴等 22 家非公有制企业。独角兽企业（Unicorn Company）[①] 在科技创新和商业模式创新中发挥着独特而重要的作用，它们大多为民营企业。[②]《2019 年中国独角兽企业研究报告》显示，2019 年我国有独角兽企业 218 家，总估值为 7964 亿美元，平均估值为 36.5 亿美元，其中蚂蚁集团、字节跳动、滴滴出行、菜鸟网络、快手、京东数科等企业估值超过 100 亿美元。在 2019 年的 218 家独角兽企业中，有 69 家分布于新一代信息技术（人工智能、大数据、云服务、智能硬件、量子通信）、医疗健康（新药研发、精准医疗、医疗器械）、新能源汽车、智能网联、新材料、新能源等前沿科技领域，拥有有效发明专利的独角兽企业有 113 家，拥有有效发明专利 3737 件，占有效发明专利总量的 25%。2020 年上半年又产生了 15 家独角兽企业。

---

① 独角兽这一概念是由种子轮基金（Cowboy Ventures）创始人 Aileen Lee 于 2013 年提出来的，指那些发展速度特别快、数量稀缺且被投资者所青睐的创业型企业，现一般定义为创业在 10 年以内且估值超过 10 亿美元的非上市创业公司。

② 国有大企业也在融入新经济，2019 年培育出 9 家独角兽企业。

在现代经济增长中，技术、人力资源[①]、知识、信息以及新商业模式起着越来越重要的作用，而非公有制经济和中小微企业是凝聚这些要素的一种企业组织形式。我们已不能再将非公有制经济以及中小微企业与落后生产力联系在一起。从生产力的历史演进看，在机器大工业时代，生产规模的扩大往往构成生产力发展的基础，而现代生产力的发展趋势是大、中、小、微型化生产多方向并进。通过人力资本的密集投入、灵活运用现代技术，借助新型企业组织形式和商业模式，非公有制经济，中、小型企业，甚至微型企业，完全可以成为容纳、利用和发展现代生产力的企业组织形式。不仅如此，非公有制经济和中小企业甚至可以成为创新的重要源泉。基于当代生产力发展的新特征，需要依据“多样性”和人力资本的重要性来理解非公有制经济的存在。多样性和人力资本是适应经济复杂性、克服不确定性、激发创新活力和满足个性化需求的基础条件。因为，一个社会的创新意愿和能力乃至经济的稳定性等都与多样性和人力资本质量密切相关，创新人才、企业家、金融家、生产者、消费者，以及企业组织形式、社会财产形式的多样性，决定着一个社会的活力、创造力和适应性。

促进非公有制经济快速成长需要构建各种所有制经济平等竞争和共同发展的制度条件，主要包括非公有制经济自由进入机制和各市场主体平等使用生产要素的体制环境。

第一，构建非公有制经济自由进入和退出机制。

市场的自由进入和退出，生产要素的自由流动，是市场机制在资源配置中发挥决定性作用的基本前提，对于竞争的充分展开和非公有制经济的成长至关重要。目前我国市场进入障碍主要是行政垄断，而行政审批是造成行政垄断的一个重要原因，它若阻挡了竞争者的进入和新企业出现，其结果必然是限制、弱化甚至排除竞争，使在位者和通过审批者获得市场垄断地位，从而可以通过制定垄断高价或降低产品和服务质量来获取超额利润，创新的动力消失殆尽。

---

① 研究发现，人力资源是独角兽企业快速发展的关键资源。见 Au-Yong-Oliveira, M., Costa, J. P., Gonçalves, R., et al., “The Rise of the Unicorn: Shedding Light on the Creation of Technological Enterprises with Exponential Valuations”, Portugal: Advances in Intelligent Systems and Computing, 2018。

2014年7月国务院颁布《关于促进市场公平竞争维护市场正常秩序的若干意见》，提出实施市场准入负面清单制度。党的十九大提出“全面实施市场准入负面清单制度，清理废除妨碍统一市场和公平竞争的各种规定和做法，支持民营企业发展，激发各类市场主体活力”；[①] 党的十九届五中全会重申“实施统一的市场准入负面清单制度”。[②] 实施负面清单制度是行政审批制度改革的重大进展。在市场准入负面清单制度下，政府以清单方式明确列出禁止和限制投资经营的行业、领域、业务等，而在清单以外，各类市场主体可依法自由进入。市场准入负面清单制度奉行“法无禁止皆可为”的根本理念，既给市场主体更大的发展和探索空间，最大限度地容纳经济的不确定性，又极大减少了政府决策所需的信息量，体现了限制政府权力的思想，是保障市场自由进入的重要制度安排。市场准入负面清单制度需要不断完善，主要是缩短负面清单的“长度”，给市场主体留下尽可能多的经济机会。

第二，构建平等使用生产要素的体制环境。

土地、资本和劳动力是三种基本生产要素，平等获取和使用这些生产要素的权利，是各类市场主体公平竞争、共同发展的基本条件。

改革开放以来，我国生产要素市场得到了发展，各种市场主体都有机会获得生产要素。但是，在生产要素方面，特别是在重要生产要素市场上，尚有不同所有制主体的权利和机会并不平等的状况，公有制经济在获取诸如资金、土地、能源资源、技术等生产要素上享有超越其他所有制经济的地位和优先权。以金融资源的获取为例，个体民营经济在资本市场上的筹资比例和信贷市场的贷款比例与其在经济增长和就业上的贡献是明显不对称的。个体民营经济在土地市场上也处于相对劣势。根据对江苏省民营企业用地情况的调查，认为民营企业用地程序烦琐、用地指标不足、土地价格偏高的，分别占总样本的54.9%、54.6%和52.5%，还有17.2%的民营

① 习近平：《决胜全面建成小康社会夺取新时代中国特色社会主义伟大胜利——在中国共产党第十九次全国代表大会上的报告》，人民出版社，2017，第33~34页。

② 《中共中央关于制定国民经济和社会发展第十四个五年规划和二〇三五年远景目标的建议》，人民出版社，2020，第20页。

企业认为土地出让过程不透明。①

保障各类市场主体公平使用生产要素的权利，需要进行制度建设，而最重要的工作就是推动生产要素的市场化配置，特别是需要尽快完善我国的金融市场和土地市场。从根本上讲，我国现有金融市场结构还不适合非公有制经济的融资需要，非公有制经济“融资难、融资贵”问题长期得不到解决。解决非公有制经济融资困境问题的根本之道是推进民营资本进入金融业，加快地方性民营金融机构的发展，发展多层次的资本市场。同时，进一步加强金融监管，防范金融体系的系统性风险和维持金融体系的稳定。

土地制度改革和土地市场发育对于保证非公有制经济平等获取土地这一重要生产要素是十分重要的。要改革政府垄断的征地制度和政府在土地一级市场上的一些垄断状况，发挥土地市场在土地资源配置中的基础性作用。要加快培育土地二级市场，重新配置存量土地资源，以提高土地供应量和交易量，借以增加非公有制经济主体获得土地资源的机会。

（本文发表于《南开经济研究》2021 年第 1 期）

① 徐志明、高珊、曹明霞：《利益博弈与民营经济政策执行困境——基于江苏省 1087 家企业的实证分析》，《江海学刊》2013 年第 1 期。

高质量经济活动：机制、特定性与政策选择

杨虎涛*

党的十九大明确指出，中国经济已由高速增长阶段转向高质量发展阶段，正处在转变发展方式、优化经济结构、转换增长动力的攻关期。习近平总书记也多次强调，实现高质量发展，是保持经济社会持续健康发展的必然要求，是适应中国社会主要矛盾变化和全面建设社会主义现代化国家的必然要求。但是，“由于现代经济学长期以来的研究重点在‘量’而不在‘质’，因此高质量发展作为核心概念置于重大政策意涵表达之中是对经济学的一个挑战”①。虽然主流经济学普遍忽视经济活动的“质”的特性，但在发展经济学尤其是演化发展经济学以及调节学派等“非主流”的经济学理论框架内，经济活动的“质”却是长期以来的核心议题。这些理论普遍认为，不同“质”的经济活动具有不同的社会经济后果，也是导致国家兴衰的分野所在。梳理上述经济理论中关于经济“质”的论述，对实现高质量发展具有重要的现实指导意义。

一　高质量发展与高质量经济活动

习近平总书记明确指出，“衡量发展质量和效益，就是投资有回报、产品有市场、企业有利润、员工有收入、政府有税收、环境有改善，这才是

* 杨虎涛，经济学博士，中国社会科学院经济研究所外国经济思想史研究室主任，研究员、博士生导师。

① 金碚：《关于“高质量发展”的经济学研究》，《中国工业经济》2018 年第 4 期。

我们要的发展”。[①] 总书记这一简明扼要的论断有着丰富而深刻的内涵，涉及积累与投资、收入与消费、创新与发展等多个领域，对理解和指导高质量发展具有重要的理论意义与实践价值。

在这一论述中，“投资有回报、产品有市场、企业有利润、员工有收入”的核心，是指经济发展中劳动生产率提高、工人实际工资上升从而使需求提升，利润以及积累率和投资上升三者之间的协同增长。这种具有正反馈机制的经济活动，被演化发展经济学称为高质量活动（high quality activity），同时也与阿伦·杨格所讨论的报酬递增经济以及调节学派所讨论的黄金三十年时期的经济活动有着内在的一致性。尽管当前中国在推进高质量发展的过程中，并不只是简单再现这种生产率、利润与实际工资的协同增长，而是有着更为丰富的含义和更高的要求，如，强调以满足人民日益增长的美好生活需要为目的，强调创新动力、协调发展、绿色发展、开放发展、共享发展等，但生产率、利润与实际工资的协同增长与三者之间的良性循环是基本的“质”的要求，如果不能实现这一目标，就意味着没有实现效率提升和人民福祉提升，也无法达成更多其他目标。结合十九大关于“满足人民日益增长的美好生活需要的发展”，以及习近平总书记“转方式调结构和扩大中等收入群体是同一个过程的两个侧面”[②] 等重要论述，可以看出，实现生产率、实际工资和企业利润的协同增长有着至关重要的意义。

在演化发展经济学家的理论中，一国致富的根本原因，正是在于选择了特定的高质量经济活动。易言之，经济增长有活动特定性（activity-specific）。这种特定的经济活动的分工水平更深、产业协同效应更强、技术进步可能性更大。演化发展经济学家赖纳特认为，此类经济活动具有生产率提升空间大、研发密度高、动态不完全竞争性特征突出、附加值较高等特征。具有上述特征的高质量经济活动，不仅可以优化产业结构，而且可以通过生产率外溢作用，实现更大范围内的劳动生产率、利润率和实际工资的协同增长。

早于演化发展经济学的高质量活动概念，20 世纪 70 年代末，调节学派

① 《习近平关于社会主义经济建设论述摘编》，中央文献出版社，2017，第 92 页。

② 《习近平关于社会主义经济建设论述摘编》，中央文献出版社，2017，第 107 页。

在对以福特主义生产模式为代表的西方黄金三十年的分析中，突出强调的也是生产率、利润（资本积累）和实际工资水平三者的共同增长。调节学派所概括的“福特主义积累体制”的主要特征就是：在规模经济基础上的生产率增长，与生产率增长同步的工资增长，以及工资增长导致的需求增长，在产能利用率不断扩大基础上的企业利润增长，进而资本积累提高和良好市场预期基础上的投资增长，从而带来进一步的规模经济基础上的生产率的进一步增长。① 而新熊彼特学派的代表人物多西则将黄金三十年的这种技术创新推动下的生产率增长、工资收入以及总需求的同步增长称为完美匹配（smooth match）。在多西看来，20 世纪 70 年代以来，西方国家之所以出现了长萧条的症状——经济增长缓慢、利润率持续下降、实际工资长期停滞、社会分配不平等日益加剧等，是因为生产活动已无法实现“完美匹配”，取而代之的是生产率、利润（积累与投资）、实际工资（需求）协同机制的脱耦（decouple）。②

经济史的研究也表明，工业革命以来，无论是早期的英美德等西方国家，还是第二次世界大战结束之后崛起的日韩新等东亚国家，无一例外的是抓住了当时特定的高质量经济活动，实现了经济腾飞。生产率、利润（积累与投资）、实际工资（需求）的协同增长是这些国家跻身富国时期的经济活动的主要特征。而以美国为代表的西方发达国家之所以在黄金三十年之后长期陷入萧条之中，根本原因在于 20 世纪 80 年代以来，以金融为代表的非生产性活动在这些国家的经济活动中占据了支配性地位，从而无法启动类似黄金三十年时期的生产率增长、资本积累增长和实际工资增长那样的正反馈机制；相反，投资乏力、实际工资停滞和生产率增长缓慢成为长期特征。

大量研究也都佐证了多西的“脱耦”判断：马伦的分析表明，美国相对于经济规模而言的商业投资净额，已经从战后经济繁荣期结束时的近 6%，下降到了如今的 2.5% 左右，资本积累速度缓慢，进而影响生产率的

① 孟捷：《战后黄金年代是怎样形成的——对两种马克思主义解释的批判性分析》，《马克思主义研究》2012 年第 5 期。

② Dosi, G. , Virgillito, M. E. , “Whither the evolution of the contemporary social fabric? New technologies and old socio-economic trends,” International Labour Review, 2019, 158 (4).

增长。而就整个发达经济体而言，20 世纪 70 年代的生产率增速从 3.25% 左右降到 2.0% 左右，在 21 世纪头一个十年中期则下降到了 1.25% 左右，2008 年国际金融危机后则进一步降到了 1% 以下。[①] 戈登的研究则表明，1928～1972 年，美国的产出资本比率的年化增长率为 0.9%，而 1972～2013 年则降低到负 0.8%。[②] 而从劳动收入占比和实际工资水平上看，1972 年美国非农私人经济部门的小时工资和周工资（以 1982～1984 年美元计算）为 9.26 美元和 341.83 美元，此后 21 年间这两项指标持续下降，至 1993 年分别降至 7.78 美元和 266.65 美元；甚至在 2008 年国际金融危机爆发前的过度繁荣时期，小时工资和周工资也依旧只有 8.57 美元和 288.06 美元，远低于 20 世纪 60 年代、70 年代的平均水平。[③]

二　高质量经济活动的作用机制

保罗·克里格曼（Paul Krugman）曾有一句广为人知的名言——生产率并非说明了一切，但从长远来看，它几乎就是一切。生产率增长之所以重要，是因为只有生产率增长才意味着可以用更少的资源生产出更多满足需要的商品，同时也意味着实际收入的持续增加；也只有生产率的增长才意味着会产生出额外的资源，可用于下一轮提高生产率的投资，从而使生产率继续提高，形成一种良性循环的过程。

衡量高质量经济活动的关键指标，首先就在于这种经济活动是否具有生产率增长的空间。赖纳特等人的考察表明，发达国家对产业活动选择、培育和保护的主要标准，首先就在于该活动是否具有陡峭的学习曲线，即更大的生产率增长空间。如果某类经济活动具有更大的生产率增长空间，那么在生产率从低到高的过程中，此类活动将产生广泛的产业带动效应以及知识和能力的积累；而一旦此类活动的生产率已达极限，缺乏进一步的改进空间，这种经济活动所对应的产品或生产环节，就不再属于高质量范

---

① Phil Mullan, *Creative Destruction: How to Start an Economic Renaissance* (Bristol University Press, Policy Press, 2017), pp. 96 – 97.

② 〔美〕罗伯特·戈登：《美国增长的起落》，张林山等译，中信出版社，2018，第 623 页。

③ 王生升：《在历史坐标中解析中美经贸摩擦的真相》，《光明日报》2019 年 6 月 20 日。

围。其次，判断一种经济活动是否为高质量经济活动，要看此类经济活动能在多大的范围内、多大的程度上影响其他部门的生产率增长，是否具有更大的技术外溢性，是否具有更广的创新范围，能否产生更强的产业协同效应。生产率的这种外溢效应，将通过更高的工资和更高的需求，对生产率改进较慢的、如劳动密集型服务行业产生强烈的工资带动效应，使更多经济主体分享到生产率红利。最终在结果上，高质量经济活动就形成了一种“共谋”式的增长模式。在这种模式中，“技术发展的成果将会被如下群体所分享：企业家和投资者、工人、当地劳动力市场中的其他人，以及国家——通过更大的税基”。①

在调节学派对黄金三十年的分析中，博耶等人将福特主义的主要特征概括为资本积累、生产率的高增长速度与国民收入和家庭平均收入的增长大体同步。这种既有技术进步和生产率提高，也有实际工资提升的积累模式被调节学派称为“具有群众大规模消费基础的内涵型积累”，以区别于仅靠投入而非技术进步而增长的“外延型积累”，以及虽有技术进步却无法改善实际工资的“内涵型积累”。相较于赖纳特对产业协同效应和生产率溢出效应的分析，调节学派更突出强调的是这一时期生产活动的规模经济特征，认为在黄金三十年里，是福特主义基于标准化和工业流水线的生产组织形式，通过规模生产提高了劳动生产率；而劳方和资方通过集体谈判形成了与生产率增长相联系的工资制度，从而在实际工资提高的同时促进了社会大规模消费，这反过来又强化和促进了大规模生产，规模生产基础上的利润增长又提高了积累率，从而使更多的投资进一步扩大规模经济，如此循环累积形成工资、利润和生产率之间的良性循环。

调节学派对这一正反馈的机理描述，与演化发展经济学基本相似。在演化发展经济学的分析中，“共谋型”增长的核心也在于高质量经济活动与更高生产率、更高利润和更高实际工资之间的良性循环：建立在生产率提升基础上的实际工资提高，建立在实际工资提高基础上的需求扩大，随着实际工资的提高，企业会更倾向于用资本替代劳动，从而会加大投资和提

① 〔美〕埃里克·S·赖纳特：《富国为什么富　穷国为什么穷》，杨虎涛等译，中国人民大学出版社，2013，第101页。

高资本产出比，这就推动了劳动生产率的继续提高。而随着实际工资提高带来的需求扩大又有助于企业的产品销售利润，从而使企业更能实现利润并有更好的预期继续投资，这又进一步推动生产率的提高，这同样也是一个累积循环的过程。在这一过程中，国民实际收入和产业竞争力都得以不断提高。

不同的是，对于这种高质量经济活动的“正反馈”实现条件，赖纳特等人尤其强调国内市场保护和产业政策的重要性；而调节学派则更强调其他制度体系的支持，认为垄断定价、劳资协商和政府的需求管理，以及稳定的国际金融体系和贸易体系是高质量经济活动得以持续的关键。之所以出现这种分野，在很大程度上是因为两者的分析对象具有差异性。调节学派所考察的黄金三十年时期，经济增长是依靠扩大内需而实现的，积累主要是通过内源型积累完成的。[①] 而按经济史的划分，西方的黄金三十年属于“西方走向富裕”（western ascent to affluence）的后期加速阶段，是从富到更富或富裕复兴的阶段。[②] 而赖纳特所考察的对象带有更多的赶超发展意味，在这种历史分析中，高质量经济活动伴随着对特定技术-经济范式下产业制高点的争夺，因此国际分工和国际贸易的条件得到了更多的重视。作为一种“赶超”视域的分析，经济发展能否惠及本国居民是赖纳特始终强调的关键点。他尤其指出，良性循环可以在任何一个点被切断：如，缺乏实际工资的提高，或者缺乏资本-产出比的提高，甚至，“如果更高的需求只是源于对外国商品的需求增加，循环将中断”。[③] 这也意味着，在开放经济的条件下，一种创新性的活动，如果是缺乏产业关联性的“飞地”经济，即使它具有高质量经济活动的生产率特征，也只会对资本积累有利，但不可能达到产业协同和国民收入提升的效果。从这一意义上说，尽管高质量经济活动的典型特征是其创新性，但并非所有的创新都是高质量经济活动。

① 孟捷：《战后黄金年代是怎样形成的——对两种马克思主义解释的批判性分析》，《马克思主义研究》2012 年第 5 期。

② Allen, R. C., “Lessons from History for the Future of Work,” *Nature* 550 (7676) (2017).

③ 〔美〕埃里克·S·赖纳特：《富国为什么富　穷国为什么穷》，杨虎涛等译，中国人民大学出版社，2013，第 189 页。

三　高质量经济活动的三重特定性

高质量经济活动通过产业协同和技术外溢，使生产率、利润和实际工资形成协同增长。但无论是演化发展经济学还是调节学派，都没有强调高质量经济活动具有特定性。事实上，高质量经济活动的这种协同增长并非是无条件的：只有在特定的行业和产品、特定的规模和结构以及特定的时间和空间条件下，高质量经济活动才能实现生产率、利润和实际工资三者间稳定和持续的协同增长。

（一）高质量经济活动的行业和产品具有特定性

生产率、积累和实际工资的协同增长，不仅需要各种制度支持，同时也依赖于这一行业和产品的特性。其中，核心的问题在于，劳动节约型的技术进步在导致个体实际工资上升的同时是否也导致总需求上升？生产率提升在导致单位商品价值量下降的同时是否也导致总产出和利润的增长，从而确保投资的增长？

技术变迁对于生产率的影响，以及和劳动需求和总需求之间的关系，被称为“李嘉图《论机器》一文以来最重要的理论议题之一”。[①] 在经济思想史上，库兹涅茨、克拉克和鲍莫尔、帕萨内蒂等人都讨论过这个问题，他们普遍认为，需求的增长和生产率的增长，是通过价格弹性机制联系起来的。而金德尔伯格则更是将这种弹性引入到部门间的产品需求之间，认为“需求的价格和收入弹性很高并与其他部门有着显著联系的活动称为主导部门”。[②] 事实上，不仅需求的价格弹性和收入弹性，而且就业的结构和总量的变动，都对“正反馈”起着决定性的作用。多西指出，技术变迁、需求和就业之间至少存在着三种机制：一是通过生产率增长到更低的产品价格到更高的需求，前提条件是需求的价格弹性大于1；二是从生产率增长

① Dosi, G. , Virgillito, M. E. , “Whither the evolution of the contemporary social fabric? New technologies and old socio-economic trends,” International Labour Review, 2019, 158 (4).

② 〔美〕查尔斯·P·金德尔伯格、〔美〕布鲁斯·赫里克：《经济发展》，张欣等译，上海译文出版社，1986，第237页。

到实际工资的增长到更高的需求；三是从生产率增长到劳动替代到更高的失业率，最终导致更低的需求。

但是，多西并没有进一步指出这三种机制的宏观综合效应，而在技术进步的过程中，这三种机制往往是并存的。要实现生产率、实际工资和利润的协同增长，从而在资本积累、需求与总产出之间保持良性循环的话，需要技术进步带来的就业创造效应和补充效应大于其破坏效应和替代效应，同时产品的需求价格弹性和收入弹性都要大于1。其原因在于，生产率的提高将使单位商品价值量下降，要使企业从单位价值量下降的商品中获得更多的利润，从而保证下一轮更高的投资进而保障总产出的增长，就必须要求产品的销售量（剩余价值实现）的增长幅度大于单位商品价值量下降的幅度，也即是产品必须是具有弹性的；另外，在实际工资保持不变的前提下，如果技术进步造成的劳动创造效应和补充效应小于其破坏效应和替代效应，也不会在总量上导致更多的需求。因此，就业的总量效应和产品的弹性要求是决定生产率、利润和需求之间正反馈能否持续发生的两个关键因素。就业的总量效应取决于观察的时间长短，长期内，技术进步所创造的新增就业将超过对传统部门就业的替代和破坏，这一点已被历次技术经济范式的变迁所证明；而产品弹性对总产出的影响，则和技术变迁过程中动力部门（motive branches）、支柱部门（carrier branches）或者主导部门（leading sectors）以及“引致部门”（induced branches）的规模和范围密切相关。例如，在芯片、存储器、计算机和网络设备这种结构的部门间需求中，上游产业技术进步造成的单位产品价值量下降意味着下游产业更大的需求，也意味着整个行业规模的进一步扩大和社会总产出的进一步增长。

（二）高质量经济活动的规模和结构具有特定性

高质量经济活动是一系列相互促进、相互协同、互为需求的产业活动。孤立的某一个产品不足以支撑起大范围的资本积累、实际工资和劳动生产率的协同增长，高质量经济活动的这种系统性特征在大国、大的经济体上体现得尤为明显。而对较小规模的经济体而言，即使缺乏足够复杂的产业门类和经济规模，但若能在有限的部门甚至单一的产品上实现突破，形成竞争优势，仍有可能凭此拉动该经济体成为“富国”。例如，韩国在发展出口导向型经济的过程中，1973～1987年出口结构的最明显变化集中体现在纤维、电子产品和汽车及配件三个产品上，三者占总出口的比重达到53%，而在20世纪70年代，纤维和汽车及配件出口为零，电子产品出口则从1973年的9.9%上升到1987年的21.5%。[①] 韩国经济学家李根指出，韩国没必要建立飞机制造业。[②]

高质量经济活动之所以对规模和结构有着特定的要求，是因为：

第一，高质量经济活动的规模对生产率优化和实际工资提升的空间和持续时间具有重要影响。生产率改进快的“快”部门在更大规模的需求拉动下会有更强的“需求引致创新”作用，从而进步更快，与此同时这种快的进步反过来也会对生产率提升慢的“慢”部门产生渗透，最终在更大范围和更长时间内起到提升生产率的作用。这种产业间的相互引致需求而拉动的创新和生产率之间的关联性，在早期发展经济学中被称为“前向联系”和“后向联系”，其拉动作用可以通过不同部门的投入－产出表上的规模系数得以体现，而较高的规模系数和多产业间的协同性往往是发达国家的标志之一。金德尔伯格就写道：“穷国的经济学家在判断哪些工业具有最多的联系时无需再为自己国家精心制作和改进一个投入产出表。”[③] 另外，国民实际工资的普遍提高也和高质量经济活动的规模密切相关。劳动生产率进步快的部门的从业人员有更高的需求收入弹性，也更有能力去消费劳动生产率进步较慢的部门的产品和服务，从而让这些“慢”部门的从业人员的收入也能得到提升。这就需要生产率进步快的部门在经济体中占到相当的规模，才能让“收入潮水浮起了所有的船”。生产率－利润－工资增长之间的正反馈的强度和持续程度，取决于高质量活动所占有的份额。

第二，高质量经济活动的结构的复杂程度对生产率外溢效应和协同效应的程度和持续时间广度有着重要的意义。新技术和新产品的相应部门潜

① 杨虎涛、李思思：《“汉江”奇迹与“马来”困局——基于演化发展经济学视角的比较》，《亚太经济》2018年第1期。

② 〔韩〕李根：《经济赶超的熊彼特分析：知识、路径创新和中等收入陷阱》，于飞、陈劲译，清华大学出版社，2016，第127页。

③ 〔美〕查尔斯·P·金德尔伯格、〔美〕布鲁斯·赫里克：《经济发展》，张欣等译，上海译文出版社，1986，第236页。

在的生产率提升空间大，但需要相当广泛的支持部门，才能有利于自身的生产率提升，并同时形成范围更大的生产率外溢效应和更强的产业协同效应。外溢效应和协同效应的持续度、强度和广泛程度则取决于：（1）产品创新（product innovation）和过程创新（process innovation）之间的匹配。如果一种产品创新能导致更多部门的过程创新，就能产生范围更大的生产率外溢效应。从技术史的角度看，这就要求主导部门的产品创新具有更大的"革命"作用，其产品可用于更多行业和更多产品的过程创新之中，如数控机床、新材料或新能源等。（2）过程创新或组织创新的通用性。某种工艺、流程或者生产组织形式，如果可以被用于多个生产部门去提高生产率，就可以实现范围更大、更为直接的生产率提升，如流水线、平台组织等。

（三）高质量经济活动的时间和空间具有特定性

1. 高质量经济活动具有时间特定性

首先，高质量经济活动的行业和产品随着技术－经济范式的变化而变化。随着技术－经济范式的变迁，全球分工体系和贸易体系的不断变化，以及不同国家自身禀赋和基础的差异，曾经在某一时段使某些国家成功的高质量经济活动所对应的行业、产品乃至政策，未必适用于当下其他的国家。例如，对于何谓高质量经济活动，赖纳特的答案是制造业："自那些'天然富裕'（naturally wealthy states）的国家——威尼斯、荷兰、没有农业的小城邦——之后，我们再也找不到一个不需要经历长期的锁定目标（targeting）、对制造业部门进行支持和/或保护就能够建立起自己的工业部门的国家。"① 而在调节学派的分析中，汽车、建筑等耐用品行业是支撑黄金三十年的主要行业。但随着模块化生产方式的兴起和全球价值链的形成，一般意义上的制造业显然已经无法实现"高质量"的特定要求，制造业占比很高但附加值很低已成为很多发展中国家的特有现象。同样以韩国和马来西亚为例，20 世纪 70 年代到 90 年代，韩国和马来西亚的制造业占比基本上都在 38% 左右，1990～2008 年，马来西亚的制造业占比还从 38% 上升到

① 〔美〕埃里克·S·赖纳特：《富国为什么富　穷国为什么穷》，杨虎涛等译，中国人民大学出版社，2013，第 103 页。

45%左右，但韩国一直在38%左右，而同期两国的平均国民收入则拉开了数倍以上的差距。[①] 其次，高质量经济活动具有时间上的竞赛性。在特定的技术周期时间节点上，高质量经济活动的技术高点具有独占性，即“先到先得”。随着知识产权、产业生态联盟和技术标准重要性的日渐突出，这种时间的竞速赛也更为激烈更为普遍。高质量经济活动的时间特定性意味着，在不同技术革命浪潮时间节点上启动工业化和赶超进程的不同国家，面临的技术和赶超的“机会窗口”不同，就其实现“富国”目标而言，高质量经济活动对应的具体产品、行业和介入方式也不一样。

2. 高质量经济活动也具有空间特定性

首先，随着全球价值链、供应链和产业链的兴起，高质量经济活动在空间上被分割，产品间分工和产品间贸易被产品内分工和中间品贸易、服务贸易所取代，单纯通过逆向工程已无法实现高质量经济活动的生产率、利润和实际工资的协同增长，高质量经济活动更多地集中于价值链、供应链和产业链的高端。其次，随着全球化程度的不断加深和范围的不断扩大，在开放经济条件下，生产率－利润－工资之间的良性循环更容易超越一国范围，造成国内循环的脱耦，失去国民共享的意义。如，在原材料和成品市场“两头在外”而缺乏定价权力的加工贸易中，可以出现生产率提升但利润和工资下降的情形；再如，受限于脆弱的金融体系，在金融开放条件下，一国长期经济增长的成果可能被拥有金融霸权的发达国家所掠夺。高质量经济活动的这种空间特定性意味着，对全球价值链的高端位置的争夺、供应链控制权的争夺和产业强度和韧性的争夺成为高质量发展的关键所在。

四　高质量经济活动的政策选择

高质量经济活动的行业和产品的特定性、规模与结构的特定性、时间和空间的特定性，对选择、培育和促进高质量经济活动，实现中国经济高质量发展提出了更为复杂的要求，与之相应，促进高质量发展的政策选择

① 杨虎涛、李思思：《“汉江”奇迹与“马来”困局——基于演化发展经济学视角的比较》，《亚太经济》2018年第1期。

也应有所侧重和突出。

（一）抓住新技术革命的关键技术特性，致力于特定行业和产品

高质量经济活动具有行业特定性和产品特定性。要产生大范围的生产率、利润和积累的协同增长，就需要形成大范围的动力部门、支柱部门和引致部门之间的产业间需求。在这种需求的耦合循环中，由于部门间需求富有价格弹性，因技术进步带来的单位产品价值量的下降不会影响总产出和利润的实现，而由于技术进步带来更多的部门就业，实际工资的上升也会带来相应的需求增长。

从在历次技术革命浪潮中成功实现赶超目标国家的经验看，新的技术革命发生之初，一国能否成功地捕捉新技术革命的机会窗口实现赶超，在于能否在生产关键要素的动力部门中取得领先地位，以及能否迅速在动力部门、主导部门和引致部门之间形成互为市场。而这取决于技术能力、经济规模和产业体系的复杂程度。回顾技术变革的历史，第一次工业革命时期的冶铁、蒸汽机和煤矿业之间，第二次工业革命的电气化、石油、内燃机、钢铁和汽车之间，以及第三次工业革命的芯片、计算机和网络设备之间，都存在这种类似的循环。而工业革命之所以爆发在英国而不是欧洲其他地方，就在于英国存在着采煤、蒸汽机和冶铁的旺盛需求；[①] 第二次工业革命美国之所以能胜出，也在于其庞大的国内市场和多样化的产业部门；[②] 第三次工业革命美国之所以领先于日本和欧洲，也与其庞大的军工采购密不可分。[③] 虽然中国仍存在着高端核心技术缺乏和基础研究薄弱等短板，但在新一轮技术革命来临之际，中国经济的规模优势和世界上产业门类最为齐全的生产体系却为我们捕捉这一机遇提供了有利条件。庞大的市场规模

① 〔英〕罗伯特·艾伦：《近代英国工业革命揭秘：放眼全球的深度透视》，毛立坤译，浙江大学出版社，2012，第11页。

② 〔美〕小艾尔弗雷德·钱德勒：《规模与范围：工业资本主义的原动力》，张逸人等译，华夏出版社，2006。

③ Wade, Robert H., "The American Paradox: Ideology of Free Markets and the Hidden Practice of Directional Thrust," *Cambridge Journal of Economics* (41) (2017): 859 - 880.

意味着新技术、新产品和新的组织形态更容易得到市场回报，进而激励企业持续创新。而多样性的生产部门则有助于形成不同部门间的技术耦合和互补效应，从而加速技术扩散与技术–经济范式的型构。

动力部门、支柱部门和引致部门之间的产业间需求的规模和广度，取决于技术革命本身所蕴含的分工“裂变”程度。里夫金之所以将能源+通信的组合变化视为工业革命的标志，就在于能源+通信的变化代表着全新的分工和生产组织方式，通信和能源的“这种聚合将会从根本上改变社会的时间和空间属性，从而要求以全新的方式组织和管理商业活动和生活方式”。[①] 在泰勒·考恩（Tyler Cowen）和罗伯特·戈登（Robert Gordon）等人看来，20世纪70年代之所以成为快增长和慢增长的分界点，就在于以计算机为代表的信息通信技术在分工的“裂变”程度上无法与上一轮技术变革，也即20世纪20年代之后的电气化、内燃机为代表的技术变革相提并论。之所以存在所谓索洛悖论（productivity paradox）——“处处可见计算机，唯独在生产率数据中除外”，主要是因为计算机和互联网等技术并未形成类似电力、石化能源技术那样强劲而广泛的创新范围。

如同蒸汽机、电力一样，以大数据、人工智能为代表的技术已成为当代产业发展的通用技术，[②] 也成为各国技术竞争和产业竞争的主阵地。但当前大数据和人工智能技术仍局限于诸如广告投送、生活消费等有限的应用场景之中，要避免索洛悖论的再现，使以大数据、人工智能为代表的技术成为提升一国价值链、供应链和产业链地位的主导力量，就应当：（1）实现从消费互联网向产业互联网的升级，使其产生更大范围的工业应用而不仅仅是商业和生活应用；（2）推进大数据、人工智能和材料、能源、生物技术等战略新兴产业的技术渗透和产业协同，以及通过新兴技术促进传统行业升级。大数据和人工智能行业在缺乏材料、能源和高端装备产业进步的前提下，无法产生足够的产业带动效能和协同深度。如果不能广泛而有

---

① 〔美〕杰里米·里夫金：《第三次工业革命：新经济模式如何改变世界》，张体伟译，中信出版社，2012，第139页。

② 联合国2017年发布的《AI技术革命对劳动力市场和收入分配的影响》报告中就将人工智能定义为和历史上的蒸汽机、电力、计算机一样的通用技术（GPT，General Purpose Technology）。

效地与材料、能源、生物医药等新兴产业结合，不能渗透和升级传统制造业，就无法发挥其“通用”功能，也就无法成为高质量经济活动的引擎。

（二）发挥规模优势和结构优势，引导高质量经济活动的发展

对于中国这样一个超级发展中的经济体而言，要实现十九届五中全会提出的“人均国内生产总值达到中等发达国家水平”这一目标，需要高质量经济活动的规模达到相当的比重，如此，才能“拉动”占世界人口五分之一国家的国民收入水平持续提升；同样，要实现高质量发展的产业协同效应，产生持续而广泛的生产率溢出，也需要中国的经济结构更丰富的多样性，如此，才能产生足够的产业间“引力”。

从另一个角度看，作为目前世界第一制造业大国和产业门类最为齐全的国家，作为潜在的最大消费市场，作为一个兼具战略新兴产业、传统制造业，同时农业占 GDP 的比重达到 7.6% 并拥有 18% 农业劳动力的经济体，[①] 中国又完全具备实现高质量经济的规模和结构要求的必要性和可能性。不同部门、不同区域的生产率结构性差异，为生产率溢出创造了前提条件，战略新兴产业对传统制造业的升级改造，制造业升级引致的农业和服务业的效率提升，经济发达地区和落后地区的协同，都蕴含着进一步扩大规模、优化结构和提升效率的可能性。而较高的农业劳动力占比也同时意味着国民收入提升尚有巨大空间。一般而言，当劳动力从低生产率部门向高生产率部门转移时，不仅本身收入会得到提高，而且高生产率部门还可以拉动低生产率部门的工资上升，这是工业革命中劳动力从农业部门向制造业部门转移时所发生的现象，也是发达国家农业、服务业人工成本远比发展中国家要高的原因。发达国家在后工业时代的发展困境之一，就是随着制造业的不断萎缩和服务业占比的不断提升，劳动力人口的流转方向不再是从低生产率部门到高生产率部门，而是从高生产率部门向低生产率部门，这也正是后工业化时代总生产率提升速度开始趋缓的原因之一，而

① 蔡昉：《中国农业劳动力大概占 18%，还有可挖掘潜力》，凤凰网财经，2017 年 10 月 29 日，http://ifinance.ifeng.com/15752313/news.shtml?&back。

中国显然还未达到这一阶段。

然而，要将潜在的规模和结构优势转化为现实的规模拉力和结构引力，需要进一步优化现有的经济规模和结构的质量。尽管潜在规模很大，但在生产率水平上，我们与发达国家仍有很大差距。路风等人的研究表明，2010年，中国的劳均产出不到美国的1/6，而劳均资本不到美国的1/5，劳均产出和劳均资本相当于德国在20世纪60年代和韩国在20世纪80年代的水平。[①] 尽管结构意义上产业部门多样化明显，但高生产率部门向低生产率部门的生产率溢出效应仍不够高，未能产生足够的产业协同力，在路风教授的统计中，中国之所以劳均产出和劳均资本的水平会被大大拉低，是因为中国人口众多且农业人口占比较高，这从另一方面反映出，相当一部分劳动就业人口仍停留在劳动生产率较低的部门，城乡协调、区域协调、产业协同尚有巨大的改进空间。

（三）抓住时间上的第二种机会窗口，围绕“空间”链主打造产业竞争力

如前所述，高质量经济活动具有时间特定性。一方面，围绕着新技术经济范式的高端争夺是一种时间的竞速竞赛；另一方面，技术浪潮的产品节奏型变化是产业竞争的重中之重。前者要求“快”，实现先到先得；后者意味着“准”，实现产业利基。而工业革命以来若干次技术革命浪潮中时间特定性变化的显著特征，一方面就是时间竞赛过程中的规模、垄断、成本等因素的重要性越来越低，而标准、知识产权、产业生态联盟的重要性日渐突出；另一方面则是技术周期中短周期技术产品大量涌现，使节奏变化大为加快。

按照新熊彼特学派的技术窗口理论，对后发国家而言，在成熟的技术中不存在赶超机会，因为时间上先发国家已经实现技术、规模、价格、标准和产业生态联盟的锁定；但在新兴技术和产品中，先进国家和后发追赶国家在技术上基本处在同一起点，新技术或产品与传统技术和产品的差别越大，先进国家和后发国家的差距越小。而由于对传统技术－经济范式的

---

① 路风：《再论产业升级与中国经济发展的政策选择》，《文化纵横》2016年第5期。

制度路径依赖和产品路径依赖都弱于发达国家，在新一轮技术革命爆发之初，后发国家反而具有更大的优势，也即新熊彼特学派所强调的真正具有赶超意义的“第二种机会窗口”。而技术和产品更迭的周期趋短意味着“第二种机会窗口”开启更为频繁，后发国家的追赶机会也更多。从理论上说，在以通信网络技术这类短周期特征技术为主的第五次技术革命浪潮中，只要抓住短周期的节奏就存在赶超甚至领先的可能性。而一旦在特定的时间节点上实现了突破，空间意义上的价值链、供应链和生产链的“链主”也随之变化，华为5G技术之所以成为中美贸易摩擦乃至于技术战的焦点，其原因也在于此。

时间意义上的后发赶超之所以在现实中存在巨大困难，是因为空间意义上，价值链、供应链和产业链的“链主”可以通过对“链”的控制来抑制后发者和赶超者。在一个既定的时间节点上，链主依赖其价值链的优势，具有更强的研发实力和更大的技术标准主导权；依赖其供应链的优势，具有更大的产业生态控制权；依赖其产业链的权力，具有在空间上重构生产，从而破坏后发者通过产业间需求来引导创新升级的可能性。在新技术经济范式切换的过程中，尽管机会窗口频繁开启，但链主通过上述系统优势，可以遏制甚至绞杀后发追赶者。从这一意义上说，高质量经济活动的时间特定性和空间特定性是不可分离的，要实现技术浪潮中的竞速，获取特定的产业利基，必须同时突破和摆脱空间链主的抑制。

当前，以人工智能、纳米材料和新能源等高新技术为代表的新技术革命意味着技术－经济范式即将发生根本性转换，这就为中国等后发国家捕捉高质量活动提供了难得的“第二种机会窗口”。但如果不能改变价值链、供应链和产业链的地位，“第二种机会窗口”也将失去意义。而中国在价值链和供应链上的地位仍不乐观，产业链虽然“全”，但对“链”的控制力还有待提高。中美贸易摩擦爆发以来，中国产业链的完整性也同样面临着严峻的考验。虽然短期内，中国的全产业链地位很难被替代，但从中长期看，这种产业链的替代或碎片化是完全可能发生的。研究表明，跨国公司生产线和供应链的调整周期仅需12个月左右。[①] 因此，稳住面向国内市场的产

① 卓贤等：《弹指一年间：贸易战中的产业链》，《财经》2019年第20期。

业链，充分发挥中国国内市场的规模效应，以充分释放庞大内需市场的潜力，避免以国内市场为主导的企业也因内需不足而发生产业转移。为实现高质量发展提供稳定、持续、安全的条件，是当前经济政策的重点所在。2019 年 8 月 26 日，习近平总书记在中央财经委员会第五次会议上也强调，要“充分发挥集中力量办大事的制度优势和超大规模的市场优势”，“以自主可控、安全高效为目标”，“打好产业基础高级化、产业链现代化的攻坚战”。①

五 结语

工业革命以来，真正通过高质量经济活动，成功地完成工业化和现代化的成功案例远远少于失败的案例。大部分国家都难以捕捉、培育和发展高质量经济活动，即使在跻身发达国家之后，很多国家也不同程度地面临着发展缓慢、社会矛盾突出等问题。这说明，捕捉、培育和发展高质量经济活动绝非易事。高质量经济活动的发展本身，不仅仅是经济意义上，同时也是社会意义上一个创造性破坏和破坏性创造并存的过程，它不仅需要技术进步的支持，更需要长期而有效的制度体系进行促进和保障。

高质量经济活动的行业与产品特定性、规模与结构特定性以及历史特定性等特征，对我们捕捉新技术革命的机遇，实现以创新、绿色、协同、开放、共享为导向的高质量经济发展，提出了更复杂和更系统的要求。以新一轮技术革命的技术特征、产业特征为导向，围绕核心、关键技术和产品重点攻关，前瞻性地审视现有产业布局，及时针对缺陷进行相应系统调整，是应对新技术革命，培育和促进高质量经济活动，从而实现高质量发展的关键所在。在这一难得的历史机遇中，国家的作用极为重要：一方面，需要国家发挥在创造性破坏中的“引导”与“稳定”作用，引导社会资源导向高质量生产性活动，同时为经济结构转变，发展动能切换提供稳定的经济社会环境，激发经济主体的活力与创造力；另一方面，也需要国家加

① 习近平：《形成优势互补高质量发展区域经济布局，打好产业基础高级化产业链现代化攻坚战》，《人民日报》（海外版）2019 年 8 月 27 日。

快适应新技术革命的新型基础设施建设，以高质量的新型供给带动相应的新兴产业发展，从而充分发挥中国经济的规模与结构优势，促进产业融合与产业协同，实现高质量发展。

（本文发表于《学术月刊》2020 年第 4 期）

中国外贸高质量发展：基于习近平百年大变局重要论断的思考

裴长洪　刘洪愧*

2017 年 12 月，习近平总书记在接见参加驻外使节工作会议的全体使节时的讲话中指出："放眼世界，我们面对的是百年未有之大变局。"① 2018 年 6 月，习近平总书记在中央外事工作会议上明确指出："当前，我国处于近代以来最好的发展时期，世界处于百年未有之大变局，两者同步交织、相互激荡。"② 同年 12 月，中央经济工作会议重申了这个重大判断，"世界面临百年未有之大变局，变局中危和机同生并存，这给中华民族伟大复兴带来重大机遇。要善于化危为机、转危为安"。③ 2019 年，习近平总书记在国内外不同场合反复提及这个论断，如 10 月 25 日同巴西总统博索纳罗会谈时指出，"当今世界正经历百年未有之大变局，但和平、发展、合作、共赢的时代潮流没有变，中国、巴西等新兴市场国家整体崛起的势头没有变"。④ 习近平总书记关于世界局势的这个重要论断为我们思考中国经济各领域的高质量发展提出了新的研究课题，也是观察和分析当今波诡云谲的世界经济政治形势的钥匙，更是深刻认识当今中国经济潜在优势和发展前景的基本依据。

---

* 裴长洪，经济学博士，中国社会科学院经济研究所研究员，中国社会科学院大学教授、博士生导师；刘洪愧（通讯作者），经济学博士，中国社会科学院经济研究所副研究员，中国社会科学院大学副教授。

① 《习近平接见驻外使节工作会议与会使节并发表重要讲话》，人民网，http://jhsjk.people.cn/article/29734770，2017 年 12 月 28 日。

② 习近平：《坚持以新时代中国特色社会主义外交思想为指导　努力开创中国特色大国外交新局面》，《人民日报》2018 年 6 月 24 日。

③ 《中央经济工作会议在北京举行习近平李克强作重要讲话》，《人民日报》2018 年 12 月 12 日。

④ 《习近平同巴西总统博索纳罗会谈》，《人民日报》2019 年 10 月 26 日。

一　怎样用这个论断观察和分析世界经济贸易环境的变化

关于“百年未有之大变局”重要论断一般意义的理解，可以从百年以来全球经济政治大格局的变化中来展开。概括起来，其主要是百年以来不断出现的科技革命和产业革命进一步重塑了世界经济和贸易的格局；经济全球化深入发展并推动了全球经济治理的变革；中国与新兴经济体占世界经济的比重不断上升，以及世界多极化深入发展使国际力量对比变得更加平衡；大国战略博弈加剧推动国际政治和安全体系的深刻变革。这是加深理解中国当前所处历史方位的基本认识，但如果具体到谋划未来中国对外贸易高质量发展问题，则需要把“百年未有之大变局”的判断深入具体到国际贸易发展的变化，世界供应链结构调整，以及中国对外贸易所处的新环境、新格局中去观察和分析。

（一）以百年历史眼光观察国际贸易发展阶段

以穿越百年历史的眼光来梳理国际贸易发展主要脉络，大体经历了三个大的发展阶段，分别是传统的最终产品贸易、全球价值链或供应链贸易、数字贸易。① 第一个阶段主要指20世纪70年代之前的最终产品贸易。② 随着国际航运技术的进步、运输成本的下降以及关税和非关税贸易壁垒的降低，国家之间的最终品贸易往来获得空前发展。第二个阶段则是20世纪70年代左右开始的价值链贸易或供应链贸易，其中产品生产分工技术（如模块化生产方式的应用）使得同一产品的不同生产环节可以在多个国家同时进行，相应的中间产品和零部件贸易占据主导地位，使得贸易增速超过了

① Richard Baldwin, “Trade and Industrialization after Globalization’s 2nd Unbundling: How Building and Joining a Supply Chain are Different and Why it Matters,” NBER Working Paper 17716, 2011; Richard Baldwin, The Great Convergence: Information Technology and the New Globalization (Belknap Press of Haward University Press, Cambridge MA, 2016); López González, J. and M. Jouanjean, “Digital Trade: Developing a Framework for Analysis,” OECD Trade Policy Papers, No. 205, OECD Publishing, Paris. http://dx. doi. org/10. 1787/524c8c83 - en, 2017.

② 刘洪愧：《数字贸易发展的经济效应与推进方略》，《改革》2020年第3期。

GDP 增速。但是，2008 年国际金融危机以来，全球价值链（GVC）贸易的高潮已经开始回落，世界银行撰写的《世界发展报告 2020》给出了 1970 ~ 2015 年 GVC 贸易占总贸易的比重（见图 1），可以发现该比重在 2008 年达到最高点之后就快速下降。而随着英国脱欧、美国发起贸易摩擦等造成的不确定性，GVC 贸易占比未来可能继续下降。但随着 5G 通信、人工智能、物联网、区块链、3D 打印等数字技术的发展，以及相应的数字产品和服务不断涌现，未来的国际贸易发展将进入第三个阶段，即以数字贸易为重要特征的阶段。在这一新阶段，服务贸易及其全球生产分工将出现新特点，货物贸易也越来越依赖平台企业来实现，甚至许多货物贸易将被服务贸易所取代。

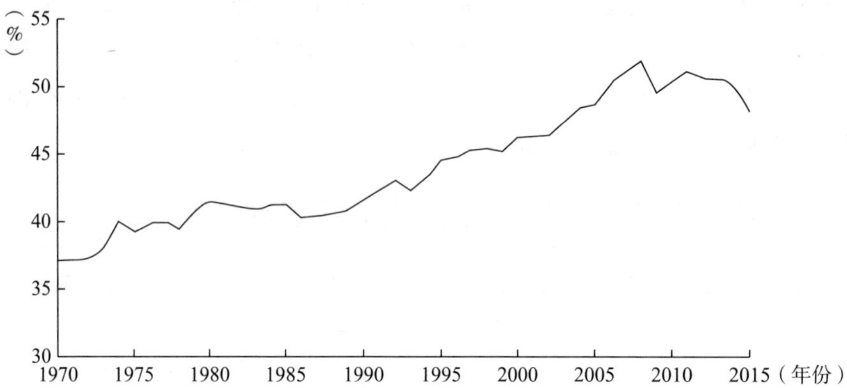

图 1　GVC 贸易占总贸易的比重

数据来源：World Development Report（2020）。其中 GVC 贸易指的是至少被统计两次的贸易额，也即至少两次跨越边境。具体计算方法可参考 Borin，A.，M. Mancini，"Follow the Value Added：Bilateral Gross Export Accounting，" Temi di discussione（Economic Working Paper）1026，Economic Research and International Relations Area，Bank of Italy，2015；Borin，A. and M. Mancini，"Measuring What Matters in Global Value Chains and Value-Added Trade，" Policy Research Working Paper 8804，2019，World Bank，Washington，DC.

国际贸易百年发展史表明，技术变革是推动贸易持续发展的最重要因素，每一次技术变革都改变了贸易方式、形成新的贸易产品，而且也重新塑造了每个国家的比较优势（例如，自动化、工业机器人和人工智能的广泛运用使劳动力成本比较优势不断弱化），进而引起各国贸易政策的变化以及贸易增速和结构的演变。现在以及未来一段时期，国际贸易正经历着第二阶段向第三阶段转变的阵痛时期，这是百年未有之大变局在国际贸易史上又一次重大变化的深刻反映。

（二）世界贸易在历史转折中的若干重要现象

国际贸易发展阶段的重大变化导致了当前世界贸易发展的三个重要现象。

第一，世界货物贸易增长速度下降、贸易结构发生明显变化。全球价值链贸易发展已经落下高潮，而新的贸易形态尚未成熟和发展，导致世界货物贸易增长速度趋向下降。从表1可见，2000～2005年，世界货物进出口年平均增速高于11%，中国更是超过26%，达到了一个历史巅峰阶段。但是，此后就开始下降，2005～2010年，世界货物贸易年平均增速仅为6%左右，较前一阶段下降了近一半，2010～2015年进一步下降到1.48%。2015～2018年，世界货物进出口增速有所回升，但是仍没有达到2005～2010年的增速，更是远低于2000～2005年的增速。而随着2018年以来世界范围内贸易投资政策不确定性的加剧，未来贸易增速有可能继续降低。

表1　各类经济体的货物贸易增速（年均）

单位：%

时期	2000～2005年	2005～2010年	2010～2015年	2015～2018年
世界出口	11.42	6.27	1.48	5.56
世界进口	11.27	5.93	1.48	5.80
中国出口	26.73	13.54	7.50	3.03
中国进口	26.47	14.16	3.91	8.34
发达经济体出口	9.54	4.10	0.80	5.53
发达经济体进口	10.03	3.24	0.51	5.77
发展中经济体出口	14.37	9.21	2.69	5.35
发展中经济体进口	13.54	10.42	3.14	5.65

数据来源：根据UNCTAD统计数据库整理。

但与此同时，随着互联网技术在贸易领域的广泛应用和数字贸易模式的逐渐成熟，与此相关的服务贸易取得更快发展，特别是信息通信服务、专利许可贸易以及金融服务等商务服务成为服务贸易发展的先导。虽然目前国际服务贸易还未能占据整个贸易的主体部分，但发展和上升态势是十分明显的。从世界范围来看，服务贸易增速明显更快，占比越来越高，制造业也越来越体现出服务化的特征。2007～2017 年，全球货物贸易复合年均增长率仅为2.4%，但是服务贸易增速则达到了3.9%，其中信息与通信服务、知识产权服务的增速更是达到年均7.8%和5.2%。[①] 另外，根据 McKinsey Global Institute 的报告，早在2014 年，全球贸易中的服务占比已经达到23%，从增加值贸易来看，服务贸易占比已经高达45%；2017 年，服务贸易只有5.1 万亿美元，但是如果将未被统计到的服务贸易算进来，调整后的服务贸易额将达到13.4 万亿美元，其中嵌入货物贸易中的服务为4.3万亿美元，提供给国外子公司的无形资产为0.8 万亿美元，免费的跨境数字服务的估计市场价值为3.2 万亿美元；而同年的货物贸易增加值仅为13.0万亿美元。未来，随着信息通信技术的进步，特别是5G 通信技术、3D 打印、云计算、虚拟现实和物联网等数字经济和数字贸易的发展，服务贸易占比将进一步提升。[②] 从几个典型国家来看，美国和欧盟15 国服务出口占其外贸的比重已经达到30%以上，日本也达到20%以上。美欧服务贸易出口占比高于进口占比，已经成为其促进外贸发展、获取贸易顺差的重要源泉（见表2）。

表2　世界主要经济体服务出口（进口）占自身总出口（进口）的比重

单位：%

年份	2009	2010	2011	2012	2013	2014	2015	2016	2017	2018
中国服务出口	9.87	10.77	10.01	9.27	8.79	8.90	9.26	9.53	9.33	9.94
中国服务进口	14.18	13.49	13.57	14.48	15.59	19.31	21.75	23.15	21.18	20.61

① World Trade Organization（WTO），The Future of World Trade：How Digital Technologies are Transforming Global Commerce，2018.

② McKinsey Global Institute（MGI），Globalization in Transition：The Future of Trade and Value Chains，2019.

续表

年份	2009	2010	2011	2012	2013	2014	2015	2016	2017	2018
日本服务出口	18.12	15.48	15.13	15.00	16.29	18.97	20.73	21.68	21.30	20.70
日本服务进口	24.16	20.85	18.11	18.21	17.88	19.41	22.10	24.16	23.02	21.63
美国服务出口	32.39	30.37	29.50	29.56	30.53	31.18	33.32	34.24	33.93	33.10
美国服务进口	19.67	17.43	16.29	16.40	16.73	16.77	17.79	18.76	18.70	17.92
欧盟 15 国服务出口	28.69	26.95	26.25	26.95	27.84	29.07	30.13	30.45	30.25	30.10
欧盟 15 国服务进口	26.44	24.65	23.45	24.31	25.39	26.80	29.06	29.55	28.55	28.19

数据来源：根据 UNCTAD 统计数据库整理所得。

第二，货物贸易发展空间的缩小使贸易保护主义和贸易摩擦抬头并加剧。2018 年以来，美国对世界打响贸易战，对中国的贸易摩擦不断升级。“美国优先”的贸易政策颠覆了贸易自由化的国际经贸体制与规则。美国在第一次世界大战前后开始从孤立主义逐渐向开放自由贸易转变。[①] 尽管也有曲折，但总体上此后美国一直扮演贸易自由化和经济全球化的鼓吹者、扩张者以及霸权领袖的角色，并在尽可能宽广的领域构建了以美国为中心的国际经贸秩序和治理体系。美国是百年来贸易自由化和经济全球化的受益者，现在却成了贸易保护主义和逆经济全球化的急先锋。可以说，这是百年未有之大变局在国际经贸领域中最突出也是最重要的现象之一。

虽然 2019 年底中美两国已经达成贸易谈判的第一阶段协议，但是还有很多重要问题仍没有达成共识，未来的不确定性仍很大，中美贸易摩擦可能会长期存在。此外，英国脱欧也进一步增加了欧洲经济和贸易发展的不确定性，其他各种地缘政治摩擦和冲突也更加复杂，对国际贸易的影响不容低估。特别是此次新冠肺炎疫情使得许多产品的国际贸易暂时中断，也强化了各国的贸易保护主义政策，这可能对未来的经济全球化和国际贸易发展留下长期的负面影响。

而就美国和欧盟的一些具体措施来看，其贸易投资政策不断趋于保守。

① Sachs, J., A. Warner, “Economic Reform and the Process of Global Integration,” Brookings Papers on Economic Activity, 1995, 1: 1 – 118; Chase-Dunn, C., Y. Kawano, and B. D. Brewer, “Trade Globalization Since 1795: Waves of Integration in the World-System,” *American Sociological Review* 65 (1) (2000): 77 – 95.

例如，美国对外国投资审查不断趋严。数据显示，近年来美国外资投资审查委员会（CFIUS）动辄以“国家安全”为由审查和阻碍外国投资者，审查的案例数量从2005年的64件激增到2017年的250件，其对中国的审查更加严格。2008年之前，中国还没有进入CFIUS审查案例数的前7位，但在2008~2012年，中国的上述排名迅速上升至第一位并保持至今，中国受审查案例数占比已经接近20%。① 2018年8月，美国总统特朗普签署了《外国投资风险审查现代化法》（Foreign Investment Risk Review Modernization Act），旨在加强对外国企业在美投资的审查，强化了审查权限和范围，并延长了审查时间，对中国企业的审查更加严格。在这一背景下，根据McKenzie和Rhodium Group的数据，2018年中国对美国的直接投资由2017年的290亿美元下降到48亿美元，下降幅度将近84%，为2011年以来的最低值；② 2019年上半年中国对美国非金融类直接投资额为19.6亿美元，同比下降约20%。③

美国的保护主义措施产生了十分恶劣的影响，在美国带动下，欧盟在2019年4月正式出台了《关于建立欧盟外国直接投资审查框架的条例》，同样是以安全或公共秩序为由加强了外资审查范围和力度。在此情况下，根据商务部等公布的《2018年度对外直接投资统计公报》，2018年中国对欧洲的直接投资仅为65.9亿美元，同比下降64.3%。McKenzie和Rhodium Group的数据则显示，2019年上半年中国对欧洲和北美发达经济体的投资仅为123亿美元，同比下降18%。④

第三，全球供应链正在发生变化和调整。全球供应链的变化和调整源于三个因素的叠加效应。第一个因素是中国自身的要素成本上升和部分产

① 潘圆圆、张明：《中国对美投资快速增长背景下的美国外国投资委员会改革》，《国际经济评论》2018年第5期。

② Thilo Hanemann, Cassie Gao, and Agatha Kratz, "Chinese FDI in North America vs. Europe," January 13, 2019, https://rhg.com/research/chinese-fdi-in-north-america-vs-europe/.

③ 《商务部例行新闻发布会》，中华人民共和国商务部网站，http://www.mofcom.gov.cn/xwfbh/20190725.shtml，2019年7月25日。

④ Thilo Hanemann, Cassie Gao, and Agatha Kratz, "Chinese FDI in Europe and North America: 1H2019 Update," July 11, 2019, https://rhg.com/research/chinese-fdi-in-europe-and-north-america-1h-2019-update/.

品生产环节比较优势的弱化。第二个因素是上文提及的由技术变革导致的国际贸易发展阶段的转变。这两个因素都是客观的。第三个因素是世界经贸体系中美国角色的转变，其日益由全球化的推动者和维护者转变为破坏者。这个因素固然有客观原因，但美国当权者的态度和政策的作用也是重要的。

20 世纪 90 年代以来国际分工的细化，形成了以生产环节的国际分工和产品价值构成的国际衔接为主要特点的全球产业链、价值链和供应链，以及相应的三大产业链和价值链区域。它们分别是：以美国为中心的北美产业链和价值链；以德国为中心的欧洲产业链和价值链；以中国、日本为中心的亚洲产业链和价值链。这三大区域的基本联系是，亚洲与北美、欧洲形成垂直型供应链关系；北美与欧洲形成水平型供应链关系。当然，在每个区域内部也存在区域性供应链联系。其中，亚洲产业链和价值链的特点是生产制造集中度很高，而且主要集中在中国，形成“世界工厂”。当前，在国际贸易发展呈现由第二阶段向第三阶段转变的过程中，全球供应链变化和调整的基本趋势是：亚洲产业链和价值链从生产制造的高度集中向一定程度的分散转变，亚洲新兴经济体、特别是东盟部分国家正在向生产制造型的货物贸易出口国转变；同时由于新兴经济体的经济增长和收入提高，消费能力增强，亚洲区域性供应链关系将日益发展。

对于中国来说，亚洲产业链和价值链的变化和调整，既有被动因素，也有主动作为的因素。随着产业升级和要素成本上升，我国在一些劳动密集型生产环节已经不具备比较优势，这些生产环节的转移是必然趋势。而且，亚洲一些发展中国家，特别是东南亚地区的越南、柬埔寨、缅甸、马来西亚等国的劳动力成本和土地价格均比较便宜，可以成为中国企业向外转移生产环节的主要东道国。早在 21 世纪初，中国就已经提出“走出去”的战略，[①] 但当时的“走出去”，在更大程度上反映的是生产环节外移的被动局面，而并非有充分条件、有意识地在海外布局亚洲新产业链、价值链。

---

① 2001 年制定的《国民经济和社会发展第十个五年计划纲要》以及 2003 年 10 月党的十六届三中全会《关于完善社会主义市场经济体制的若干重大问题的决定》均强调了“走出去”战略。

这种情况直到2013年习近平总书记提出"一带一路"倡议后才发生了根本性转变。从图2可见，2013～2018年，中国企业对共建"一带一路"国家直接投资累计已经达到986.2亿美元，占中国对外直接投资的比重也有所提升；在共建"一带一路"国家新签对外承包工程合同额超过6000亿美元；[①] 境外经贸合作区不断增加，截至2018年底，在24个共建国家建设了82个经贸合作区，累计投资超过364.8亿美元，入区企业超过4000家，上缴东道国税收近24亿美元，为当地创造26.5万个就业岗位。[②]

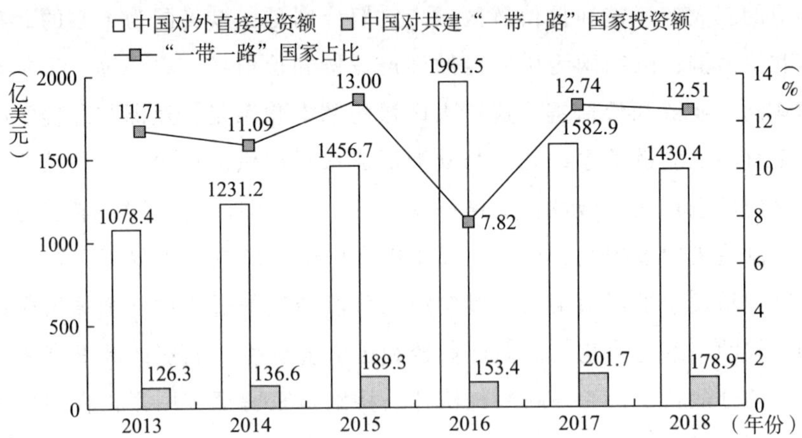

图2　2013～2018年中国企业对共建"一带一路"国家投资情况

资料来源：《2018年度中国对外直接投资统计公报》。

（三）全球供应链的调整导致中国对外贸易结构变化

无论是被动因素还是主动因素，全球供应链的变化都加速了亚洲产业链、价值链的调整，主要表现为以中国为中心的产业链、价值链延伸，而且在价值链攀升中提高了国际分工地位，这导致了中国和东南亚一些国家货物贸易结构的改变，即中国向东盟一些国家出口更多中间产品和零部件，而这些国家向北美、欧洲出口更多最终产品。近年来中国对越南出口占对

① 《我国对"一带一路"沿线国家直接投资超900亿美元》，中华人民共和国中央人民政府，http://www.gov.cn/xinwen/2019-04/19/content_5384322.htm，2019年4月19日。

② 夏燕：《以共建"一带一路"为引领推动中阿合作高质量发展》，《中国对外贸易》2019年第9期。

东盟出口的四分之一左右，具有较大的代表性。从表3可知，中国对东盟和越南的制成品出口增速远高于对世界出口增速，其中对越南的制成品出口增速也高于对东盟整体的增速。此外，中国对越南电子产品零部件的出口增速尤为快速，部分年份甚至高达78.98%。这表明中国在一定程度上把东盟纳入价值链体系中来。其结果是，越南总出口和制成品出口增速明显高于世界总出口增速，即使在世界总出口增速接近于零甚至为负的情况下，越南的总出口增速仍能够达到7%~18%。越南制成品出口增速更快，使得制成品出口占比由2010年的63.95%上升到2018年的80.83%。因此，这种变化和调整主要反映的是中国贸易结构的调整，而不主要是贸易量和金额的下降。

表3　中国、越南及世界出口情况

单位：%

年份	2010	2011	2012	2013	2014	2015	2016	2017	2018
中国出口									
对越南制成品出口增速	44.37	26.64	19.62	44.19	32.78	2.55	-9.16	21.68	14.76
对世界制成品出口增速	31.28	19.95	8.66	7.91	5.99	-2.58	-8.29	7.70	9.86
对东盟制成品出口增速	28.66	23.74	22.42	18.20	11.50	3.41	-9.55	8.92	14.54
对越南电子产品零部件出口增速	24.13	23.23	49.67	78.57	29.83	3.14	1.53	78.98	-9.74
对世界电子产品零部件出口增速	31.09	15.05	12.21	16.81	1.30	5.88	-7.17	10.73	8.07
越南出口									
总出口增速	26.52	34.15	18.19	15.28	13.77	7.86	8.99	21.82	13.23
制成品出口增速	37.66	34.62	26.21	23.89	16.29	15.24	11.11	22.44	11.06
制成品出口占比	63.95	64.17	68.53	73.65	75.28	80.43	82.00	82.41	80.83
世界出口									
总出口增速	21.87	19.85	0.95	2.36	0.19	-12.89	-3.13	10.67	9.71

数据来源：根据UNCTAD统计数据库整理所得。

一方面，中国中间品（零部件）出口占比上升，最终产品出口占比下降。根据联合国BEC产品分类统计数据计算可知（见表4），中国货物出口的中间品占比呈上升趋势，由2009年的38.74%上升到2018年的44.56%，而消费品不断下降，资本品占比呈波动下降趋势。另外根据 UNCTAD 的 STIC 贸易分类统计数据（见表 5），高技能电子产品零部件出口上升势头较快，占货物出口的比重从 2009 年的 15.00% 上升到 2018 年的 17.17%。这表明中国在积极转移部分加工组装环节到国外更低成本国家（如东南亚、南亚和非洲部分国家），进而专注于技术含量较高的零部件。

表 4 中国 BEC 分类进出口结构（各类产品进出口占总进出口的比重）

单位：%

年份	出口				进口			
	消费品	中间品	资本品	乘用车、汽油及其他	消费品	中间品	资本品	乘用车、汽油及其他
2009	29.97	38.74	29.93	1.36	3.80	75.97	16.77	3.46
2010	28.69	40.28	29.67	1.36	3.57	75.23	16.19	5.01
2011	28.25	41.19	29.13	1.43	3.85	74.09	14.97	7.08
2012	28.66	40.35	29.63	1.36	4.35	73.40	14.13	8.11
2013	29.08	41.5	28.02	1.4	4.62	72.74	13.17	9.46
2014	29.62	41.41	27.58	1.39	5.02	72.97	13.48	8.52
2015	28.88	42.44	27.63	1.06	6.14	75.67	14.25	3.94
2016	28.98	42.36	27.27	1.39	6.67	75.02	13.98	4.32
2017	25.45	43.39	29.24	1.92	5.71	76.06	13.74	4.50
2018	24.25	44.56	28.98	2.21	5.91	75.56	13.60	4.93

数据来源：根据联合国 Comtrade 贸易数据库整理计算所得。

另一方面，资本品和中间品进口占比都有下降趋势（见表 4），这说明中国制造能力在产品档次上已经有所上升，高端产品国内供给能力增强。事实上，中国制成品进口占比从 2009 年的 66.86% 大幅下降到 2018 年的 57.68%，其中，中等技能和高技能制成品的进口占比也下降较大，分别由 2009 年的 18.76% 和 40.79% 下降到 2018 年的 14.97% 和 37.23%。在制成品中，只有高技能电子产品零部件进口占比逆势上涨，说明我国在核心零部件上的供给能力还欠缺，对国外的依赖性还很强，如电脑和手机芯片，这也是未来继续努力的方向。

以上分析说明，亚洲产业链和价值链的变化和调整的趋向并不全是消极的，实质上它有积极的一面。但是，全球产业链分工变化和调整也有不确定因素，特别是2018年以来美国发起的中美贸易摩擦将在多大程度上导致亚洲与北美供应链的变化。从2018年11月开始，中美贸易摩擦产生实质性影响，美国从中国的进口出现负增长，且这种趋势一直延续到现在。从2019年10月开始，美国从全球的进口增速开始回升，但对中国的进口并没有改善，反而与越南、韩国的贸易关系相对加强。通过对2018年初到2019年底几类主要制成品的分析发现：一是从东亚与美国的汽车产业供应链看，中国对美国的汽车及零部件出口由2018年的174亿美元下降到2019年的140亿美元，而韩国的出口增速加快，已经部分取代中国的份额；其中中国大陆占美国公路交通设备进口的比重由19%降低到16%，而韩国的占比由20%上升到25%。二是从机电设备供应链看，美国从中国的进口开始减少，而从马来西亚的进口上升，供应链出现向东盟转移的迹象。中国大陆占美国机电设备进口的比重由51%降低到46%，而马来西亚的占比由19%上升到24%。三是从办公设备供应链看，主要表现出向中国台湾地区回归的现象。中国大陆占美国进口的比重由83%下降到70%，而台湾地区则由5%增加到15%。四是从手机及通信设备供应链看，由于中国一直是全球最大的手机制造基地，因此这一生产需求和相应的贸易量并没有受到贸易摩擦的实质影响，中国仍是美国最主要的手机供应国，但未来是否发生变化存在不确定性。①

总体来看，美国针对中国的贸易摩擦已经使亚洲与北美的供应链关系在某些产品的生产和消费联系中产生变化。其未来发展趋势有两种：一种是中国将继续扩大并优化在亚洲产业链和价值链中的作用，覆盖更多产品，因此即便中国与北美的直接供应链关系发生更多变化，也不能排除中国与北美间接的供应链关系，甚至这种关系更加紧密。另一种是，中国无法引领亚洲产业链和价值链的变化与调整，甚至在某些产品上中断了与亚洲产业链、价值链的关系，那么就只能在亚洲与北美的供应链中被完全挤出。显然，为了应对挑战，我们要争取第一种可能。

① 李文龙、张世明：《从经贸摩擦到新冠肺炎疫情，中国外贸与供应链将受何种影响》，新浪网，http://news.sina.com.cn/c/2020－02－17/doc-iimxxstf1951669.shtml，2020年2月16日。

二　怎样用这个论断更深刻认识中国外贸的优势和机遇

一百年前，中国是积贫积弱的半殖民地、半封建国家，在世界经济、政治中都微不足道。百年后，中国翻天覆地的变化自然是百年未有之大变局的题中应有之义。从中国经济整体来看，优势有许多方面，如巨大的一体化市场、人力资本和劳动力供给充裕、庞大而又完整的现代产业体系、资金和外汇供给丰裕，社会主义市场经济制度基本建立，等等。但具体到实现对外贸易高质量发展，中国又具备或正在积累哪些优势，并存在哪些机遇，这是下文要讨论的问题。

（一）中国对外贸易已经形成和正在积累的优势

第一，在全球价值链贸易的下降阶段，中国已经把自身比较优势提高到相应的新水平。这主要体现为中高技术制成品出口占比持续上升，而劳动密集型制成品出口占比不断下降。表5的数据表明，我国高技能电子产品零部件的出口占比由2009年的15.00%上升到2018年的17.17%，其他高技能产品占比由2009年的9.74%上升到2018年的11.07%；中等技能和技术密集型制成品出口占比由2009年的22.10%上升到2018年的25.26%；而劳动和资源密集型制成品，特别是纺织、服装和鞋类制成品出口占比呈下降趋势，由2009年的16.57%下降到2018年的14.54%。值得提出的是，我国高技能和技术密集型制成品占比总体有一定程度下降，但主要反映的是加工组装类高技能电子产品（不含零部件）出口占比的下降，这恰好从反向印证了出口比较优势的提升。

表5　中国货物出口结构（各类产品出口占总出口的比重）

单位：%

年份	2009	2010	2011	2012	2013	2014	2015	2016	2017	2018
制成品	93.46	93.44	93.16	93.79	93.87	93.83	94.17	93.61	93.44	93.43

续表

年份	2009	2010	2011	2012	2013	2014	2015	2016	2017	2018
劳动和资源密集型制成品	22.73	21.86	21.91	21.94	22.45	22.28	22.50	22.15	20.99	21.49
纺织、服装和鞋类（Lall分类）	16.57	15.80	15.74	15.23	15.64	15.50	15.22	15.08	14.27	14.54
低技能和技术密集型制成品	10.06	10.91	11.43	10.67	9.74	10.33	10.59	9.82	9.77	10.28
中等技能和技术密集型制成品	22.10	21.90	22.44	22.94	23.19	23.69	24.38	25.24	25.66	25.26
中等技能电子产品（不含零部件）	1.72	1.65	1.57	1.58	1.61	1.62	1.63	1.73	1.57	1.67
中等技能电子产品零部件	1.66	1.72	1.66	1.71	1.65	1.71	1.78	1.87	1.86	1.78
其他中等技能产品	18.72	18.52	19.21	19.65	19.93	20.36	20.96	21.65	22.23	21.81
高技能和技术密集型制成品	38.57	38.77	37.38	38.24	38.49	37.52	36.72	36.39	37.01	36.39
高技能电子产品（不含零部件）	13.83	13.57	11.93	11.52	10.62	10.02	9.00	8.89	9.07	8.15
高技能电子产品零部件	15.00	14.91	14.24	14.82	16.25	15.40	16.88	16.91	17.41	17.17
其他高技能产品	9.74	10.29	11.21	11.90	11.61	12.11	10.83	10.60	10.53	11.07
其他：食品、矿产品、能源等	6.54	6.56	6.84	6.21	6.14	6.17	5.83	6.39	6.56	6.57

数据来源：根据UNCTAD统计数据库整理所得。其中，制成品为SITC5－8（不包括SITC667、68）；劳动和资源密集型制成品为SITC6和8；中等技能电子产品（不含零部件）为SITC775；中等技能电子产品零部件为SITC772；高技能电子产品（不含零部件）为SITC751、752、761、762和763；高技能电子产品零部件为SITC759、764和776。

第二，互联网技术连接广大中小企业，形成新的分工体系，使企业获得新的竞争力和竞争优势，也使得跨境电商蓬勃兴起。近几年来中国互联网平台企业的发展给不同类型的中小微企业提供了进入国际市场的众多渠道和广阔商机，极大降低了企业开展国际贸易的门槛，同时带动了跨境电子商务的蓬勃兴起。2010～2017年，中国跨境电商交易额占货物贸易的比重由2010年的5.94%快速上升到2017年的27.35%，预计到2020年，这一占比将达到40%。[①] 此外，中国跨境电商平台种类齐全，包括从事B2B业务的阿里巴巴国际站、中国制造网、敦煌网等，专注于B2C业务的天猫国际、京东全球购、苏宁海外购等，以及从事C2C业务的淘宝全球购等。

第三，服务贸易比货物贸易增长更快，使得服务进出口占比呈上升趋势，预示着中国对外贸易正在积极贮备数字贸易发展的基础和条件。一方面，2015~2018年，我国服务出口增速明显加快，并一直大于货物出口增速，2018年达到17%，位居世界第一。[②] 这使得服务出口占比从2014年以来呈上升趋势，2018年达到9.94%（见表2）。另一方面，我国服务进口增速明显快于货物进口增速，2014年高达30.94%，使得服务进口占比在2010~2016年持续上升，2016年达到23.15%（见表2），已经与发达国家基本没有差别。未来，随着我国数字基础设施的完善以及人力资本的优化，服务出口占比有望加快上升。

特别是，我国商务服务出口占服务出口占比快速上升，其中通信、计算和信息服务占比上升势头尤为明显，由2009年的6.29%快速上升至2018年的17.64%，2018年的增速将近70%。另外，建筑、知识产权服务的出口占比也上升较快。共建"一带一路"以来，建筑服务出口占比由2013年的5.15%上升到2018年的9.96%；知识产权服务出口占比则由2009年的0.35%（几乎可以忽略不计）上升到2018年的2.08%。这几个细分服务行业是数字经济和数字贸易时代的重要行业，其年均增速远高于货物贸易增速，未来有望发展成为我国服务出口的重点行业，成为新的比较优势行业。此外，其他商业服务（包括R&D、咨询、技术等专业化的商业服务）的出口占比也大幅度上升，由2009年的13.99%上升到2018年的26.20%（见表6），几乎增加了一倍。

表6　中国服务出口结构（各细分服务业出口占服务总出口的比重）

单位：%

年份	2009	2010	2011	2012	2013	2014	2015	2016	2017	2018
与商品相关的服务	17.59	14.14	13.20	12.77	11.23	9.77	11.00	11.30	10.52	9.22

① 裴长洪、刘斌：《中国对外贸易的动能转换与国际竞争新优势的形成》，《经济研究》2019年第5期。

② World Trade Organization（WTO），World Trade Statistical Review 2019，2019.

续表

年份	2009	2010	2011	2012	2013	2014	2015	2016	2017	2018
运输	19.23	19.18	17.69	19.30	18.19	17.45	17.65	16.14	16.27	15.85
旅游	32.37	25.69	24.11	24.82	24.96	20.10	20.57	21.20	17.01	14.79
其他服务	30.81	40.99	45.01	43.11	45.62	52.68	50.78	51.35	56.20	60.14
建筑	7.72	8.13	7.32	6.08	5.15	7.01	7.62	6.06	10.49	9.96
保险和年金服务	1.31	0.97	1.50	1.65	1.93	2.09	2.28	1.98	1.77	1.84
金融服务	0.29	0.75	0.42	0.94	1.54	2.07	1.07	1.53	1.62	1.30
知识产权服务	0.35	0.47	0.37	0.52	0.43	0.31	0.50	0.56	2.09	2.08
通信、计算和信息服务	6.29	5.87	6.92	8.06	8.26	9.21	11.79	12.66	12.17	17.64
通信服务	0.98	0.68	0.86	0.89	0.81	0.59	0.76	0.81	0.78	0.79
计算服务	5.31	5.19	6.06	7.17	7.45	8.61	11.04	11.85	11.39	16.85
其他商业服务	13.99	24.19	28.04	25.31	27.65	31.44	26.71	27.63	26.98	26.20
个人、文化和娱乐	0.08	0.07	0.06	0.06	0.07	0.08	0.33	0.35	0.33	0.45
政府服务	0.77	0.54	0.37	0.49	0.59	0.48	0.49	0.58	0.75	0.66

数据来源：根据 UNCTAD 统计数据库整理。

从细分行业的服务进口看（见表7），近年来，通信、计算和信息服务进口增速较快，占服务进口的比重不断上升，反映出我国对高端服务需求和数字经济投入要素需求的上升。同时，保险和年金服务、其他商业服务的进口占比下降幅度较大，也间接说明我国其他专业化商业服务质量的提升及比较优势的形成。

表7　中国服务进口结构（各细分服务业进口占服务总进口的比重）

单位：%

年份	2009	2010	2011	2012	2013	2014	2015	2016	2017	2018
与商品相关的服务	0.04	0.04	0.08	0.04	0.02	0.03	0.34	0.48	0.52	0.53
运输	31.90	32.71	32.46	30.52	28.53	22.21	19.59	17.82	19.88	20.63
旅游	29.94	28.38	29.29	36.25	38.89	52.52	57.36	57.76	54.49	52.73
其他服务	38.11	38.87	38.18	33.18	32.55	25.24	22.71	23.94	25.11	26.11
建筑	4.02	2.62	1.50	1.29	1.18	1.12	2.34	1.83	1.83	1.64
保险和年金服务	7.75	8.15	7.96	7.32	6.68	5.19	2.02	2.86	2.23	2.26

续表

年份	2009	2010	2011	2012	2013	2014	2015	2016	2017	2018
金融服务	0.44	0.72	0.30	0.68	1.12	1.14	0.61	0.45	0.35	0.40
知识产权服务	7.58	6.74	5.93	6.31	6.36	5.22	5.06	5.30	6.11	6.78
通信、计算和信息服务	3.04	2.12	2.03	1.95	2.31	2.48	2.58	2.78	4.10	4.53
通信服务	0.83	0.59	0.48	0.59	0.49	0.23	0.24	0.26	0.39	0.30
计算服务	2.21	1.53	1.55	1.37	1.81	2.25	2.34	2.52	3.72	4.23
其他商业服务	14.52	17.74	19.85	15.06	14.31	9.41	9.08	9.61	9.16	9.01
个人、文化和娱乐	0.19	0.19	0.16	0.20	0.24	0.20	0.43	0.47	0.59	0.65
政府服务	0.58	0.59	0.43	0.37	0.36	0.47	0.59	0.64	0.74	0.85

数据来源：根据 UNCTAD 统计数据库整理。

（二）新机遇：中国对外贸易的地区结构更加多元化

在中国对外开放过程中，以往的机遇主要是基于发达经济体向我国的产业转移及对中国的市场开放。近年来，这种产业转移逐步落下高潮，中国已经成长为“世界工厂”，更需要的是新技术、新要素以及新市场。虽然核心技术不可能靠引进，但是可以通过良好的营商环境和运用国际经贸规则来获得新技术的外溢和延伸，而且，我国已经有能力开辟新的市场，形成新的产业链、价值链和供应链以及三者统一的联系，从而自主学习、吸收甚至创造新技术。而随着新市场的开辟，中国货物进出口的地区结构也正在发生明显的变化。

总体来看，货物进出口的地区结构表现出更加多元化与分散化的特征。表 8 显示，早在 2011 年，我国对发展中经济体的出口占比已经超过发达经济体，到 2015 年，发展中经济体占比达到 53.77%，而发达经济体占比为 43.62%，两者相差超过 10 个百分点。在发达经济体中，中国对日本和韩国、欧盟 15 国的出口占比下降。此外，中国对发展中经济体的出口也更加平衡，表现为对东亚经济体的出口占比不断下降，而对东南亚和南亚国家的出口占比不断上升，特别是对越南和印度的出口占比上升幅度较大；同时，对拉丁美洲和加勒比地区以及非洲的出口占比都上升较为明显。在进口方面，我国自发展中经济体的进口占比很早就超过了从发达经济体的进口占比。从表9中可以发现，在发达经济体中，中国从日本和韩国的进口占比不断下降；在发展中经济体中，从东南亚、西亚和中亚、拉丁美洲和加勒比地区等地区的进口占比上升较大，自非洲的进口总体也有小幅度上升；另外，我国从石油出口国和矿产品出口国的进口占比上升较为明显。

表8　中国货物出口地区结构（各地区占总出口的比重）

单位：%

年份	2009	2010	2011	2012	2013	2014	2015	2016	2017	2018
发达经济体	50.47	49.51	47.87	45.07	42.72	42.92	43.62	44.72	45.63	45.69
美国	18.42	17.99	17.12	17.20	16.71	16.95	18.03	18.39	19.01	19.16
欧盟15国	17.43	17.47	16.60	14.37	13.41	13.85	13.73	14.05	14.21	14.04
日本和韩国	12.62	12.03	12.18	11.68	10.92	10.66	10.42	10.63	10.60	10.25
发展中经济体	46.23	47.03	48.54	51.19	53.45	53.36	53.77	52.22	51.15	51.02
东亚	28.55	28.12	28.58	29.70	30.59	28.54	27.33	26.57	25.22	24.86
东南亚	8.85	8.76	8.96	9.97	11.05	11.62	12.20	12.21	12.35	12.83
越南	1.36	1.46	1.53	1.67	2.20	2.72	2.90	2.91	3.16	3.36
南亚	4.14	4.35	4.53	4.00	4.04	4.70	4.93	5.35	5.56	5.27
印度	2.47	2.59	2.66	2.33	2.19	2.31	2.56	2.78	3.01	3.07
西亚和中亚	5.74	5.15	5.32	5.51	5.7	5.91	5.72	5.51	5.34	5.01
北美	19.89	19.42	18.47	18.59	18.04	18.24	19.34	19.70	20.40	20.59
拉丁美洲和加勒比地区	4.71	5.78	6.38	6.56	6.03	5.77	5.77	5.40	5.75	5.91
欧洲	22.07	22.53	21.76	19.32	18.34	18.72	17.72	18.55	18.93	19.02
大洋洲	2.07	2.09	2.15	2.19	2.02	1.99	2.22	2.26	2.26	2.29
非洲	3.96	3.79	3.84	4.16	4.19	4.52	4.76	4.39	4.18	4.20

数据来源：根据UNCTAD统计数据库整理所得。下表同。

表9　中国货物进口地区结构（各地区占总进口的比重）

单位：%

年份	2009	2010	2011	2012	2013	2014	2015	2016	2017	2018
发达经济体	39.99	39.45	38.59	36.65	37.49	38.17	39.01	39.80	39.63	40.36
美国	7.73	7.36	7.06	7.36	7.87	8.17	8.85	8.51	8.38	7.86
欧盟15国	12.08	11.38	11.36	10.91	10.52	11.61	11.59	12.17	12.29	12.61

续表

年份	2009	2010	2011	2012	2013	2014	2015	2016	2017	2018
日本和韩国	23.22	22.57	20.49	19.06	17.71	18.02	18.90	19.19	18.62	19.29
发展中经济体	56.91	57.40	57.28	58.98	58.60	58.29	57.72	49.02	57.07	55.51
东亚	41.44	39.67	35.94	35.55	34.99	34.23	37.11	29.38	35.04	29.01
东南亚	10.61	11.08	11.07	10.77	10.23	10.63	11.58	12.36	12.80	13.55
南亚	2.83	2.96	3.24	2.61	2.38	2.43	1.97	1.87	2.06	2.23
西亚和中亚	5.14	6.11	7.36	8.18	8.31	8.11	6.19	5.41	6.03	7.9
北美	8.93	8.43	8.34	8.64	9.16	9.46	10.42	9.67	9.49	9.30
拉丁美洲和加勒比地区	6.38	6.53	6.81	6.88	6.48	6.43	6.13	6.45	6.90	7.92
欧洲	16.11	15.59	16.46	15.76	16.61	17.14	17.43	18.08	17.7	19.04
大洋洲	4.24	4.73	5.10	5.04	5.57	5.59	4.93	5.08	5.85	6.08
非洲	4.31	4.80	5.35	6.23	6.02	5.90	4.18	3.57	4.12	4.96
石油出口国	10.64	11.34	13.29	14.49	13.56	13.54	9.96	9.00	10.36	13.45
矿产品出口国	2.24	2.43	2.33	2.34	2.20	2.27	2.18	2.43	2.70	3.19

根据海关总署的数据，2019 年前两个月，受新冠肺炎疫情和春节假期延长等因素影响，中国外贸进出口下降，但中国对东盟进出口达到 5941.1 亿元人民币，同比增长 2%，东盟成为中国第一大贸易伙伴；中国与共建“一带一路”国家进出口总额达 1.3 万亿元，同比增长 1.8%，在中国对外贸易额占比中首次达到 30% 以上。[①] 这也充分说明，中国已经初步赢得了在世界新市场中的机遇。

三　站在历史高度前瞻中国外贸高质量发展的目标轮廓

习近平总书记百年大变局重要论断给予了我们历史唯物主义观点和方法论的思想指南，观察事物发展的历史眼光是我们谋划未来中国外贸发展的理论依据。根据党的十九大报告，我国将在 2035 年基本实现现代化，如

① 《外贸长期向好趋势没有变　海关总署进一步降低通关成本》，《人民日报》2020 年 3 月 13 日。

果以2035年为时间节点，中国外贸高质量发展和贸易强国目标应当朝什么样方向努力，成为我们思考和研究的问题。总体来看，应当包括以下几个方面。

第一，稳定货物贸易进出口增长速度，继续攀升贸易结构，保持合理水平的货物贸易顺差。在全球从价值链贸易转向数字贸易和服务贸易的历史转折关头，中国不必刻意追求货物贸易的高速增长，也不可能实现高速增长，但是要保持高于世界货物贸易平均增长速度的势头，争取到2035年中国货物出口占世界的20%左右。只有这样，才能有足够的基础条件保证继续攀升产品结构的档次，提高产品的国际分工水平。同时，中国要努力扩大货物进口规模，虽然不刻意追求贸易顺差，但也要保持合理的货物贸易顺差规模，因为在这个时期，中国将仍然难以改变服务贸易大额逆差的状态，而资本项目可能经常出现小规模逆差，因此需要一定规模的货物贸易顺差来平衡国际收支，以保持外汇市场、人民币汇率和金融市场的稳定，保证“一带一路”建设的外汇资金供给。

第二，努力发展服务贸易，争取到2035年服务出口占世界的15%以上。根据UNCTAD数据，2018年我国服务出口占世界的比重为4.57%，占比还较低；根据国家统计局《2019年国民经济和社会发展统计公报》数据，2019年中国服务出口占本国总出口的比重为10.19%，仍比较低。但这也意味着发展服务贸易的潜力和空间都很大，而且是奠定数字贸易发展的必要基础。从世界范围看，云计算、3D打印、信息通信服务、知识产权等新兴服务的发展较快，例如，2017年全球云计算市场价值已经达到1200亿美元，成为服务贸易中增长最快的行业之一。[①] 表6也表明我国的通信、计算和信息服务，知识产权服务出口占比增长较快，未来要抓住这一轮新兴服务的发展契机，大力发展服务贸易。

第三，抓住历史机遇，抢占数字贸易发展先机，成为全球数字贸易领先国家。数据显示，在全球范围内超过50%的服务贸易已实现数字化，超

① World Trade Organization (WTO), World Trade Report 2018, The Future of World Trade: How Digital Technologies are Transforming Global Commerce, 2018.

过12%的商品贸易是通过数字平台企业实现的。① McKinsey Global Institute预计到2020年，全球跨境B2C销售额将达到1万亿美元，跨境B2B规模也将增长数倍。② 中国具有较好的数字贸易发展基础，其中互联网用户数由2000年的2150万户增加到2019年的8.29亿户，2018年电子商务零售额就达到1.1万亿美元，位居全球第一位，大约是美国的2倍③。中国2019年的电子商务零售额预计达到1.99万亿美元，将占我国零售总额的35.3%，占全球电子商务零售总额的55.8%。④ 所以，中国有基础也有理由在2035年成为全球数字贸易领先国家，我们应当朝这个方向继续努力。

第四，画好共建“一带一路”的“工笔画”，继续开拓新市场，降低对欧美市场的依赖，形成新的国际供应链关系。随着世界经济多极化发展，发展中经济体不仅不断积累了生产环节的比较优势，而且随着国民收入的增长，消费占世界的比重也不断上升。由图3计算可知，从2007~2017年的10年间，发展中经济体占世界消费的比重由26%提高到38%，其中中国、除中国以外的亚洲发展中经济体、美洲发展中经济体、其他发展中经济体的占比分别由4%、6%、7%、4%上升到10%、8%、9%、6%。预计到2030年，发展中经济体总体消费占比将达到50%，亚洲的发展中经济体占比将达到26%，超过美洲和欧洲发达经济体。

特别是东南亚、东亚和南亚经济体不仅有更快的经济增速，而且也拥有相对北美和欧洲更多的人口、更大的经济体量、更大的消费市场。这三大亚洲经济区域的人口总量位于世界第一，其中中国和印度都具有超过10亿人的人口基数，有望发展成为世界经济总量第一和第二的国家。日本、印度尼西亚、巴基斯坦、孟加拉国也都有超过1亿人的人口规模。此外，区

---

① 《把握数字贸易机遇助力中小企业出海——敦煌网梦想合伙人项目大力推动中小企业跨境电商拓展海外市场》，敦煌网，https://seller.dhgate.com/news/media/i258602.html#cms，2017年2月23日。

② McKinsey Global Institute（MGI），Globalization in Transition: The Future of Trade and Value Chains，2019.

③ Congressional Research Service，2019，“Digital Trade and U.S. Trade Policy，” https://crsreports.congress.gov.

④ E-marketer，“China to Surpass US in Total Retail Sales，” https://www.emarketer.com/content/china-to-surpass-us-in-total-retail-sales，2019年1月22日。

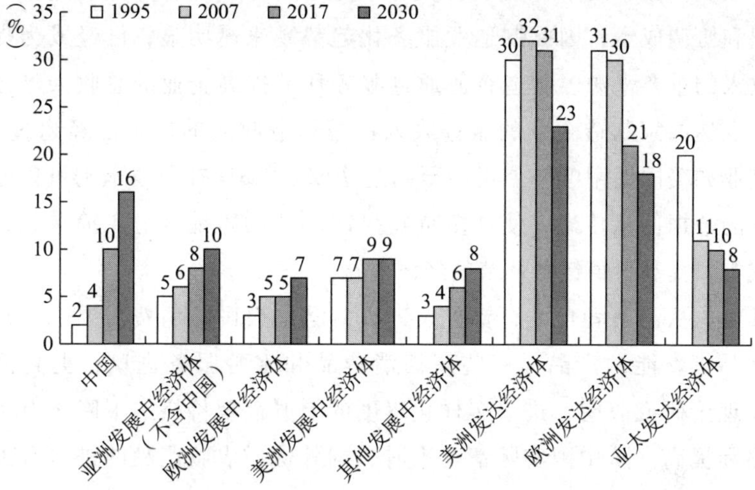

图 3　各类发展中经济体和发达经济体消费占世界消费的比重

资料来源：根据 McKinsey Global Institute（MGI），Globalization in Transition：The Future of Trade and Value Chains，2019 中的数据整理制作。

域内各经济体呈现梯度发展格局，既有日本、韩国、新加坡等发达经济体，也有处于不同发展程度的发展中经济体，可以形成有效的区域内价值链分工格局。这三大经济区域在地理上连成一片，其大城市数量、人口规模和密度都处于世界第一，未来在“一带一路”倡议的带动下，有望打通陆上交通基础设施，经济一体化程度将更高。这将使中国的外部市场更具有广阔空间，不仅将弱化对欧美市场的依赖，而且将形成亚洲及中东欧在内新的国际产业链、价值链和供应链及三者合一的密切联系。

第五，提高中国外贸的人民福祉和发展获得感。发展对外贸易促进经济增长，这是我们过去的认识，但是随着中国社会主要矛盾的变化，发展对外贸易已经不仅是为了促进经济增长，满足人民对美好生活的愿望也应当成为外贸继续发展的重要目标。2018 年以来，习近平总书记提出举办中国（上海）进口博览会，正是针对中国对外贸易发展目标的拓展而提出的。因此，首先，从生产者角度，要提高外贸企业的经济效益。除了更多生产和出口附加值高的产品外，更重要的是通过提高制造业服务化水平来获取较高的收益。制造业许多产品的国际分工过细、价值链条越来越长，从而使交易成本越来越高，分工所需的成本已经大于收益，导致近年来全球生产分工放缓。数字技术和数字贸易的广泛运用可以显著降低制造业价值链的组织和协调成本，因此制造业服务化趋势越来越明显，已经成为提高生产者收入的重要来源。制造企业通过服务环节提高企业的总收入已经日趋流行，发达国家制造企业的服务收入占总营业收入的比重已经超过30%，某些企业如美国通用电气公司甚至高达70%。[①] 3D打印技术则可以通过设计服务的数据信息传递，使许多货物生产环节的跨地区分工简单化，降低分工成本，提高价值链各环节的经济效益。

其次，从消费者角度，要扩大进口，满足人民的消费需要。一是适当增加食品、新能源产品、一些高档消费品和旅游服务进口，提高消费者福利。理论研究表明，进口多样化程度的上升以及价格的下降，有利于消费者福利提高。从中国实际情况来看，国外优质农牧产品的进口有助于丰富食品种类、数量和质量，并降低价格；新能源产品有利于改善环境；中国人民国外旅游近年来大幅度增加，出境人数、境外购物金额也大幅度提升，这些都有利于满足人民对美好生活的需要。二是服务贸易产品数量、种类和质量的增加，有助于丰富人民的高端需求，特别是精神需求。信息通信技术的快速发展创造了许多新的服务种类。相对于货物贸易，服务贸易数量、种类和质量的增加幅度空前提高，人们在网络中可以享受到全世界的多样化服务，与世界各地的人们交往和对话。在人们物质生活基本得到满足的情况下，服务贸易对提高人们效用和福利的边际作用将更高。

四　对中国“十四五”时期外贸发展的启示

2021年中国将进入“十四五”发展规划时期，这是中国外贸高质量发展的开局之年，应围绕长远目标，重点聚焦以下几方面问题。

（一）进一步推动制造业转型升级，构建货物贸易竞争新优势

在任何时候，制造业都是一国开展国际贸易竞争的根基。美国等发达国家目前出现的一些困境也都说明了制造业空心化的后果。所以，中国在

---

① 黄鑫：《中国制造需要向服务化转型》，《经济日报》2017年3月31日。

推动制造业部分环节转移国外，促进发展服务贸易的同时，需要注意控制产业跨国转移的程度以及制造业和服务业的均衡发展，避免产业空心化。

第一，加快自主创新，加大在新一轮科学技术上的投入，从而真正实现从要素驱动向创新驱动发展。这是因为随着贸易结构不断向中高端推进，中国学习和吸收国外技术的限制因素越来越多，后发优势越来越少；而且，发达国家贸易和投资政策的不确定性也使我国获取其先进技术的可能性越来越小。此外，构建以中国为中心的亚洲产业链、价值链的实践也需要中国自主创新能力的提高，从而不断供给高端中间产品。第二，完善和提高以互联网平台为中心的外贸综合服务企业，带动更多中小微制造企业进入国际市场。中国中小微企业众多，这是既定状况并难以改变，大量中小微企业很难成为外国经济学家所描绘的那种“异质性企业”，需要创造中国自身经验的企业竞争优势，这就是通过互联网平台的综合服务形成分工协作，降低交易成本，提高企业群体竞争力。这是中国创造的经验，我们应倍加珍惜，并通过更完善的外部环境和内部技术提升来增强国际竞争力。第三，要注重核心零部件和战略性新兴制造业的发展。虽然中国进口的制成品占比越来越低，但是在核心零部件上的进口占比仍在上升，如高端芯片和机器设备。近年来的贸易摩擦也表明，我国在关键零部件上受制于人，对国家产业发展形成了较大的副作用，所以未来需要更加注重核心零部件的研发，起码要做到在受制于人之时有相关替代品。新一轮技术的成熟将催生出许多新兴产业，并将成为未来国际贸易和国家之间竞争的重点。我国需要在工业机器人、电动汽车和自动驾驶汽车、6G 通信设备、自动导航设备、民用飞机等领域加快研发和生产。

（二）充分利用数字技术和数字贸易，推动服务贸易高质量发展

未来国际贸易发展的重点和动力在于服务贸易，而服务贸易的重点则是现代商务服务贸易，特别是以数字技术和数字贸易为基础的服务贸易。数字贸易不仅将推动形成一系列新兴服务产品，而且将对传统服务产品进行改造，使其变得可贸易，但我国服务业国际竞争力还较低，服务出口占

比也与发达国家存在很大差距，所以我国要努力发展服务贸易，培育服务业国际竞争力。

第一，要努力减少运输、旅游服务的贸易逆差。要通过自由贸易试验区的先行改革，使一部分国内运输业务不再表现为国际收支，减少虚假的运输服务的国际支出。同时，壮大中国自己的航运、铁路、航空货物运输企业的业务能力，提高竞争力，拓展国际业务，争取在“十四五”期间把运输服务的贸易逆差降低 30% 以上。此外，在旅游服务进口中，要防止借旅游为名向国外转移资金。对于伴随境外旅游而出现的大量海外购物和消费外溢，可以适当采取某些替代措施。例如，可通过中国（上海）进口博览会使海外购物回流，也可以在境内增设更多免税购物区，现有的海南免税购物政策也可以更加大胆开放，取消购物金额的单次限制和每年的总额限制，丰富产品种类。

第二，减少对中国企业海外投资服务业的限制。在中国企业走出去过程中，服务业走出去占不小的比重，这是提高海外商业存在和自然人流动的重要渠道，也是提高中国服务国际竞争力的必要过程。所以，不应当片面反对和限制非制造业和非生产性的海外投资，可适当放开房地产和其他服务业的海外投资，使其与其他投资共同发展。

第三，要更加重视数字贸易，在国家层面提高其战略定位，借此努力增强新兴商务服务贸易的国际竞争力。一是，加快我国数字基础设施建设，特别是 5G 通信、物联网、云计算中心、互联网平台企业等。二是，充分利用我国人力资本优势，加快数字技术和数字产品的研发，如人工智能、3D 打印、区块链、虚拟现实、导航和定位技术、自动驾驶，力图在新一轮数字技术竞争中取得一定优势。我国的计算和信息服务出口增速较快，未来要继续加强这一比较优势。三是，要尽量推动在 WTO 框架下构建数字贸易国际通行规则，因为贸易发展实践表明我国是 WTO 的主要受益者，多边贸易规则更有利于减少贸易政策的不确定性。四是，加快研究学习区域贸易协定中的国际数字贸易规则，特别是《美加墨协定》《服务贸易协定》《跨大西洋贸易与投资伙伴协议》等协定中的服务贸易和数字贸易条款。此外，可以在中国现有自贸试验区中试点若干数字贸易规则，也可在未来商谈的自贸协定（FTA）中纳入数字贸易条款，从而积累相关经验以应对未来的数字贸易国际规则制定。五是，要优化国内互联网平台企业的发展，推动平台企业走出去，从而带动国内更多中小微企业发展。目前，我国平台企业的国际化程度还很低，例如，阿里巴巴 2016 ~ 2017 年的国际销售额仅占总销售额的 8%，远低于国际同行亚马逊。[①]

（三）降低农产品和资源类产品对国外供给的过度依赖和风险集中

目前中国农产品和资源类产品的进口上升幅度较快，占比也较高。在国际供给比较稳定的情况下，适当进口这类产品对我国有益而无害，但是，相对国际供给而言，国内供给更加稳定和可持续，可以避免在国际环境面临较大冲击时期，国外供给的不足对经济发展和人民生活造成较大的负面影响。例如，在此次新冠肺炎疫情的冲击下，世界各国都趋向于保守，甚至中断部分产品的进出口，对各国经济都造成了较大的负面影响，某些严重依赖进口的行业面临更大的负面冲击。而类似的国际负面冲击有可能再次出现。所以，对于满足人民基本生活需求的农产品以及对整个国民经济非常重要的能源产品，我国需要适当减少对国外供给的依赖并努力避免风险集中。

第一，初级产品的进口应进一步实现来源地多元化政策，并向掌握定价权方向努力。此外，也要完善农产品和能源产品的国家储备制度。第二，对农产品进行细分，区分出生存必需型农产品和生活改善型农产品。对于前者（特别是谷物和种子），要减少对进口的依赖，提高本国的自给自足能力。对于后者（特别是奶制品、肉类等我国供给不足的产品），可以更多进口，用以改善国民营养和身体素质。第三，对于能源产品，除了进口来源多元化外，还要积极开发新能源及可再生能源，包括太阳能、风能、核能、水电等，最大程度提高能源的自给能力。事实上，各国特别是欧洲和日本可再生能源的使用占比已经较高，中国需要加快相关技术的研究。

---

① McKinsey Global Institute（MGI），Globalization in Transition：The Future of Trade and Value Chains，2019.

（四）构建以中国为主导的亚洲产业链、价值链和供应链

在共建“一带一路”中，中国处于主导地位，这无须避讳，但这也意味着中国要承担更大的责任。因此，在与各国的发展目标衔接与沟通的基础上，在互利共赢前提下，我国应主动创造贸易发展机遇。其中最重要的一点就是要主动调整中国与亚洲各国以及共建国家的产业链、价值链和供应链关系。要继续利用国外的要素和资源主动将中国的产业链、价值链延伸到国外，在开辟新市场的基础上，创造新的供应链网络。特别是，鉴于东南亚和南亚的相对比较优势以及产业链、价值链的区域化发展趋势，要着力构建以中国为主导的亚洲供应链。

第一，积极进行国际产业布局，转移部分劳动密集型生产环节。就地理位置来看，东南亚和南亚是重点地区，其次是非洲，然后是其他地区。就具体的实现形式来看，在这些发展中国家，最好是通过海外产业园区（或特殊经济区）建设带动对外直接投资与贸易协调发展。国际组织也认为这是一个重要的经验，联合国贸发会议《2019 年世界投资报告》的主题便是聚焦特殊经济区（SEZ），发现它已经是发展中国家吸引外国直接投资、促进贸易和产业升级的重要方式。报告显示截至 2018 年底，全球共建成 5383 个特殊经济区；过去 5 年全球建成将近 1000 个，未来几年有望新建 500 多个。而且大部分已经建成、正在建设和计划建设的 SEZ 都位于发展中国家。通过中国主导的海外园区建设，可以推动中资企业批量化组团走出去，从而有效降低风险并取得规模效应。中国境内目前共有 2543 个特殊经济区，积累了丰富的园区建设经验，这种宝贵的经验也可以推广到其他发展中国家，这既有利于我国海外产业发展，也有利于中国经验和中国发展模式的传播。此外，要对现有的海外园区建设经验和教训进行及时总结和提炼，使海外园区建设更加规范化和科学化。

第二，要科学评估和研究制造业生产环节海外转移的收益和风险，确保科学有序进行。更重要的是，要构建海外生产环节和国内生产环节的有序对接，形成一个相对合理的闭环，两者不能脱离联系、各自为战。例如，要鼓励发展国内和国外的“工厂内分工”，形成母公司与海外子公司的生产分工，国内母公司主要进行研发、生产中高端零部件，海外子公司负责最

终品的组装加工，熟悉所在国市场并做好产品的销售和售后服务。

第三，“一带一路”倡议中要突出“经略周边”的思路，加快与相邻国家的互联互通，特别是帮助周边国家进行基础设施建设，打通中国与周边国家的陆路交通，从而使得贸易和生产分工更加便利，降低交易成本。但要注意的是，由于在基础设施建设中，一般由中国先行垫资或者贷款给东道国进行建设，所以要评估东道国的债务可持续问题，根据其债务能力提供贷款，避免日后出现债务纠纷，影响两国关系和长远发展。

第四，以东亚、东南亚和南亚为重点地区构建亚洲产业链、价值链和供应链。中国要在评估这三个地区各自比较优势的基础上，思考如何充分利用其优势进行产业链、价值链和供应链各环节的配置，特别要衡量我国起主导作用的成本与收益，不能盲目投资。其中，日本、韩国、中国香港、中国台湾、新加坡既可以起到沟通欧美供应链的作用，又可以作为亚洲供应链的末端，因此中国内地省份也需要加强与其在高端研发服务、金融服务和零部件生产中的合作关系。而在东南亚的产业布局则要多点安排、均衡发展，中端生产环节可以放在泰国、马来西亚，中低端劳动密集型生产环节可以放在越南、柬埔寨、老挝、缅甸等地，但要提高柬埔寨、老挝和缅甸在产业链和价值链中的地位。南亚地区的劳动力成本也非常低，但是要在更加谨慎评估相关风险的基础上转移部分生产环节。

（本文发表于《经济研究》2020 年第 5 期）

制度优势与治理效能协同提升的理论逻辑与实现路径

胡乐明　刘　刚*

党的十九届四中全会提出了“把我国制度优势更好地转化为国家治理效能”的时代课题，正式将制度优势与治理效能相区分、讨论两者之间的转化，是对“社会主义优越性”认识的重要理论推进。关于“社会主义优越性”，容易出现两个方向上的理解偏误：一是认为社会主义制度自身具有优越性，只要坚持社会主义基本制度，其制度优势就必然能够发挥出来，从而忽略了现实绩效的价值；二是将经济社会发展的不足简单地归因于社会主义优越性缺失，以一时一地的发展不足否定社会主义制度优势的存在。这两个方向上的偏误，源于同一个逻辑误区：将作为条件的优势与作为结果的绩效简单等同，忽略了两者相互转化所需的条件，从而未能准确理解两者之间的辩证关系。

制度优势与治理效能之间的这种辩证关系，类似于劳动价值论中价值实体与市场价值量之间的对立统一关系。按照劳动价值论的价值规律原理，价值创造环节的劳动消耗量构成价值实体，市场上价值实现环节所表现出的价值量，即体现为交换价格的市场价值量，与价值实体相一致。但是，两者的一致性是有条件的，即市场供求双方的充分竞争。如果忽略了这个条件的必要性，把价值实体与市场价值简单等同，把垄断和其他外部干扰因素导致的两者的偏离视为对劳动价值论的否定，就会陷入理论的偏误。同时还必须看到，在动态视角下，正是这个约束一致性成立与否的条件构

* 胡乐明，经济学博士，中国社会科学院经济研究所副所长，研究员、博士生导师；刘刚（通讯作者），经济学博士，曲阜师范大学经济学院副院长，教授、博士生导师。

成了价值规律的实现形式，使价值实体和市场价值总是处于相互影响、相互适应的矛盾运动过程之中。在矛盾运动过程中，价值实体和市场价值的对立统一关系激励着各经济主体的竞争行为，通过竞争的优胜劣汰，调节着社会总劳动在各行业部门的配置，从而推动各部门劳动生产率的提升和经济运行效率的持续改善。从中我们不难得出把握这种辩证关系的基本原则：明确两者的区别，确定两者相一致（或相互转化）的条件，并在动态分析中展开两者相互制约、相互促进的矛盾运动过程。

党的十九届四中全会提出“把我国制度优势更好地转化为国家治理效能”，其重要理论价值就是切入了上述方法论原则的起点，准确区分了制度优势与治理效能，明确了两者相互转化是有条件的，在理论上揭示了作为条件的优势与作为结果的效能之间的对立统一关系。更进一步，准确把握这一对立统一关系的关键在于，将其推进至动态视角下，分析两者相互推进的动态过程，即制度优势与治理效能相互转化、协同提升的运动过程。

上述分析只是方法论一般原则上的总体性概括。将这些原理展开，具体阐明制度优势与治理效能协同提升的动态过程，还需要在理论上进一步回答：何谓制度优势，何谓治理效能？两者相互转化的条件是什么？以及如何实现两者的相互转化？我们尝试在具体原理上展开这一逻辑，并深入到其动态过程内部，探讨其具体的实现路径。在具体理论层面，习近平总书记的系列讲话表明，探讨这一议题需要将研究视角深入制度体系内部，系统考察制度的执行力和适用性问题，并在制度演化的历史过程中展开动态分析。在制度体系构成、制度执行力和制度优化的动态过程方面，制度研究与演化经济学的“制度构成”和“组织遗传学”等分析工具具有一定的参考价值。在唯物主义历史观的基础上，借鉴并改造这些分析工具，围绕党在制度变迁过程中的领导者和关键行动者地位展开动态分析，有助于我们理清上述理论逻辑，准确把握制度优势与治理效能相互转化的发展运动过程。

在现实层面，苏联解体和当前西方国家的政治衰退现象，也从反面佐证了动态视角的重要性：无论制度具有怎样的潜在优势，或者曾经取得过如何突出的治理效能，都必须持续不断地推进制度建设的历史进程，否则一旦陷入“一成不变”的僵化状态，就必然会出现低效甚至遭遇失败。因此，从发展运动的角度看，潜在的制度优势不等于稳定的治理效能，一时的治理效能也不能取代制度优势的持续更新。只有在持续的制度建设中不断推进制度优化，才能使制度体系永葆活力。

一　问题的提出：制度优势与治理效能的协同提升是制度发展的辩证法

2014 年，曾经以“历史终结论”闻名的日裔美国学者弗朗西斯·福山（Francis Fukuyama）发表了《衰败的美利坚——政治失灵的根源》[①] 一文，探讨了美国政治体制如何导致了低效的国家治理。福山提出，19 世纪末到 20 世纪初曾经高效运行的美国国家治理体系，在 20 世纪中后期陷入僵化低效的困境，其原因便是美国政治体系的失灵，具体包括：官僚体系在利益集团的渗透下变得大而无当、各自为政，行为目标偏向于保住预算和编制，失去了进取动力；游说行业崛起，利益集团通过法院和国会获得行政权力，行政的“司法化”降低了治理效率，满口“自由”的精英享尽特权，政治家通过与利益集团的“互惠”为家庭成员谋取实利，导致家族势力崛起，政治势力的“世袭化”盛行；在意识形态上占据主导地位的利益集团多元主义指望通过不同社会组织的彼此制衡来维护公共利益，但这些组织的行动能力差异巨大，不能相互制衡，真正的决策通常由一小撮组织能力最强最有钱的社会组织做出；决策流程中的分权制衡日益极端化，权力下放导致个体可以阻止政治行动的“否决点”增多，“否决政治”盛行，集体行动寸步难行，预算案往往被议员们塞入各种修正案以换取他们掌握的一票，国会的派遣机构丛生形成庞大的行政网络。这些分析表明福山从意识形态主导的“民主”话语转向了现实的“治理效率”，引起了学界的广泛关注。持有不同意识形态立场的学者开始关注治理效能的高低，这为制度优势和治理效能研究提供了一个有益的国际比较视角。

福山认为，美国的政治失灵和治理低效的原因在于制度演进的僵化，

---

① Francis Fukuyama, “America in Decay: The Sources of Political Dysfunction,” *Foreign Affairs*, *September/October*, 2014: 5 - 10.

对美国制度建设的未来走向持悲观态度。在文章结尾，这位曾经视资本主义制度为“历史终结”的学者发出了“毫无出路”的叹息，他认为，由于政党政治下政客不想切断利益输送，利益集团不会放弃政治影响力，多数民众不愿也不能处理复杂的公共政策议题，导致制度改革寸步难行。他引用萨缪尔·亨廷顿（Samuel Huntington）的“政治衰败”术语，感慨道：“国内政治弊病已经顽固不化，很难出现富有建设性的改革，美国政治衰败还将继续，直至外部震荡催化出真正的改革集团、并付诸实践”。[①] 时至今日，六年过后，在新冠肺炎疫情和弗洛伊德事件抗议活动的严重震荡下，美国学者不但没有看到改革的希望，反而对美国制度改革的前景更为绝望。近日，著名学者康乃尔·韦斯特（Cornel West）在《卫报》发文《一只靴子正在踩断美国民主的脖子》，认为不能解决住房、教育、监禁制度、失业就业、医疗保健和权利自由等方面问题的社会不可能有前途，面对一系列经济和社会问题，现有的堕落的领导层无力改革，反而对致力于改革的激进民主主义采取新法西斯主义的压制，以维持“不公平且残酷”的现行秩序，从而断送了美国的改革之路。韦斯特写道：“这场运动中的根本问题就是：美国还能改革吗？”[②]

社会主义国家的制度研究者对福山和韦斯特所关注的治理效能和改革议题并不陌生。苏联的社会主义制度，曾在二战前创造了工业化的奇迹，二战后在没有参与“马歇尔计划”的条件下，实现了经济的快速恢复。这一时期的苏联社会主义制度发挥出了强大的治理效能。但在斯大林逝世后，僵化的经济和政治体制将苏联带入了经济停滞的困境，随着经济和社会矛盾的积累，制度建设又走向了另一个极端——激进混乱的政治改革最终葬送了苏联的社会主义制度，导致国家解体。苏东剧变之前，我国就稳步开启改革开放，在制度实践上采取了与苏联激进式改革不同的渐进式改革之路，取得了经济长期发展、社会持续稳定的“中国奇迹”。在此期间我国制度建设集中关注“改

① Francis Fukuyama, “America in Decay: The Sources of Political Dysfunction,” *Foreign Affairs*, *September/October*, 2014: 5 - 10.

② Cornel West, “A Boot is Crushing the Neck of American Democracy,” https://www.theguardian.com/commentisfree/2020/jun/01/george-floyd-protests-cornel-west-american-democracy, 2020 - 06 - 01.

革、发展、稳定”三者的关系，准确把握了制度发展运动的辩证法。

总之，世界上没有一成不变的制度，更没有永葆优势的制度。制度的稳定及其优势是一种相对的稳定和比较的优势，制度变迁则是人类社会的永恒法则。历史唯物主义基本原理告诉我们，生产力决定生产关系，经济基础决定上层建筑，生产力的发展变化必然带来经济基础和上层建筑的相应变化。否则，曾经先进的生产关系与上层建筑也必然由促进生产力发展的积极因素变成阻碍生产力进步的消极因素。恩格斯曾经指出，“所谓‘社会主义社会’不是一种一成不变的东西，而应当和任何其他社会制度一样，把它看成是经常变化和改革的社会”。[①] 历史经验表明，优势显著的中国特色社会主义制度体系并非事先理性设计的结果，更不是一成不变的僵化教条，而是通过实践不断探索、不断发展的伟大创造。为确保实现“两个一百年”奋斗目标，我们必须明确坚持和巩固什么、完善和发展什么，才能不断巩固和拓展中国特色社会主义制度的显著优势。

上述美国、苏联和我国制度建设的正反两方面经验表明：制度的失败往往来自对制度优势过度自信导致的“一成不变”；好的制度需要在实践中不断优化。制度优化是制度优势与治理效能协同提升的动态过程。

为了便于逻辑展开，我们有必要在具体理论层面明确制度优势与治理效能的具体含义。所谓制度优势，是一套制度体系在设计理念、规则体系和改进空间方面优于其他制度的具体条件，包括制度规则的合理性、适用性和执行力，以及制度发展变迁过程中的改进性。简言之，是由制度设计决定的制度条件的优越性。所谓治理效能是制度实施过程中所表现出的效率水平的高低，将制度视为国家和社会治理的基本手段，考察制度能否获得有效落实，能否合理引导和规范个体行为，能否有效提升集体行动效率，从而使国家和社会实现有效运转，推进经济社会发展，提升个人和社会福利。简言之，治理效能是制度实践过程中制度实施效果的优劣。

因此，制度优势是治理效能的前提，而治理效能则是检验制度优势存在与否和大小的标准，为制度优化指明方向，是维持和增进制度优势的基础。制度的发展运动，必须持续促进制度优势与治理效能的相互转化，使

① 《马克思恩格斯选集》第4卷，人民出版社，2012，第601页。

两者协同提升。在此过程中，制度优势和治理效能也并非始终一致、良性互动。有优势的制度不一定表现出好的治理效能，治理效能高的制度也可能存在尚未显现的先天性不足。上述美国和苏联的例子就表明，如果一时的高效能助长了制度的僵化或极端化，其结果不仅不能强化既有优势，而且有可能引发严重的弊病。因此，制度优势与治理效能之间的相互转化不是没有条件的。只有准确把握两者的对立统一关系，才能实现两者的协同提升。两者的这种对立统一关系和矛盾运动过程就是制度发展运动的辩证法。

二　协同提升关系：制度优势与治理效能的对立统一

制度优势和治理效能的协同提升是一个动态议题。如前文所述，制度优势是制度设计层面的制度条件，治理效能是制度实践层面的实施效果，两者的协同提升寓于制度建设的动态过程之中。在制度建设过程中，制度优势提供了条件和可能性，优势是否发挥出来要看治理效能的高低，关于治理效能的评价检验了制度优势的存在与否，也指明了制度优化的方向，是获取新优势的基础。

上述观点只是从总体上概括了制度优势与治理效能相互转化的动态关系。进一步理清制度优劣和效能高低的差异体现在哪些方面，需要静态、比较静态和动态三维视角的有机融合。对此，习近平同志在主持中央政治局第十七次集体学习时指出，“衡量一个社会制度是否科学、是否先进，主要看是否符合国情、是否有效管用、是否得到人民拥护”，“制度的生命力在于执行。……要强化制度执行力，加强制度执行的监督，切实把我国制度优势转化为治理效能”。[①] 考察制度是否适应一国的国情，分析其执行力的高低，需要一个更为具体更为深入细致的制度分析视角。美国著名经济学家道格拉斯·诺思（Douglass C. North）的“制度构成”理论有助于我们将问题细化至这一层次。

诺思认为，制度分为正式规则、非正式规则和实施特征三个方面的内

① 习近平：《坚持、完善和发展中国特色社会主义国家制度与法律制度》，《求是》2019 年第 23 期。

容。正式规则是约束人们行为关系的有意识的契约安排；非正式规则是从未被有意识地设计过的规则，是人们长期交往中无意识形成的行动准则；实施特征是正式规则和非正式规则如何实施的规则约束，包括政府法庭等第三方约束和交易双方的报复威胁或经济主体作为第一方的自我约束。相同的正式规则条文，如果意识形态和文化传统影响下的非正式规则不同，实施特征的约束力度不同，其执行效果可能大相径庭。诺思在其诺贝尔经济学奖获奖演说中表示，他的分析框架是借鉴了马克思的分析框架且不同于新古典分析工具的新方法，“该方法是决定经济绩效的正式规则、非正式规则以及强制实施特征的综合。虽然正式规则有可能在一夜之间发生变化，但是非正式的规范通常只能逐渐发生改变。……将成功的西方市场经济模式中正式的政治与经济规则运用到第三世界和东欧经济体系中，并不是获得良好经济绩效的充分条件，同理，私有化也不是解决经济绩效不良的灵丹妙药”。[①] 诺思的分析实际上是将马克思主义理论所讨论的政治法规与意识形态、文化的关系具体化了。诺思本人也认为马克思主义理论所重视的意识形态就是一种行为方式，是以世界观的方式左右非正式规则的重要因素。

借鉴诺思的方法，我们可以从静态分析、比较静态分析和动态分析三维视角考察制度优势与治理效能之间的关系。我们采用这三种分析的基本含义：静态分析是环境既定条件下的分析，把制度所处的环境和所约束的群体视为既定的，将制度视为稳定的，关于制度绩效的分析关注的是制度自身的规则是否得到了落实，即考察制度的执行问题；所谓比较静态分析则将制度所处的环境条件和它所约束的群体视为可变的，通过比较制度实施前后的不同状态，考察制度的实施是否促进这个环境的发展和群体行动的改进，即考察制度是否“管用”；所谓动态分析则纳入了时间因素，考察事物变化的轨迹和过程，将制度、环境和经济主体均置于随着时间演变的动态过程中，考察制度能否及时适应环境的发展，并通过自身的改进引领这些发展变化，使其朝着积极的方向前进，即考察制度对经济社会发展的

---

① 转引自张守凯、黎昌抱、柴志贤编著《诺贝尔经济学奖颁奖词与获奖演说全集》，浙江工商大学出版社，2015，第493页。

持续性作用。

表 1 考察制度优势与治理效能对立统一关系的“三维视角”

	静态分析	比较静态分析	动态分析
制度优势	执行力	适用性	改进性 （融合性）
治理效能	规则落实与否 （行得通）	治理有效与否 （能管用）	发展顺利与否 （发展好）

我们借用诺思的正式规则、非正式规则和实施特征三个范畴具体展开这个考察制度优势与治理效能对立统一关系的“三维视角”。之所以说是对诺思三个范畴的“借用”，是因为诺思本人并未将这三个范畴的关系细化到这种层次。

第一，从静态视角来看，制度的优势在于其执行力，即制度在执行方面的条件。这涉及其正式规则的设计是否明确、一致、合理，非正式规则是否与正式规则相匹配，以及实施特征是否有约束力。只有具备了执行力的制度才能形成治理效能。在治理效能方面，静态视角下与制度执行力相对应的是制度规则落实与否，即制度设计中的正式规则是否“行得通”。这是治理效能的最低要求，也是最为基本的要求：如果没有合适的非正式规则土壤和有约束力的实施特征，制度的正式规则将无法“落地”，这些正式规则也只能是一纸空文，执行这一制度的国家系统也没有任何治理效能可言。

第二，从比较静态视角来看，制度的优势在于其适用性，即是否适应所在国家地区以及所处时代的基本国情。这涉及正式规则和实施特征的设计是否反映了当地民众的习惯、意愿和诉求，是否抓住了主要矛盾，是否为非正式规则的演化提供了有益的引导。在治理效能方面，比较静态视角下与适用性优势相对应的治理效能是制度实施的有效性，即制度设计时所预期的国家治理目标能否实现，即能否促进制度的社会环境和目标群体发生预期的变化。这是治理效能的更高层次要求，考察的是正式规则是否管用，有没有解决治理问题，是否成功引导了非正式规则背后的意识形态和文化沿着设定的方向演进。如果一套制度落实了其具体的规则要求，但没有解决其需要处理的问题，起不到改善群体行动、引领意识形态和文化变迁的作用，那么，这项制度虽然不是一纸空文，但也是一项无用甚至有害的制度。

第三，从动态视角来看，制度的优势在于其改进性，即关于制度改进的设计是否便捷有效，能否在稳定既定优势的条件下，为实现持续的制度优化创造条件。这涉及正式规则的设计理念是否是包容的、发展的、与时俱进的，其改进条款是否合理，正式规则能够在多大程度上引领、容许和适应非正式规则的变化，其核心理念是否具有足够范围的伸缩性；而且其实施特征在保障实施约束力的同时，能否在一定范围内容许制度改进的“试错实验”。同时，在制度改进演化的视角下，改进性优势也体现为正式规则、非正式规则和实施特征三者的融合性：一方面，随着制度的改进演化，在动态视角下的正式规则将引领、容许和适应非正式规则的变化，不断缓和两者偏离冲突形成的“紧张”局面，使正式规则所规定的行为规范与非正式规则所支配的行动准则相互融合，增强其一致性；另一方面，制度的实施特征将与正式规则和非正式规则持续融合，实施特征的强制性不断减少，执行力与灵活性之间的矛盾持续下降，集体行动的成本趋于下降。在治理效能方面，动态视角下与改进性优势相对应的是治理环境和目标群体的动态发展进程，相对于比较静态分析所考察的发展与否和发展方向，动态分析所关注的是发展的可持续性以及解决发展中新生问题的适应性和及时性。同时，在动态演化的视角下，动态的治理效能也体现为环境、群体和制度三者的融合性，即随着制度的持续改进和环境的不断变化，制度对环境的适应性是否增强，制度在民众中的认同度是否持续提升。因此，动态意义上的治理效能也是治理效能的最高层次，除了对制度环境和人民福利的贡献，还进一步考察制度是否形成了寓于文化和意识形态之中的制度认同，制度是否融入并改进了社会群体的共同观念和文明意识，是否使一个社会更为和谐、一个民族更具凝聚力。

总之，正如习近平同志所言，执行力是制度的生命力，[①] 管用和人民的拥护是制度优势和治理效能的根本。上述三维视角下制度优势和治理效能

① 习近平：《坚持、完善和发展中国特色社会主义国家制度与法律制度》，《求是》2019 年第 23 期。

的关系，是递次升级的，在动态层级上的协同提升关系，以静态和比较静态下的关系为基础，寓于制度建设的运动过程之中。当然，三者的关系也是辩证统一的，例如，只有依托于静态执行力的治理效能才是检验制度优势的条件，如果把外部因素、人为的偶然性干扰形成的治理效能变化，视为对制度优势的肯定或否定，都有可能引发对制度优势的错误判断。再比如，虽然动态意义上的改进性和社会发展是评价制度优势和治理效能的最高标准，但这一标准必须在制度核心理念和社会发展大势不变的条件下进行考察，否则，我们面对的将是完全不同的另一个制度，甚至是发生了彻底动荡的另一个国家和社会。在这方面，苏联激进式改革的教训就是前车之鉴。

三　协同提升路径：制度优势与治理效能的相互转化

我们前面的讨论依然是抽象意义上的分析框架和理论概括。在这个分析框架中，我们以唯物主义历史观和唯物辩证法为核心，明确了制度优势与治理效能两者在运动中的对立统一关系。两者的协同提升过程，则是这一对立统一关系的动态化。在这个动态过程中，协同提升的关键是两者之间的良性互动，即制度优势与治理效能之间的相互转化，也称之为协同提升路径。

1. 优势到效能的转化：强化制度优势是提升治理效能的前提

从制度优势到治理效能的转化，可以概括为：没有好的国家制度就不可能有好的国家治理。正所谓，“经国序民，正其制度”。如前文所讨论的，制度的效能最终体现在个人发展和社会进步上。1980 年，邓小平同志在总结“文化大革命”的教训时曾深刻指出，“制度好可以使坏人无法任意横行，制度不好可以使好人无法充分做好事，甚至会走向反面”。[①] 诺思也对此提出了著名的“诺思悖论”：“国家的存在是经济增长的关键，然而国家

① 《邓小平文选》第 2 卷，人民出版社，1994，第 333 页。

又是人为经济衰退的根源。"① 德隆·阿西莫格鲁（Daron Acemoglu）、詹姆斯·罗宾逊（James A. Robinson）等众多中外学者的研究同样表明，国家制度是影响一国长期发展绩效的关键，制度因素可以解释国家间经济增长速度的巨大差异。② 因为，好的国家制度可以有效规范人们的经济行为和社会的经济秩序，可以充分提供技术创新的有效激励，大大降低经济运行的交易成本，从而提高资源配置的效率和国家治理的效能，这就是从制度优势到治理效能的转化。

制度优势向治理效能的转化，也是对制度优势的检验和印证。新中国成立70多年来，尤其是改革开放40多年来，我们党领导人民创造了举世瞩目的经济快速发展和社会长期稳定的惊人奇迹，中华民族迎来了从"站起来""富起来"到"强起来"的伟大飞跃，充分证明了中国特色社会主义制度是一套行得通、真管用、有效率的制度体系。我们之所以能够形成独具特色、效能优异的"中国之治"，关键就在于我们拥有内涵先进、优势显著的"中国之制"。党的十九届四中全会明确指出，中国共产党成立以来坚持把马克思主义基本原理同中国具体实际相结合，深刻总结国内外正反两方面经验，建立和完善了社会主义制度体系，形成并发展了党的领导和经济、政治、文化、社会、生态文明、军事、外事等各方面制度，我国国家制度具有坚持党的集中统一领导、坚持人民当家做主、坚持依法治国等13个方面的显著优势。③ 将获得了检验和印证的制度优势进行强化，使之更好地发挥出来，才能推进制度优势向治理效能的持续转化。毫无疑问，巩固和发挥上述制度优势是我们国家治理继续取得优异效能的前提。

习近平同志指出，"制度优势是一个国家的最大优势，制度竞争是国家间最根本的竞争。制度稳则国家稳"。④ 面向未来，我们既要坚信中国特色

① 〔美〕道格拉斯·诺思：《经济史中的结构与变迁》，陈郁、罗华平等译，上海人民出版社，1994，第20页。

② 〔美〕德隆·阿西莫格鲁、〔美〕詹姆斯·罗宾逊：《国家为什么会失败》，李增刚译，湖南科学技术出版社，2015，第1页。

③ 《〈中共中央关于坚持和完善中国特色社会主义制度、推进国家治理体系和治理能力现代化若干重大问题决定〉辅导读本》，人民出版社，2019.

④ 习近平：《坚持和完善中国特色社会主义制度推进国家治理体系和治理能力现代化》，《求是》2020年第1期。

社会主义制度是当代中国发展进步的根本制度保障，是具有中国特色、明显优势、强大自我完善能力的先进制度，我们必须继续坚持和巩固这一制度并充分发挥其显著优势，同时我们也应清醒地认识到，同我国经济社会发展和人民群众的要求相比，同参与激烈国际竞争的要求相比，同实现国家长治久安和全面现代化的艰巨任务相比，我们的制度还存在许多不足，还没有完全成熟定型，只有不断推进全面深化改革，促进中国特色社会主义制度更加成熟更加定型更加完善更加巩固，才能进一步巩固和拓展其制度优势，提升国家治理效能和国际竞争力。

2. 效能到优势的转化：提升治理效能是强化制度优势的基础

治理效能的高低检验了制度优势的存在性，也指明了制度优化的方向，是维持既有优势获取新优势的关键依据。毋庸讳言，没有好的国家治理也谈不上有好的国家制度。恩格斯曾经指出："政治统治到处都是以执行某种社会职能为基础，而且政治统治只有在它执行了它的这种社会职能时才能持续下去。"① 前面提到的习近平同志在中央政治局第十七次集体学习时关于衡量制度是否科学先进的讲话也表明，一种制度好不好，能不能得到巩固和完善，不是看它的整体设计如何完美，而是看它能否给所在国家和人民带来实实在在的好处，看它在推动发展、改善民生、维护秩序、促进和谐方面所发挥的作用如何，即应在前述三维视角的动态分析中辩证地考察。可以说，国家治理及其效能提升是国家制度存续及其优势提升的重要基础，治理效能的高低直接关系到中国特色社会主义的根本制度、基本制度、重要制度的坚持与完善。

科学社会主义创始人根据人类社会发展规律，科学揭示了社会主义代替资本主义的历史趋势，勾画了包括生产资料社会占有、中央计划调节社会生产、按劳分配和按需分配等未来社会经济制度的基本特征。新中国成立后，囿于对马克思主义经典作家关于未来社会设想的简单理解，以及对本国国情和历史方位的模糊认识，我们片面追求"一大二公三纯"的社会主义基本经济制度，结果严重影响了社会生产力的发展和人民福祉的提高，致使社会主义制度优势无法充分发挥。"文革"结束后，实践标准大讨论确

① 《马克思恩格斯选集》第 3 卷，人民出版社，1995，第 23 页。

立了实践是检验真理的唯一标准。改革开放以来，家庭联产承包责任制等一系列被实践证明了具有显著效能的具体做法不断地被上升为国家的制度规范，从而逐步确立和完善了包括三项制度在内的具有显著优势的社会主义基本经济制度。从治理效能出发，坚持实践是检验真理的唯一标准，勇于直面那些未能体现出治理效能的停留在理论层面的“制度优势”，以治理效能为取向，锐意变革，是我国改革开放得以成功的重要原因。这些实践经验充分证明，国家治理的效能提升是制度优势彰显与提升的重要基础。

众多西方国家的治理实践与制度变迁的历史经验也充分说明了上述道理。20 世纪 90 年代，“英美模式”作为“现代最完美的资本主义制度”，曾凭借新自由主义的“华盛顿共识”广泛流行于世界各地。但是，拉美国家实施“华盛顿共识”的结果，是持续的经济低迷、社会形势恶化和社会冲突加剧，1992～2001 年的年均经济增长率仅为 1.8%，被称为“失去的 10 年”。亚洲一些国家原本期望通过实施“华盛顿共识”收获更大的发展成就，结果却是在 1997 年的亚洲金融危机后迅速深陷经济严重衰退、通货快速膨胀、失业率不断飙升和政局持续动荡的局面。非洲实施新自由主义“结构调整”方案的结果同样糟糕，20 世纪 90 年代，非洲国家人均国内生产总值呈负增长。因此，2008 年国际金融危机之后，“现代最完美的资本主义制度”遭到了普遍的质疑。此次西方国家疫情防控的混乱低效，更是暴露了所谓完美资本主义制度的巨大劣势，激发了人们对全球实现资本主义制度“群体免疫”的热切期盼。这表明，离开了良好的治理效能与治理绩效，任何所谓的“完美制度”都不过是空中楼阁。

制度的生命力在于执行，在于效能。提升我国治理效能首先必须通过推进全面深化改革强化制度执行。必须通过健全权威高效的制度执行机制和监督机制，切实解决一些领域和一些部门或多或少存在的制度执行不足的问题，确保各项制度执行到位和发挥实效。这样，以治理效能是否得以提升为标准，一方面，可以将那些行得通、真管用、有效率的具体制度加以完善定型，以更好彰显和提升我们的制度优势；另一方面，可以将那些行不通、不管用、低效率的空置、空转甚至失灵的具体制度予以变革改造，以有力拓展和发挥我们的制度优势。当然，强调维护制度权威和强化制度执行并不意味着不要改革创新。从长远来看，治理效能“只能从改革中来，从调整中来，从创新中来”。我们必须通过不断推进全面深化改革完善治理实践，提升治理效能，并不断将实践证明了的治国理政的先进理念、先进经验转化为更加成熟更加定型的制度规范，使我们的制度优势更加全面更加显著。

四　协同提升过程：党领导改革进程的组织遗传学分析

探讨制度优势与治理效能协同提升的动态过程，需要展开制度变迁过程的演化分析。这个演化过程，即制度建设过程，需要明确其行动者和行为准则。展开这一层次的理论逻辑，演化经济学的组织遗传学理论可以提供一些有益的参考。同时，我们需要以唯物主义历史观和马克思主义政党理论对这一分析工具进行必要的改造，使之服务于分析党领导的全面深化改革进程。

组织遗传学的基本理念和核心范畴可以简要概括为以下几点。以生物学隐喻为基本理念，组织遗传学将组织视为一个生命有机体，组织有机体之中的“基因”被称之为“惯例”。纳尔逊和温特（Richard R. Nelson and Sidney G. Winter）在企业组织的语境下这样概括惯例的概念：“对于一切规则的和可以预测的企业行为方式，我们一般使用的名词是‘惯例（routine）’。……在我们的演化理论里，这些惯例是有机体的持久不变的特点，并决定它可能有的行为（虽然实际的行为也由环境来决定）。今天的有机体生产出来的明天的有机体（例如，建造一座新工厂）具有很多相同的特点，在这个意义上惯例是可以继承的。”① 在国家治理的组织系统中，惯例可以视为组织内行为主体默认的行动准则，在很多情况下是一种“无须斟酌、不必犹豫”就可以“照做”的行动自觉。可以将其视为正式规则和非正式规则结合形成的内化于组织内成员之中的自发的秩序。但是，这种惯例并非一成不变，组织会基于预期目标实现与否，尝试改变这些惯例。这就涉

① 〔美〕理查德·R. 纳尔逊、〔美〕悉尼·G. 温特：《经济变迁的演化理论》胡世凯译，商务印书馆，1997，第19页。

及“搜寻－满意”假说，这个假说认为，个体怀有“适应性抱负”，如果现实未能满足这一抱负，个体就会展开搜寻，尝试新的方案。如果长时间搜寻无果，抱负水平会相应降低，接受现有的最优状态；如果搜寻到更好的安排，抱负水平会提高到新安排的高度。[①] 搜寻到的达到满意效果的新安排就是新的惯例，这种转变被组织遗传学视为基因的变异。如果将研究范围扩大到国家层次，上述动态过程就可以视为“改革过程”的一个逻辑展开。

党的十九大报告旗帜鲜明地指出，“中国特色社会主义制度的最大优势是中国共产党领导，党是最高政治领导力量”，“坚持党对一切工作的领导。党政军民学，东西南北中，党是领导一切的”。[②] 党的十九届四中全会进一步将“坚持党的集中统一领导”和“坚持和完善党的领导制度体系”确定为首位的制度优势和首个必须坚持和完善的制度。[③] 在全面深化改革的过程中推进制度优势与治理效能的协同提升，也必须坚持党的集中统一领导。因此，党组织就是中国改革进程和制度建设过程中最为重要的行动组织。分析制度变迁演化过程中的“组织遗传学”，将制度约束下的全部成员视为一个完整的组织，我们可以将其视为广义的组织，即国家制度和国家治理体系中的全体人民，而其中起主导作用的党的组织领导系统则作为其中关键行动者，视为狭义的组织，这是我们对“组织遗传学”的一个发展。

除了将上述组织遗传学从企业层面提升到国家治理层面，把党的组织系统视为具有根本地位的组织者和行动者，还需要强调组织的特殊性以及决定满意假说的价值取向。习近平同志于 2020 年两会期间在参加内蒙古代表团审议时指出，“我们党没有自己特殊的利益，党在任何时候都把群众利益放在第一位。这是我们党作为马克思主义政党区别于其他政党的显著标志”。[④] 中国共产党的这个显著标志表明，作为发挥领导地位的执政党，其“适应性抱负”不是以政党自身利益为导向，而是以全体人民的利益为导

① 〔瑞士〕库尔特·多普菲：《演化经济学：纲领与范围》，贾根良等译，高等教育出版社，2004，第 47 页。

② 《党的十九大报告学习辅导百问》，党建读物出版社、学习出版社，2017，第 16 页。

③ 《〈中共中央关于坚持和完善中国特色社会主义制度、推进国家治理体系和治理能力现代化若干重大问题决定〉辅导读本》，人民出版社，2019，第 3～6 页。

④ 《坚持人民至上　不断造福人民　把以人民为中心的发展思想落实到各项决策部署和实际工作之中》，《人民日报》2020 年 5 月 23 日。

向。这也决定了中国共产党在“搜寻—满意”行动过程中，其满意与否的价值导向，是以人民为中心的基本理念。正如习近平同志所言：“我们必须始终坚持人民立场，坚持人民主体地位，……把人民拥护不拥护、赞成不赞成、高兴不高兴、答应不答应作为衡量一切工作得失的根本标准。”① 以此为基础，我们可以大致概括出制度优势与治理效能协同提升过程中的行动者与行动准则。党的组织领导系统是发挥领导作用的核心行动者，其行动过程是党和人民的互动过程。在此过程中，以人民的利益为根本导向，随着经济社会的发展，党领导人民不断调整适应性抱负，尝试搜寻新的制度安排。这些新的制度安排，首先通过调整党内法规、党员教育和党的组织纪律建设改变党组织内的惯例，进而领导全体人民，以人民民主的方式确立新的国家法律和制度规则，引导各社会主体形成新的惯例，从而推进制度的持续性变革。相应的，关于既有的制度优势不断强化，党领导全体人民逐步形成“制度自信”的基本共识，使正式规则与个人行为惯例日益融合，走向统一，不断强化制度优势；同时，党领导人民时时检视治理效能的高低，从中发现现有惯例中的不足，沿着党和人民适应性抱负的变化，确定搜寻方向，在搜寻试错的过程中确立新的惯例，实现社会有机体的演化升级。这样，制度优势与治理效能的协同提升和相互转化，寓于党领导人民的制度建设过程之中，构成全体人民共同参与的全面深化改革进程。

总之，在理论上，制度优势和治理效能分别构成“条件”和“结果”层面的制度评价；在实现上，制度优势与治理效能的协同提升构成实践社会主义优越性的全面深化改革进程。落实习近平同志关于执行力是制度的生命力、管用和人民的拥护是制度的根本的讲话精神，需要深入到制度体系内部，全面透析以党组织为领导者和关键行动者的全面深化改革进程。完成这一任务，需要我们始终坚持历史唯物主义和唯物辩证法，批判性地借鉴制度构成和组织遗传学等分析工具，将制度优势与治理效能的对立统一关系推广至动态层面，开拓马克思主义制度理论的新境界。

（本文发表于《当代经济研究》2021 年第 1 期）

① 习近平：《在第十三届全国人民代表大会第一次会议上的讲话》，《求是》2020 年第 10 期。

党领导经济工作的政治经济学

裴长洪　倪江飞[*]

1922年，江西安源路矿工人消费合作社的成立，拉开了我党领导经济工作的序幕。毫无疑问，党领导经济工作是我们党在过去近百年实践中所确立的重大政治原则，但是如何在理论上认识和阐明党的领导与依法治国的关系，党的领导与国家治理体系的关系，党的领导与经济工作的关系，党的领导与政府、市场的关系等问题，仍然是中国特色社会主义政治经济学需要深入研究的新课题。

一　党领导经济工作的理论依据

（一）政党与国家政权的理论

马克思主义认为，阶级是生产力发展到一定阶段的产物。阶级自其产生以来始终采取了对抗的形式。恩格斯指出："以往的全部历史，除原始状态外，都是阶级斗争的历史。"① 在阶级社会（奴隶制社会、封建社会以及资本主义社会）中，阶级斗争的形式具有多样性，其中，经济利益斗争贯穿于阶级斗争的整个过程，并且最终需要通过适当的政治斗争形式加以解决。因为阶级的实质是一个集团占有另一个集团的劳动，所以二者的利益是根本对立的，以至于二者之间的矛盾和斗争不可调和。为了缓和二者的

---

* 裴长洪，经济学博士，中国社会科学院经济研究所研究员，中国社会科学院大学经济学院教授、博士生导师；倪江飞，经济学博士，中国社会科学院经济研究所博士后流动站研究人员。

① 《马克思恩格斯选集》第3卷，人民出版社，1995，第739页。

矛盾和冲突，并将其控制在一定“秩序”范围内，于是国家被统治阶级发明出来。“国家是维护一个阶级对另一个阶级的统治的机器。”① 因此，国家是阶级斗争的必然产物。“一切阶级斗争都是政治斗争”②，而“各阶级政治斗争的最严整、最完全和最明显的表现就是各政党的斗争”③。现代意义上的政党诞生于资本主义社会，至今已有二百多年的历史。政党的首要任务就是夺取国家政权，正如列宁同志所指出的：“一切革命的根本问题是国家政权问题。”④ 政党夺取政权的根本目的是为了本阶级获得经济利益，而要达到这一目的，必须通过政治斗争的方式才能实现。总之，为了适应阶级斗争的需要，国家和政党在这种斗争发展到一定的阶段先后产生了。

阶级、政党和群众的关系不同于政府和人民之间的关系。在阶级社会里，无论一个人的社会地位如何变迁，都不能使其摆脱阶级的烙印。正如毛泽东同志所指出的：“在阶级社会中，每一个人都在一定的阶级地位中生活，各种思想无不打上阶级的烙印。”⑤ 在同一个阶级中，每个人因有共同的经济地位而拥有相同的意识、价值观念、主张等，从而形成了群众所具有的共同特征。因此，“群众是划分为阶级的”⑥。资产阶级有资产阶级群众，无产阶级也有对应的无产阶级群众。无论什么时候，群众内部不可能一般的齐整，必定有先进和落后之分。党来自群众，是群众中的一部分人，是群众的先进代表。列宁同志认为，无产阶级政党是阶级的先进部队⑦，是工人阶级中最先进、最积极、最觉悟的一部分，从而党的任务“决不是反映群众的一般情绪，而是引导群众前进”。⑧

国家（政府）外在于群众，凌驾于一切阶级之上。除了作为阶级统治的工具外，国家还具有社会管理职能。虽然社会管理的范围、深度以及方式随着社会生产力和社会分工的发展而变化，但是国家在表面上采取的仍

---

① 《列宁选集》第 4 卷，人民出版社，1972，第 48 页。

② 《马克思恩格斯选集》第 1 卷，人民出版社，1995，第 281 页。

③ 《列宁选集》第 1 卷，人民出版社，1972，第 660 页。

④ 《列宁选集》第 3 卷，人民出版社，1972，第 19 页。

⑤ 《毛泽东选集》第 1 卷，人民出版社，1991，第 283 页。

⑥ 《列宁选集》第 4 卷，人民出版社，1972，第 197 页。

⑦ 《列宁选集》第 1 卷，人民出版社，1972，第 455 页。

⑧ 《列宁全集》第 26 卷，人民出版社，1959，第 300 页。

然是脱离于各个阶级的政权组织形式。国家的管理对象是所有国民，无论是被统治阶级的成员，还是统治阶级中的成员，都受到国家法律的规制和约束。在社会主义社会，人民是国家的主人，但仍要在宪法和法律规定的范围内进行活动。

（二）社会主义国家的性质、政体及其与资本主义国家的区别

马克思主义认为，国家的本质是统治者进行阶级统治的机器，因此，国家的性质（国体、国家类型）是由统治阶级的性质决定的，并决定政体（政权的组织形式、政治形式）的性质。在阶级社会，国体对政权组织形式的决定作用并不是绝对的，而是相对的，即同一种国家类型可以选择不同的政权组织形式。例如，在资本主义国家，君主立宪制和议会共和制是主要的政治形式。至于各国所采取的具体形式，主要由各国统治阶级的利益、力量以及各国的历史文化决定。而在人民当家做主的社会主义国家，无产阶级的性质和历史使命决定了其政治形式只能是民主共和制。正如恩格斯所阐述的："如果说有什么是无庸置疑的，那就是，我们的党和工人阶级只有在民主共和国这种形式下，才能取得统治。民主共和国甚至是无产阶级专政的特殊形式，法国大革命已经证明了这一点。"① 总之，无产阶级专政、无产阶级性质和历史使命使得社会主义国家的性质、国体不同于资本主义国家的性质和国体。

（三）政治与经济关系的理论

历史唯物主义认为，从整个人类社会历史发展规律来看，经济基础决定属于上层建筑范畴的政治。但从一定的历史横截面来看，政治的发展也具有相对独立性，即政治并不完全按照经济预设的路径展开行动。正如恩格斯在《反杜林论》中指出的："社会的政治结构决不是紧跟着社会经济生活条件的这种剧烈的变革立即发生相应的改变。"② 政治发展的相对独立性，意味着政治并不是完全被动的，在一定条件下对经济的发展起决定的反作

① 《马克思恩格斯选集》第4卷，人民出版社，1995，第412页。

② 《马克思恩格斯选集》第3卷，人民出版社，1995，第446页。

用。由于建立在经济基础之上的政治，具有高屋建瓴、统揽全局的地位和作用，因此，无产阶级政党一直高度重视政治问题。

马克思主义政党向来旗帜鲜明地讲政治。列宁同志认为，政治中最本质的东西是国家政权机构。① 由于国家政权机构能够保护自己的共同利益，免遭内部和外部的侵犯，② 因而政权在社会经济生活中起关键性作用。列宁同志在领导苏联社会主义革命和建设过程中，深刻认识到政治对经济发展的重要性，他指出："一个阶级如果不从政治上正确地处理问题，就不能维持它的统治，因而也就不能解决它的生产任务。"③ 正因为如此，他在同托洛茨基和布哈林的论战中提出了"政治同经济相比不能不占首位"④ 的著名论断，并强调这是马克思主义的最起码的常识。毛泽东同志将马克思主义基本原理同我们党执政后的社会主义实践相结合，强调思想政治工作对经济工作和其他工作的重要性。他在《中国农村社会主义高潮》一书的按语中提出："政治工作是一切经济工作的生命线。"⑤ 他还提出思想政治对经济的能动作用是："代表先进阶级的正确思想，一旦被群众掌握，就会变成改造社会、改造世界的物质力量。"⑥ "提高劳动生产率，一靠物质技术，二靠文化教育，三靠政治思想工作。后两者都是精神作用。"⑦ 他在《工作方法六十条（草案）》中进一步指出，思想政治是统帅和灵魂，引领经济工作和其他工作沿着正确轨道向前发展。基于此，他严肃地指出："只要我们的思想工作和政治工作稍为一放松，经济工作和技术工作就一定会走到邪路上去。"⑧ 不过在高度肯定政治的统帅地位的同时，他也强调政治与经济工作和其他工作的统一，否则政治就成了空头政治，无本之木，从而也就无法体现和发挥其统领全局、高屋建瓴的地位和作用。1986 年 8 月，邓小平同志视察天津时强调："改革，现代化科学技术，加上我们讲政治，威力就大

---

① 《列宁选集》第 2 卷，人民出版社，1972，第 454 页。
② 《马克思恩格斯选集》第 4 卷，人民出版社，1995，第 253 页。
③ 《列宁选集》第 4 卷，人民出版社，1972，第 442 页。
④ 《列宁选集》第 4 卷，人民出版社，1972，第 441 页。
⑤ 《毛泽东文集》第 6 卷，人民出版社，1999，第 449 页。
⑥ 《毛泽东著作选读》下册，人民出版社，1986，第 839 页。
⑦ 《毛泽东文集》第 8 卷，人民出版社，1999，第 124 ~ 125 页。
⑧ 《毛泽东文集》第 7 卷，人民出版社，1999，第 351 页。

多了。到什么时候都得讲政治，外国人就是不理解后面这一条。”[①] 江泽民同志在《领导干部一定要讲政治》一文中指出：“我们搞现代化建设，中心任务是发展经济，但必须有政治保证，不讲政治、不讲政治纪律不行”。[②] 他明确了政治的内涵，包括政治方向、政治立场、政治观点、政治纪律、政治鉴别力、政治敏锐性，并总结了讲政治的六大意义。胡锦涛同志认为：“在各项工作中要贯穿讲政治的要求，增强原则性、系统性、预见性、创造性，立场坚定，旗帜鲜明，始终坚持正确方向。”[③] 党的十八大以来，习近平总书记更是把讲政治提升到党自身建设和发展的高度，他提出“旗帜鲜明讲政治是我们党作为马克思主义政党的根本要求”,[④] “讲政治，是我们党补钙壮骨、强身健体的根本保证，是我们党培养自我革命勇气、增强自我净化能力、提高排毒杀菌政治免疫力的根本途径”。[⑤] 党的十九大报告把加强党的政治建设摆在全面从严治党的首位，以点带面，全面加强党的执政水平和领导水平。

另外，政治是一个历史的范畴，在不同的社会发展阶段和不同的历史时期，具有不同的内涵。凡是涉及党和人民事业发展的全局性和根本性问题，都是重大政治问题。政治的首要内容随着国内社会主要矛盾的变动而变动。在新民主主义革命时期，人民大众与帝国主义、封建主义和官僚资本主义的矛盾是我国社会的主要矛盾，因此进行反帝、反封建以及反官僚资本主义就是我们党讲政治的主要内容，经济工作和其他一切工作都是为推翻“三座大山”服务的。例如，毛泽东同志在土地革命时期指出：“革命战争是当前的中心任务，经济建设事业是为着它的，是环绕着它的，是服从于它的。”[⑥] 改革开放后，我国社会的主要矛盾为：人民日益增长的物质文化需要同落后的社会生产之间的矛盾。不发展社会生产力和经济建设，

---

① 《邓小平文选》第3卷，人民出版社，1993，第166页。

② 《江泽民文选》第1卷，人民出版社，2006，第458页。

③ 《胡锦涛文选》第1卷，人民出版社，2016，第387页。

④ 《习近平谈治国理政》第3卷，外文出版社，2020，第48页。

⑤ 中共中央党史和文献研究院、中央“不忘初心、牢记使命”主题教育领导小组办公室编：《习近平关于“不忘初心、牢记使命”论述摘编》，中央文献出版社、党建读物出版社，2019，第107页。

⑥ 《毛泽东选集》第1卷，人民出版社，1991，第123页。

社会主义制度就有丧失物质基础的风险。基于此，集中力量解放和发展生产力就是讲政治的主要内容。在此背景下，邓小平同志提出："四个现代化就是中国最大的政治。"[①] 进行现代化建设，"任何时候都不要受干扰，必须坚定不移地、一心一意地干下去"。[②] 邓小平同志以经济为中心的思想，同列宁同志的"今后最好的政治就是少谈政治"[③] 的思想，具有一致性。党的十九大以来，我国社会主要矛盾已经转化为人民日益增长的美好生活需要和不平衡不充分的发展之间的矛盾。发展不平衡不充分问题已经成为我国社会主要矛盾的主要方面，事关开启全面建设社会主义现代化国家新征程、向第二个百年奋斗目标胜利进军这一大局。因此，着力解决发展不平衡不充分问题是当前中国最大的政治。总之，政治的内涵是变化的，既有阶级斗争方面的政治，也有经济方面的政治。因为党能够深刻洞察不同时期和不同发展阶段的政治内涵，所以党能够始终居于领导各方的核心地位。

二　党领导经济工作的实践依据

坚持党对经济社会的统一领导，是我们党在革命、建设以及改革的长期实践中所确立的政治原则。新民主主义革命时期，党领导经济建设为战胜中国人民的敌人奠定了物质基础。社会主义革命和建设时期，党的坚强领导是中央政府掌握新中国经济和金融主权的重要保证，是提高社区组织化和社会化程度的重要力量。改革时期，党的领导是依法治国的根本保证，是维护公平正义、实现人民当家做主的根本力量。

（一）新中国成立前党领导了革命根据地的经济工作和建设

"革命的根本问题是政权问题。"[④] 在新民主主义革命的不同时期，我们党依据国内社会主要矛盾的变化，建立了不同形式的政权，目的是团结一切可以团结的力量，领导全国人民完成反帝反封建任务。因此，那个时期

① 《邓小平文选》第 2 卷，人民出版社，1994，第 234 页。

② 《邓小平文选》第 2 卷，人民出版社，1994，第 276 页。

③ 《列宁选集》第 4 卷，人民出版社，1972，第 397 页。

④ 《列宁选集》第 3 卷，人民出版社，1972，第 110 页。

我们党最大的政治，就是领导中国人民同敌人进行战斗。党的一切工作都要服务和服从于革命战争这个中心任务。

“战争不但是军事的和政治的竞赛，还是经济的竞赛。”[①] 在民主革命时期，中国人民的敌人是非常凶狠和强大的，因此，战争是长期的、持久的，因而战争不仅是军事实力方面的比拼，更是经济实力的较量。为了支援战争，为战争提供物质基础，我们党在新民主主义革命的各个时期，都十分重视领导革命根据地的经济工作和建设。在土地革命时期，国民党对我红色政权采取军事“围剿”的“杀死政策”的同时，还采取了经济封锁的“饿死政策”。在这种情形下，只有进行根据地的经济建设，发展生产，才能解除敌人的经济封锁，为军事上“反围剿”的胜利奠定物质基础，为革命战争的胜利提供必要条件。毛泽东同志在《必须注意经济工作》中指出：“只有开展经济战线方面的工作，发展红色区域的经济，才能使革命战争得到相当的物质基础，才能顺利地开展我们军事上的进攻，给敌人的‘围剿’以有力的打击。”[②] 进行经济建设还能够改善群众的生活，激发群众参与革命的热情和积极性，从而壮大革命队伍。因此，他提出只有发展红色区域的经济，“才能使我们的广大群众都得到生活上的相当的满足，而更加高兴地去当红军，去做各项革命工作”。[③] 为了服务于革命战争这个中心任务，他一方面让根据地的干部、群众“懂得经济建设在革命战争中的重要性”，[④] 另一方面强调根据地的经济建设不能脱离其服务和服从于战争这个实际，“在国内革命战争中企图进行和平的，为将来所应有而现在所不应有的，为将来的环境所许可而现在的环境不许可的那些经济建设工作，只是一种瞎想”。[⑤]

在抗日战争时期，我们党领导根据地人民进行经济建设，为抗日战争的胜利提供物质基础。在抗日初期，毛泽东同志在《为动员一切力量争取抗战胜利而斗争》中提出：“财政政策以有钱出钱和没收汉奸财产作抗日经

① 《毛泽东选集》第 3 卷，人民出版社，1991，第 1024 页。

② 《毛泽东选集》第 1 卷，人民出版社，1991，第 120 页。

③ 《毛泽东选集》第 1 卷，人民出版社，1991，第 120 页。

④ 《毛泽东选集》第 1 卷，人民出版社，1991，第 121 页。

⑤ 《毛泽东选集》第 1 卷，人民出版社，1991，第 123 页。

费为原则。经济政策是：整顿和扩大国防生产，发展农村经济，保证战时生产品的自给。提倡国货，改良土产。禁绝日货，取缔奸商，反对投机操纵。”[①] 随着抗日战争进入相持阶段，日军对我们党领导的抗日根据地进行疯狂的扫荡，实行“三光”政策，同时国民党顽固派对陕甘宁边区进行经济封锁，再加上边区受到自然灾害的影响，根据地出现了极大的财政困难。为此，毛泽东同志提出了“发展经济，保障供给”[②] 的经济和财经工作总方针。他号召根据地的机关、学校和军队进行“自己动手，丰衣足食”的大生产运动，使根据地军民度过了抗日战争最为困难的时期，为抗日战争的胜利奠定了物质基础。此外，党在这个时期还实行了减租减息、精兵简政，逐步建立统一的货币市场等政策，为推动根据地的生产事业起到了积极的作用。

在解放战争时期，毛泽东同志提出按照“一切依靠自力更生，立于不败之地”[③] 的方针建设解放区。“中国的革命实质上是农民革命”[④]，“如果我们能够普遍地彻底地解决土地问题，我们就获得了足以战胜一切敌人的最基本的条件”[⑤]。因此，解决农民的土地问题是解放区建设的中心问题。在解放战争全面爆发前夕，党中央发布“五四指示”，将在抗战时期实施的减租减息政策变更为“耕者有其田”政策。解放战争进入战略反攻阶段后，我们党颁布了《中国土地法大纲》，进一步激发农民参加革命和生产的积极性，从而为解放战争输送源源不断的人力和物力。除了对农村进行土地革命外，我们党还提出对官僚资本采取没收政策，对民族工商业采取保护和限制并举的措施。

党领导根据地经济建设，除了服务于战争外，还为新民主主义政权奠定了物质基础。在政治和经济关系中，具有相对独立性的政治发展能够超前于当前的经济发展，但这种超前是有限度的，并且是暂时的。因为作为上层建筑的政治需要同一定的经济基础相匹配，否则，政治上层建筑会出现“高处不胜寒”，面临崩塌的危险。毛泽东同志认为，判断一个地方的社

① 《毛泽东选集》第 2 卷，人民出版社，1991，第 356 页。

② 《毛泽东选集》第 3 卷，人民出版社，1991，第 891 页。

③ 《毛泽东选集》第 4 卷，人民出版社，1991，第 1188 页。

④ 《毛泽东选集》第 2 卷，人民出版社，1991，第 692 页。

⑤ 《毛泽东选集》第 4 卷，人民出版社，1991，第 1252 页。

会是否为新民主主义社会性质，主要“以那里的政权是否有人民大众的代表参加以及是否有共产党的领导为原则”。[①] 按照此原则，我们党领导的土地革命时期、抗日战争时期以及解放战争时期的政权，都具有新民主主义革命的性质。因此，为了巩固不同时期的民主政权，需要发展相应的新民主主义经济作为支撑。毛泽东同志指出：“新民主主义的国家，如无巩固的经济做它的基础，如无进步的比较现时发达得多的农业，如无大规模的在全国经济比重上占极大优势的工业以及与此相适应的交通、贸易、金融等事业做它的基础，是不能巩固的。”[②]

另外，党领导根据地经济建设能为将来过渡到社会主义提供前提。新民主主义经济是共产党领导的，体现各个革命阶级经济利益的一种向社会主义过渡型的经济，因此，它既具有社会主义经济成分，也具有资本主义经济成分。党在革命根据地领导建立的军工、民用、金融以及交通运输业等属于国营经济，具有社会主义性质。在土地革命时期和抗日战争时期，这些国营经济同私人经济相比，还不占优势，但“前途是不可限量的”。[③]“争取国营经济对私人经济的领导，造成将来发展到社会主义的前提。”[④] 解放战争时期，通过没收官僚资本，国营经济在国民经济中的比重不断上升，到新中国成立时，已经在工业、交通运输、金融等领域处于主导地位。国营经济地位的提升并实现对私人经济的领导，为向社会主义过渡提供了前提。

（二）党的领导是依法治国的根本保证

法治兴则国家兴，法治强则国家强。依法治国是我们党总结社会主义建设的经验、教训基础上得出的治国理政的基本方略，是实现国家治理体系和国家治理能力现代化的主要内容和重要依托，是建设中国特色社会主义现代化国家的必然要求。同时，党又必须领导法律、法规的制订，才能把党对国家和社会治理的思想转化为国家意志，这关系到党执政兴国、人

① 《毛泽东选集》第 2 卷，人民出版社，1991，第 785 页。
② 《毛泽东选集》第 3 卷，人民出版社，1991，第 1081 页。
③ 《毛泽东选集》第 1 卷，人民出版社，1991，第 133 页。
④ 《毛泽东选集》第 1 卷，人民出版社，1991，第 130 页。

民幸福安康以及党和国家的长治久安。党的十八大以来，以习近平同志为核心的党中央立足推进国家治理体系和国家治理能力现代化，提出了一系列关于全面依法治国的新思想、新理念、新战略，开启了法治中国新时代。党的十八届四中全会是党的历史上首次以全面依法治国为主题的中央全会，对全面依法治国进行了顶层设计和战略部署，提出了全面推进依法治国的总目标，即“建设中国特色社会主义法治体系，建设社会主义法治国家”。[①] 党的十九大报告再次明确了这一总目标。为加强党对全面依法治国的集中统一领导，统筹推进全面依法治国工作，党中央于 2018 年 3 月决定组建中央全面依法治国委员会，这是党的历史上首次设立此类型机构。2020 年 11 月，习近平总书记在党的历史上首次召开的中央全面依法治国工作会议上，将当前和今后一个时期推进全面依法治国需要抓住的重点工作，精辟概括为“十一个坚持”。此次会议将习近平法治思想作为全面依法治国的指导思想，以及全面依法治国的根本遵循和行动指南。总之，党的十八大以来，我们党将全面依法治国，建设社会主义法治国家放在了前所未有的历史高度，彰显出我们党对执政规律认识的进一步深化，把马克思主义政党建设推向了新境界。

党的领导是推进全面依法治国的根本保证。党的领导贯穿于依法治国的整个过程和各个方面。首先，党领导制定法律。制定法律不仅涉及立法的数量，还涉及立法的质量。光有法可依是不够的，是否符合社会主义价值取向，是否汇集人民的意志和诉求以及是否符合人民的根本利益，才是关键。习近平总书记指出：“人民群众对立法的期盼，已经不是有没有，而是好不好、管用不管用、能不能解决实际问题；不是什么法都能治国，不是什么法都治好国。”[②] 全心全意为人民服务的宗旨，“从群众中来，到群众中去”的群众工作路线，使我们党能够在广泛征集民意的基础上形成党的主张，通过法定程序将党的主张上升为国家的意志，形成法律，使其成为全民遵守的行为规范和准则。其次，党监督法律的实施。法律是治国之重器，其生命在于执行。只有将党领导人民制定的法律付诸严格的实施，才

① 《中共中央关于全面推进依法治国若干重大问题的决定》，人民出版社，2014，第 4 页。

② 《习近平关于全面依法治国论述摘编》，中央文献出版社，2015，第 43 页。

能彰显出法律至高无上的权威和价值。习近平总书记指出："如果有了法律而不实施、束之高阁，或者实施不力、做表面文章，那制定再多法律也无济于事。"[①] 然而，若国家机关（行政机关和司法机关）的执法活动不受制约和监督，那么就会滋生腐败。原因在于，"没有监督的权力必然导致腐败，这是一条铁律"。[②] 为了加强党对反腐工作的集中统一领导，党中央对深化国家监察体制改革做出了重大决策部署，将国家监察委员会同党的纪律监察机关合署办公，对所有行使公权力的党员干部、公职人员进行全面监督，确保党和人民赋予的权力始终在阳光下运行。

党不仅领导制订法律，保障和监督法律的实施，而且，党的领导所依据的方针、政策，能够弥补法律、法规的滞后性和盲区，这既可以保护和引领经济社会中出现的新生事物，又可以防止出现无政府的盲目现象。法律的稳定性特征决定了其自诞生之日起就存在滞后性问题，以至于对日新月异的社会经济带来的新问题新现象，缺乏足够的预见性和应对能力。而法律的滞后性可以通过党制定的政策来弥补。党的政策和法律本质上具有一致性，都是人民根本意志的体现，因而都代表着人民的根本利益。党的政策具有指导性、灵活性、迅速性等特征，因而能够有效应对新形势下面临的各种新问题。另外，在实践中被证明有效的党的政策，可以通过法定程序成为法律。因此，党的政策既可充当法律的试验田作用，又能有效地弥补法律的滞后问题。同时，党的作风是带动政风、社会风气的关键，是以德治国的依据。以德治国是依法治国的重要补充，这是国家治理、经济治理的必要手段。法律和道德都有规范社会行为、维护社会秩序的功能，但各有侧重。依法治国强调以法律的权威和强制性来规范社会成员的行为；而以德治国则强调以道德教化为手段来稳定社会秩序。正如依法治国的前提是科学立法一样，以德治国的前提是社会成员已经有了一定道德水准。因此，我们要坚持培育和践行社会主义核心价值观，弘扬中华传统美德，提高社会成员的道德修养水平，营造出全社会懂法、守法的浓厚氛围，强化社会主义道德对依法治国的支撑作用。

---

① 《十八大以来重要文献选编》中，中央文献出版社，2016，第150页。

② 《习近平谈治国理政》第1卷，外文出版社，2014，第418页。

（三）党的领导是国家治理体系的核心

只有党的领导，才能使国家建立强有力的政府，才能建立和完善坚强的国家治理主体，才能有效行使国家经济主权和金融主权。党领导中国人民经过28年的浴血奋战，推翻了压在中国人民头上的“三座大山”，成立了新中国。党的地位也从领导人民武装夺取全国政权的党，转变为领导人民执掌全国政权，并长期执政的党。新中国成立伊始，为了巩固新生的人民政权，党领导人民同敌对分子进行了一系列斗争：大规模的剿匪斗争、镇压反革命运动、打击不法投机资本等。在外交方面，人民政府废除了帝国主义强加给中国的一切不平等条约，取消了帝国主义在华的一切特权，清除了帝国主义在华的残余势力和影响。通过巩固新生政权的一系列斗争，新中国掌握了政治主权，为其掌握经济和金融主权铺平了道路。

党领导人民掌握国家的经济主权，主要是通过没收官僚资本和统一全国财经工作实现的。新中国成立前，以四大家族为首的官僚资本在工业、金融、矿业、交通运输业、内外贸等行业、部门中具有垄断地位，掌控着国民经济的命脉。因此，没收官僚资本，使其成为社会主义性质国营经济的物质基础，是党和人民掌控国家经济主权的关键。解放战争时期，人民解放军每解放一座城市，便展开没收官僚资本的工作，但大规模的实施是在新中国成立后进行的。通过没收官僚资本，凡关系到国民经济命脉和足以操纵国计民生的国民经济，已经被牢牢地掌控在党和人民手里。基于官僚资本组建的国营经济，成为国民经济的领导力量，为全面恢复国民经济奠定了物质基础。统一全国财经工作，是党和人民掌控国家经济主权的另一重大举措。为了从根本上稳定物价，除了打击非法投机资本外，还要着手解决全国财政收支、市场供求不平衡的问题。新中国成立初期，全国的财经工作仍是分散经营的，老解放区的财政收入主要用于当地支出，而大多数新解放区尚未建立起正规税收制度，以至于中央政府一方面没有稳定的收入来源，另一方面要承担着军事费用、恢复生产建设、赈灾救济等巨额支出。“收在下面，支在上面，中央的日子就过不去了。”[①] 为了能让日子

① 薄一波：《若干重大决策与事件的回顾》上卷，中共党史出版社，2008，第58页。

过下去，中央只能暂且通过发行大量货币方式来弥补收支差额，这也是新中国成立初期通胀高企的深层次原因。为此，1950 年 2 月，中央财政经济工作委员会（中财委）决定节约支出，整顿收入，统一全国财经工作。全国财经的统一管理，不仅解决了旧中国长期的财政收支不平衡问题，还终结了国民党统治后期因恶性通胀而引起的物价飞涨局面，更为恢复国民经济和改善人民生活起到了关键作用。为此，毛泽东同志曾高度评价稳定物价的意义，称赞它的重要性“不亚于淮海战役”。[①]

党领导人民掌握新中国的金融主权，主要是通过完成以下三大任务来实现的。首先，构建了以人民银行为核心的金融体系。主要工作包括：建立不同层级的人民银行分支机构，接管官僚资本银行，合并解放区银行，取消外资银行在华的一切特权，整顿和改造私人金融机构，建立中国人民财产保险公司及其分支机构。其次，构建人民币本位制。采取的措施主要包括：使人民币成为统一流通的唯一合法货币，收兑各解放区发行的货币，彻底肃清国民党发行的货币，禁止金银计价、流通和私相买卖，禁止外国货币流通、计价和计算，由人民银行统一外汇管理。最后，也最为关键的是，通过国家政权的镇压手段，严厉打击在上海等大城市由国民党潜伏特务策划的“金融战”，并通过老解放区政府向大城市紧急调运居民生活的必需物资来稳定物价。通过完成以上三大任务，新中国建立了统一的货币市场和金融体系，有效遏制了新中国成立初期的恶性通货膨胀，稳定了金融物价。人民政权是人民币发行和稳定的最重要基础，这是新中国经济建设的重要经验和规律，为新中国成立后长期的人民币币值的基本稳定指明了方向。代表新中国经济和金融主权的人民币发行与币值稳定的历史，说明了国家信用的基础性和可靠性，而国家信用的可靠性来自中国共产党的坚强领导。

人民政府的威信来自党的宗旨和共产党员的先锋模范作用。新中国中央政府保障人民在政治上成为国家的主人，在经济上成为生产资料的主人（1956 年后），这使得中央政府和各级政府在人民群众中树立起崇高的威望

① 中共中央党史研究室：《中国共产党历史》第二卷（1949－1978）上册，中共党史出版社，2011，第 59 页。

和公信力。而政府享有的这种崇高的威信来自中国共产党的宗旨和共产党员的先锋模范作用。中国共产党自成立以来，始终将全心全意为人民服务作为党的根本宗旨，并在1945年中共七大被写入党章，此后，历次修改的党章始终将其作为党的根本宗旨。党不仅公开向全世界宣布了她为人民服务的根本目的和意图，而且通过广大党员的实际行动来践行这个宗旨。党除了广大人民利益外，没有自己的特殊利益。党的一切工作都是为了实现好、维护好、发展好广大人民的根本利益。无论在革命年代，还是在建设、改革时期，一代又一代共产党人为国家和人民无私奉献，在工人、农民、士兵、教师、医务人员、科技人员、政府公务员中涌现出无数普通的优秀共产党员，他们甘于奉献、勇于牺牲，用实际行动诠释了共产党人"随时准备为党和人民牺牲一切"的入党初心和誓言。正是党的宗旨和广大党员的先进模范作用，使党领导下的各级政府在人民心中树立了极高的威信。

党的领导能够提高社区的社会化和组织化程度。在整个社会经济活动中，在政府主体管治之外，还存在广泛的组织化、社会化程度很低的社会阶层及其经济活动。例如，对于广大农村群众的生产和生活的组织化和社会化，政府功能难以覆盖，需要党的领导，使其提高组织化和社会化水平，从而使之与国家的现代化建设相适应。新中国成立以后的农业合作化是明显的范例。新中国成立初期，基于农民土地私有制基础上的小农经济，既无法为工业化建设提供足够的粮食、工业原料以及资金，也无法为工业品提供足够大的市场，因此需要引导个体农业走向合作化。通过农业合作化运动，农村的个体经济被改造成集体经济，农村的生产力得到解放和发展，为工业化发展提供了物质基础。在新时代，农业合作化是提高农民收入和实现农业高质量发展的重要途径。在家庭承包经营的基础上，将分散的农民组织起来，提高农业组织化和集约化程度，走农业合作化道路，既能有效提高农民的收入和抵御市场风险的能力，又是乡村振兴的重要引擎。农业合作化适应农业现代化的发展方向，"走好农业合作化道路，我们要总结经验，在全国不同的地区实施不同的农业合作化道路"。[①]

---

① 习近平：《因地制宜　走好农业合作化道路》，https://www.chinanews.com/gn/2020/07-23/9245890.shtml。

在城镇，无论在改革开放前后，我国在工业化发展和建立现代企业制度的改革进程中，党的领导都是国有企业管理和现代企业制度的主体。尽管新中国成立以来国有企业在保障和改善民生，推动四个现代化建设方面做出了重大贡献，但仍然存在一些问题。国有企业管理问题就是突出的问题之一，毛泽东同志曾经指出："所有制问题基本解决以后，最重要的问题是管理问题，……，这也就是人与人的关系问题。"[①] 新中国成立后，党一直探索国有企业管理的有效方法。受列宁同志"一长制"理论的影响及党在革命时期的根据地建设经验，新中国成立初期的国营企业，主要采用的是"一长制"管理体制。但这一套高度集中的管理体制，并不符合我国的具体国情，因此，探索符合我国国情的管理体制刻不容缓。20 世纪 60 年代初，鞍钢总结出一套企业管理的基本经验，实行"两参一改三结合"制度，即"对企业的管理，采取集中领导和群众运动相结合，工人群众、领导干部和技术人员三结合，干部参加劳动，工人参加管理，不断改革不合理的规章制度"。[②] 毛泽东同志高度赞赏该套管理制度，称之为中国工人阶级创造的"鞍钢宪法"。1961 年，党制定的"工业七十条（草案）"，将该套制度确定下来，使之成为一段时期内我国重要的企业管理制度，同时明确规定"国营工业企业实行党委领导下的厂长负责制"。[③]"工业七十条（草案）"是新中国成立后首部关于国营企业管理的条例，对我国工业的调整、巩固、充实和提高起到了积极作用。党的十三届四中全会提出，国有企业党组织在企业发挥政治核心作用，以确保正确的政治方向。党的十八大以来，以习近平同志为核心的党中央站在坚持和发展中国特色社会主义的重要物质基础和政治基础的战略高度，高度重视党对国有企业的领导，高度重视国有企业党建工作，先后做出了一系列重大部署。2015 年 6 月，中共中央和国务院出台《关于深化国有企业改革的指导意见》，在国有企业党组织政治核心作用的发挥、领导班子和人才队伍的建设、反腐倡廉的落实方面提出了具体性的指导意见。这些具体指导意见，是新时期党加强和改进对国有

---

① 《毛泽东文集》第 8 卷，人民出版社，1999，第 134 页。

② 《毛泽东文集》第 8 卷，人民出版社，1999，第 135 页。

③ 《中国共产党历史》第二卷（1949－1978）下册，中共党史出版社，2011，第 588 页。

企业领导的纲领性文件，具有鲜明的指导性、方向性。2017 年 10 月 24 日，党的十九大通过了新党章，将国有企业党委（党组）职能表述为“发挥领导作用，把握方向、管大局、保落实、依照规定讨论和决定企业重大事项”，这为新时期国有企业党组织开展工作提供了根本遵循。

习近平总书记指出：“坚持党的领导、加强党的建设，是我国国有企业的光荣传统，是国有企业的‘根’和‘魂’。”① 只有坚持党的领导，国有企业改革才能朝着中国特色社会主义的正确方向。只有坚持党的领导，发挥党的总揽全局、协调各方的领导核心作用，才能将国有企业利益、职工利益以及国家利益统一起来，在国有企业“做强做优做大”的目标中不断发展自身，从而夯实中国特色社会主义的物质基础和政治基础。只有在党的领导下，才能把现代企业中的资本治理、资产经营等体现市场经济规律要求的活动与劳动权益、工人群众参与企业管理等体现社会主义性质的本质属性密切联系起来，这是中国特色社会主义现代企业制度完善的基本价值取向。

三　党的领导是中国特色社会主义政治经济学的重要理论范畴

如何正确处理政府与市场的关系，是一个世界性难题。西方经济学和西方政府在理论和实践上都未能解决这个难题。但党的十八大以来的中国特色社会主义伟大实践，给出了正确处理二者关系的中国方案，即在坚持和加强党的领导的前提条件下，实现市场机制和政府作用的有机统一。

（一）西方经济学对政府和市场关系的认识

作为资本主义经济的上层建筑，西方经济学自诞生以来就主要肩负着两大任务：一是形成维护资本主义制度的经济学知识体系和价值观念，为资本主义长治久安提供社会公共品；二是总结资本主义市场经济运行的实践经验，为资本主义国家治理和资本垄断集团出谋划策。围绕这两大任务，

① 《习近平谈治国理政》第 2 卷，外文出版社，2017，第 176 页。

西方经济学主要流派围绕政府要不要干预经济展开了激烈的争论。在这些争论的派别中，凯恩斯阵营和古典学派的观点最为对立。古典学派强调，市场机制即“看不见的手”能够引导和调节资源的优化配置，而政府只是扮演“守夜人”的角色。凯恩斯主义则认为，市场机制因其内在缺陷的存在而导致市场失灵，因此，政府应当积极干预经济。两大学派的政策主张在资本主义发展过程中不断交锋、各自发展为新凯恩斯主义和新自由主义，并交替成为经济思想的主流。在 1929 年世界经济危机之前，政策制定者主要信奉“看不见的手”原理。在接下来的 40 年里，国家干预经济的思想逐渐成为正统思想。而 20 世纪 70 年代的滞胀局面，将经济自由主义思潮扶上了正统经济学宝座。然而，这一思潮因 2008 年国际金融危机而遭到前所未有的重创，“看不见的手”总能够优化资源配置的神话也彻底破灭。在此背景下，主要发达资本主义国家主动“救市”，加强对金融机构的监管，并于 2009 年的 G20 伦敦峰会达成国家干预经济的共识，在很大程度上宣告了国家干预经济思潮的回归。

尽管两大学派在政府与市场之间关系上的观点对立，但是它们探讨二者之间关系的基本哲学观是一致的——二元论。这种研究视角将政府与市场看作平行而对立、非此即彼的关系。正是基于这种二元论研究视角，过去被认为是正确的宏观经济政策理论，今天可能被视为是错误的而遭到丢弃，反之亦然。由此可见，西方国家并没有真正处理好政府与市场之间的关系。而中国特色社会主义政治经济学正尝试破解这个经济学上的世界性难题，其出路在于将市场作用和政府作用有机统一的同时，坚持和加强党的集中统一领导。

（二）党对政府和市场关系认识的不断深化体现了解放思想、实事求是的马克思主义品质

改革开放以来，中国经济奇迹的关键在于我们不断理顺政府与市场的关系。我们党立足于社会主义初级阶段这个最大实际，创造性地将社会主义基本经济制度同发展市场经济有机结合起来，既发挥了社会主义制度的优越性，又发挥了市场机制的长处，这极大地解放和发展了社会生产力，

提高了人民的生活水平。

改革开放以来，我们党坚持解放思想、实事求是的思想路线，弘扬与时俱进的精神，不断深化对政府和市场关系的认识和探索。1984 年 10 月，党的十二届三中全会通过的《关于经济体制改革的决定》指出社会主义经济是“公有制基础上的有计划的商品经济”。这个关于社会主义经济的表述，意味着我们党首次打破了计划经济与商品经济相对立的观念枷锁，是自新中国成立以来，党对政府和市场关系认识和探索的一次重大飞越。1992 年初，邓小平同志在南方讲话中指出：“计划多一点还是市场多一点，不是社会主义与资本主义的本质区别。计划经济不等于社会主义，资本主义也有计划；市场经济不等于资本主义，社会主义也有市场。计划和市场都是经济手段。”① 邓小平的上述谈话突破了长期以来束缚人们的一种传统观念——“一说计划经济就是社会主义，一说市场经济就是资本主义”，极大地解放了人们的思想，使人们对什么是社会主义有了更加深刻的认识，为党的十四大确立社会主义市场经济体制目标奠定了理论基础。党的十四大报告提出“使市场在国家宏观调控下对资源配置起基础性作用”，这一重大理论突破极大地促进了我国经济社会的发展。从党的十六大到党的十八大，“发挥市场在资源配置中的基础性作用”这句表述前面关键词②的变化，传递了经济体制改革突出市场的资源配置作用的重要信息，为之后党的十八届三中全会对政府和市场关系的认识达到一个新境界，提供了理论基础和思想指导。党的十八届三中全会指出：“经济体制改革是全面深化改革的重点，核心问题是处理好政府与市场的关系，使市场在资源配置中起决定性作用和更好发挥政府作用。”市场在资源配置中的作用从“基础性作用”转向“决定性作用”，同时强调“更好发挥政府作用”，标志着我们党对社会主义建设规律认识的一次新飞越。2020 年 10 月，党的十九届五中全会对政府和市场关系做了深刻总结，提出：“充分发挥市场在资源配置中的决定性作用，更好发挥政府作用，推动有效市场和有为政府更好结合。”这一新论述为今

---

① 《邓小平文选》第 3 卷，人民出版社，1993，第 373 页。

② 党的十六大指出：在更大程度上发挥市场在资源配置中的基础性作用；党的十七大指出：从制度上更好发挥市场在资源配置中的基础性作用；党的十八大指出：更大程度更广范围发挥市场在资源配置中的基础性作用。

后一个时期深化社会主义经济体制改革明确了方向，提供了根本遵循。

（三）发挥市场在资源配置中的决定性作用，关键在于更好发挥政府的作用

理论和实践均证明了市场是配置资源最有效的方式，然而要充分发挥市场机制的作用，前提是完善社会主义市场经济体制。党的十九大报告指出，经济体制改革的重点在于完善产权制度和要素市场化配置。产权制度能够允许、鼓励和保护市场主体公平地参与经济活动，激发各种市场主体的创业热情和创新发展活力。要素市场化配置的实质是指市场主体通过市场交易的方式来实现要素的优化配置，这以要素的产权明晰、保护有力以及流转顺畅为前提。尽管改革开放 40 多年来我国的产权制度改革取得了巨大的成就，但在产权界定和产权保护方面仍存在诸多问题与挑战。解决这些问题和挑战的根本出路是在党的领导下全面推进依法治国。

要使市场在资源配置中起决定性作用，除了完善产权制度和要素市场化配置外，还需要政府简政放权。受长期计划经济体制惯性的影响，政府对微观经济活动的直接干预仍不少，这导致资源配置效率低下，同时因政府的权力过大而产生腐败。因此，需要划清政府与市场的界限，凡是市场机制能够调节的经济活动，应当取消行政审批和许可，推动资源配置依据市场机制实现效益和效率的最大化。

市场在资源配置中起决定性作用，但不是起全部作用，需要更好地发挥政府的作用。尽管市场在资源配置中最具有效率，但由于外部影响、垄断、不完全信息等因素的存在，使市场机制不能有效地配置资源，于是市场失灵便出现了。同时，市场经济的自由性和竞争性特征必然导致优胜劣汰，一定程度上使收入在贫富之间、区域之间、城乡之间差距越来越大，这与社会主义本质相违背。因此，需要更好发挥政府的作用来解决市场失灵，促进共同富裕。然而，政府或因掌握的信息不完备而造成决策失误，或因作为相对独立的财政利益主体和局部本位利益而追求局部地方利益，造成不顾大局或越位错位，或因市场主体寻租行为而造成腐败，进而导致政府干预失效或失灵。

（四）加强党的领导是实现“市场有效、政府有为”的根本保证

加强党的集中统一领导是解决政府干预失灵的根本出路。首先，加强党的领导保证中央和地方利益的统一。党全心全意为人民服务的宗旨决定了党及其地方和微观组织不允许拥有独立的经济利益。党的一切奋斗和工作都是为了造福人民。各级政府都受到同级党委的领导和监督，而实行垂直型领导的各级党组织能够及时将党中央的路线、方针、政策传达到同级政府，同时党具有严密的组织性和纪律性，确保了中央决策的有效通达和执行效果。其次，加强党的领导保证经济发展的正确方向。马克思指出：“一个单独的提琴手是自己指挥自己，一个乐队就需要一个乐队指挥。”[①] 改革开放以来，我国经济社会取得了举世瞩目的成就，其根本保证是我们始终坚持和加强党的统一领导。习近平总书记在党的十九大报告中指出：“党政军民学，东西南北中，党是领导一切的。”[②] 在坚持党的领导，发挥党总揽全局、协调四方的领导核心作用的同时，不断提高党把方向、谋大局、定政策、促改革的能力和定力，就能保障市场经济健康发展。另外，加强党的领导是遏制腐败的良药。纵观党的百年发展史，既是一部革命、建设和改革的历史，又是一部反腐倡廉史。反腐是我党一贯坚持的鲜明政治立场，在不同的历史时期都被摆在突出位置。特别是党的十八大以来，以习近平同志为核心的党中央采取一系列新举措来构建“一体推进不敢腐、不能腐、不想腐的体制机制”，促使广大党员干部、公职人员拧紧“不敢腐”阀门，扎实“不能腐”篱笆，筑牢“不想腐”堤坝，从而夯实了党的执政基础、巩固了党的执政地位。

正确处理党的领导、政府作用和市场机制这三者的关系，是中国特色社会主义政治经济学的重要研究对象。无论是传统凯恩斯还是新凯恩斯理论，都是在资本主义私有制市场经济是最有效率的前提下构建的理论体系，它们都认为政府干预理论是建立在市场失灵基础上的，从而将政府同

---

① 《马克思恩格斯文集》第5卷，人民出版社，2009，第384页。

② 《习近平谈治国理政》第3卷，外文出版社，2020，第16页。

市场对立了起来。因此，无论怎样论述和强调政府的作用，实际上都没有跳出西方经济学的理论范式。我国是社会主义国家，中国共产党领导是中国特色社会主义的最本质的特征和最大优势。在党的领导下，我们在40多年的中国特色社会主义伟大实践过程中，不断深化认识政府与市场之间的关系。党的十八届三中全会以来，我们党从辩证统一的视角认识政府与市场的关系，即相互补充、促进的对立统一关系。这种对政府和市场认识的视角，显著不同于西方主流经济学中的二元对立思维，同时与西方经济学关于政府作用仅局限于弥补市场失灵的观点截然不同，我们社会主义市场经济中的政府作用具有十分丰富的内涵。我国社会主义国家性质决定了政府的作用除了弥补市场失灵外，还要在维护和促进社会公平正义，增进民生福祉等方面发挥积极作用。正如党的十八届三中全会指出的，政府的作用体现在“保持宏观经济稳定、加强和优化公共服务，保障公平竞争，加强市场管理，维护市场秩序，推动可持续发展，促进共同富裕，弥补市场失灵”。

加强党的集中统一领导是实现有为政府和有效市场之间有机统一的关键。中国特色社会主义伟大实践的最大特征，就是在坚持党的集中统一领导下，创造性地将社会主义基本制度同市场经济有机结合起来，解放和发展生产力，并朝着社会主义共同富裕方向稳步前进。党是无产阶级联合的最高形式，是最高的政治领导力量。凭借最高政治领导力量，党能够发挥总揽全局、协调四方的领导核心作用，有效避免了政府在干预经济过程中的“越位”、“缺位”以及“错位”现象，从而为市场起“决定性作用”创造了条件。可见，实现政府作用和市场机制的统一，关键在于加强党的领导，这也是我们真正突破西方经济学思想束缚的关键。党的十八大以来，我国经济建设取得重大成就，全面深化改革取得重大突破，这有力证明了加强党的领导下的“市场有效，政府有为”的这种辩证统一关系是完全科学的。因此，正确处理党的领导、市场机制以及政府作用这三者间的关系，是中国特色社会主义政治经济学重要的研究对象，也是其重要的逻辑关系。我们要认真提炼和总结党领导下的政府与市场关系实践的规律性成果，为构建和完善中国特色社会主义政治经济学体系做贡献。

四 结束语

中国共产党成立一百年来在中国社会发展中的核心作用和伟大贡献说明，党领导一切，已经成为当代中国文明的模式，这是马克思主义与中国社会历史文化相结合的产物。党既是工人阶级的先锋队，又扎根于中国最广泛的民众之中，吸纳社会各阶层的先进分子，成为中华民族的先锋队。在哲学意义上，党是将各种矛盾统一起来解决的决定性力量。在长期革命实践中，党把武装斗争与统一战线成功联系起来；在新民主主义革命与社会主义革命的衔接中，党把广大农民分田分地与农业合作化、集体化成功联系起来；在探索中国特色社会主义道路中，党把社会主义基本经济制度与市场经济成功联系起来，把有效市场与有为政府成功联系起来。这种文明模式在人类社会发展中具有强大的生命力，是中华文明对当代世界文明的新贡献。

（本文发表于《经济学动态》2021 年第 4 期）

图书在版编目(CIP)数据

马克思主义政治经济学的新发展 / 胡乐明，张旭主编. -- 北京 ：社会科学文献出版社，2022.4（2023.8 重印）

ISBN 978 - 7 - 5201 - 9940 - 7

Ⅰ. ①马… Ⅱ. ①胡… ②张… Ⅲ. ①马克思主义政治经济学 - 研究 Ⅳ. ①F0 - 0

中国版本图书馆 CIP 数据核字（2022）第 049972 号

马克思主义政治经济学的新发展

主　　编 / 胡乐明　张　旭

出 版 人 / 冀祥德
责任编辑 / 陈凤玲
责任印制 / 王京美

出　　版 / 社会科学文献出版社 · 经济与管理分社（010）59367226
　　　　　地址：北京市北三环中路甲 29 号院华龙大厦　邮编：100029
　　　　　网址：www. ssap. com. cn
发　　行 / 社会科学文献出版社（010）59367028
印　　装 / 唐山玺诚印务有限公司

规　　格 / 开　本：787mm × 1092mm　1/16
　　　　　印　张：21. 5　字　数：343 千字
版　　次 / 2022 年 4 月第 1 版　2023 年 8 月第 2 次印刷
书　　号 / ISBN 978 - 7 - 5201 - 9940 - 7
定　　价 / 128. 00 元

读者服务电话：4008918866